电动汽车维修手册

全彩图解+视频教学

广东凌泰教育资源股份有限公司 组织编写

蔡晓兵 于海东 主编

化学工业出版社

·北京·

内容简介

本书从入门到精通详细地讲解了电动汽车维修的相关知识和技能。全书内容共 16 章，2 个附录，分别介绍了电力电子、电工电子知识，维修基础，认识电动汽车，电动汽车构造原理，电动汽车电路识读，电动汽车维护保养，电动汽车一般检查维修，故障诊断基础，整车无法上电及异常下电故障诊断与排除，电源系统故障诊断与排除，充电系统故障诊断与排除，电机驱动系统故障诊断，整车控制系统故障诊断，电动空调系统故障诊断，电动汽车底盘电控系统故障诊断，先进驾驶辅助系统和电动汽车相关标准和名词术语。

本书可供汽车维修专业从业人员学习新能源汽车结构原理与维修检测、维护技术使用，也可以作为各类汽车院校新能源汽车专业辅助教学参考，同时还适合对新能源汽车感兴趣的汽车爱好者阅读使用。

图书在版编目（CIP）数据

电动汽车维修手册：全彩图解+视频教学 / 广东凌泰教育资源股份有限公司组织编写；蔡晓兵，于海东主编. —北京：化学工业出版社，2023.8

ISBN 978-7-122-43584-2

Ⅰ. ①电… Ⅱ. ①广…②蔡…③于… Ⅲ. ①电动汽车 - 车辆修理 - 技术手册 Ⅳ. ① U469.720.7-62

中国国家版本馆 CIP 数据核字（2023）第 098421 号

责任编辑：周　红　　　　　　　　　　　　装帧设计：刘丽华
责任校对：李雨晴

出版发行：化学工业出版社（北京市东城区青年湖南街13号　邮政编码100011）
印　　装：天津图文方嘉印刷有限公司
787mm×1092mm　1/16　印张22½　字数544千字　2023年9月北京第1版第1次印刷

购书咨询：010-64518888　　　　　　　　　售后服务：010-64518899
网　　址：http://www.cip.com.cn
凡购买本书，如有缺损质量问题，本社销售中心负责调换。

前 言
PREFACE

面对全球范围内日益严峻的能源形势和环保压力，世界主要汽车生产厂家开始大力研发新能源汽车，也把发展新能源汽车作为提高产业竞争力、保持经济可持续发展的重大举措。"中国制造2025"和国家"十三五""十四五"发展规划都将发展新能源汽车列为战略新兴产业，并对新能源汽车研发、生产、购买、充电设施等上下游产业均给与了政策扶持。

在内外部环境积极的引领下，我国新能源汽车呈现出了一片繁荣的景象，以北汽、比亚迪、吉利、江淮、小鹏、蔚来等为代表的国产厂商都大力推广新能源汽车。据中国汽车工业协会统计，2022年，新能源乘用车产销分别完成671.6万辆和654.9万辆，同比分别增长97.77%和94.26%，产销量创历史新高。新能源汽车保有量的增长给汽车后市场带来了压力，汽车后市场保养维修从业人员须尽快掌握新能源汽车基础、维护、维修及故障诊断技能，才能在日趋激烈的竞争中立于不败之地。鉴于此，我们组织编写了《电动汽车维修手册》一书。

本书以彩色高清大图形式从电动汽车的认识及电动汽车电力电子基础知识和维修基础着手，将结构原理、电路图识读、维护保养、一般维修项目、故障诊断等有机结合在一起。以一般维护维修项目为主线，详解电动汽车动力电池、驱动电机、充电系统、热能管理系统、底盘系统、车身电气系统的保养及一般维修快修操作及汽车常见故障及诊断，做到结构原理、拆装更换、故障排除三位一体、有机结合。

本书可供汽车维修专业从业人员学习新能源汽车结构原理与维修检测、维护技术使用，也可以作为各类汽车院校新能源汽车专业辅助教学参考，同时还适合对新能源汽车感兴趣的汽车爱好者阅读使用。

本书由广东凌泰教育资源股份有限公司组织编写，蔡晓兵、于海东任主编，参加编写的还有陈文韬、徐永金、蔡志海、邓冬梅、张毅广、黎云龙、戴秀芬、吴武豪等。

由于编者水平有限，难免有不妥之处，敬请广大读者批评指正。

编者

目 录
CONTENTS

01 第1章
电力电子、电工电子知识

02 第2章
维修基础

03 第3章 认识电动汽车

04 第4章 电动汽车构造原理

05 第5章 电动汽车电路识读

06 第6章 电动汽车维护保养

07 第7章 电动汽车一般检查维修

08 第8章 故障诊断基础

09 第9章 整车无法上电及异常下电故障诊断与排除

10 第10章 电源系统故障诊断与排除

11 第11章 充电系统故障诊断与排除

12 第12章 电机驱动系统故障诊断

13 第13章
整车控制系统故障诊断

14 第14章
电动空调系统故障诊断

15 第15章
电动汽车底盘电控系统故障诊断

16 第16章
先进驾驶辅助系统（ADAS）

00 附 录

第 1 章

电力电子、电工电子知识

1.1

电工电子常用工具及仪器

在电动汽车检测或维修部件中，使用对应的工具可以有效避免安全事故的发生，因为电动汽车涉及高压部件，所以使用的常为绝缘工具，一般会用到电工电子的工具，包括有螺钉旋具、电工刀、钳类工具、焊接工具等。

1.1.1 螺钉旋具

1.1.1.1 螺钉旋具类型

螺钉旋具主要的作用为利用旋转的方式来紧固或松开螺钉，图 1-1-1 所示为绝缘螺钉

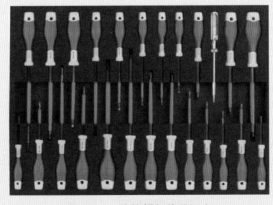

图 1-1-1 绝缘螺钉旋具组合

旋具组合，大部分具有绝缘的性能，拥有不同尺寸与不同长度，也有不同形状的螺钉旋具，图 1-1-2 所示为一字绝缘螺钉旋具，图 1-1-3 所示为十字绝缘螺钉旋具，图 1-1-4 所示为米字绝缘螺钉旋具，图 1-1-5 所示为花型绝缘螺钉旋具等。不同类型的螺钉旋具，可以在使用时适配不同的部件以及紧固不同的程度。

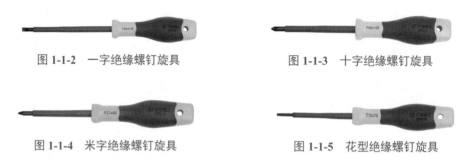

图 1-1-2　一字绝缘螺钉旋具　　　　　　图 1-1-3　十字绝缘螺钉旋具

图 1-1-4　米字绝缘螺钉旋具　　　　　　图 1-1-5　花型绝缘螺钉旋具

1.1.1.2　螺钉旋具使用说明

　　电动汽车需要紧固或松开的部件形状不同，选择合适的螺钉旋具以及确认部件无其他的污染后，利用螺钉旋具的顶部对准部件的凹槽进行固定，再对螺钉旋具按方向旋转手柄，对部件进行紧固或松开，一般情况下，顺时针方向为紧固，逆时针方向为松开。一字螺钉旋具可以应用于紧固或松开凹槽。若部件为十字凹槽，优先使用十字螺钉旋具，它可以避免一字螺钉旋具用力过度，使部件出现划伤、变形或损坏等现象。在十字凹槽中使用十字螺钉旋具，可以更轻松紧固或松开部件。

　　在电动汽车检测或维修部件中，螺钉旋具的使用概率较大，使用时需要注意以下事项。

　　❶ 使用螺钉旋具前，应确保被紧固或松开的部件和螺钉旋具干净整洁、无变形或无损坏后再进行操作；按照检测或维修部件的大小，选择适合的螺钉旋具。

　　❷ 使用螺钉旋具过程中，应按照正确的角度进行旋转，旋转的同时需要施加一定的力，使紧固或松开的部件不会轻易掉落；若需要紧固或松开的部件与螺钉旋具的手柄距离较长时，需要将螺钉旋具的前部保持固定；一般情况下手心顶住螺钉旋具顶端，利用手指旋转螺钉旋具。

　　❸ 使用螺钉旋具后，对螺钉旋具进行清洁，按照原来的顺序摆放，方便再次使用。

1.1.2　电工刀

1.1.2.1　电工刀类型

　　电工刀一般作为切削的工具，在电动汽车维修时需要导线连接或进行切削处理时使用。不同类型的导线，可以使用不同类型的电工刀，图 1-1-6 所示为直平型绝缘电工刀，图 1-1-7 所示为镰刀型绝缘电工刀，图 1-1-8 所示为小圆型绝缘电工刀。电工刀主要由刀片、刀把和刀刃等组成。

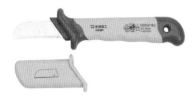  

图 1-1-6 直平型绝缘电工刀　　　图 1-1-7 镰刀型绝缘电工刀　　　图 1-1-8 小圆型绝缘电工刀

1.1.2.2 电工刀使用说明

使用电工刀切削时，它的刀口需要往外，刀片与需要切削的导线成相对角度，一般为45°左右。当切削到线芯后，应与线芯平行切削，直到切削完需要的长度，剩余的部分就可以向后拉，再用电工刀切断导线外层。

在电动汽车检测或维修部件时，电工刀一般用于切削导线或其他线材，使用时需要注意以下事项。

❶ 使用电工刀前，检查需要切削的导线或其他线材是否处于污染、连接的主要部件或带电的状态；检查电工刀的刀刃是否能切削，在第一次使用时需要开刃。

❷ 使用电工刀过程中，避免电工刀的刀尖划伤或产生缺口；不能用锤子敲打电工刀切削导线或其他线材。

❸ 使用电工刀后，保持电工刀刀口锋利，发生污染或破损时应及时处理，需要磨刀时尽量采用油石来研磨。

1.1.3 钳类工具

若电动汽车的维修中出现多余导线或其他线材，可以使用钳类工具进行修剪，其中包括斜口钳、剥线钳、尖嘴钳、钢丝钳、圆嘴钳、电缆钳等。

1.1.3.1 斜口钳类型

斜口钳又称为斜嘴钳，一般在剖切软电线的橡皮或塑料绝缘层时使用，也可以剪断导线、金属丝及其他线材等。图 1-1-9 所示为绝缘斜口钳，主要由刀口、铡口和手柄等组成。一般情况下常用的斜口钳有 150mm、175mm、200mm 及 250mm 等多种规格。

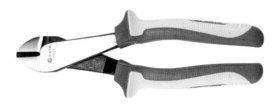

图 1-1-9 绝缘斜口钳

1.1.3.2 斜口钳使用说明

利用斜口钳的刀口，可以剖切较软的导线外层绝缘层，而刀口则可以剪断较硬的金属丝或导线。使用时，可以在表面来回割几下，然后轻轻一扳，就可以剪断。

在电动汽车检测或维修部件时，斜口钳的使用概率较大，使用时需要注意以下事项。

❶ 使用斜口钳前，检查斜口钳的磨损程度，判断其是否能正常使用，对过硬的导线或其他金属丝不能强制使用斜口钳剪断，防止损坏斜口钳。

❷ 使用斜口钳过程中，将钳口朝内侧，这样有利于控制钳切的部位，将手指伸在两钳柄中间来顶住钳柄与张开钳头，这样使用钳柄会更灵活。

❸ 使用斜口钳后，检查斜口钳是否有磨损或污染情况，处理后合理摆放，以免拿取时造成伤害。

1.1.3.3 剥线钳类型

剥线钳常用于剥除导线头部的表面绝缘层，同时可以使导线被切断的绝缘皮与导线分开防止触电。图 1-1-10 所示为普通剥线钳，图 1-1-11 所示为绝缘剥线钳。剥线钳由钳口、手柄等组成，其中部分剥线钳的钳口上有数值标注。

图 1-1-10　普通剥线钳　　　　　　　　图 1-1-11　绝缘剥线钳

1.1.3.4 剥线钳使用说明

剥除导线的表面绝缘层时，可以根据导线直径大小，然后参考剥线钳的数值进行快速剥除，图 1-1-12 所示为剥线钳钳口上的数值。先握住剥线钳手柄，然后把导线夹住，缓慢用力使电缆外表皮顺势剥落，然后松开剥线钳手柄，取出导线，导线里面的线芯就会露出。

在电动汽车检测或维修部件中，使用剥线钳时需要注意以下事项。

❶ 使用剥线钳前，选择合适的剥线钳与相对应大小的导线或其他线材进行操作；不能用剥线钳代替扳手的功能，以免造成剥线钳损坏。

❷ 使用剥线钳过程中，要剥除的导线或其他线材应放在剥线钳的刀刃中间，尽量确定好适合的长度再进行剥除。

❸ 使用剥线钳后，检查剥线钳是否有磨损或污染情况，处理后合理摆放，以免拿取时造成伤害。

1.1.3.5 尖嘴钳类型

尖嘴钳又称为修口钳、尖头钳，主要用于剪切线径较细的单股与多股线，同时可以对单股导线接头进行弯圈、剥塑料绝缘层等，可以在较小的工作环境内操作。尖嘴钳若不带刀刃只能作夹捏的操作，若带刀刃就可以剪切较细小的零件。图 1-1-13 所示为绝缘尖嘴钳，由尖头、刀口和手柄等组成，它的材质一般为 45 钢，属于中碳钢，含碳量为 0.45%，韧性、硬度适宜。常用的尖嘴钳有 130mm、160mm、180mm、200mm 等规格。

图 1-1-12　剥线钳数值

图 1-1-13　绝缘尖嘴钳

1.1.3.6　尖嘴钳使用说明

在电动汽车检测或维修部件中，使用尖嘴钳时应注意以下事项。

❶ 选择合适的尖嘴钳；检查尖嘴钳是否破损，松紧等情况是否正常。

❷ 操作尖嘴钳时，注意不要将刀口面向自己。

❸ 使用尖嘴钳后，若长期不使用，应在表面涂上润滑油、防锈油等，防止生锈腐蚀；使用后检查尖嘴钳是否有磨损或污染情况，处理后合理摆放，以免拿取时造成伤害。

1.1.3.7　钢丝钳类型

钢丝钳又称为老虎钳、平口钳、综合钳，它可以把坚硬的细钢丝夹断，主要用于掰弯及扭曲圆柱形金属零件及切断金属丝，同时也有铡口用于切断操作。用齿口夹紧细钢丝或其他的细金属丝能留下咬痕的，就可以轻轻上抬或者下压来掰断。图 1-1-14 所示为绝缘钢丝钳，由钳口、齿口、刀口、铡口和钳柄等组成，它的材质有镍铬合金钢、铬钒合金钢、高碳钢、球墨铸铁等。常用的钢丝钳有 160mm、180mm、200mm 等规格。

图 1-1-14　绝缘钢丝钳

1.1.3.8　钢丝钳使用说明

在钢丝钳中，钳口用于夹持部件；齿口用于紧固或拧松螺母；刀口用于剪切导线、金属丝等，也可用来剥切较软电线的橡皮或塑料绝缘层；铡口用于切断较硬的导线、金属丝等。

在电动汽车检测或维修部件中，使用钢丝钳时需要注意以下事项。

❶ 使用钢丝钳前，检查钢丝钳是否有污损、绝缘层掉落等情况；不同材料选择适合尺寸的钢丝钳进行操作。

❷ 使用钢丝钳过程中，若有剪不断情况，不能扭动钢丝钳超负荷使用，以免造成损坏。

❸ 使用钢丝钳后，检查钢丝钳是否有磨损或污染情况，处理后合理摆放，以免拿取时造成伤害。

1.1.4　焊接工具

在电动汽车维修中出现需要焊接的地方，常用到电烙铁和电焊机等焊接工具。

1.1.4.1　电烙铁类型

电烙铁作为电子制作和电器维修的必备工具，在电动汽车的维修中主要用于焊接元件及导线。主体结构包括发热部分、储热部分、手柄等。电烙铁按机械结构可分为内热式电烙铁和外热式电烙铁，按功能可分为无吸锡电烙铁和吸锡式电烙铁。

机械结构中的外热式电烙铁由烙铁头、烙铁芯、外壳、手柄、电源引线、插头等部分组成，因为烙铁头装在烙铁芯里，所以称为外热式电烙铁；内热式电烙铁由手柄、连接杆、弹簧夹、烙铁芯、烙铁头组成，因为烙铁芯装在烙铁头里，所以称为内热式电烙铁，其发热快，热利用率高。图 1-1-15 所示为外热式电烙铁，图 1-1-16 所示为内热式电烙铁。同时还有可调式恒温电烙铁，如图 1-1-17 所示，恒温电烙铁头内装有带磁铁式的温度控制器，可以控制通电时间，实现温控。

图 1-1-15　外热式电烙铁　　　图 1-1-16　内热式电烙铁　　　图 1-1-17　可调式恒温电烙铁

外热式电烙铁的规格较多，常用的有 25W、45W、75W、100W 功率等，功率越大，则烙铁头温度越高。内热式电烙铁常用的有 20W、50W 功率等。因为热效率高，20W 内热式电烙铁与 40W 左右的外热式电烙铁效率相差无几。

烙铁芯是电烙铁的关键部件，它通过在一根空心瓷管上平行绕制电热丝，同时两根导线与 220V 交流电源连接。

1.1.4.2　电烙铁使用说明

电烙铁的使用一般需要有焊锡来共同操作，图 1-1-18 所示为焊锡。同时会配有松香进行助焊，常用 25% 的松香溶解在 75% 的酒精（质量比）中作为助焊剂。

为了提高焊接效率，一般会使用焊台进行操作，图 1-1-19 所示为电烙铁的焊台。焊台的功能包括防静电（防止精密芯片焊接被静电击穿）、休眠（延长烙铁头寿命）、数码显示温度（方便调节温度）、锁定温度（防止误触修改设置）等。

图 1-1-18　焊锡

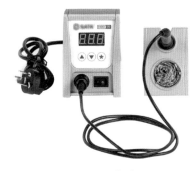

图 1-1-19　焊台

旧的烙铁头如果严重氧化发黑，可用钢锉锉去表面的氧化物，露出金属光泽后，需要重新镀锡才能使用。当电烙铁接通电源后，等一会儿烙铁头的颜色会变，证明烙铁发热了，然后将焊锡丝放在烙铁尖头上，这样烙铁不易被氧化，同时保持烙铁头清洁。先把元件的引脚用细砂纸打磨干净，并且涂上助焊剂，然后用烙铁头沾取适量焊锡，接触焊点，待焊点上的焊锡全部熔化并浸没元件引线头后，电烙铁头沿着元件的引脚轻轻往上一提离开焊点，即可完成焊接。

焊接前电烙铁应充分预热，烙铁头刃面上要带上一定量的焊锡。然后将烙铁头刃面紧贴在焊点处，电烙铁与水平面大约成 60°角，便于熔化的焊锡从烙铁头流到焊点上。而在焊点处停留的时间控制在 2 ～ 3s，再抬起烙铁头，保持元件不动，待焊点处的焊锡冷却凝固后再松开。可以用镊子转动引线，确认不松动，再用斜口钳剪去多余的引线。操作过程中不使用电烙铁时，应摆放在电烙铁架上，图 1-1-20 所示为电烙铁架，注意电源线不可搭在烙铁头上。

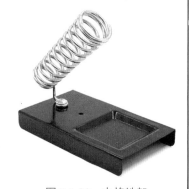

在焊接前应对元器件引脚或其他电路板焊接部位进行焊前处理，一般有"刮""镀""测"三个步骤："刮"为焊接前做好焊接部位的清洁工作；"镀"为用电烙铁在引线上镀一层很薄的锡层，避免其表面重新氧化，以提高元器件的可焊性；"测"为用万用表检测所有镀锡的元器件是否质量可靠。

图 1-1-20　电烙铁架

电烙铁的种类及规格多样化，由于被焊接工件的大小不同，所以需要合理选用电烙铁的功率及种类，以提高焊接质量和效率。当焊接集成电路、晶体管及受热易损元器件时，可选用 20W 内热式电烙铁或 25W 外热式电烙铁；当焊接导线及同轴电缆时，可选用 45 ～ 75W 外热式电烙铁或 50W 内热式电烙铁；当焊接较大的元器件时，可选用 100W 以上的电烙铁。

在电动汽车检测或维修部件中，使用电烙铁时需要注意以下事项。

❶ 使用电烙铁前，检查电源插头、电源线是否存在损坏现象，烙铁头是否有松动现象；检查使用的电压是否与电烙铁标称电压相符；根据不同的焊接元器件设置温度；电烙铁应用 220V 交流电源连接，同时具有接地线。

❷ 电烙铁使用过程中，焊接电路板时，要控制好时间、温度等因素；应选好焊点的位置再进行焊接；不能用力敲击电烙铁，防止跌落；烙铁头上焊锡过多时，不能乱甩，应用

布擦拭，以防烫伤他人；焊点应呈正弦波峰形状，表面应光亮圆滑、无锡刺，锡量适中。

❸ 使用电烙铁后，焊接完及时切断电源，拔下电源插头，待冷却后，将电烙铁收回工具箱；焊接完成后应用酒精把线路板上残余的助焊剂清洗干净，以防炭化后的助焊剂影响电路正常工作。

1.1.4.3　电焊机类型

在电动汽车的维修中，电焊机的作用是产生高温电弧来熔化焊接材料，使被维修部分结合到一起。图 1-1-21 所示为电焊机。电焊机根据输出电源的种类，可分为交流电源和直流电源。

图 1-1-21　电焊机

1.1.4.4　电焊机使用说明

使用电焊机时应配备好劳动防护用品，包括电焊面罩（图 1-1-22）、电焊手套（图 1-1-23）、电焊工作服、电焊安全鞋等，防止操作人员被焊接电弧或其他焊接能源产生的紫外线、红外线或其他射线伤害。

图 1-1-22　电焊面罩

图 1-1-23　电焊手套

操作的过程中必须采取防止触电、高空坠落、瓦斯中毒、火灾等安全措施，应在设有防雨、防潮、防晒的环境下使用，并装设有相应的消防器材。

在焊接现场 10m 范围内，不能堆放易燃、易爆物品，包括油类、木材、氧气瓶、乙炔发生器等。合闸前，应仔细检查接线螺帽、螺栓及其他部件，确认完好齐全、无松动或损坏等，在接线柱处均设有保护罩。

电焊机的结构可以理解为大功率的变压器，它可以将 220V/380V 电流变为低电压，而大电流的电源可以是直流的，也可以是交流的。电焊机具有电压急剧下降的特性，当焊条引燃后电压下降。在焊条被粘连短路时，电压也急剧下降。这种现象是由电焊变压器的铁芯特性产生的。

在电动汽车检测或维修部件中，使用电焊机时需要注意以下事项。

❶ 使用电焊机前，检查并确认初级、次级线路接线正确，输入电压符合电焊机铭牌规定，而接通电源后不能接触初级线路带电部分，同时初级、次级接线处必须装有防护罩；电焊机的焊钳、电源线，以及各接头部位必须连接可靠，绝缘良好，电源接线端头不得外露；焊接人员和辅助人员应穿戴好劳保用品，检查焊接面罩等工具是否有破损、漏光现象；在合闸前需要详细检查接点螺栓及其他元件，确保无松动、无损坏；若需要移动电焊机时，应切断电源，不得用拖拉电缆的方法移动电焊机。

❷ 使用电焊机过程中，不能调节电流，要在停焊时通过调节手柄调节，同时不能过快和过猛，以免损坏调节器；如果焊接中发现自动停电装置失效，应立即停机断电进行检修；焊接预热件时，应设挡板隔离预热焊件发出的辐射热；若出现停电，应立即切断电源。

❸ 使用电焊机后，立即关闭电焊机开关，切断电源，分别清理和整理好焊钳电源和地线，以免合闸时造成短路；清除焊缝焊渣时，应戴上眼镜，同时要注意头部避开焊渣飞溅的方向，以免造成伤害；不能对着在场人员敲打焊渣，以免发生飞溅；在露天环境完成操作后，应将电焊机保护好，以免被雨淋，应在通风干燥处，放置平稳；要清理场地、灭绝火种等，余热散尽后，切断电源和锁好闸后再离开。

1.2 电工电子常用仪器仪表

在电动汽车检测或维修部件中，常用的电工电子仪器仪表包括试电笔、电流表、电压表、万用表、示波器等。

1.2.1 试电笔

1.2.1.1 试电笔类型

试电笔也称为测电笔，简称为"电笔"，为电工工具，主要用于测量导线或导体中是否带电。试电笔内部有两个带电极的灯泡，灯泡内充有氖气，所以称为氖泡。在测试导线有电或为通路的火线时，氖泡的两极间电压达到一定值时，氖泡就会发光。

试电笔中的笔尖和笔尾由金属材料制成，而笔杆由绝缘材料制成。使用试电笔时，必须要用手触及试电笔尾端的金属部分，使带电体、试电笔、人体与大地形成回路，判断导线是否带电，若不触及试电笔尾端的金属部分，则试电笔中的氖泡就不会发光，会带来错误判断。试电笔中电阻的作用为限制流过人体的电流，以免发生危险。

试电笔的类型包括普通试电笔（图1-2-1）、数显试电笔（图1-2-2）、高精度非接触试电笔（图 1-2-3）等。

图 1-2-1　普通试电笔

图 1-2-2　数显试电笔

图 1-2-3　高精度非接触试电笔

若按照测量电压的高低，可分为高压测电笔、低压测电笔和弱电测电笔。高压测电笔常用于 10kV 及以上项目作业，为电工的日常检测用具；低压测电笔常用于线电压 500V 及以下项目的带电体检测；弱电测电笔常用于电子产品的测试，测试电压一般为 6 ～ 24V。

按照接触方式，可分为接触式试电笔、钢笔式试电笔和感应式试电笔。接触式试电笔常兼容一字螺钉旋具和试电笔使用，为一字螺钉旋具的形式，通过接触带电体，获得电信号；钢笔式试电笔一般直接在液晶窗口显示测量数据；感应式试电笔采用的是感应式测试，无须物理接触，可以检查控制线、导体和插座上的电压，也可以沿导线附近检查断路位置，这样可以极大限度地保障检测人员的人身安全。

1.2.1.2　试电笔使用说明

普通试电笔检测显示结果如表 1-2-1 所示。

表 1-2-1　试电笔检测显示结果

检测类型	检测结果
交流电和直流电	若为交流电的状态，氖泡两端同时明亮；若为直流电的状态，氖泡只亮一端
直流电的正极或负极	根据直流单向流动和电子由负极向正极流动的原理进行判断，若为直流电的正极，氖泡后端会明亮；若为直流电的负极，氖泡前端会明亮
直流电是否接地	因直流电的特性，人站在地上用试电笔去触及正极或负极，试电笔不应当发亮，如果发亮，则说明直流电路有接地现象；如果发亮的部位在靠近笔尖的一端，则是正极接地；如果发亮的部位在靠近手指的一端，则是负极接地
同相或异相	使用两支试电笔，同时双脚和地相绝缘，两支试电笔各触一边导线，用眼观看一支笔，若为同相，氖泡不亮；若为异相，氖泡会亮

在电动汽车检测或维修部件中，使用试电笔时需要注意以下事项。

❶ 使用试电笔前，先检查试电笔是否存在安全电阻，再检查试电笔是否有损坏、受潮或进水等，检查合格后再继续使用；应找已知的电源来检测试电笔的氖泡能否正常发光，若能正常发光，再继续使用。

❷ 试电笔使用过程中，不能用手直接触及试电笔前端的金属探头，否则会造成身体触电事故；必须要用手触及试电笔尾端的金属部分，否则试电笔中的氖泡不会发光，从而使带电体、试电笔、人体和大地没有形成回路，造成误判，认为带电体不带电；光线明亮使用试电笔的情况下，需要仔细注意氖泡的发光程度，必要时可用另一只手遮挡光线

观察判别。

❸ 使用试电笔后，存放环境应保持干燥；使用后擦拭干净再存放，表面上不能有污染物。

1.2.2　电流表

1.2.2.1 **电流表类型**

电流表为测量交、直流电路中电流的仪表，单位为"安"（A），若在电路图中，则以"Ⓐ"的符号表示。电流表包括指针式电流表（图 1-2-4）、钳形电流表（图 1-2-5）、数字电流表等。

指针式电流表根据磁电效应原理，驱动指针转动，依靠电流表上的面板指针停留的刻度显示电流。

指针式电流表内部有一永磁体，可产生磁场，磁场中有线圈，而线圈两端各有一个游丝弹簧，弹簧连接电流表接线柱，弹簧与线圈间由转轴连接，转轴的前端带有指针，指针在电流表显示面板上。若有电流通过时，电流沿弹簧、转轴通过磁场，同时电流切割磁感线，就会受磁场力的作用，使线圈发生偏转，带动转轴、指针偏转。因为磁场力的大小随电流变化，所以可通过指针偏转程度观察电流的大小。

图 1-2-4　指针式电流表

图 1-2-5　钳形电流表

钳形电流表的组成包括电流互感器和电流表。不必断开电路即可测量线路电流，钳形表拥有转换开关的挡位调节，可以变换不同的量程，但变换挡位时不能带电操作。

数字电流表可分为单相数显电流表和三相数显电流表，拥有数字接口以及 LED 显示等功能，根据各种参数采样的方式，以数字的形式进行显示。也可以利用处理器进行数据处理，将三相（或单相）电流、电压、功率、功率因数、频率等参数由 LED 直接显示，同时也可输出 0～5V、0～20mA 或 4～20mA 相对应的模拟电量。

1.2.2.2 **电流表使用说明**

因为指针式电流表的工作原理是磁电效应，所以在使用电流表之前，应先校准为零再继续使用，同时按照一定的方式进行连接，包括电流表与用电器在电路中为串联；电流表先从"+"接入，然后从"－"接出；电流表不能不经用电器直接连接到电源；电流表测试的电流应小于电流表量程。

根据需要合理选择电流表，要考虑的因素有类型、准确度、量程和内阻等，如表1-2-2所示。

表 1-2-2　选择电流表的因素

选择因素	选择范围
类型	若测量直流时，应选择直流表；若测量交流正弦波时，应选择交流表；若测量交流非正弦波有效值时，应选择磁系或铁磁电动系测量机构的仪表；若测量交流非正弦波平均值时，应选择整流系测量机构的仪表
准确度	0.1级和0.2级仪表作为标准表选择；0.5级和1.0级仪表作为实验室测量选择；1.5级以下的仪表一般作为工程测量选择
量程	需要被测量的电流，不能高于其最大量程
内阻	内阻的大小可以反映仪表本身功率的消耗，应选择内阻尽可能小的电流表

在电动汽车检测或维修部件中，使用钳形电流表时应注意以下事项。

❶ 使用钳形电流表前，注意使用仪表的环境，要远离外磁场的干扰，检查是否要符合检测要求；先估计被测电流的大小和选择合适的量程，若不清楚电流的大小时，需要选择最大量程，然后按从大到小适当调整量程，同时不能在测量时变换量程；应保持钳口干净无损，若有污染或破损，应处理好再进行测量，防止读数不准确；当测量大电流时，应采用电流互感器。

❷ 钳形电流表使用过程中，当电路中的被测量超过仪表的量程时，可采用外接分流器，需要注意其准确度等级应与仪表的准确度等级相符；测量中的读数，应包括量程、分度值、指针位置的考虑范围；使用钳形电流表测量5A以下的电流时，绕圈测量可以使测量更加准确；使用钳形电流表时，不能测量裸露的导线电流，防止触电和短路的情况发生；使用钳形电流表测量电流时，被检测的导线或载流体位置应处于钳口的中央，防止产生误差；必须夹入被测导线，且不能夹入两根平行线，否则不能检测。当直流钳形电流表检测直流电流时，若电流的流向相反，显示则为负数。

❸ 钳形电流表使用后，量程的分挡旋钮应置于最大量程位置上。

1.2.3　电压表

1.2.3.1　电压表类型

电压表为测量电路中的电压的仪表，它的单位为"伏"（V），在电路图中，则以"Ⓥ"表示。直流的电压表符号，在"V"下加"‑"；交流的电压表符号，在"V"下加"～"。

电压表包括指针式电压表、数字电压表等，图 1-2-6 所示为指针式电压表；图 1-2-7 所示为数字电压表。

图 1-2-6　指针式电压表

图 1-2-7　数字电压表

传统的指针式电压表和电流表根据同一原理，即电流的磁效应，检测的电流越大，产生的磁力就会越大，同时电压表上指针的摆幅越大。电压表内包含一个磁铁和一个导线线圈，电流经过线圈会产生磁场，线圈通电后，由于磁铁的作用就会发生偏转。

数字电压表利用模 / 数转换器，把测量的电压值转换成数字形式，并以数字形式显示。一般数字电压表适合在环境温度为 0 ～ 50℃和相对湿度为 85% 以下的环境使用。

数字电压表有以下特点：数值直观清晰，测量精确度高、速度快，抗干扰能力强，集成度高，功耗低。

1.2.3.2　电压表使用说明

使用电压表时，可根据选择、检查、连接、读数等步骤进行操作，如表 1-2-3 所示。

表 1-2-3　电压表使用步骤

步骤	说明
步骤一：选择	合理选择电压表，根据被测量精度要求、大小等，合理选择量程
步骤二：检查	测量前，检查电压表是否处于"0"的状态，检查外观是否有破损或污染等情况
步骤三：连接	电压表必须与被测用电器处于并联的状态，电压表从"+"接入，然后从"−"接出
步骤四：读数	等指针稳定后再进行读数，同时视线与刻度盘保持垂直

在电动汽车检测或维修部件中，使用电压表时需要注意以下事项。

❶ 使用电压表前，注意连接电路极性和量程的选择；注意仪表的使用环境，要远离外磁场的干扰；先估计被测电压的大小和选择合适的量程，若不清楚电压的大小时，需要选择最大量程，然后按从大到小适当调整量程，同时不能在测量时变换量程。

❷ 电压表使用过程中，若指针出现反向偏转或正向偏转已超过刻度线，应停止测量；电压表应并联接入被测电路。

❸ 电压表使用后，先切断电源，再从测量电路中取下电压表，检查无污染或无破损等情况后，将其放置在干燥、通风和阴凉的环境中。

1.2.4　万用表

1.2.4.1　万用表类型

万用表又称为复用表、多用表等，是在电动汽车检测或维修部件中，使用频率较高的一种测量仪器，主要以测量电压、电流和电阻为主，是一种多功能、多量程的测量仪表。它可测量直流电流、直流电压、交流电流、交流电压、电阻和音频电平等。

万用表有数字万用表、钳形万用表、指针式万用表等。图 1-2-8 所示为数字万用表；图 1-2-9 所示为钳形万用表；图 1-2-10 所示为指针式万用表。

图 1-2-8　数字万用表　　　图 1-2-9　钳形万用表　　　图 1-2-10　指针式万用表

万用表主要由表头、测量电路及转换开关三个主要部分组成。

❶ 指针式万用表的表头是灵敏电流计，它的表盘印有多种符号、刻度线和数值等。其中符号"A-V-Ω"代表可以测量电流、电压和电阻。在表盘的右端符号"Ω"为电阻刻度线，它的右端为零，左端为"∞"；符号"-"或"DC"表示直流，符号"～"或"AC"表示交流。可以根据刻度线下的数值，选择开关不同的挡位进行调整。数字万用表的表头一般由"模拟/数字"转换芯片、外围元件和液晶显示器等组成，所以精度会受表头的影响。

❷ 测量线路由电阻、半导体元件及电池组成，可以把不同的被测量（电流、电压、电阻等）和不同的量程，经过整流、分流或分压等处理后，统一变成微小直流电流传输给表头进行测量。

❸ 转换开关的作用为选择各种不同的测量线路，可以满足不同种类和不同量程的测量要求。通常为圆形拨盘，在周围会标注功能和量程。

1.2.4.2　万用表使用说明

按照被测量项目选择开关，通常为多挡位的旋转开关，包括选择测量项目和量程等。测量项目包括直流电流、直流电压、交流电流、交流电压、电阻等。

万用表的表笔和表笔插孔是连接被测量物体的关键，表笔分为红色表笔和黑色表笔，红色表笔应插入"+"的表笔插孔，黑色表笔应插入"-"的表笔插孔。

万用表的连接包括以下几种情况：选择电流挡时，应串联在电路中；选择电压挡时，应并联电气设备或电源两端；选择电阻挡时，应并联在不带电的物体两端；选择蜂鸣挡时，应并联在不带电的物体两端。

在电动汽车检测或维修部件中，使用万用表时需要注意以下事项。

❶ 使用万用表前，正确选用挡位、量程及表笔插孔；先估计被测项目的大小，选择合适的量程，若不清楚被测项目的大小时，需要选择最大量程，然后按从大到小适当调整量程，同时不能在测量时变换量程；检查万用表是否处于"0"的状态，以及检查外观是否有破损或污染等情况；选择合适挡位后，把红色表笔和黑色表笔相碰后，使指针指在零位，若发现指针偏离零位，应调节旋钮使指针归零；若不能调零或数显表盘发出低电压的报警，应先检查后再使用；避免外界磁场对万用表产生的影响。

❷ 万用表使用过程中，测量电阻时，应断开被测电路的电源，不能带电进行检测；不能用手去接触表笔的金属部分，避免数值产生误差以及发生安全事故；万用表应水平放置，以免造成误差。

❸ 万用表使用后，应把转换开关置于交流电压的最大挡，若长期不使用，需要将万用表内部的电池取出。

1.2.5 示波器

1.2.5.1 示波器类型

示波器为测量交流电或脉冲电流波的形状的仪器，由电子管放大器、扫描振荡器、阴极射线管等组成。因为采集的信号基于时间有一定连续性，会形成"波"进行显示，所以示波器为采集电压信号的仪器。同时可以利用示波器观察各种不同信号幅度随时间变化的波形曲线，也可以利用示波器测试各种不同的电量，包括电压、电流、频率、相位差等。

示波器可分为万用示波表、数字示波器、模拟示波器、虚拟示波器、任意波形示波器、数字荧光示波器、数据采集示波器、手持示波表等。在汽车上，应用广泛的为手持示波表。图1-2-11所示为手持示波表，图1-2-12所示为示波器的电流钳与探头。由于汽车电路信号传输速率最大为CAN总线，通常高速的CAN速率为1M，它的挡次间隔较小，所以示波器采样率为80MS/s左右的范围就可以满足需求。

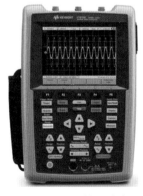

图 1-2-11　手持示波表

图 1-2-12　示波器的电流钳与探头

手持式示波表由数字存储示波器、数字万用表、数字频率计等集合而成，以电池供电的方式，图形为液晶显示。该系统内嵌有微控制器、A/D 转换器、LCD 控制器等核心部件。

1.2.5.2 示波器使用说明

示波器包括模拟型和数字型等，数字型示波器的应用较为广泛。

根据模拟型示波器需要把观测的两个电信号加至示波管的 X、Y 通道，才可以控制电子束的偏移，然后才能获得荧光屏上两个电信号关系的显示波形。而这种类型的示波器有体积大、重量重、成本高、价格贵等缺点，同时也不适用于对非周期的、单次信号的测量。

根据数字型示波器先对模拟信号进行高速采样，获得相应的数字数据并进行存储，然后利用数字信号处理技术，对采样得到的数字信号进行相关处理与运算，从而获得所需的各种信号参数（若有其他参数辅助，可使用万用表进行检测）。这种类型的示波器可以根据得到的信号参数绘制信号波形，包括对被测信号进行实时性和瞬态性的分析，可以使操作者更快地了解信号质量，更准确判断故障。

操作数字型示波器时，可以根据中文界面选定测量类型、测量参数及测量范围；微处理器会自动将测量设置到采样电路，同时进行数据采集；然后再对采样数据按测量设置进行处理，从中提取所需要的测量参数，处理完成后就会传输到显示部件。其中测量类型包括波形测量、元件测量等；测量参数包括频率/周期、有效值、电阻阻值、二极管通断等；测量范围包含自动设置与仪器自动设置最佳范围。

还可以根据需要选择自动测试方式，微处理器在分析首次采样得到的数据后，会根据具体情况进行调整、修改测量设置，然后重新采样。多次进行"采样——分析——调整——重新采样"的周期后，示波器就会默认设置为即触即测的功能，无须人工调整量程，使测量更加便捷。

数字型示波器相对于模拟示波器拥有以下的优点：可以根据被测信号的特点，自动确定和调整测试条件，实现测试的自动化；对高速信号和瞬态信号的实时捕获更容易实现；对波形更方便存储，以及有更快的运算能力。

在电动汽车检测或维修部件中，使用示波器时需要注意以下事项。

❶ 使用示波器前，测量不同类型的设备时，应合理选用专用的探头，仪器应在安全范围内正常工作，避免附近有热源或干扰等因素，以保证测量波形准确、数据可靠。

❷ 示波器使用过程中，避免频繁开机、关机；测量建立时间短的脉冲信号和高频信号时，尽量将探头的接地导线与被测点位置邻近，若接地导线过长，可能会引起振铃或过冲等波形失真现象；探头与被测电路连接时，探头接地导线应与被测电路的地线相连，防止悬浮的状态下，示波器与其他设备或大地间有电位差，从而导致发生触电、损坏探头、损坏示波器等情况；图 1-2-13 所示为示波器摆放的方式，若有汽车路试的情况，应在手中保持稳定。

图 1-2-13　示波器摆放方式

❸ 示波器使用后，检测探头、线路、显示屏等其他配件是否存在损坏，确认无损坏再按规定摆放。

1.3 电力常用工具与仪器

1.3.1 电力工具

在电动汽车检测或维修部件中，常用的电力工具包括绝缘开口扳手、绝缘梅花扳手、绝缘套筒扳手、绝缘活动扳手、绝缘扭力扳手、绝缘内六角扳手、防护器具等。

（1）绝缘开口扳手

开口扳手又称为呆扳手，一般在扳手的一端有固定尺寸开口，开口的尺寸会与螺母或螺栓等尺寸适配，一般根据标准尺寸制造。在电动汽车检测或维修部件中采用的是绝缘工具，图1-3-1所示为绝缘开口扳手，图1-3-2所示为绝缘开口扳手组合。使用绝缘开口扳手时，先选择与螺栓合适且相同的尺寸，再进行卡紧，保持扳手与螺栓完全配合后，最后施加力度进行紧固或起松。

图 1-3-1　绝缘开口扳手

图 1-3-2　绝缘开口扳手组合

（2）绝缘梅花扳手

梅花扳手的旋转螺栓部分呈花瓣环状，所以称为梅花扳手。电动汽车检测或维修部件中，采用的是绝缘工具，图1-3-3所示为绝缘梅花扳手。

图 1-3-3　绝缘梅花扳手

从侧面看，旋转螺栓部分从手柄往下探，形成了手柄与旋转螺栓的部分错开，拆卸装配在凹陷空间时方便使用。当紧固螺栓时，也可以使用梅花扳手对螺栓或螺母施加大扭矩。

（3）绝缘套筒扳手

套筒扳手一般称为套筒，它由多个带六角孔或十二角孔的套筒，以及手柄、接杆等多种附件配套组成，包括一套各种规格的套筒头、手柄、连接杆、万向接头、旋具接头、弯头手柄、T形手柄等用来套入六角螺帽，而套筒扳手的套筒头通常为凹六角形的圆筒。主要适用于紧固或起松较狭小的空间或凹陷较深位置的螺栓。图 1-3-4 所示为绝缘套筒扳手组合。

图 1-3-4　绝缘套筒扳手组合

套筒扳手利用套筒头和连接杆实现了"加长"目的，从而使狭小空间的螺栓更加方便紧固，也可以用更小力度卸下较为紧固的螺栓。

（4）绝缘活动扳手

活动扳手简称活扳手，它的开口宽度可在一定范围内根据需要进行手动调节。活动扳手的组成包括头部和柄部，其中头部由活动扳唇、呆扳唇、扳口、涡轮和轴销构成，通过旋转涡轮可调节扳口的大小。图 1-3-5 所示为绝缘活动扳手。

图 1-3-5　绝缘活动扳手

当扳动较大螺母或螺栓时，一般使用较大的力矩，操作者的手应握在近柄尾处。

当扳动较小螺母或螺栓时，因为需要的力矩较小，较小的螺母或螺栓容易打滑，操作者的手应握在接近扳手头部的位置，方便调节涡轮、收紧活动板唇来防止打滑。

当扳动螺母或螺栓时，若需要更大的扭力，可以将拉力的方向与扳手手柄成直角。

使用扳手时，一般采取拉动的形式来紧固或起松，若需要有推动的情况下，利用手掌来推动，推动时手指要伸展，避免因为螺母或螺栓松动伤害到手指。

（5）绝缘扭矩扳手

扭矩扳手又称为力矩扳手、扭矩可调扳手等，可分为电动力矩扳手、气动力矩扳手、液压力矩扳手及手动力矩扳手。图 1-3-6 所示为绝缘扭矩扳手。若需要紧固的螺栓或螺母处于关键部位，且要求标准的力矩，此时就可以使用扭矩扳手进行操作。一般先根据需要调节扭矩，再对螺栓进行紧固。

图 1-3-6　绝缘扭矩扳手

（6）绝缘内六角扳手

内六角扳手主要通过扭矩来对螺钉施加作用力，可以一定程度减少操作者的用力强度。图 1-3-7 所示为绝缘内六角扳手。

图 1-3-7　绝缘内六角扳手

内六角扳手还拥有以下优点：拥有六个与螺钉接触的面积，受力充分且不容易损坏螺钉；利用扳手的长度，操作者可以使用更小的力矩扭动螺钉；可以紧固或起松较小的螺钉。

使用绝缘扳手时，需要注意以下事项。

❶ 使用绝缘扳手前，选择合适的扳手再进行卡紧，以及检查扳手的绝缘层、旋转部位、开口是否存在破损，防止使用时发生安全事故。

❷ 使用绝缘扳手过程中，卡紧扳手后，应确认与螺栓或螺母保持水平，防止用力过度，扳手划出；扳手的手柄不能另外接入延长力臂，防止对扳手造成损坏，以及绝缘层脱落；要区分正反面，不可以使用反面，防止对扳唇造成损坏；扳手不能作为撬棒或锤子使用；用力一定要均匀，避免扳手损坏，以及螺栓或螺母发生变形。

❸ 使用绝缘扳手后，应与不同尺寸和不同型号的扳手区分摆放，防止下次使用时误使用造成打滑或损坏扳手等情况。

（7）安全帽

安全帽的作用一般为保护操作者头部，避免坠落物体对人的头部造成伤害。主要由帽壳、帽衬和下颏带三部分组成。帽壳为安全帽的主要部件，为椭圆形或半球形薄壳的结构；帽衬为帽壳内与头部接触的部件，由帽箍环带、顶带、护带、托带、吸汗带、衬垫及拴绳等组成；下颏带起固定安全帽的作用，由带和锁紧卡组成。图 1-3-8 所示为安全帽。

安全帽按用途可分为一般作业类（Y 类）安全帽和特殊作业类（T 类）安全帽，其中特殊作业类在不同的场所使用，包括 T1 类、T2 类、T3 类、T4 类、T5 类等，T1 类适用于有火源的作业场所；T2 类适用于井下、隧道、地下工程、采伐等作业场所；T3 类适用于易燃易爆作业场所；T4 类适用于带电作业场所；T5 类适用于低温作业场所。

图 1-3-8　安全帽

为了保障操作者的安全，在使用安全帽时，需要注意以下事项。

❶ 佩戴安全帽前，先检查各个组成部件的破损和功能情况等，在规定的范围内调整后，确保安全再继续使用。

❷ 安全帽使用过程中，若受到较大冲击后，应在确保安全的环境下检查是否存在破损，若发现有明显的断裂纹或变形，应更换再使用。

❸ 安全帽使用后，不能在高温、阳光、潮湿、酸碱、挤压等情况下储存；清洗帽壳和帽衬时，应用冷水，不能烘烤，避免帽壳变形。

（8）护目镜

护目镜一般用于阻挡杂物、火花、热流、烟雾、刺眼的光线等进入人眼，避免对眼睛造成伤害。也可以避免有害的化学物质直接对眼睛造成伤害。图1-3-9所示为护目镜。护目镜的镜片一般由普通玻璃制作，而镜架用非金属耐腐蚀材料制作。

图 1-3-9　护目镜

为了保障操作者的安全，使用护目镜时应注意以下事项。

❶ 检查是否为检验合格的产品。

❷ 选择护目镜时，宽窄、大小需要符合操作者的身体条件，同时要专人专用，避免传染疾病。

❸ 若发现镜片、镜架或其他部位发生磨损，应更换后再使用，同时要避免坚硬的物品对护目镜摩擦造成伤害。

（9）绝缘靴、绝缘手套、绝缘服

如图1-3-10所示，从左到右分别为绝缘靴、绝缘手套、绝缘服。

绝缘靴又称高压绝缘靴、矿山靴等，采用绝缘材料把带电体封闭起来，同时隔离带电体或不同电位的导体，让电流能按一定的通路流通。绝缘靴通常以防腐蚀金属板为中垫，钢制防锈内包头，可有效防止各种利物刺伤足底，保护足趾安全。

绝缘手套又称高压绝缘手套，采用绝缘橡胶、乳胶经压片、模压、硫化、浸模制造成型的天然橡胶五指手套，是电动汽车检测或维修部件的重要绝缘防护装备之一，起到保护操作者的手和人体的作用，同时也可以达到防水、防化、防油、防酸、防碱等效果。

绝缘服也是电动汽车检测或维修部件的重要绝缘防护装备之一，采用锦纶涂覆织物材料，有效地提高了的绝缘性能，同时也可以达到耐高压、阻燃、防酸、防碱等效果。

图 1-3-10　绝缘靴、绝缘手套、绝缘服

绝缘靴、绝缘手套、绝缘服的使用注意事项，如表1-3-1所示。

表 1-3-1　绝缘靴、绝缘手套、绝缘服的使用注意事项

使用情况	绝缘靴	绝缘手套	绝缘服
使用前	检查是否存在破损情况，当有污染或破损时，应及时处理后再使用；检查物品有合格证、安全鉴定证、生产许可证编号、标准说明等再使用		
使用过程中	裤脚应套入绝缘靴管内；正确选择高压绝缘靴或低压绝缘靴	衣袖口应套入绝缘手套筒口内	避免周围有尖锐的物品划破绝缘服
使用后	对器具进行清洁后，存放在干燥、通风、干净的环境下，避免潮湿；不同的器具应区分摆放，避免出现挤压情况		

1.3.2　电动工具

电动汽车检测或维修中，常用到的电动工具包括冲击电钻、电动扳手、热熔胶枪、电动旋具等。

1.3.2.1　冲击电钻

冲击电钻以旋转切削为主，通过操作者的推力达到冲击的效果。冲击电钻主要适用于对混凝土地板、墙壁、砖块、石料、木板和多层材料等进行冲击打孔，还可以对木材、金属、陶瓷和塑料进行钻孔和攻牙，一般也会配备电子调速装备，实现顺转、逆转等功能。它的主要结构包括电源开关、倒顺限位开关、钻夹头、电源调压、离合控制扭、二级变速机构、顺逆转向控制机构、机内的齿轮组、机壳绝缘持握手把等。在电动汽车维修中，一般使用功率较小的冲击电钻。图 1-3-11 所示为冲击电钻。

图 1-3-11　冲击电钻

在冲击电钻使用过程中，因为型号不同，所以要区分电压、额定功率等性能参数，正确选择连接 220V 或 380V 的电源，而电源插座要配备漏电开关装置，接入电源时检查电源线的破损情况，若使用中发现漏电、振动异常、高热、异响等情况，应停止使用，立即检查；同时要区分冲击电钻的钻头，在对应的范围内选用，不能超过规定的范围，避免对机器造成损坏。操作者需要掌握和熟练操作冲击电钻，包括顺转和逆转向控制机构、松紧螺钉等功能。

使用冲击电钻时，需要注意以下事项。

❶ 使用冲击电钻前，需要检查机体绝缘防护、辅助手柄、深度尺调节等各部件情况，确保机器无松动、无损坏等情况。

❷ 使用冲击电钻时，更换钻头需要使用扳手及钻头锁紧钥匙，避免使用非专用工具敲打冲击电钻造成机器损坏；冲击的过程中应均匀用力，不能用力过猛或出现歪斜等操作，途中也不能随意使用超大钻头，应提前选择合适的钻头并调节好冲击电钻深度尺。

❸ 冲击电钻使用后，若螺钉紧固件出现丢失，应及时补齐；储存的环境要适宜，避免出现轧坏、割破等现象；对于碳刷和弹簧压力等部件，应定时进行检查，避免下次使用时

出现故障。

1.3.2.2 电动扳手

电动扳手以电动的形式对螺栓或螺母提供高强度紧固或起松。它通过电力来增加力矩，对螺栓或螺母的力矩有更好的控制。根据需要设定好电动扳手扭矩值的上限，当紧固时扭矩达到设定值，电动扳手就会自动停止工作。电动扳手有使用寿命较长、材料散热性较好、功率较大、使用性价比较高等特点。图 1-3-12 所示为电动扳手。

图 1-3-12　电动扳手

在使用电动扳手时，首先选用合适的套筒，安装后再检查各个部件，避免发生松动、破损等情况导致电动扳手故障；若使用中发现漏电、振动异常、高热、异响等情况，应停止使用，立即检查，同时还要检查电动扳手的额定功率是否符合当前使用的范围；若使用有线的电动扳手，先确认现场所接电源与电动扳手铭牌是否相符，并且确认接有漏电保护器。

使用电动扳手时，需要注意以下事项。

❶ 使用电动扳手前，根据螺帽大小选择合适的套筒，并安装牢固；通电时要确认旁边无其他物品阻挡及正在作业的人员，避免误操作发生伤害。

❷ 电动扳手使用过程中，要找到受力的支点，避免对操作者造成伤害；若发现有异常的火花、异响等情况，应停止使用，进行检查。

❸ 电动扳手使用后，碳刷须保持清洁，避免发生异常；安装的套筒应及时取下并按顺序摆放，避免出现丢失；储存的环境要适宜，避免出现轧坏、割破等现象。

1.3.2.3 热熔胶枪

热熔胶枪作为热熔胶条黏结的电动工具，拥有精确的开断效果、多样化的喷嘴等，满足不同的黏结要求。热熔胶枪在高温情况下不容易发生变形，也有保护设计，防止操作者的误操作造成烫伤。热熔胶枪的重量较轻，可以灵活操作。图 1-3-13 所示为热熔胶枪。

在使用热熔胶枪时，检查各部件的情况，包括电源线、支架、热熔胶等，使用过的热熔胶需要检查是否存在倒胶的情况，若存在应及时处理，保持热熔胶条表面干净。热熔胶枪需要预热，时间一般为 3 ～ 5min，此时若不使用热熔胶枪，需要直立摆放。热熔胶枪打不出胶时，可检查是否因为预热不足导致、电源没有插好或短路的概率较大。

图 1-3-13　热熔胶枪

使用热熔胶枪时，需要注意以下事项。

❶ 使用热熔胶枪前，确保使用环境安全。不能在潮湿环境、拆卸及安装其电热部分零件等情况下使用，避免发生故障。

❷ 热熔胶枪使用过程中，注意喷嘴、熔胶等温度较高的部件，避免误触烫伤；同时不能从进胶口拉出热熔胶，否则会导致熔胶枪损坏。

❸ 热熔胶枪使用后，要妥善处理。若连续加热超过 15min，应关闭电源，避免发生故

障；要等热熔胶枪温度降低后，再存放到合适的环境。

1.3.2.4 电动旋具

电动旋具又称为电动起子等，一般用于紧固或起松螺钉，因为装有调节和限制扭矩的机构，所以可以调节扭矩，更快和更精准地紧固或起松螺钉。因为电动旋具的电源会带动电机转动，不同的电机参数在同样电源情况下会有不一样的功率。图 1-3-14 所示为电动旋具。

使用电动旋具时，首先选用合适的套筒，安装后再检查各个部件，避免发生松动、破损等情况导致电动旋具故障。若使用中发现漏电、振动异常、高热、异响等情况，应停止使用，立即检查，同时还要检查电动旋具的额定功率是否符合当前使用的范围；若使用有线的电动旋具，先确认现场所接电源与电动扳手铭牌是否相符。

图 1-3-14　电动旋具

使用电动旋具时，需要注意以下事项。

❶ 使用电动旋具前，要区分电压、额定功率等性能参数，正确选择连接电源。

❷ 电动旋具使用过程中，要找到受力的支点，避免对操作者造成伤害；根据适用的范围调节扭力，不能设定过大；更换旋具头时，应关闭电源后再进行更换。

❸ 电动旋具使用后，不能对电动旋具进行摔、扔等撞击行为；碳刷须保持清洁，避免发生异常；安装的旋具头应及时取下并按顺序摆放，避免出现丢失；长时间不使用时，应关闭电源，避免发生故障。

1.4

电力仪器与仪表

1.4.1　功率计

1.4.1.1 功率计类型

功率计又称为瓦特计，它的作用是测量电功率，一般为直流和低频技术中测量功率使用，由功率传感器和功率指示器两部分组成。其中功率传感器也称为功率计探头，可以把高频电信号通过能量转换为可以直接检测的电信号；而功率指示器有信号放大、变换和显示（直接显示功率值）等功能。以被测信号频率分类，可分为直流功率计、工频功率计、变频功率计、射频功率计和微波功率计等。功率计中包含以下类型，图 1-4-1 所示为普通功率计；图 1-4-2 所示为钳形功率计；图 1-4-3 所示为手持光功率计。普通功率计支持测量的类型较多，钳形功率计支持测量的功率较大，手持光功率计有更好的便携性。

图 1-4-1　普通功率计

图 1-4-2　钳形功率计

图 1-4-3　手持光功率计

1.4.1.2　功率计使用说明

　　手持光功率计中一般用于测量绝对光功率或通过一段光纤的光功率相对损耗，与稳定光源组合使用，可以检验连续性，同时也可以辅助评估光纤链路的传输质量，所以根据线性测量、相对测量、波长选择、导线连接、校准方法等进行使用。表 1-4-1 所示为手持光功率计的测量使用。

表 1-4-1　手持光功率计的测量使用

使用情况	操作方式
线性测量	可通过按下 "$\dfrac{dBm}{W}$" 选择设置单位，进行转换 "W" 或 "dBm"
相对测量	可通过按下 "dB" 显示光功率初始值或相对值
波长选择	可通过按下 "λ" 选择测量的波长
导线连接	探头和主机通过电缆连接，选择的型号应与测量范围一致
校准方法	通过激光光源连接到光衰减器，然后调节光衰减器输出不同的功率值。当光源输出经过光衰减器后，会进入一个光纤分束器，光纤分束器利用分光的原理，把相同的光同时传输到标准光功率计和被检测光功率计中，通过调节光衰减器，实现同时读取标准光功率计和被检光功率计不同功率点上的数值

　　使用功率计时，需要注意以下事项。

　　❶ 使用功率计前，检查仪表和其他部件是否有损坏、污染等情况；测量的目标应具备直接插入损耗测量 dB 功能；应校准后再使用，当校准结束后取下探头置入测试点进行测量；不能用天线端口接入设备射频发射端，避免损坏仪表。

　　❷ 功率计使用过程中，选择探头的方向、量程、频率要和被测频率保持一致，同时探头传输线结构和阻抗要与被测传输线匹配使用；待测量的数据稳定后再进行读数。

　　❸ 功率计使用后，应及时关闭电源，存放在合适的环境，避免潮湿、挤压等情况。

1.4.2 数字电桥

1.4.2.1 数字电桥类型

数字电桥为测量电感、电容、电阻、阻抗的仪器，又可以称为 LCR 数字电桥、LCR 测量仪等。数字电桥的测量对象一般为阻抗元件的参数，包括电感（L）、电容（C）、交流电阻（R）、损耗因数（D）、品质因数（Q）。数字电桥包含以下类型，图 1-4-4 所示为普通数字电桥；图 1-4-5 所示为手持数字电桥。普通数字电桥显示信息较多，手持数字电桥有更好的便携性。

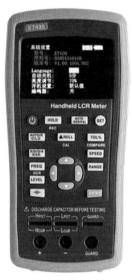

图 1-4-4　普通数字电桥　　　　图 1-4-5　手持数字电桥

1.4.2.2 数字电桥使用说明

使用手持数字电桥进行测量时，可根据参数设定、频率设定、量程设定、数据保持等使用。表 1-4-2 所示为手持数字电桥的测量使用。

表 1-4-2　手持数字电桥的测量使用

使用情况	操作方式
参数设定	可通过按下"AUTO/L/C/R"和"ESR/D/Q"选择设置
频率设定	可通过按下"FREQ"选择测量频率
量程设定	可通过按下"▲""▼"或"AUTO"进行调节
数据保持	可通过按下"HOLD"键保持数据不动

使用手持数字电桥时，需要注意以下事项。

❶ 使用数字电桥前，保证导线之间连接正常，以及确认测试端口的正确连接；进行开路清零和短路清零，开路清零可以消除被测量目标与其他元件并联分散影响，短路清零可

以消除被测量目标与其他元件串联的阻抗影响；根据测量元件选择合适的量程。

❷ 数字电桥使用过程中，按照需要的内容选择测试，待测量的数据稳定后再进行读数。

❸ 数字电桥使用后，应及时关闭电源，存放在合适的环境，避免潮湿、挤压等情况。

1.4.3 兆欧表（绝缘测试仪）

1.4.3.1 兆欧表类型

兆欧表又称为绝缘测试仪、绝缘表、高压绝缘电阻测试仪、绝缘电阻测量仪、绝缘特性测试仪、电动摇表等，常以兆欧（MΩ）为单位，一般由集成电路组成，主要用于测量电气设备或电气线路对地及相间的绝缘电阻，确保在正常状态工作，避免发生漏电的情况。兆欧表中包含指针式兆欧表（图1-4-6）、手摇式兆欧表（图1-4-7）、数字兆欧表（图1-4-8）等类型，常用的为数字兆欧表。指针式兆欧表抗干扰能力较强，手摇式兆欧表应用场景较为广泛，数字兆欧表有更好的便携性。

图1-4-6 指针式兆欧表

图1-4-7 手摇式兆欧表

图1-4-8 数字兆欧表

1.4.3.2 兆欧表使用说明

数字兆欧表一般由中大规模集成电路组成，有三个接线柱，其中"L"为线端，"E"为地端，"G"为屏蔽端。同时拥有大功率输出、高短路电流值、多等级输出电压等功能。它由电池作为电源，然后经DC/DC变换产生直流高压，连接测量的电气设备或电气线路，从E极到L极会产生电流，最后经过I/V变换完成运算，通过显示器将被测量的绝缘电阻值显示。

数字兆欧表自身会发生高电压，所以测量时应要正确使用，避免发生安全事故。表1-4-3所示为数字兆欧表的测量使用。

表1-4-3 数字兆欧表的测量使用

使用情况	操作方式
连接设备	连接电气设备时，要区分"L"端、"E"端和"G"端，"L"应连接被测量设备导体，"E"端应连接接地的设备外壳，"G"端应连接被测量设备的绝缘部分
初始状态	测量前的显示，短路时应指在"0"位置，开路时指在"∞"位置

使用数字兆欧表时，需要注意以下事项。

❶ 数字兆欧表应摆放在平稳、牢固的地方，同时要远离较大的外磁场；对数字兆欧表进行自查；待测量的电气设备表面应保持清洁，可以接触电阻，保证数据的准确性；被测量的设备电源应切断，同时要对地短路放电，不能使设备带电操作。

❷ 数字兆欧表使用过程中，若测量相电阻为零时，表明已短路；若测量相为 0.1MΩ 或 0.2MΩ 时，表明相绝缘电阻性能已降低；测量的电气设备绝缘电阻越大，电气设备绝缘越好。

❸ 数字兆欧表使用后，存放在合适的环境，避免潮湿、挤压等情况。

1.4.4 红外测温仪

1.4.4.1 红外测温仪类型

红外测温仪由光学系统、光电探测器、信号放大器及信号处理、显示输出等部分组成。其中光学系统负责汇聚其视场内的目标红外辐射能量，而视场的大小由红外测温仪的光学零件确定。当红外能量聚焦在光电探测器上时，就会转变为相应的电信号，经过放大器和信号处理电路的信号，会按照系统的算法以及目标发射率校正，最后在显示器上显示被测量目标的温度值。红外测温的仪器包括红外测温仪（图1-4-9）、红外热像仪（图1-4-10）等类型，红外热像仪可以更直观地判断被测目标的红外热分布。

图1-4-9　红外测温仪

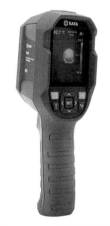
图1-4-10　红外热像仪

红外热像仪由红外探测器、光学成像物镜和光机扫描系统等组成。当红外热像仪接受测量目标的红外辐射能量分布图形后，就会反映到红外探测器的光敏元上，光机扫描系统就会对被测量目标进行扫描，同时会聚焦在单元或分光探测器上，通过探测器把红外辐射能转换成电信号，最后经过放大处理、转换成标准视频信号，在显示器上显示红外热像图。

1.4.4.2 红外测温仪使用说明

使用红外测温仪测量时，可通过按下"℃/℉"选择设置显示的单位。

环境影响因素包括温度范围、光斑尺寸、工作波长等；红外测温仪因素包括显示、输出、保护附件、响应时间、测量精度等。

使用红外测温仪时，需要注意以下事项。

❶ 使用红外测温仪前，检查环境条件是否符合要求，避免蒸汽、尘土、烟雾等因素影响；应把仪器与被测目标对准，保证距离和光斑尺寸的比例，环境温度与仪器温度相差较大时，应使仪器适应后再测量，避免数据的误差。

❷ 红外测温仪使用过程中，若波长为 5μm 以上，不能通过石英玻璃进行测温，因为玻璃有很特殊的反射性和透过性，会影响测量的结果；只能测量表面温度，不能测量内部温度。

❸ 红外测温仪使用后，存放在合适的环境，避免潮湿、挤压、温度差异较大等情况。

1.5 电工基础

在电动汽车检测或维修部件中，常有电路的故障诊断，根据电工基础可对简单的问题进行处理。电工基础中包括电路基础、直流电路、交流电路、电与磁等。电路可以实现电能的传输、分配和转换，也可以实现信号的传输与处理。

1.5.1 电路基础

1.5.1.1 基本知识

（1）电路概述 电路通常为有电流流过的回路，又称为电回路。它通过元器件按照规划的线路利用导线连接，即可以组成电路。电路为电力系统、控制系统、通信系统、计算机硬件等电系统的主要组成部分，能起到电能和电信号的产生、传输、转换、控制、处理和存储等作用。根据处理信号的不同，电子电路可分为模拟电路和数字电路；根据规模大小，最小可在硅片上应用的集成电路，最大可在输电网上应用的高低压电路，形成较大的相差。

（2）电路组成 一个完整的电路结构包括电源、负载（用电器）、开关、导线等。

电源是把非电能转换成电能的装置，如电池、发电机、增程器等；负载是把电能转换成其他形式的能的装置，如电灯泡、电动机等；开关是接通或断开电路的控制元件，如手动开关、自动空气开关等；导线把电源、负载和开关进行连接，形成一个闭合回路，起到传输和分配电能的作用。图 1-5-1 为电源、负载（电动机）、开关、导线相关的电气符号图。

电源　　负载(电动机)　　开关　　　导线

图 1-5-1　电源、负载（电动机）、开关、导线相关的电气符号图

（3）**电路状态**　电路状态一般有通路、开路和短路三种。图1-5-2所示为通路、断（开）路和短路状态图。

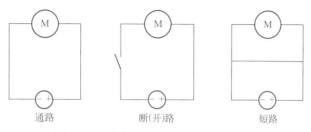

图1-5-2　通路、开路和短路状态电路图

当电路导通时，电路中有电流通过称为通路；当电路断开时，电路中某一处断开称为断路或开路；当电路导通时，电路中电源正负极无负载，直接由导体形成闭合回路称为短路。

短路状态电源输出的电流会比允许通路时的工作电流大很多倍，导致电源损耗大量的能量，容易产生安全事故，所以电路状态一般不允许短路。

（4）**串联**　串联是连接电路元件的基本方式之一，把各电路元件串联起来组成的电路叫串联电路，串联电路中流过的电流相等。串联电路中流经元件的电流为同一个电流，总电压为所有元件端电压之和。图1-5-3所示为串联电路图。

（5）**并联**　并联是连接电路元件的基本方式之一，把2个不同类型或相同类型的电路元件进行连接。在干路的电流的分支处分为两部分，分别流过两个支路中的各个元件。图1-5-4所示为并联电路图。

图1-5-3　串联电路图

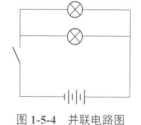

图1-5-4　并联电路图

1.5.1.2 基本物理量

（1）**电压**　电压也可以称为电势差或电位差，它是衡量电场力做功本领的物理量。电压的单位通常为伏特，简称为伏，符号为"V"。较强的电压通常以千伏为单位，符号为"kV"；较弱的电压通常以毫伏或微伏为单位，符号为"mV"或"μV"。换算关系为：1kV=1000V，1V=1000mV，1mV=1000μV。

电压可根据正负来判断方向，以负载为例，规定电流的流入为电压正端，而流出为电压负端，所以电压的方向为正指向负。

（2）**电流**　电流为有规则定向移动的电荷。电流的单位通常为安培，简称为安，符号为"A"。常用的有千安、毫安、微安，符号分别为"kA""mA""μA"。换算关系为：1kA=1000A，1A=1000mA，1mA=1000μA。

（3）**电动势** 电动势是衡量电流将非电能转换成电能的本领的物理量。电动势的单位与电压相同，符号为"V"。它是在电源内部外力将单位正电荷从电源负极移动到电源正极所做的功，可以用 E 表示。

电动势的方向规定为电源内部由负极指向正极，电源中的电流与电动势方向相同。对于电源来说，有电动势也有端电压。电动势存在电源的内部，而端电压为电源加在外电路的两端电压，它的方向为正极指向负极。若电源处于开路，电源的端电压就会与电动势相等。

1.5.1.3 电路元件

电子元器件工作时，若内部有电源存在，一般称为有源元件，如电压源、电流源等；若内部无任何形式的电源存在，一般称为无源元件，如电阻、电容等。

（1）**电压源** 电压源为固定电动势和较低电阻的电源，一般把具有不变的电动势且内阻为零的电源称为理想电压源或恒压源。用电设备中所需的电源，通常需要稳定的电压，所以要求电源的内阻越小越好，这样就可使实际电源的特性与理想的电压源尽量接近。

若电压源在电流变化时电压波动较弱，通常假设为理想电压源。电压源的回路通常为串联方式，因为它的内阻相对负载阻抗很小，而负载阻抗的波动不会改变电压大小。

（2）**电流源** 电流源为内阻无限大，而能输出恒定电流的电源，可称为理想电流源或恒流源，而恒流源输出的恒定电流称为电激流。晶体三极管在放大状态下工作时，就接近于恒流源。

若电流源在电压变化时电流波动较弱，通常假设为理想电流源。电流源的回路通常为并联方式，因为它的内阻相对负载阻抗很大，而负载阻抗的波动不会改变电流大小。

（3）**电阻** 电阻是导体对电流的阻碍，电阻的单位通常为欧姆，简称为欧，符号为"Ω"。常用的有千欧、兆欧，符号分别为"kΩ""MΩ"。换算关系为：1kΩ=1000Ω，1MΩ=1000kΩ。

在导体中，电阻为客观存在，即便无外部电压导体也会有电阻，一般情况下金属导体的电阻大小受材料、长度、横截面积等有关因素影响，电阻可以用 R 表示。

同时电阻还受温度因素影响，若为金属导体，它的电阻随温度升高而变大；若为碳，它的电阻随温度升高而变小。电阻在电路中可以起到分压、分流的作用。

（4）**电容** 电容是能够储存电荷的元件，也称为电容器，它是电子设备中常用的元件之一。电容的单位通常为法拉，符号为"F"。常用的有皮法、纳法、微法、毫法，符号分别为"pF""nF""μF""mF"。换算关系为：1F=1000mF，1mF=1000μF，1μF=1000nF，1nF=1000pF。

电容在电场作用下，在单位时间内因发热所消耗的能量称作损耗，损耗与频率范围、介质、电导、电容金属部分电阻等因素有关。

1.5.2 直流电路

1.5.2.1 基本定律

（1）**欧姆定律** 欧姆定律表述为在同一电路中，通过某一种导体的电流与这段导体的两端电压成正比。与这段导体的两端电阻成反比。则有以下公式：

$$I=\frac{U}{R}$$

其中，I 为电流，单位"A"；U 为电压，单位"V"；R 为电阻，单位"Ω"。同时还可以导出以下公式：

$$R=\frac{U}{I}\ \text{或}\ U=IR$$

部分电路的欧姆定律，也称为外电路欧姆定律。一般忽略电源的电阻，将电源当作理想的电动势进行计算，通常表示的公式为：

$$I=\frac{U}{R}$$

图 1-5-5 所示为欧姆定律部分电路图。

全电路的欧姆定律，也称为闭合电路欧姆定律。一般不忽略电源的电阻，所以电源不当作理想的电动势进行计算。通常表示的公式为

$$I=\frac{E}{R+r}$$

其中，I 为电流；E 为电动势；R 为外总电阻；r 为电池内阻。

图 1-5-6 所示为欧姆定律全电路图。

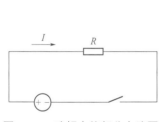
图 1-5-5　欧姆定律部分电路图

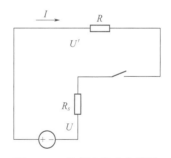
图 1-5-6　欧姆定律全电路图

闭合电路的电流与电源电动势成正比，与内电路和外电路的电阻之和成反比。而电源电动势等于外电路电压和电流与内阻乘积的和，通常表示的公式为

$$E=U'+I\times R_{s}$$

（2）**基尔霍夫定律**　基尔霍夫定律既用于直流电路的分析，也可以用于交流电路和含有电子元件的非线性电路分析，包括基尔霍夫电流定律（KCL）和基尔霍夫电压定律（KVL）。在使用基尔霍夫定律列出方程时，所选择的变量主要有支路电流、回路电流、网孔电流等。

1.5.2.2 电阻电路的连接

（1）**电阻串联**　电阻串联为将两个或两个以上的电阻依次连接，在电路中形成一条无分支的电路连接方式。电阻串联的特点包括：电路中每个电阻流过的电流相等，可表示为

$I=I_1=I_2=I_3=\cdots=I_n$；电路中总电压等于每个电阻两端的分电压之和，可表示为 $U=U_1+U_2+U_3+\cdots+U_n$；电路中总电阻等于每个串联电阻值之和，可表示为 $R=R_1+R_2+R_3+\cdots+R_n$。

（2）**电阻并联**　电阻并联为将两个或两个以上的电阻连接，在电路中相同的两点之间承受同一电压的连接方式。

电阻并联的特点包括：电路中总电流等于每个电阻流过的电流之和，可表示为 $I=I+I_1+I_2+I_3+\cdots+I_n$；电路中每个电阻两端的电压相等并等于电路两端电压，可表示为 $U=U_1=U_2=U_3=\cdots=U_n$；电路中总电阻的倒数等于每个并联电阻的倒数之和，可表示为

$$\frac{1}{R}=\frac{1}{R_1}+\frac{1}{R_2}+\frac{1}{R_3}+\cdots+\frac{1}{R_n}$$

（3）**电阻混联**　电阻混联为既有电阻串联也有电阻并联，电路中串联部分有电阻串联的性质，并联部分有电阻并联的性质。

1.5.3　交流电路

1.5.3.1　正弦交流电

正弦交流电为电流、电压或电动势的大小和方向随时间发生正弦规律变化，正弦电压、电流等称为正弦量。

（1）**正弦交流电三要素**　正弦交流电的三要素包括振幅、频率和初相角。

（2）**正弦交流电表示方法**　正弦交流电表示方法有解析表示法、波形表示法和向量表示法等。

（3）**功率的定义**　功率为物体在单位时间内所做的功的多少，也是描述做功快慢的物理量。若功的数量一定，时间越短功率值就会越大。功率可以用 P 表示，单位为瓦特，符号为"W"。

在电流相等的串联电路中，可推出比值为：$P_1 : P_2=U_1 : U_2=R_1 : R_2=W_1 : W_2$；

在电压相等的并联电路中，可推出比值为：$P_1 : P_2=I_1 : I_2=R_1 : R_2=W_1 : W_2$。

1.5.3.2　电阻、电感、电容器的交流电路

（1）**单一参数的正弦交流电路**　在单一参数的正弦交流电路中，包括纯电阻电路、纯电感电路和纯电容电路。

纯电阻电路为负载中仅有电阻元件的交流电路，电阻将从电源获得的能量会全部转变成内能。图 1-5-7 所示为纯电阻电路图。

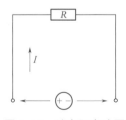

图 1-5-7　纯电阻电路图

纯电感电路为利用电阻为零的线圈形成纯电感线圈接入交流电源，得到负载中仅有电感元件的交流电路。图1-5-8所示为纯电感电路图。

纯电容电路为利用介质损耗较小、绝缘电阻较大的电容器组成的交流电路。图1-5-9所示为纯电容电路图。

（2）串联电路　在拥有线圈的交流电路中，若不忽略线圈电阻，就有RL串联交流电路；若线圈与电容器串联，就有RLC串联电路。图1-5-10所示为RLC串联电路图。在电阻、电感、电容器的串联电路中，电流与电压（包括频率、相位）等有相同或不同的关系。

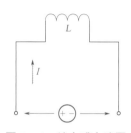 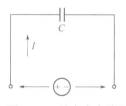 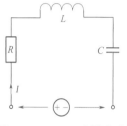

图1-5-8　纯电感电路图　　　图1-5-9　纯电容电路图　　　图1-5-10　RLC串联电路图

电流与电压的频率关系中，若纯电阻电路、纯电感电路、纯电容电路中的电流与电压的频率相同时，电流与电压的频率就会相同。

1.5.3.3 三相交流电

（1）三相交流电简介　三相交流电电路主要由三相电源构成，而三相电源则由3个幅值相等、频率相同、相位互差120°的单相交流电源组成。三相制电路有电力输送材料使用较少的优势，三相制的电机有可产生旋转磁场、结构简单、维护方便等优势。

（2）三相电源连接方式　三相电源连接方式一般分为星形连接和三角形连接。一般通过3个电源的开始端引出3条端线，也称为火线，分别为a、b、c，任意两条端线之间的电压称为线电压，分别为U_{ab}、U_{bc}、U_{ca}。相电压是指多相交流电路中在给定点的相导体与连接系统中性点，（n）的导体之间的电压，分别为U_{an}，U_{bn}，U_{cn}。

星形连接中，其线电压为相电压的$\sqrt{3}$倍，而3个线电压之间的相位差仍为120°，会比3个相电压各超前30°，所以星形连接有一个公共点，称为中性点。图1-5-11所示为星形连接图。

三角形连接中，其线电压等于相电压，而3个电源会形成一个回路，当三相电源对称并连接正确时，电源的内部就没有环流。图1-5-12所示为三角形连接图。

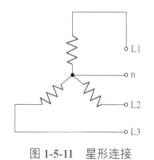 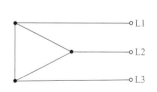

图1-5-11　星形连接　　　　图1-5-12　三角形连接

1.5.4 电与磁

1.5.4.1 基本知识

（1）**电与磁概述** 在通电导体中会存在磁场，所以电流会产生磁场。而电磁场与导体的相互作用产生电的现象，一般称为电磁感应。为了能够用较小的电流产生较大的磁场，一般会采用线圈绕在由铁磁材料制成的铁芯上。这样当电流流过线圈产生的磁通大部分也通过铁芯。铁芯的磁通称为主磁通，用 Φ_m 表示。

（2）**电磁铁** 电磁铁是在通电时产生电磁的一种装置。当铁芯的外部缠绕与其功率相匹配的导电绕组时，线圈中就会像磁铁一样具有磁性，使铁芯容易磁化。

若需要在电磁铁断电后立即消磁，一般采用消磁较快的软铁或硅钢材料，这样就可以在通电时有磁性，断电后就会消磁。

电磁铁的组成包括线圈、铁芯、弹簧和衔铁等。一般情况下，电磁铁所产生的磁场，受电流大小、线圈圈数、中心的铁磁体等影响。

1.5.4.2 基本物理量

（1）**磁感应强度** 磁感应强度为表示磁场中各点特性的基本物理量，包括磁场强弱和方向等。磁感应强度可以用 B 来表示，它的单位为特斯拉（T），也可以是韦伯/平方米（Wb/m^2）。

磁感应强度也称为磁通量密度或磁通密度，磁感应强度越大，磁感应就会越强；磁感应强度越小，磁感应就会越弱。匀强磁场一般为磁场内各点的磁感应强度大小相等、方向相同的情况。

（2）**磁通量** 磁通量是磁感应强度与垂直磁场方向的曲面面积的乘积，一般用作表示磁场分布方向，用 Φ 表示，则有以下公式：

$$\Phi = BS$$

其中，Φ 为磁通量，单位为"Wb"或伏·秒（V·s）；B 为磁感应强度；S 为曲面面积。

磁通量还可以用通量计进行测量，而通量计包括测量线圈和估计测量线圈上电压变化的电路。

（3）**磁导率** 磁导率为空间或磁芯空间线圈流过的电流后产生的磁通阻力，或它在磁场中导通磁力线的能力，是一种表示磁介质磁性的物理量，单位为亨/米（H/m）。

（4）**磁场强度** 磁场强度为磁场中某点磁感应强度与介质磁导率的比值，单位为安培/米（A/m）。磁场强度可以用 H 表示。

1.5.4.3 基本定律

（1）**安培环路定律** 安培环路定律为计算磁场的基本定律，反映了闭合回路上的各个点磁场强度相同，并且方向与闭合回路的切线方向一致，有以下公式：

$$HL = \sum I$$

其中，H 为磁场强度；L 为回路长度；I 为电流。

（2）**欧姆定律（磁路）** 磁路的欧姆定律为确定磁路的磁通量、磁动势和磁阻之间的关系，有以下公式：

$$\Phi = F / R_m$$

其中，Φ 为磁通量；F 为磁动势；R_m 为磁阻。

（3）**电磁感应定律**　电磁感应定律也称为法拉第电磁感应定律，它是因磁通量的变化，而产生感应电动势的现象。闭合电路的一部分导体在磁场中做切割磁感线的运动时，导体就会产生电流，称为感应电流，产生的电动势就称为感应电动势。

1.6

▎ 电子基础

1.6.1　电子元器件

1.6.1.1　PN 结

　　PN 结为 P 型半导体与 N 型半导体的交界面形成的空间电荷区，在一块单晶体中，采取一定的工艺措施，掺入不同杂质，通过扩散作用，把 P 型半导体与 N 型半导体制作在同一块半导体基片上，一边形成 P 区，另一边形成 N 区。PN 结具有单向导电性的特性，如半导体二极管、双极性晶体管等。

1.6.1.2　二极管

　　二极管是使用半导体材料制作的一种电子器件，具有单向导电性能，一般由一个 PN 结加上相应的电极引线及管壳封装而成，二极管的符号用 VD 表示。二极管有两个电极，P 区引出的电极是正极或阳极；N 区引出的电极是负极或阴极，三角箭头方向表示正向电流的方向。图 1-6-1 为二极管外观。

　　在电子电路中，可以将二极管和电阻、电容、电感等元器件进行合适的连接，形成不同功能的电路，实现交流电整流、电源电压的稳压等功能。

1.6.1.3　晶体管

　　晶体管（图 1-6-2）是可以控制电流的半导体器件，又称为双极型晶体管。晶体管包括二极管、三极管、场效应管、晶闸管等，可实现整流、放大、稳压等功能。

图 1-6-1　二极管　　　　　　　图 1-6-2　晶体管

1.6.2 模拟电路

1.6.2.1 整流电路

整流电路是把交流电能转换为直流电能的电路，可实现直流电动机的调速等功能。

整流电路的作用是把交流降压电路输出的较低电压的交流电，转换成单向脉动性直流电。

整流电路主要由整流二极管组成，经过整流电路后，会形成一种含有直流电压和交流电压的混合电压，一般称为单向脉动性直流电压。

1.6.2.2 稳压电路

稳压电路是在输入电压波动或负载发生改变时，可以保持输出电压基本不变的电源电路，可以保证电子设备的工作稳定性。

1.6.2.3 放大电路

放大电路的作用可以增加信号的输出功率，它可以把输入的微弱信号放大到所需要的幅度值，同时与原输入信号变化的规律保持一致。放大电路的本质是能量的控制和转换，不同的放大电路控制功能不同。

1.6.2.4 滤波电路

滤波电路常用于滤去整流输出电压中的纹波，一般由电抗元件组成，分为三种滤波电路，包括在负载电阻两端并联电容器的电容滤波电路、与负载串联电感器的电感滤波电路、由电容和电感及电阻组合而成的各种复式滤波电路。

1.6.3 数字电路

1.6.3.1 基本概念

数字电路是处理数字信号的电路，因为具有逻辑运算和逻辑处理功能，所以也称为逻辑电路。在车辆的电路中，电子控制单元一般为数字电路。

1.6.3.2 逻辑代数

逻辑代数是描述客观事物逻辑关系的数学方法，按照一定的逻辑规律进行计算。在逻辑电路中，逻辑变量可以用字母 A、B、C、…、X、Y、Z 等表示，逻辑变量只允许取两个不同的值 "0" 和 "1"，这并不表示数量的大小，而是代表对立的逻辑状态，分别是逻辑 "0" 和逻辑 "1"。随着数字技术的发展，逻辑代数已经成为分析和设计逻辑电路的基本工具和理论基础。

1.6.3.3 基本逻辑门电路

在数字电路中，由开关元件组成并实现一定逻辑关系的电路，称为逻辑门电路，简称门电路。其中最基本的逻辑关系有"与""或"和"非";而最基本的逻辑门有"与"门、"或"门和"非"门。

1.7 电力器件与电力电路

1.7.1 大功率电子器件

1.7.1.1 电力二极管

电力二极管为具有较大耗散功率的二极管,也可以承受高电压和电流。电力二极管与其他电力电子器件配合,可以实现整流、续流、电压隔离、保护元件等作用。

电力二极管开始应用时也称为半导体整流器,它的基本结构和工作原理与电子电路中的二极管相似,以半导体 PN 结为基础,实现正向导通、反向截止的功能。因为电力二极管是不可控器件,所以它的导通和关断由主电路中承受的电压和电流决定。图 1-7-1 所示为电力二极管。

图 1-7-1　电力二极管

1.7.1.2 晶体闸流管

晶体闸流管简称为晶闸管,又称为可控硅整流器,曾简称为可控硅。它是一种开关元件,可实现小电流控制大电流,能在高电压、大电流的条件下工作,并且在工作的过程中可以控制,一般应用于可控整流、交流调压、无触点电子开关、逆变及变频电子电路中。

1.7.1.3 电力晶体管

电力晶体管由三层硅半导体构成,与小功率晶体管一样,有 PNP 和 NPN 两种结构。

电力晶体管的中间为一块很薄的半导体，两边各为一块半导体，从 3 块半导体中各自引出一根引线就是晶体管的 3 个电极，其中 B 为基极，C 为集电极，E 为发射极。图 1-7-2 所示为 PNP 型结构电力晶体管符号，图 1-7-3 所示为 NPN 型结构电力晶体管符号。

图 1-7-2　PNP 型结构电力晶体管符号

图 1-7-3　NPN 型结构电力晶体管符号

1.7.1.4　电力场效应晶体管

电力场效应晶体管又称为电力场效应管，包括结型和绝缘栅型。电力场效应晶体管的特点包括开关速度快、高频特性好、高输入阻抗、低驱动电流、安全工作区宽、热稳定性能好、容易并联等。

1.7.1.5　绝缘栅双极型晶体管

绝缘栅双极型晶体管由双极型三极管和电力场效应晶体管组成，它结合了双极型三极管和电力场效应晶体管的特点，适合应用于直流电压为 600V 及以上的变流系统，如交流电机、变频器、开关电源等。绝缘栅双极型晶体管为能源变换与传输的核心器件，俗称电力电子装置的"CPU"。图 1-7-4 所示为绝缘栅双极型晶体管。

1.7.1.6　智能功率模块

智能功率模块为一种先进的功率开关器件，它将功率开关元件、驱动电路、保护电路等集成在一起，同时还有过电压、过电流和过热等故障检测电路，具有体积小、功能多、功耗小、使用方便等特点。图 1-7-5 所示为智能功率模块。

图 1-7-4　绝缘栅双极型晶体管

图 1-7-5　智能功率模块

在智能功率模块内，集成了逻辑、控制、检测和保护电路，与绝缘栅双极型晶体管比较，具有较低的损耗和较小的体积等特点。

1.7.2　大功率机械器件

1.7.2.1　大功率接触器

接触器的作用为保护电路，适用于频繁操作和远距离控制的场合，是自动控制系统中的重要元件之一。接触器可以允许很大的电流通过，不仅能接通和切断电路，还具有低电压释放保护作用。图 1-7-6 所示为大功率接触器。

1.7.2.2　继电保护

继电保护一般为电力系统的安全保障。在电力系统中，在发生故障时，继电保护会自动和快速地把故障设备从电力系统切除，从而保证其他部分的线路能够正常运行，同时让故障设备不再次损害和影响其他线路。

1.7.2.3　熔断器

熔断器为在电流超过规定值时，以本身产生的热量使熔体熔断，从而与电路断开的一种电器。

电流保护器运用熔断器的原理制作而成，通常应用于高低压配电系统和控制系统以及用电设备中，可以作为短路和过电流的保护器。图 1-7-7 所示为熔断器。

图 1-7-6　大功率接触器

图 1-7-7　熔断器

1.7.2.4　电压互感器与电流互感器

电压互感器的基本结构与变压器较为相似，也有两个绕组，分别为一次绕组和二次绕组，都装在或绕在铁芯上。电压互感器在运行时，一次绕组会并联在线路上，二次绕组会并联在仪表或继电器。所以在测量高压线路上的电压时，一次电压很高，二次为低压，这样就可以确保操作人员和仪表的安全。

电压互感器的目的，主要为测量仪表和继电保护装置供电，一般用于测量线路的电压、功率和电能，或当线路发生故障时，保护重要设备。

电流互感器以电磁感应原理为基础，由闭合的铁芯和绕组组成。电流互感器在运行时，因为一次绕组匝数较少，串联在需要测量电流的线路中，所以常有线路的全部电流流过，而二次绕组匝数较多，串联在测量仪表和保护回路中，所以它的二次回路始终是闭合的。

由于测量仪表和保护回路串联线圈的阻抗较小,电流互感器的工作状态接近短路。

电流互感器的作用,主要是把数值较大的一次电流,通过一定的变比转化成数值较小的二次电流,用作保护、测量等用途。

1.7.3 AC-DC 及 DC-AC 电路

1.7.3.1 AC-DC 的电路类型

AC-DC 电路为交流电源变换为直流电源的电路,也称为整流电路或 AC-DC 变换电路。它主要在直流电动机的调速、发电机的励磁调节等方面应用。

在 AC-DC 的电路中,包括以下不同类型的电路。

❶ 组成器件的电路:不可控电路、半控电路、全控电路。

❷ 电路结构的电路:零式电路、桥式电路。

❸ 电网交流输入相的电路:单相电路、三相电路、多相电路。

❹ 电流方向的电路:单向电路、双向电路、单拍电路、双拍电路。

❺ 控制方式的电路:相控式电路、斩波式电路。

❻ 引出方式的电路:中点引出整流电路、桥式整流电路、带平衡电抗器整流电路、十二相整流电路。

1.7.3.2 AC-DC 的电路组成

AC-DC 的电路通常包括半波整流电路、全波整流电路、桥式整流电路、倍压整流电路等。

以半波整流电路为例,主要由整流变压器、二极管、负载电阻等组成。变压器会将电压转换为所需要的交变电压,再将交流电转换为脉冲直流电。

1.7.3.3 DC-AC 的电路类型

DC-AC 电路为直流电源变换为交流电源的电路,也称为逆流电路。它主要在电动汽车逆变器、交流电机调速变频器等方面应用。

在 DC-AC 的电路中,包括以下不同类型的电路。

❶ 输入电源性质的电路:电压型逆变电路、电流型逆变电路。

❷ 逆变电路结构的电路:半桥式逆变电路、全桥式逆变电路、推挽式逆变电路。

❸ 电力电子器件换流方式的电路:自关断逆变电路、强制换流逆变电路、负载换流逆变电路。

❹ 负载控制要求的电路:脉冲宽度调制逆变电路、脉冲幅值调制逆变电路。

❺ 输出波形:正弦波逆变器、方波逆变器。

❻ 输出电能去向的电路:有源逆变电路、无源逆变电路。

1.7.3.4 DC-AC 的电路组成

DC-AC 的电路通常包括单相半桥式逆变电路和单相全桥式逆变电路等。

以半桥式逆变电路为例，主要由电容、电源、晶体管、续流二极管、电阻、电感等组成。

1.7.4 DC-DC 与 AC-AC 电路

1.7.4.1 DC-DC 的电路类型

DC-DC 电路为直流电变换为不同频率或脉宽直流电的电路，也称为直流斩波电路。它主要在电动汽车电子设备的功率变换器、低压电源系统降压的 DC-DC 转换器、电驱动系统中逆变器内的升压转换器等方面应用。

在 DC-DC 的电路中，包括以下不同类型的电路。

❶ 激励方式：他励式、自励式。

❷ 调制方式：脉宽调制、频率调制。

❸ 储能电感与负载连接方式：串联型、并联型。

❹ 电力半导体器件开关过程中是否承受电压、电流应力：硬开关、软开关。

❺ 输入/输出电压大小：降压型、升压型。

❻ 输入与输出之间是否有电气隔离：隔离型、非隔离型。

1.7.4.2 DC-DC 的电路组成

DC-DC 的电路通常包括降压型电路和升压型电路等。

以降压型电路为例，主要由开关管、理想电感、电容、二极管、负载、直流电源等组成。

1.7.4.3 AC-AC 的电路类型

AC-AC 电路为把一种形式交流电转换成另外一种形式交流电的电路。它主要在晶闸管组合而成的无触点开关、异步电动机调速的交流调压电路等方面应用。

在 AC-AC 电路中，以是否通过中间环节，分为直接变换电路和间接变换电路。

1.7.4.4 AC-AC 的电路组成

AC-AC 的电路通常包括直接变换电路和间接变换电路等。

以直接变换中的交变调压电路为例，主要由交变电源、晶闸管、负载、控制电路等组成。

02

维修基础

2.1 电动汽车高压安全

2.1.1 高压电认知

2.1.1.1 电的类型

按照不同的标准，电可以分为不同的种类，常见的是根据电压大小进行分类。按照电压的大小，可以分为高电压、低电压和安全电压。在不同行业，划分高低压电的标准是不一样的，如由国家电力公司下发、在电力系统中执行的《电业安全工作规程》规定：对地电压在 1000V 以下时称为"低压"，对地电压在 1000V 及以上时称为"高压"；对电厂发电和供电来讲，以 6000 ~ 7000V 为界，以上的为高压电，以下的为低压电；在工业上，电压为 380V 或以上的称为高压电，以下的为低压电。

2.1.1.2 高压电

高压电这个概念是相对而言的，低压电和高压电之间没有绝对的界限，根据实际情况划分。

（1）高低压电 在国家电力系统中，高压电是指配电线路交流电压在 1000V 以上或直流电压在 1500V 以上的电；低压电是指交流电压在 1000V 以下或直流电压在 1500V 以下的电。

高低压的区别以电气设备的对地电压值为依据。对于交流电，对地电压高于或等于 1000V 的为高压，对地电压低于 1000V 的为低压。

（2）**安全电压** 安全电压是指人体较长时间接触而不致发生触电危险的电压。国家标准规定了为防止触电事故而采用的由特定电源供电的电压系列。我国国家标准规定的安全电压额定值共有五个等级，分别为 42V、36V、24V、12V 和 6V，应根据作业场所状况等因素选用。根据规定，安全电压为交流电压不高于 36V，直流电压不超过 50V。一般环境条件下允许持续接触的"安全特低电压"是 24V，安全电流为 10mA；干燥而触电危险性较小的环境下，安全电压规定为 24V；对于潮湿而触电危险性较大的环境（如金属容器、管道内施焊检修），安全电压规定为 12V。

电击对人体的危害程度主要取决于通过人体电流的大小和通电时间长短。电流强度越大，致命危险越大；持续时间越长，死亡的可能性越大。能引起人感觉到的最小电流值称为感知电流，交流电流为 1mA，直流电流为 5mA；人触电后能自己摆脱的最大电流称为摆脱电流，交流电流为 10mA，直流电流为 50mA；在较短的时间内危及生命的电流称为致命电流，50mA 的电流通过人体 1s，足以使人致命，因此致命电流为 50mA。在有防止触电保护装置的情况下，人体允许通过的电流一般为 30mA。

2.1.2 新能源汽车高压电

相对于传统汽车而言，电动汽车等新能源汽车有一个重要特点，即具有高电压、大电流的动力回路。为了适应电机驱动工作的特性要求并提高效率，高压电气系统的工作电压可以达到 300V 以上，而因电力传输线路的阻抗很小，所以高压电气系统的正常工作电流可能达到数十甚至数百安培，瞬时短路放电电流更是成倍增加。

2.1.2.1 高低电压

按国际《电动车安全技术规范》的规定，定义高电压的标准是直流 60V，交流 25V 以上，人们在维修或接触电动汽车时应配备安全保护装置且必须按一定的操作规范进行作业，否则会危及生命。

一般按车辆使用电压的高低，将车辆电压分为高、中、低三类；传统车辆应用低于 30V 的直流低电压，轻混合电动汽车通常使用高于 30V、低于 60V 的直流中等电压，双模混合动力或纯电动汽车应用 60V 以上的直流高电压。

2.1.2.2 电压安全级别

依据国家标准《电动汽车安全要求》（GB/T 18374-2020）中人员触电防护要求，根据不同电压等级可能对人体产生的伤害和危险程度不同，在新能源汽车中，将电压按照类型和数值分为两个级别，如表 2-1-1 所示。

表 2-1-1　电压的等级分类

电压级别	最大工作电压	
	直流电（DC）	交流电（AC）
A	$0 < U \leqslant 60V$	$0 < U \leqslant 30V$
B	$60V < U \leqslant 1500V$	$30V < U \leqslant 1000V$

考虑到空气的湿度和人体在不同工作环境下的电阻将车辆电压分为 A 级和 B 级。A 级是较为安全的电压等级，小于或等于 DC 60V；在规定的 150Hz 频率下，低于 30V，该电压下的维护人员不需要采取特殊防电保护。

B 级对人体会产生伤害，被认为是高压。在该电压下必须采取必要的防护设备，对维护人员进行保护。

2.1.2.3　高压特点

在新能源汽车中，低压通常指 12V 电源系统的电气线路，而高压主要指动力蓄电池及相关线路的电压。新能源汽车的高压具有如下特点：

❶ 高压的电压一般设计在 200V 以上。

❷ 高压存在的形式既有直流电，也有交流电。包括动力蓄电池的直流，也有充电时的 220V 电网交流电，以及电动机工作时的三相交流电。

❸ 高压对绝缘的要求更高，大多数传统汽车上设计的绝缘材料，当电压超过 200V 时可能就变成导体，因此新能源汽车上的绝缘材料需要具有更高的绝缘性能。

❹ 高压对正负极距离的要求。12V 电压情况下，正负极之间的距离需要很近时才会有击穿空气的可能，但是当电压高到 200V 以上时，正负极之间有一个很大的距离也会击穿空气而导电，也就是我们常说的电弧。在 300V 电压下，两根导线距离 10cm 时就会发生击穿导电。

2.1.3　高压安全标识的识别

为防止意外触及高压系统，新能源汽车对高压部件均采用特殊的标识或颜色，对维修人员或车主给予警示。有时为强调危险，在高压标识旁边还会添加一些警告文字。新能源汽车通常采用两种形式进行高电压的警示，包括高压警示标识和导线颜色。

2.1.3.1　高压警示标识

每个新能源汽车的高电压组件壳体上都带有一个标记。售后服务人员或车主均可通过标记直观看出高电压可能带来的危险，所用警示牌为基于国际标准危险电压警告标志。

如图 2-1-1 所示，高压警示标识采用黄色底色或红色底色，图形上布置有国家标准规定的高压触电标识。

图 2-1-1　高压警示标识

2.1.3.2　导线颜色

由于高压导线长度较长，可能有几米，因此在一两处通过警示牌标记意义不大，售后服务人员可能会忽视这些标牌。基于此情况，为方便辨别，用颜色标记出所有高电压导线，高电压导线的某些插接器及高电压安全插接器也采用相应颜色，以起到警示作用，如图 2-1-2 所示。

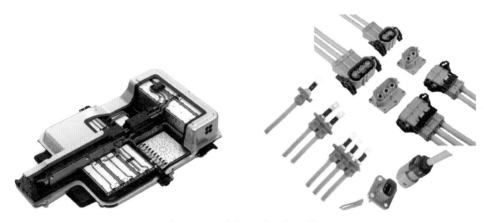

图 2-1-2　高压导线和插接器

按国际通行规定，电动汽车高压电配线的线皮标识颜色为橙色，在电动汽车上对有高电压的部件都采用颜色鲜艳的橙色警示标识。在进行维修操作时，对待高压部件应小心谨慎，严格按照安全规定进行，绝对不能随便触及。

2.2
电动汽车高压系统认识与识别

电动汽车是以动力蓄电池为能源，依靠电机驱动车轮转动实现运动。在电动汽车上，整车带有高压电的零部件主要有驱动电机、动力蓄电池、电机控制器、车载充电机、充电接口、电动压缩机、PTC 加热器等高压组件。

2.2.1　驱动电机

2.2.1.1　组件认识

驱动电机以车载电源为动力，将电能转化为机械能，通过传动装置或直接驱动汽车车轮行驶。与传统燃油车的发动机将燃料燃烧的化学能转化为机械能不同，其工作效率更高，能达到 85% 以上，故相比传统汽车，其能量利用率更高，能够减少资源的浪费。

2.2.1.2　组件位置识别

驱动电机的位置一般位于车辆前方区域，有些电动汽车拥有双电机，分布在车辆的前方区域和后方区域。图 2-2-1 所示为奥迪 e-tron 四驱车型的驱动电机安装位置。

前驱动电机

后驱动电机

图 2-2-1　驱动电机位置

2.2.2　动力蓄电池

2.2.2.1　组件认识

新能源电动车的整车动力来源是动力电池，如图 2-2-2 所示。动力电池的电压一般为 100～400V 的高压，其输出电流能够达到 300A。动力电池容量的大小直接影响到整车的续驶里程，同时也直接影响到充电时间与充电效率。目前锂离子动力电池是主流，受目前技术的影响，当前绝大多数的新能源汽车均采用锂离子动力电池。

2.2.2.2　组件位置识别

电动汽车的动力蓄电池一般位于车辆底部前、后桥及两侧纵梁之间，如图 2-2-3 所示。安装在这些位置能使其具有较高的碰撞安全性，可以降低车辆重心，车辆操控性更好。将电动汽车的动力电池安装在驾驶室后方的车架纵梁之上，使拆装操作更加简单，避免了动力蓄电池安装分散，减少动力蓄电池之间高压连接线束的使用，避免了线路连接过多的问题，而且节约了成本。动力蓄电池尽可能安装在清洁、阴凉、通风、干燥的地方，并避免受到阳光直射，远离加热器或其他辐射热源。动力电池应正立安装放置，不可倾斜。动力电池组间应有通风冷却装置，以避免因动力电池损坏所产生的可燃气体引起爆炸和燃烧。

图 2-2-2　动力电池外观

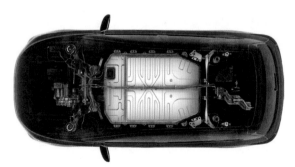

图 2-2-3　动力蓄电池位置

2.2.3 电机控制器

2.2.3.1 组件认识

电机控制器控制动力蓄电池组与电机之间能量的传输，采集电机位置信号和三相电流检测信号，精确地控制驱动电机运行。

电机控制器的功能为根据车里挡位、加速踏板、制动踏板等指令，控制车辆的启动速度、爬坡力度等行驶状态。

电机控制器可以把动力蓄电池中的直流电转换成交流电为驱动电机提供能量，也可以把车辆的车轮旋转动能转换成电能为动力蓄电池提供充电能量。

2.2.3.2 组件位置识别

驱动电机控制器一般安装在驱动电机壳体上方或附近，如图 2-2-4 所示，这样既可以缩短三相高压线长度，也可以做到和驱动电机一起冷却。

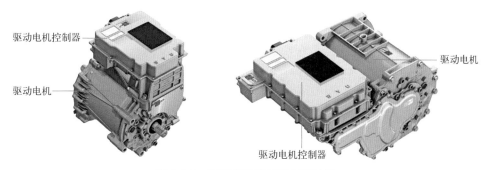

图 2-2-4　驱动电机控制器安装位置

2.2.4 车载充电机与充电接口

2.2.4.1 组件认识

车载充电机为安装在电动汽车上的充电机，可以为电动汽车动力蓄电池提供安全的充电环境，同时也会依据电池管理系统提供的数据，动态调节充电电流或电压的参数，然后执行对应的指令，形成一个完整的充电流程。

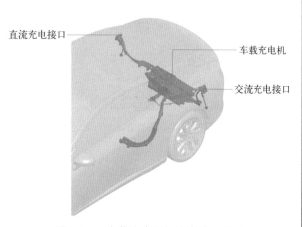

图 2-2-5　车载充电机与充电接口位置

2.2.4.2 组件位置识别

小鹏 P7 车载充电机及充电接口如图 2-2-5 所示，车载充电机安装在车辆后部，直流充电接口安装在车辆右后侧，交流充电接口安装在车辆左后侧。

交流充电接口由交流充电高压线束连接到车载充电机，车载充电机由正负直流充电高压线束连接到动力蓄电池，充电时，车载充电机将交流充电桩输出的 220V 交流电转换成直流电给动力蓄电池充电。

交流放电接口与交流充电接口共用，将蓄电池高压直流电通过车载充电机转换为 220V 交流电，通过放电枪输出。

直流充电接口由直流充电高压线束连接到动力蓄电池，充电时，电池管理器与直流充电桩进行交互，直流充电桩输出直流电给动力蓄电池充电。

2.2.5　电动压缩机与 PTC 加热器

2.2.5.1　组件认识

传统汽车的压缩机是通过压缩机电磁离合器的吸合，促使发动机带动压缩机运转。电动汽车没有发动机，它的压缩机是通过高压电源直接驱动的，这种电动压缩机如图 2-2-6 所示。

传统汽车上空调暖风系统的热源是引入发动机冷却后的冷却液的热量，在新能源车上这是不存在的，因此新能源汽车需要专门的制热装置，这个装置称为 PTC 加热器。PTC 加热器的作用就是制热。当低温时，电池包需要一定的热量才能正常工作，这时就需要 PTC 加热器给电池包进行预热。图 2-2-7 所示为某款新能源汽车 PTC 加热器。

图 2-2-6　电动压缩机

图 2-2-7　PTC 加热器

2.2.5.2　组件位置识别

如图 2-2-8 所示，大部分电动汽车的电动压缩机和 PTC 加热器均布置在车辆的前方区域。

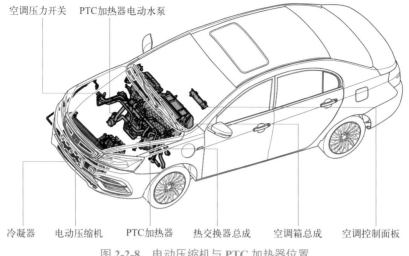

空调压力开关　　PTC加热器电动水泵

冷凝器　　电动压缩机　　PTC加热器　　热交换器总成　　空调箱总成　　空调控制面板

图 2-2-8　电动压缩机与 PTC 加热器位置

2.3
电动汽车高压安全操作规范

2.3.1　电动汽车维修硬件及设施人员要求

2.3.1.1　维修硬件要求

高压维修工位的布置，需要考虑使用面积、采光、照明、干燥、通风、防火、卫生等情况。其中照明光源可选择接近自然光线的光源，保持干燥可以降低维修操作人员的触电风险。

同时要配备专用的维修工位，配备有防护用品和应急设备等，维修作业前设置安全隔离警示牌等。

2.3.1.2　设施人员要求

进行电动汽车维修作业时，应配备具有上岗证的监护人员和操作人员，当发生触电事故时，监护人要立刻采取有效措施进行急救，其中监护人员的安全技术等级要高于操作人员，同时要有丰富的实际工作经验并熟悉现场及设备情况；操作人员要经过专业的培训，并通过考核再进行作业。图 2-3-1 所示为《特种作业操作证（低压电工证）》。

监护人员从引导车辆进入专用的工位，然后进行监督维修的操作流程，再到协调维修操作人员进行维修车辆，监护要求如下：

❶ 维修车辆时，负责监督维修操作人员的使用工具、工作位置和操作方法等是否正确。

❷ 切断高压电源和带电作业时，负责监督操作人员的活动范围，保持与带电设备在安全的距离。

图 2-3-1 《特种作业操作证（低压电工证）》

③ 维修车辆时，若操作人员有不正确的动作或处理方式，应立刻提出纠正，并告知按正确的方式执行。

④ 监护人员在进行监护工作时，不能有其他工作同步进行。

操作人员从车辆进入专用的工位后，应设置高压警示标识，然后对安全防护设备进行检查并按要求安全佩戴，再维修车辆。需要维修高压系统时，应先按照禁用的高压系统的操作，高压系统禁用操作如表 2-3-1 所示。

表 2-3-1　高压系统禁用操作步骤

步骤	操作
第一步	移除车辆上所有外部电源
第二步	移除充电枪
第三步	关闭点火开关
第四步	断开 12V 蓄电池负极
第五步	断开高压电手动维护开关插头
第六步	等待高压能量全部释放后，再佩戴个人安全防护设备进行高压插接器的断开操作，最后对车辆的电压进行验证

2.3.2　电动汽车高压电气维修安全操作规范

2.3.2.1　维修前准备工作

在电动汽车的高压电气检查或维修前，需要注意以下事项。

① 仪表 READY 指示灯。若组合仪表上的 READY 灯点亮，车辆为启动状态，要确保 READY 指示灯熄灭后，再进行下一步工作。

② 在检查或维修前，需要断开负极以及高压电手动维护开关插头，并且等待 15min 后，再进行下一步工作。

③ 不能随意直接接触高压部件。在检查或维修前，需要使用专用的绝缘工具进行操作，不能用手直接接触车辆的高压部件，避免对人体造成伤害。

④ 检查或维修前，必须穿戴绝缘、耐酸碱、耐腐蚀的防护用具检查绝缘性能，包括手套、鞋、护目镜以及工作服等。

2.3.2.2 维修过程注意事项

在电动汽车的高压电气检查或维修过程中，需要注意以下事项。

❶ 若有高压线束出现破损，应及时更换，不能对高压线束进行维修后再使用。

❷ 若有高压组件发生冒烟或起火等情况，应及时使用干粉灭火器进行灭火处理。

❸ 在拆装动力蓄电池组时，应按照正确的步骤进行拆卸，拆卸后的部件要放在专用的区域并且做好保护。

❹ 检查或维修过程中，必须穿戴绝缘、耐酸碱、耐腐蚀的防护用具，包括手套、鞋、护目镜以及工作服等。

❺ 检查或维修过程中，严禁非专业人员对高压部件进行移除及安装。

❻ 电缆接口或其他部件必须按照标准力矩拧紧。

❼ 当更换高压部件后，要测量搭铁，检查性能是否良好。

2.3.2.3 维修完成后处理工作

在电动汽车的高压电气检查或维修过程后，需要注意以下事项。

❶ 要进行完善的检查，确保线束及部件连接牢固、无损。

❷ 若动力蓄电池组未能及时安装，后续进行检查、存放的区域要保持通风、干燥，并且周围无可燃物品，要配备相应的灭火设备。

❸ 在确保线束及部件连接牢固、连接无误后，再对高压电手动维护开关插头进行连接。

❹ 检查或维修完成后，上电前要确认车辆无人操作。

2.3.3　电动汽车维修车间布置要求

电动汽车维修车间布置要求，除了考虑使用面积、采光、照明、干燥、通风、防火、卫生等情况外，还需要布置警示标志和应急设备等。

2.3.3.1 警示标志

在车辆进入专用的工位后，操作人员应摆放警示标志，警示标志一般在工位周围布置，避免其他人员未经允许进入，发生安全问题。图 2-3-2 所示为警示标志。

车辆维修过程中拆卸的高压部件，应及时布置明显的警示标志，不能存放在没有警示标志的环境下。

图 2-3-2　警示标志

2.3.3.2 应急设备

电动汽车维修车间的应急设备，除了布置高压防护装备外，还需要布置灭火器，包括干粉灭火器、水基灭火器等。

2.4

触电急救处理

2.4.1 高电压与人体伤害

2.4.1.1 高电压触电

高电压环境作业时，必须做好防护措施、按规范操作以及保持安全距离，避免触电对人体造成伤害。

触电事故通常为人体受到电击产生的现象，当人体直接接触电源、高压电经过空气或其他导电介质传递电流时，所引起组织损伤和功能障碍等情况。若以电气设备的状态分类，可分为直接接触电击和间接接触电击，直接接触电击为人体在正常带电状态下的电击，间接接触电击为故障状态下或其他因素导致的电击。

人体在接地周围的环境，两脚之间会出现电压，称为跨步电压，由跨步电压引起的触电事故，称为跨步电压触电。一般在高压故障接地处，或有大电流流过接地装置附近时，可能会出现较高的跨步电压。

2.4.1.2 人体的伤害

触电人员由于电流通过人体产生伤害，包括对人体的肌肉、皮肤、血液循环、呼吸功能产生影响等，对人体伤害的程度，取决于电流大小、电流通过人体的部位、电流持续时间长短等因素。

电流一般从人体的手、头部进入，到脚部流出。因为每个人的体质不同，电流通过的时间不同，所以会产生不同的后果，一般都会与通过人体电流的大小有关系，在一定范围内对人体会产生反应，表 2-4-1 所示为电流范围与人体的反应情况。

表 2-4-1　电流范围与人体的反应情况

电流范围 /mA	人体反应情况
0.6 ～ 1.5	手指开始感觉发麻、无感觉
2 ～ 3	手指感觉强烈发麻、无感觉
5 ～ 7	手指感觉灼热和刺痛，手指肌肉感觉痉挛
8 ～ 10	手指关节与手掌感觉痛，手已难以脱离电源，手部灼热感增加
20 ～ 25	手指感觉剧痛、迅速麻痹，手不能摆脱电源，呼吸困难，手部灼热增加，手部肌肉开始痉挛
50 ～ 80	呼吸麻痹，心房开始震颤、强烈灼痛，手的肌肉痉挛，呼吸困难
90 ～ 100	呼吸麻痹，持续 3s 后或更长时间后，心脏麻痹，心脏停搏

表 2-4-1 的情况中，人体承受 0.6mA 的电流时，会引起麻刺的感觉等；人体承受 20mA 的电流时，会引起剧痛和呼吸困难等；人体承受 50mA 的电流时，会造成生命危险；人体承受 100mA 的电流时，会引起心脏麻痹、心脏停搏等。

除了表 2-4-1 中的情况外，触电人的精神状态和其他部位也会受伤害。

❶ 精神状态。触电人员轻者可能出现惊吓、心悸、面色苍白、头晕、乏力等情况；重者可能出现昏迷、强直性肌肉收缩、休克、心律失常、心跳微弱、呼吸微弱、心搏骤停、呼吸停止等情况。

❷ 伤害部位。触电人员被电击的部位可能会出现电灼伤、焦化、炭化、组织坏死等情况；触电人员被电击后，若身体失去知觉跌下，会对身体的其他部位造成二次伤害。

2.4.2　急救处理流程

2.4.2.1　分离电源

当人员触电时，应及时根据触电现场的环境和条件，迅速将电源与触电人员分离，包括关闭电源、挑开电线、切断电路、脱离触电者等。在使触电人员分离电源的过程中，必须严格保持自己与触电人员的绝缘，避免造成自身触电，更不能直接接触触电人员，使用的器材必须有绝缘性能，必要时自身可以使用干燥木块或厚塑料块等绝缘物品，先与地面进行绝缘处理，然后分离电源。分离电源的方法包括关闭电源、分离电线、切断电路、拉开触电者等。

❶ 关闭电源。发生触电时，最简单的方法为迅速找到电源的开关，关闭电源或拉开电源总闸刀。

❷ 分离电线。发生触电时，可以使用干燥木棒、厚塑料木棒等绝缘物品，从触电人员上分离电线，然后固定好电线，避免造成再次触电。

❸ 切断电路。因为环境原因，与触电人员较远或远离电源开关时，可以使用干燥木柄的铁锹、斧头、刀等在 20m 以外切断。

❹ 拉开触电者。当触电人员与铁壳机器发生触电，抢救人员应使用干燥木块或厚塑料块等绝缘物品，先与地面进行绝缘处理再进行救援，可以使用干燥绝缘布条、绳子或衣服绕成绳条状，套在触电人员身上脱离电源。

2.4.2.2　当场急救

❶ 心肺复苏。当触电人员出现呼吸微弱、呼吸不规则、心搏骤停、呼吸停止但心搏正常等情况时，应立即进行心肺复苏，若有缺氧症状，应给予及时吸氧，包括需要进行口对口式人工呼吸、俯卧压背式人工呼吸、仰卧压胸式人工呼吸等。在心肺复苏时，监测触电人员的生命体征，并及时转送医院。表 2-4-2 所示为心肺复苏流程。

❷ 保护伤口。当触电人员出现体表电灼伤创面时，用碘伏处理后，需要对其使用无菌敷料包扎，避免伤口受到污染，监测触电人员的伤口情况，并及时转送医院。

表 2-4-2　心肺复苏流程

步骤	流程图
第一步 识别和请求救援	判断患者意识 双手轻拍患者肩膀，在耳侧呼唤患者，看是否有反应 求助、呼叫120 寻找周围人帮助，拨打120，并让人帮忙找附近的AED（自动体外除颤器） 判断患者心跳 若患者无呼吸或呼吸不正常（如喘息），同时用2~3根手指按压患者的颈动脉，若没有脉动，说明心脏骤停，需要马上开始心肺复苏
第二步 胸外按压 30 次	用力快速胸外按压30次 让患者仰卧在平实的硬质平面上，头部与躯干处在同一平面。交叠双手，上身前倾，双臂伸直，垂直向下，用力并有节奏地按压30次 **按压位置**　　　**按压手势**　　　**按压深度**　　　**按压频率** 双乳头连线与胸骨交界处　　一只手掌压在另一手背上，双手交叉互扣　　成年人5~6cm　　100~120次/min
第三步 人工呼吸 2 次	一手置于患者额部，向下压；另一只手放在患者下颌处，向上抬。 注意：嘴角与耳垂连线与地面垂直 清除患者口腔中的异物（如假牙或呕吐物等） 捏住患者鼻子，用嘴包住患者的嘴，快速将气体吹入 吹气的量，只需按照平时呼吸的量即可 每次吹气，持续大约1s 吹气时，看到患者胸腹部有微微起伏即可
第四步 重复第二步 和第三步	30次胸外按压+2次人工呼吸

2.5
电动汽车故障救援

2.5.1 救援安全规范

当车辆发生交通事故时，驾驶员应对车辆和环境进行妥善处理，防止对车辆或人员造成二次伤害；同时，在处理事故的过程中，要保持救援时的安全与规范。处理事故后，还要对车辆进行检查再使用。

2.5.1.1 车辆处理

发生交通事故时，驾驶员要迅速对车辆进行紧急处理，包括控制驻车制动、关闭车辆电源、开启危险指示灯、摆放警示牌等。

❶ 控制驻车制动。遇到交通事故车辆停稳后，要立刻拉起驻车制动，避免车辆突然移动造成伤害。图 2-5-1 所示为电子驻车制动按钮。

❷ 关闭车辆电源。控制好驻车制动后，确认挂入"P"挡后，再按"启动或停止"开关，关闭车辆电源。图 2-5-2 所示为车辆电源"启动或停止"开关。

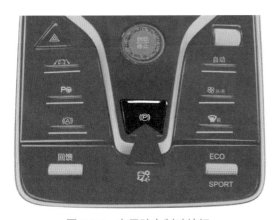

图 2-5-1　电子驻车制动按钮　　　　图 2-5-2　车辆电源"启动或停止"开关

❸ 开启危险指示灯。开启危险指示灯可以使后方或对面车辆注意到事故车辆，在光线不足的情况下，还需要打开示廓照明灯光，从而避免车辆再次发生伤害。图 2-5-3 所示为车辆危险指示灯开关。

❹ 摆放警示牌。一般使用三角警示牌，由于采用反光材料制作，可以使后方车辆提前注意到前方情况，达到提醒或避让的效果。《中华人民共和国道路交通安全法》规定，车辆发生故障或交通事故时，一般情况下三角警示牌在车后方摆放的距离为 50 ～ 100m，在高速公路上摆放的距离为 150m，而在恶劣的天气环境下摆放的距离为 200m。图 2-5-4 所示为三角警示牌摆放方式。

图 2-5-3　车辆危险指示灯开关

图 2-5-4　三角警示牌摆放方式

2.5.1.2　环境处理

发生交通事故后，驾驶员要对周围的环境再次确认，包括人员检查、车辆检查、事故报案、保护现场、协助调查等。

❶ 人员检查。发生交通事故后，驾驶员要对车内乘客或对方人员进行检查，若有受伤的人员，应及时救援并且通知附近医院进行紧急治疗；若无受伤或有轻微伤痕并已控制好伤势的人员，要移动到安全地方，避免在车辆附近逗留。

❷ 车辆检查。安顿好人员后，对车辆外观、驱动系统、动力蓄电池等进行检查，避免发生起火、泄漏、爆炸等情况。车辆需要维修时，要对车辆的状态进行评估，维修开关、高压电路等部件仔细检查。

❸ 事故报案。通过手机或车辆的紧急按钮，可以拨打救援电话，包括"交通事故报警"为"122"、"急救中心救援"为"120"、"火灾报警"为"119"等。若需要车辆的保险帮助，可通过手机查询或在车辆的保险单上查询，然后拨打电话根据指示操作。

❹ 保护现场。为了确保自身或双方的利益，在发生交通事故后，在确保安全的情况下保护好现场，避免在交警未判定责任之前现场遭受破坏，从而影响判断。

❺ 协助调查。为了有更好的证明，可以通过行车记录仪、汽车事件数据记录系统等来说明自身情况，同时也可以结合现场情况进行说明。

2.5.2　碰撞、起火、涉水后的救援

2.5.2.1　碰撞后处理

双方协商后，确认完车辆、人员等安全后，应尽快处理好现场的情况，按照车辆碰撞的情况进行救援。

发生轻微的碰撞时，双方对现场进行拍照后，将车辆转移到不影响交通秩序的地方，避免形成交通拥堵；发生严重的碰撞时，车辆的高压供电系统会停止工作，此时仪表盘上也会显示出高压部件的故障，此时不能再次启动车辆，需要联系拖车运送到维修地点进行检测和维修。

2.5.2.2 起火后处理

当车辆因交通事故、充电或自身等因素发生起火时，要迅速寻找到起火位置、冒烟位置或有烧焦味道的位置，采取紧急措施处理，包括在合适的位置停靠车辆、疏散附近人群或利用合适的灭火器等进行处理，一般使用的灭火器为干粉灭火器或二氧化碳灭火器。

若火势过大，或对附近环境有影响，应及时拨打"火灾报警"电话请求帮助，同时要远离车辆的起火位置，避免出现人员伤亡。

2.5.2.3 涉水后处理

车辆通过较低的涉水路面时，要保持低速通过，尽量不在途中停车，避免溅起较大的水花进入车辆的高压系统部件，在涉水后也要及时清除制动片的水分，避免车辆出现打滑的情况。

车辆因恶劣环境发生涉水时，并且长时间在水位较高的地方，不能随意打开车辆电源。因为电动汽车底部与燃油汽车不同，电动汽车布置有动力蓄电池，所以长时间涉水时，容易对车辆的动力蓄电池造成影响。图 2-5-5 所示为电动汽车底部透视图，图 2-5-6 所示为燃油汽车底部透视图。

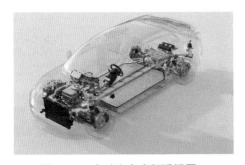 

图 2-5-5　电动汽车底部透视图　　　图 2-5-6　燃油汽车底部透视图

车辆在涉水后强制关闭电源后，不能再次打开电源启动车辆，可拨打车辆的保险电话，按照指引进行操作。

03

第3章
认识电动汽车

3.1
电动汽车总体构造

3.1.1 电源系统

电动汽车的电源系统可分为主电源和辅助电源，主电源为高压电源的动力蓄电池，负责驱动车辆行驶；辅助电源为低压电源的 12V 蓄电池，负责为车上组合仪表、车辆灯光、控制系统等提供低压电源。主电源的动力蓄电池，大部分是为驱动电动机提供电能驱动车辆行驶。目前广泛应用的动力蓄电池一般有锂电池、镍镉电池、燃料电池等类型。

图 3-1-1 电动汽车输入电能示意图

车辆的电能一般通过充电系统在外部电网输入，图 3-1-1 所示为电动汽车输入电能示意图。

当外部电网输入电能到车辆后，动力蓄电池管理系统就会对电能进行状态检测和计算，可以使驾驶员了解车辆电源的信息，还可以监控在充电过程中电源的信息。

3.1.2 电机驱动系统

电机驱动系统为电动汽车的核心，在电机驱动系统中，驱动电动机将电源系统的电能转化为机械能驱动车辆行驶。可以控制车辆前进或后退，还可以在车辆滑行或制动过程中把动能转化为电能，对能量再次利用。图3-1-2所示为电动汽车后置电机驱动车辆行驶示意图。

电机驱动系统中的电动机，主要包括直流无刷电机、交流异步电机、永磁同步电机、开关磁阻电机等类型。

3.1.3　整车控制系统

整车控制系统为正常行驶的控制中枢，在控制系统中，包括车辆状态监视、车辆功能控制、车辆故障诊断处理和能量回收等，而整车控制器为整车控制系统的核心部件。整车控制器分为硬件和软件两大部分，通常核心软件和程序一般由生产厂商研发，而硬件和底层驱动程序则由汽车零部件供应商提供。

整车控制系统可以根据车辆行驶、动力蓄电池、驱动电机的状态，合理分配车辆的动力，使车辆在最佳的状态运行。车辆使用的过程中，也可以找到车辆的设置，进行检查或控制车辆的其他状态，图3-1-3所示为电动汽车车辆控制界面。

图3-1-2　电动汽车后置电机驱动车辆行驶示意图

图3-1-3　电动汽车车辆控制界面

3.1.4　底盘系统

电动汽车的底盘系统包括行驶装置、转向装置、制动装置等，图3-1-4所示为电动汽车底盘系统整体结构。

其中制动装置在电动汽车的底盘系统中，可以利用驱动电动机的控制电路，当减速制动时，它的能量可以转换为充电的电流，实现发电运行，对能量再次利用。图3-1-5所示为电动汽车能量回收示意图。

图3-1-4　电动汽车底盘系统整体结构

图3-1-5　电动汽车能量回收示意图

3.1.5　汽车车身

　　电动汽车的车身由车身覆盖件、座椅、内外饰附件、安全装置组成，因为动力蓄电池一般在车辆的中部位置，所以需要考虑充电、维护、更换的便利性。也要保证动力蓄电池对环境温度的要求，包括散热空间和温度调节等。还要保证动力蓄电池的安全性问题，如密封性、防火性、防碰撞、防腐蚀等。电动汽车动力蓄电池空间布置如图 3-1-6 所示。

3.1.6　辅助电气系统

　　辅助电气系统主要以低压电源为主，12V 蓄电池对用电设备进行供电，车辆的动力蓄电池可以通过 DC/DC 转换器对 12V 蓄电池进行充电，包括车辆的空调系统、灯光、电动门窗、组合仪表、信息娱乐系统等用电设备。电动汽车组合仪表与信息娱乐系统外观如图 3-1-7 所示。

图 3-1-6　电动汽车动力蓄电池空间布置　　　　图 3-1-7　电动汽车组合仪表与信息娱乐系统外观

3.2

电动汽车分类

3.2.1　纯电动汽车

3.2.1.1　车型定义

　　纯电动汽车的英文名称为"Battery Electric Vehicle"，简称为"BEV"，是由电能驱动的车辆，通过家用电源、专用充电桩或者特定的充电场所进行充电来满足日常行驶的需求，不需要其他能量驱动。电力驱动及控制系统是纯电动汽车的核心，这也是与燃油汽车的最大不同。

　　纯电动汽车一般由可充电电池为车辆提供能量，包括镍氢电池、镍镉电池、铅酸电池、锂离子电池等。

3.2.1.2 组成结构

纯电动汽车的结构，主要包括电机驱动系统、电机控制系统、底盘系统、车身系统、辅助系统等。电机驱动系统和电机控制系统是纯电动汽车的基本组成部分，也是纯电动汽车的核心，由驱动电机、动力蓄电池系统、动力蓄电池和电控系统组成，其他的装置和燃油汽车基本相同。电机控制器、驱动电机和动力蓄电池位置如图 3-2-1 所示。

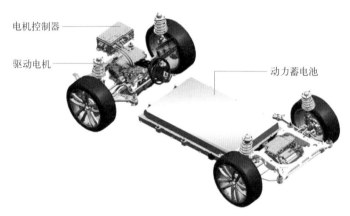

图 3-2-1　电机控制器、驱动电机和动力蓄电池位置

在纯电动汽车中，它的驱动源只有电机，与燃油汽车相比，取消了发动机，传动机构发生了改变，部分组件也进行简化或者取消，增加了电源系统和驱动电机等新组件。

3.2.2　混合动力汽车

3.2.2.1 车型定义

混合动力汽车的英文名称为"Hybrid Electric Vehicle"，简称为"HEV"，是拥有两种动力源或多种动力源的车辆。在使用过程中，可以使用其中一种或多种动力源，为车辆提供部分或全部动力。混合动力汽车的动力能源常为油电混合，其中一种动力是燃油机，一种动力是电动机。同时也有插电式混合动力汽车，可以使用外接电源对车辆补充能量，与普通的混合动力汽车相比，它有较大容量的动力蓄电池、较大功率的驱动电机和较小的发动机。

混合动力汽车的系统中，因为有两个或多个同时运转的单个驱动系统，所以车辆的行驶功率，按照实际的车辆行驶状态，由单个驱动系统单独或共同提供。根据驱动形式的不同，可以分为不同的混合形式，包括串联式混合动力、并联式混合动力、混联式混合动力等。

3.2.2.2 组成结构

串联式、并联式、混联式混合动力车型主要结构组件如表 3-2-1 所示。

表 3-2-1　串联式、并联式、混联式混合动力车型主要结构组件

混合模式	主要结构组件
串联式混合动力车型	动力蓄电池、电机控制器、发动机、发电机、驱动电机、减速器
并联式混合动力车型	动力蓄电池、电机控制器、发动机、发电机、驱动电机、减速器、变速器
混联式混合动力车型	动力蓄电池、电机控制器、发动机、发电机、驱动电机、减速器、变速器、动力分配装置

插电串联式、插电并联式、插电混联式混合动力车型主要结构组件如表 3-2-2 所示。

表 3-2-2　插电串联式、插电并联式、插电混联式混合动力车型主要结构组件

混合模式	主要结构组件
插电串联式 混合动力车型	动力蓄电池、电机控制器、发动机、发电机、驱动电机、减速器、车载充电器
插电并联式 混合动力车型	动力蓄电池、电机控制器、发动机、发电机、驱动电机、减速器、变速器、车载充电器、动力分配装置（耦合器）
插电混联式 混合动力车型	混联式混合模式中，它的结构主要包括动力蓄电池、电机控制器、减速器、发动机、发电机 / 电动机、驱动电机、变速器、车载充电器、动力分配装置（耦合器）

3.2.3　燃料电池汽车

3.2.3.1　车型定义

　　燃料电池汽车的英文名称为"Fuel Cell Electric Vehicle"，简称为"FCEV"，是通过氢气和氧气的化学反应，直接产生电能驱动车辆行驶，一般以燃料电池作为动力源。在车载燃料电池装置中，一般使用的燃料为高纯度氢气或含氢燃料，经重整得到高含氢重整气。与纯电动汽车比，动力方面有所不同，纯电动汽车的电力来自电网充电，燃料电池动力汽车来自车载燃料电池装置，需要在特定的网点进行补充。

　　燃料电池汽车的燃料电池与普通化学电池相比，可以作为补充燃料的形式，一般为补充氢气。燃料电池对于普通化学电池，对车辆有更快的补充能源的时间。

3.2.3.2　组成结构

　　燃料电池汽车的结构，主要包括燃料电池系统、升压转换器、动力蓄电池、驱动电机、电源控制单元和储氢罐等。

　　在燃料电池汽车中，动力蓄电池一般安装在车辆的后方区域，储氢罐安装在后排座椅下方，驱动电机及燃料电池系统安装在车辆的前方区域。图 3-2-2 所示为燃料电池汽车主要的组件位置。

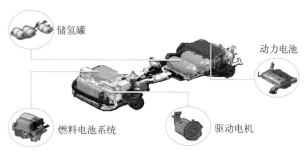

储氢罐

动力电池

燃料电池系统

驱动电机

图 3-2-2　燃料电池汽车主要的组件位置

3.3 电动汽车工作原理

3.3.1　纯电动汽车工作原理

纯电动汽车主要依靠动力蓄电池、驱动电机、减速器、电机控制器、整车控制器等部件相互协同驱动车辆行驶。

驾驶员踩下加速踏板时，加速踏板位置传感器将驾驶员意图转变为电信号传递给整车控制单元。整车控制单元根据车辆其他传感器信号来确定车辆状态，再向电机控制器和动力蓄电池管理器发出相应信号。动力蓄电池管理器根据信号，向电机控制器输出高压直流电，电机控制器根据信号控制逆变器，将高压直流电转变为三相交流电输出到驱动电机。驱动电机工作，驱动减速差速装置带动车轮前进或后退。

在纯电动汽车行驶的过程中，能量的流动主要有纯电动行驶和再生制动的方式。

3.3.1.1　纯电动行驶

当车辆纯电动行驶时，电机控制器中的逆变器会根据整车控制单元计算驱动电机的扭矩信号，为驱动电机提供三相交流电，使驱动电机工作。纯电动行驶工作原理如图 3-3-1 所示。

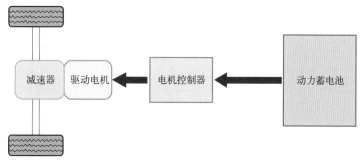

减速器　驱动电机 ← 电机控制器 ← 动力蓄电池

图 3-3-1　纯电动行驶工作原理

3.3.1.2 再生制动（能量回收）

当车辆减速时，电机控制器中的逆变器会通过高压系统的CAN总线，从整车控制器发出再生扭矩指令信号，控制驱动电机的发电功能，使车轮旋转产生的能量转换为电能，转换的电能对动力蓄电池进行充电，车辆再次产生驱动的能力。再生制动工作原理如图3-3-2所示。

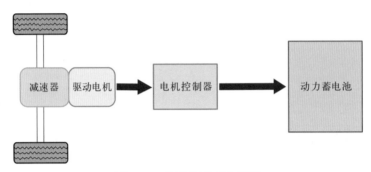

图 3-3-2　再生制动工作原理

3.3.2　混合动力汽车工作原理

3.3.2.1 串联式混合动力车型

串联式混合动力车型的工作原理为发动机带动发电机发电，然后电能通过电机控制器输送至驱动电机，使驱动电机工作，车辆产生驱动的能力。

动力蓄电池是发电机与电机之间的储能装置，当发电机发出的功率高于电机所需的功率时，发电机向动力蓄电池充电；当发电机发出的功率低于电机所需的功率时，动力蓄电池则向电机提供额外的电能，补充发电机功率的不足，满足车辆行驶需求。串联式混合动力车型工作原理如图3-3-3所示。

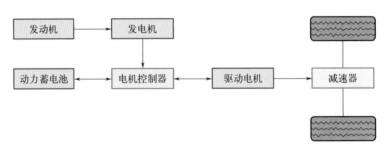

图 3-3-3　串联式混合动力车型工作原理

3.3.2.2 并联式混合动力车型

并联式混合动力车型拥有两套动力系统通过耦合器运行：一套为发动机驱动车辆行驶；一套为驱动电机驱动车辆行驶。两套动力系统可分开工作，也可以协调工作共同驱动。并联式混合动力车型工作原理如图 3-3-4 所示。

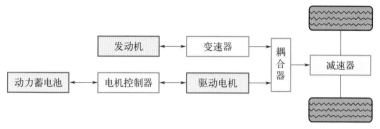

图 3-3-4　并联式混合动力车型工作原理

3.3.2.3 混联式混合动力车型

混联式混合动力车型的工作原理有以下三种情况：当车辆正常行驶时，发动机驱动车辆行驶；当车辆全负荷或加速行驶时，发动机与驱动电机共同驱动车辆行驶；当车辆停车或滑行时，发动机为发电机提供能量为动力蓄电池充电。混联式混合动力车型工作原理如图 3-3-5 所示。

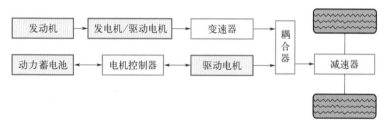

图 3-3-5　混联式混合动力车型工作原理

3.3.2.4 插电串联式混合动力车型

插电串联式混合动力车型的工作原理为发动机带动发电机发电，然后电能通过电机控制器输送至驱动电机，使驱动电机工作，车辆产生驱动的能力。

动力蓄电池是发电机与电机之间的储能装置，当发电机发出的功率高于电机所需的功率时，发电机向动力蓄电池充电；当发电机发出的功率低于电机所需的功率时，动力蓄电池则向电机提供额外的电能，补充发电机功率的不足，满足车辆行驶需求。动力蓄电池也可以通过车载充电器对车辆进行充电补充能量。插电串联式混合动力车型工作原理如图 3-3-6 所示。

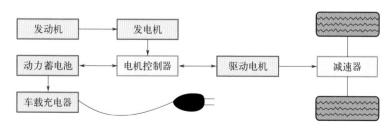

图 3-3-6　插电串联式混合动力车型工作原理

3.3.2.5 插电并联式混合动力车型

插电并联式混合动力车型拥有两套动力系统通过耦合器运行：一套为发动机驱动车辆行驶；一套为驱动电机驱动车辆行驶。两套动力系统可分开工作，也可以协调工作共同驱动。其中动力蓄电池也可以通过车载充电器对车辆进行充电补充能量。插电并联式混合动力车型工作原理如图3-3-7所示。

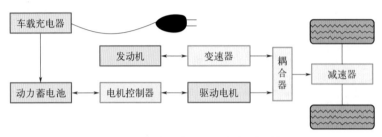

图3-3-7 插电并联式混合动力车型工作原理

3.3.2.6 插电混联式混合动力车型

插电混联式混合动力车型的工作原理有以下三种情况：当车辆正常行驶时，发动机驱动车辆行驶；当车辆全负荷或加速行驶时，发动机与驱动电机共同驱动车辆行驶；当车辆停车或滑行时，发动机为发电机提供能量为动力蓄电池充电。插电混联式混合动力车型工作原理如图3-3-8所示。其中动力蓄电池也可以通过车载充电器对车辆进行充电补充能量。

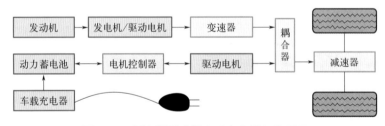

图3-3-8 插电混联式混合动力车型工作原理

3.3.3 燃料电池汽车工作原理

在燃料电池汽车中，因为氢气与空气中的氧气通过燃料电池产生电能和水，电能可以使汽车驱动行驶，水需要排放。燃料电池汽车工作原理如图3-3-9所示，它的工作原理包括有以下情况。

当车辆启动和开始行驶时，动力蓄电池处于电量饱满状态，输出的能量可以满足汽车启动要求，此时动力蓄电池可以对驱动系统提供能量，同时可以对燃料电池进行预热，燃料电池系统不进行工作。

当动力蓄电池电量低于一定值时，燃料电池系统启动，可以为驱动系统提供能量。

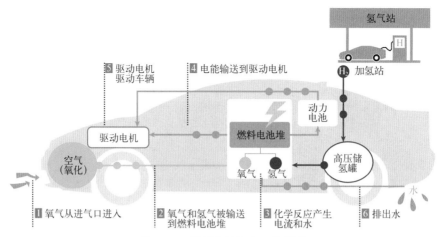

图 3-3-9 燃料电池汽车工作原理

当车辆负荷较高时，燃料电池系统和动力蓄电池可以同时为驱动系统提供能量。

当车辆负荷较低时，燃料电池系统为驱动系统提供能量，同时还对动力蓄电池进行充电。

当车辆减速和制动时，可以进行能量回收，对动力蓄电池进行充电。

第 4 章
电动汽车构造原理

4.1 电源系统

4.1.1 电源系统组成

电动汽车的电源系统组成，主要包括动力蓄电池系统、动力蓄电池管理系统、充电系统、动力蓄电池冷却系统、低压辅助电压系统等，如图 4-1-1 所示。

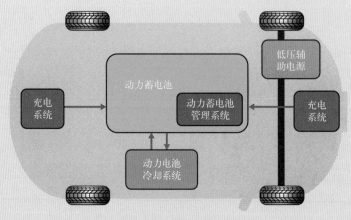

图 4-1-1　电源系统组成

动力蓄电池为车辆提供动力的电源，动力蓄电池也为车辆提供高压直流电。

动力蓄电池管理系统的作用为在汽车行驶中对能量进行分配，当车辆处于减速、制动、下坡滑行时，系统可以识别后进行能量回收，合理利用能量提高电动汽车续航性能。

充电系统为电动汽车的电能使用完后，对动力蓄电池的能量进行补充。

动力蓄电池冷却系统包括水冷动力蓄电池冷却和风冷动力蓄电池冷却，因为动力蓄电池在充放电时会产生一定的热量，所以需要对动力蓄电池进行冷却处理。

低压辅助电源一般包括 12V 蓄电池和 DC-DC 转换器。

4.1.2 动力蓄电池系统

4.1.2.1 动力蓄电池类型

在动力蓄电池系统中，主要对电动汽车的驱动电动机提供电能驱动车辆行驶，动力蓄电池类型不同，使用的方式也不同。按照原理可以分为生物电池、物理电池和化学电池。

生物电池利用生物分解反应过程中表现出来的带电现象进行能量转换，主要有酶电池等；物理电池为利用物理原理制成的电池，在一定条件下进行能量转换，主要有太阳能电池、飞轮电池、核能电池等；化学电池利用物质的化学反应发电，由电极、电解质和外壳组成，主要有铅酸电池、镍氢电池、锂离子电池等。目前电动汽车中，普遍采用化学电池。铅酸电池、镍氢电池、锂离子电池主要特点如表 4-1-1 所示。

表 4-1-1　铅酸电池、镍氢电池、锂离子电池主要特点

类型	特点
铅酸电池	成本较低、能量和功率较低、体积较大、技术成熟
镍氢电池	成本较高、安全性能较好、使用寿命较长
锂离子电池	成本较高、自放电率较低、能量密度较高、使用寿命较长

❶ 铅酸电池。铅酸电池的电极是以铅为材料，以酸性水溶液为电解质的蓄电池，所以称为铅酸蓄电池。目前电动汽车中以铅酸电池通常为辅助蓄电池，为车载电器系统供电。铅酸电池结构如图 4-1-2 所示。

❷ 镍氢电池。镍氢电池属于碱性电池，由氢氧化镍正极、储氢合金负极、隔板、氢氧化钾电解质外壳、顶盖和密封圈等组成。镍氢电池的正负极之间有隔板，共同组成镍氢单体电池。在金属铂的催化作用下，完成充电和放电的可逆反应。圆柱形镍氢电池结构如图 4-1-3 所示。

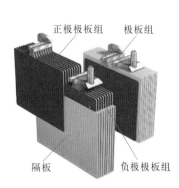

图 4-1-2　铅酸电池结构

❸ 锂离子电池。目前电动汽车中动力蓄电池广泛应用锂离子电池，锂离子电池的正极材料有钴酸锂、镍酸锂、锰酸锂以及磷酸铁锂，主要以磷酸铁锂电池为主。在锂离子的正极材料中，其性能会对电池的性能有影响，也会对电池的成本有影响。锂离子电池由正极、负极、隔板、电解质和安全阀等组成。磷酸铁锂电池结构如图 4-1-4 所示。

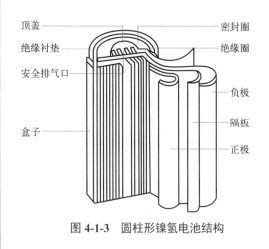

图 4-1-3　圆柱形镍氢电池结构

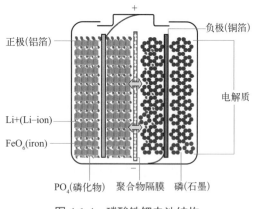

图 4-1-4　磷酸铁锂电池结构

4.1.2.2　系统组成结构

❶ 电池单体。电池单体是构成电池模块的最小单元。由外壳、正极、负极以及电解液组成，其将化学能转化为电能。图 4-1-5 所示为方形电池单体和圆柱电池单体。

图 4-1-5　方形电池单体和圆柱电池单体

❷ 电池模组。电池模组通过多组电池单体根据需要采用串联、并联或串并混合组成。电池模组是电池单体在物理结构和电路连接上最小的组合，可作为一个整体替换。图 4-1-6 所示为电池模组外观图。

❸ 电池单元组。电池单元组通过多组电池单元串联组成，形成动力蓄电池总成。图 4-1-7 所示为电池单元组外观。

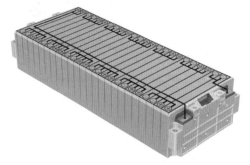

图 4-1-6　电池模组外观　　　　　　　　图 4-1-7　电池单元组外观

4.1.2.3　动力蓄电池参数

动力蓄电池是电动汽车的核心部件，以下为主要的参数。

❶ 工作电压。工作电压指电池在某个负载下实际放电的电压。如铅酸蓄电池的工作电压为 2 ～ 1.8V；镍氢电池的工作电压为 1.5 ～ 1.1V；锂离子电池的工作电压为 3.6 ～ 2.75V。

❷ 额定电压。额定电压指电池工作时公认的标准电压。如铅酸蓄电池的额定电压为 2V；镍镉电池的额定电压为 1.2V；锰干电池的额定电压为 1.5V。

❸ 充电电压。充电电压指外电路直流电，对电池充电的电压，通常在一定的范围内，充电电压大于电池的开路电压。如铅酸蓄电池的充电压为 2.25 ～ 2.5V；锂离子电池的充电压为 4.1 ～ 4.2V。

❹ 放电终止电压。放电终止电压指放电终止时的电压，以负载和使用情况不同而异。

❺ 电池内阻。电池内阻指电池的内部电阻，包含电极板、电解液、隔板和连接体的电阻，单位为欧姆（Ω）。

❻ 容量。容量指电池在允许放电范围内输出的电量，用作表示动力蓄电池的放电能力，单位为库伦（C）或安时（A·h）。在不同条件下，动力蓄电池所能输出的容量不同。

❼ 额定容量。额定容量指动力蓄电池在规定的条件下所能输出的电量，通常是在生产时标明的动力蓄电池容量。

❽ 能量。能量指在一定的放电条件下，动力蓄电池输出的电能，通常反映动力蓄电池综合性能，单位为瓦时（W·h）或千瓦时（kW·h）。

❾ 标称能量。标称能量指额定容量与额定电压的乘积。

❿ 实际能量。实际能量为实际容量与放电过程平均电压的乘积。

⓫ 能量密度。能量密度指动力蓄电池单位体积所能输出的电能，单位为瓦时 / 升（W·h/L）或千瓦时 / 升（kW·h/L）。

⓬ 功率。功率指在规定的放电条件下，动力蓄电池单位时间所能输出的电能，单位为瓦（W）或千瓦（kW）。

⓭ 比功率。比功率指动力蓄电池单位质量所能输出的功率，单位为瓦 / 千克（W/kg）或千瓦 / 千克（kW/kg）。

⓮ 功率密度。功率密度指动力蓄电池单位体积所能输出的功率，单位为瓦 / 升（W/L）或千瓦 / 升（kW/L）。

⓯ 寿命。寿命通常以时间或循环寿命来表示，动力蓄电池进行一次充电和放电过程，称为一个循环或一个周期。

⓰ 自放电。当动力蓄电池开路时储存一定时间后，出现容量自行降低的现象，称为自放电。

4.1.3　动力蓄电池管理系统

4.1.3.1　系统组成结构

动力蓄电池管理系统主要由以下三部分构成，如表 4-1-2 所示。

表 4-1-2　动力蓄电池管理系统组成结构

系统组件	作用
电池终端模块	由传感器对数据进行采集，如电流参数、电压参数、温度参数等
电池管理控制单元	对动力蓄电池工作状态进行监控，并与整车控制系统进行通信，同时协调控制充/放电过程
人机交互模块及输入/输出接口	对数据进行呈现，包括数据、信息的输入和输出，实现人机交互

图 4-1-8 所示为动力蓄电池管理系统控制模块外观。

图 4-1-8　动力蓄电池管理系统控制模块外观

4.1.3.2　系统功能

❶ 电池状态监测。电池状态监测是指对电流参数、电压参数、温度参数的检测，是动力蓄电池管理系统基本的功能，电池状态分析功能通常基于电池状态检测功能，若电池状态监测功能提供的数据不准确，电池状态分析也会不准确。

❷ 荷电状态评估。荷电状态评估属于电池状态分析之一，可以向驾驶员提供动力蓄电池所剩电量。

❸ 健康状态评估。健康状态评估属于电池状态分析之一，可以向驾驶员提供动力蓄电池的健康状态。

❹ 热管理。热管理指动力蓄电池管理系统根据热管理控制策略进行工作，保持动力蓄电池处于最优的工作温度范围。

❺ 数据通信。数据通信指动力蓄电池管理系统与整车控制器、电机控制器等车载设备进行数据交换。

❻ 安全管理。安全管理指在动力蓄电池的电压、电流、温度、荷电状态等出现不安全状态时，给予及时报警并进行断路等紧急处理。

❼ 过流保护。过流保护指在充放电过程中，若工作电流超过安全值，则应该采取相应的保护措施。

❽ 过充保护。过充保护指动力蓄电池在过充时得到保护，荷电状态 100% 时，为了防止继续对动力蓄电池充电造成的损坏，采取断开动力蓄电池充电回路的保护措施。

❾ 过放保护。过放保护指动力蓄电池在过放时得到保护，荷电状态 0% 时，为了防止继续对动力蓄电池放电造成的损坏，采取断开动力蓄电池放电回路的保护措施。

⑩ 过温保护。过温保护指温度超过一定额度时，对动力蓄电池采取的保护措施。

⑪ 能量控制管理。能量控制管理包括对动力蓄电池充放电过程控制、对电池组内单体或模块进行电量均衡等功能。

⑫ 故障诊断。故障诊断指使用相关技术，及时发现电池组内出现故障的单体或模块。

⑬ 动力蓄电池信息管理。动力蓄电池信息管理主要包括动力蓄电池信息显示、系统内外信息的交互和电池历史信息的存储。

4.1.4 充电系统

4.1.4.1 充电系统组成结构

电动汽车的充电系统包括充电桩、充电插口、车载充电器、高压配电盒等。

❶ 充电桩。充电桩分为直流充电桩（图 4-1-9）和交流充电桩（图 4-1-10）。直流充电桩是可以直接向动力蓄电池充电的高压直流电装置，具有大功率和大电流，可以对电动汽车进行快速充电；交流充电桩为电动汽车车载充电机提供交流电源的供电装置，提供电力输出，因为无变压整流功能，所以需连接车载充电机对电动汽车充电。

图 4-1-9　直流充电桩

图 4-1-10　交流充电桩

❷ 充电插口。充电插口指用于连接活动电缆和电动汽车的充电部件，由充电插座与充电插头两部分组成，分为直流充电插座与插头（图 4-1-11）和交流充电插座与插头（图 4-1-12）。

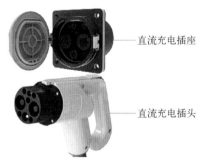

——直流充电座

——直流充电头

图 4-1-11　直流充电插座与插头

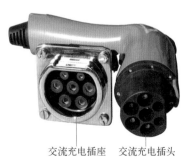

交流充电座　交流充电头

图 4-1-12　交流充电插座与插头

❸ 车载充电机。车载充电机指为动力蓄电池充电的专门设备，一般安装在电动汽车上，它可以根据电池管理系统提供的数据，动态调节充电电流、电压参数、执行指令等。图 4-1-13 所示为车载充电机外观。

❹ 高压配电盒。高压配电盒的功能包括高压电能的分配、高压回路的过载、短路保护等。它负责将动力蓄电池总成输送的电能，分配给电机控制器、空调压缩机等设备。当交流充电时，充电的电流会经过高压配电盒再传输至动力蓄电池。图 4-1-14 所示为高压配电盒结构。

图 4-1-13　车载充电机外观

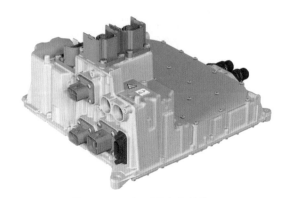

图 4-1-14　高压配电盒结构

4.1.4.2 充电系统工作原理

小鹏 P7 两驱车型充电系统原理框图如图 4-1-15 所示。

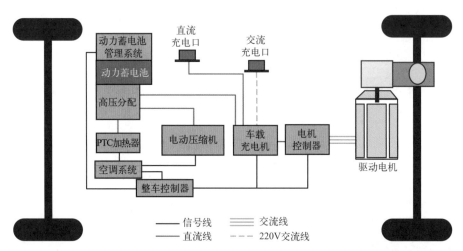

图 4-1-15　小鹏 P7 两驱车型充电系统原理框图

直流充电策略如图 4-1-16 所示。充电过程如下：

❶ 直流充电枪预充电接口连接正常后，直流充电桩输出 12V 辅助电源唤醒 BMS，BMS 判断可充电后，通过硬线输出 12V 唤醒 VCU，VCU 唤醒后，吸合主继电器 MainPower_Rly 唤醒各 E-CAN 控制器，同时唤醒大屏，控制高压上电，判断可充电后发送充电使能给 BMS。

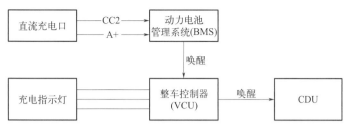

图 4-1-16　直流充电策略

❷ BMS 与直流充电桩进行交互，BMS 根据电池状态发送充电需求电压与电流给直流充电桩，直流充电桩根据 BMS 发送的充电需求电压与电流信号，输出直流电给动力蓄电池充电。

交流充电通过交流充电桩或家用交流插座，可以为动力蓄电池充电。在交流充电的模式下，可以通过交流充电线束与 220V 交流电网连接对电动汽车进行充电。交流充电策略如图 4-1-17 所示。

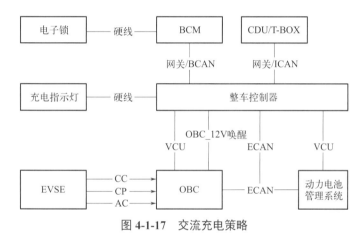

图 4-1-17　交流充电策略

交流充电过程如下：

❶ 交流充电枪与充电口连接正常后，车载充电机（OBC）被交流充电桩发送的 CP/CC 唤醒，OBC 判断 CC、CP 正常后，通过硬线输出 12V 唤醒 VCU。

❷ VCU 被唤醒后，吸合主继电器 MainPower_Rly 唤醒各 ECAN 控制器，同时唤醒大屏；控制高压上电，判断可充电后发送充电使能给 BMS。

❸ BMS 接收到 VCU 发送的充电使能后，给 OBC 发送充电使能，并根据电池状态与充电桩输出能力给 OBC 发送请求充电电流与电压信号。

❹ OBC 接收到 BMS 的充电使能后启动充电，并根据 BMS 发送的请求充电电流与电压信号，将电网输出的 220V 交流电转换成直流电给动力蓄电池充电。

4.1.5　动力蓄电池热管理系统

4.1.5.1　动力蓄电池热管理系统功能

动力蓄电池是电动汽车的能量来源，在充放电过程中电池本身会伴随产生一定的热量，从而导致温度上升，而温度升高会影响电池的很多工作特性参数，如内阻、电压、SOC、可用容量、充放电效率和电池寿命。电池热效应问题也会影响到整车的性能和循环寿命。

由于过高或过低的温度都将直接影响动力蓄电池的使用寿命和性能，并有可能导致电池系统的安全问题，并且电池箱内温度场的长久不均匀分布将造成各电池模块、单体电池间性能的不均衡，因此，电池热管理系统对于电动车辆动力蓄电池系统而言是必需的。可靠、高效的热管理系统对于电动车辆的可靠安全应用意义重大。

动力蓄电池热管理系统有如下五项主要功能。

❶ 电池温度的准确测量和监控。

❷ 电池组温度过高时的有效散热和通风。

❸ 低温条件下的快速加热。

❹ 有害气体产生时的有效通风。

❺ 保证电池组温度场的均匀分布。

4.1.5.2　动力蓄电池热管理系统原理

小鹏 P7 电动汽车动力蓄电池热管理系统如图 4-1-18 中绿色和蓝色回路所示。

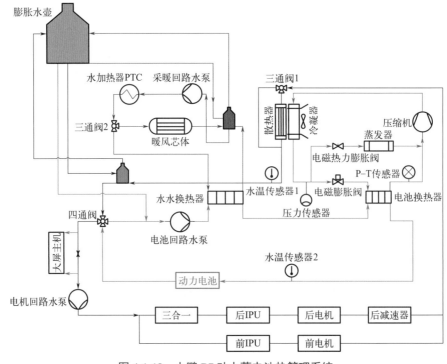

图 4-1-18　小鹏 P7 动力蓄电池热管理系统

小鹏 P7 电动汽车动力蓄电池热管理系统应用 1 个四通阀和 2 个三通阀实现动力蓄电池和驱动电机回路的串并联，从而实现余热回收和动力蓄电池的散热功能，分为以下四种情况。

❶ 高温时，依靠电池换热器，靠制冷剂给电池强制冷却。

❷ 中温时，依靠四通换向阀将电池回路与电驱回路串联，通过前端低温散热器散热，

可以节省电动压缩机功耗。

❸ 低温时，依靠三通比例阀将低温散热器短路，电池和电机回路串联，回收电机余热给电池保温。

❹ 超低温时，依靠三通比例阀，通过水水换热器将电池回路加热，实现给电池快速升温。

（1）动力蓄电池冷却控制　小鹏 P7 冷却系统循环回路如图 4-1-19 所示。动力蓄电池冷却控制分为两种情况，分别为充电模式下的冷却控制和行车模式下的冷却控制。

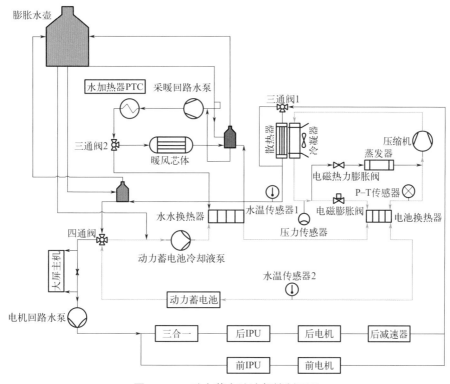

图 4-1-19　动力蓄电池冷却控制原理

❶ 充电模式下的冷却控制。BMS 判断电池冷却需求，VCU 判断是否满足电池冷却的条件，HVAC 综合环境温度、电池回路冷却液温度、电机回路冷却液温度，判断是否使用压缩机冷却，从而驱动水阀、压缩机，发出水泵、风扇请求。

充电模式下的冷却控制回路为：压缩机→冷凝器→电子热力膨胀阀→电池换热器→压缩机。

❷ 行车模式下的冷却控制。VCU 判断是否满足电池冷却的条件，HVAC 综合环境温度、电池回路冷却液温度，判断使用压缩机冷却，从而驱动水阀、压缩机，发出动力蓄电池冷却液泵、风扇请求。

行车模式下的冷却回路为：动力蓄电池冷却液泵→动力蓄电池→水水换热器→电池换热器。

（2）动力蓄电池加热控制　环境温度较低时对动力蓄电池的正常工作会造成影响，系统会根据需要选择适当的模式对动力蓄电池进行加热或保温。

❶ 充电模式下的动力蓄电池加热。如图 4-1-20 所示，环境温度较低时动力蓄电池的充电性能会明显下降。此时插入充电枪，有充电需求时，BMS 根据电池状态判断是否有加热需求，VCU 根据整车状态发送高压系统状态，HVAC 计算动力蓄电池需求水温，开启 PTC 加热器、水泵对动力蓄电池进行加热。

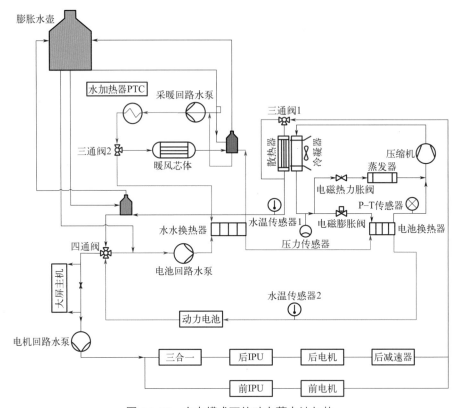

图 4-1-20　充电模式下的动力蓄电池加热

冷却回路为：

回路 1：电池回路水泵→水水换热器→电池换热器→动力蓄电池→四通阀→电池回路水泵。

回路 2：采暖回路水泵→水加热 PTC 加热器→三通阀 2 → 水水换热器→采暖回路水泵。

❷ 电池热平衡控制。如图 4-1-21 所示，电池电芯最高温度和最低温度之间差值过大或电池回路水温与电池最高、最低温度差值过大，从而出现冷热冲击时，开启电池水泵进行电池热平衡。

冷却回路为：电池回路水泵→动力蓄电池→水水换热器→电池换热器→电池回路水泵。

❸ 余热回收控制。如图 4-1-22 所示，电池温度较低、电机回路水温高于电池回路水温一定值时，将电池和电机回路串联，利用电机回路温度给电池加热，使电池处于适宜的工作温度，达到节能的目的。

冷却回路为：四通阀→电机回路水泵→电机系统→三通阀 1 → 散热器 / 旁通 → 四通

阀→电池回路水泵→水水换热器→电池换热器→动力蓄电池→四通阀。

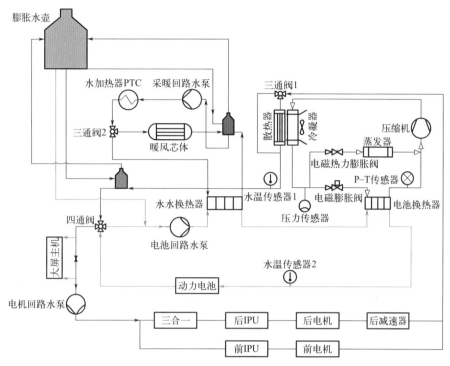

图 4-1-21　电池热平衡控制

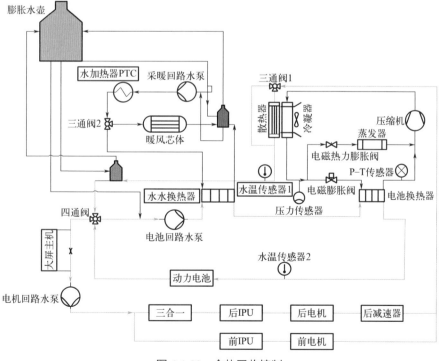

图 4-1-22　余热回收控制

4.1.6 低压辅助电源

4.1.6.1 低压蓄电池

电动汽车的低压辅助电池的作用是给电动汽车控制单元、控制电路以及其他各种辅助装置，如动力转向、灯光、仪表、空调指示灯、电动门窗、电动后视镜、电动座椅等提供所需的低压稳定电源，一般为 12V 或 24V 的稳定直流电。电动汽车低压蓄电池一般采用铅酸蓄电池、低压铁锂电池。

4.1.6.2 DC-DC 转换器

DC-DC 转换器为直流 / 直流转换器的缩写，它将动力蓄电池的高压直流电转换为整车低压直流电，为整车低压用电系统供电，当 12V 低压蓄电池电量不足时，也可以为 12V 低压蓄电池充电。DC-DC 转换器具有效率高、体积小、耐受恶劣工作环境的特点。

DC-DC 转换器的内部结构如图 4-1-23 所示，主要分为高压输入端、印制电路板、变压器、低压整流输出端等组成。高压输入端负责将高压配电盒送来的高压直流电传输至 DC-DC 转换器；印制电路板为安装 DC-DC 转换器的各种元器件；变压器负责将高压电转变为低压电；低压整流输出电路负责将转变成的低压电进行整流后输出电能。

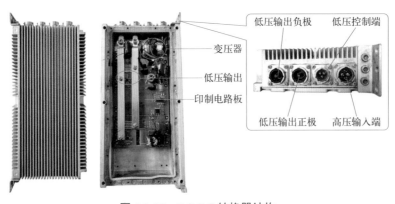

图 4-1-23 DC-DC 转换器结构

4.2 电机驱动系统

4.2.1 电机驱动系统功用与类型

电动汽车的电机驱动系统，主要包括驱动电机和电机控制器，驱动电机利用通电线圈产生旋转磁场，并作用于转子形成磁电动力旋转扭矩，将电能转换成机械能，电机控制器负责对能量的控制和调节等。

4.2.1.1 电机驱动系统功用

现代电动汽车区别于燃油汽车的最大不同点，就是普遍采用了电驱系统替代传统的发动机。电机驱动系统作为现代纯电动汽车的心脏，它的系统结构、分类及工作原理与传统的发动机有着很大的不同，如图 4-2-1 所示。

电机驱动系统

图 4-2-1　电机驱动系统

纯电动汽车的电机驱动系统是纯电动汽车的核心系统，是车辆行驶的主要执行机构。它可以根据驾驶员的操作意图、动力蓄电池和驱动电机的状态控制车辆的行驶和停止，同时在汽车减速制动或者下坡时，实现电能再生。

纯电动汽车的电机驱动系统一般位于前机舱内，部分四驱车型前后各安装一个电机驱动系统，如图 4-2-2 所示。电机驱动系统完成驱动车辆任务的机械部件主要有产生驱动力的驱动电机和进行动能传递的机械减速装置。

前电机驱动系统

后电机驱动系统

图 4-2-2　四驱电动汽车前后电机驱动系统

4.2.1.2 电机驱动系统类型

纯电动汽车电机驱动系统的关键部件是驱动电机和机械减速装置，两者的布置形式和位置关系不同，会形成不同类型的电机驱动系统。按照驱动电机与机械减速装置布置形式和位置关系的不同，纯电动汽车的电机驱动系统可分为集中式驱动系统和轮毂式驱动系统两种类型。

（1）**集中式驱动系统**　集中式驱动系统一般由电机、减速器和差速器等组成。它采用单电机驱动代替内燃机，但保持传统内燃机汽车零部件及结构不变，故设计制造成本低，但动力传递路线相对较长，传动效率低。按照有无变速器，集中式驱动系统又可分为传统驱动模式和电机-驱动桥模式两种类型。

❶ 传统驱动模式。传统驱动模式如图4-2-3所示，与传统汽车驱动系统的布置方式一致，带有变速器和离合器，只是将发动机换成电机，这种布置方式可以提高纯电动汽车的启动扭矩，同时增加低速行驶时汽车的后备功率。该模式驱动系统所属汽车一般为改造型纯电动汽车。

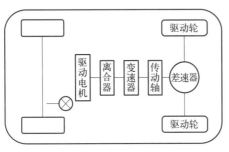

图4-2-3　传统驱动模式

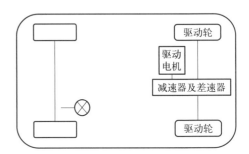

图4-2-4　电机-驱动桥组合驱动模式

❷ 电机-驱动桥模式。按照电机与驱动桥组合形式的不同，电机驱动桥模式又分为电机-驱动桥组合驱动模式（图4-2-4）和电机-驱动桥整体驱动模式（图4-2-5）两种。该模式取消了离合器和变速器，由一台电机驱动两车轮旋转。这种组合式驱动系统结构紧凑，安装、使用和维护都十分方便。

电动汽车的驱动系统的布置形式多样，各有优劣，目前在纯电动小型乘用车上应用较多的为电机-驱动桥组合驱动模式中的。

（2）**轮毂式驱动系统**　轮毂驱动系统可以布置在纯电动汽车的两个前轮、两个后轮或四个车轮的轮毂中，构成前轮驱动、后轮驱动或四轮驱动系统，如图4-2-6所示。

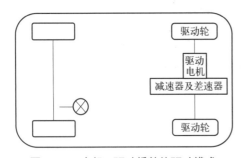

图4-2-5　电机-驱动桥整体驱动模式

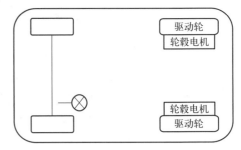

图4-2-6　轮毂电机驱动模式

4.2.2　驱动电机类型

驱动电机可分为直流电机、交流电机、开关磁阻电机三大类，如表4-2-1所示。

表 4-2-1　驱动电机的类型

驱动电机	类型	
直流电机	有刷直流电机	
	无刷直流电机	
交流电机	感应电机	笼型转子感应电机
		绕线转子感应电机
	同步电机	永磁同步电机
		电励磁同步电机
开关磁阻电机	三相 6/4 极开关磁阻电机	
	四相 8/6 极开关磁阻电机	

4.2.2.1　直流电机

　　直流电动机一般用在高尔夫球车、观光游览车、巡逻车、送餐车、特种车、牵引车、叉车等电动车辆上。这些车辆多采用无刷直流电机，该电机是用电子换向装置代替了有刷直流电机的机械换向装置，其保留了有刷直流电机优良的调速性能，且体积小、重量轻、启动力矩大，再生制动效果好，是最理想的调速电机之一。直流电机的特点如表 4-2-2 所示。

表 4-2-2　直流电机的特点

特点	描述
调速性能较好	具有良好的电磁扭矩控制特性，可实现均匀平滑的无级调速，同时具有较宽的调速范围
启动性能较好	具有较大的启动扭矩，能适应电动汽车起步驱动需要，可实现快速起步
功率范围较宽	电动汽车具有良好的低速启动性能和高速行驶能力
控制较简单	采用斩波器实现调速控制，具有控制灵活且高效、重量轻、体积小、响应快等特点
价格较便宜	制造技术和控制技术都比较成熟，本身的价格不低，但是控制装置简单、价格较低，可以使整个直流驱动系统的价相对便宜

4.2.2.2　交流感应电机

　　交流感应电机是由定子绕组形成的旋转磁场与转子绕组中感应电流的磁场相互作用而产生电磁扭矩驱动转子旋转的交流电机。其具有接近恒速的负载特性，且结构简单，制造、使用、维护方便，运行可靠性高，但调速性能差。交流感应电机的特点如表 4-2-3 所示。

表 4-2-3　交流感应电机的特点

特点	描述
效率较高	相对于直流电机，交流感应电机的效率较高
体积较小	有结构简单、尺寸小、重量轻等特点，所以体积较小
成本较低	因为结构简单、技术成熟、使用广泛等，所以交流感应电机的成本较低

4.2.2.3　永磁同步电机

　　所谓永磁，指的是在制造电机转子时加入永磁体，使电机的性能得到进一步提升。而所谓同步，则指的是转子的转速与定子绕组的电流频率始终保持一致。因此，通过控制电机的定子绕组输入电流频率，电动汽车的车速将最终被控制。永磁同步电动机功率因数大，效率高；调速性能好，精度高；输出扭矩大，频率高；并且驱动灵活，可控性强。目前大部分电动汽车采用的都是永磁同步电机。永磁同步电机的特点如表 4-2-4 所示。

表 4-2-4　永磁同步电机的特点

特点	描述
功率较高	相对于其他电机，永磁同步电机的效率可以达到 95% 以上，因为永磁同步电机无励磁功率，无功率损耗，所以功率较高，更加高效节能
可靠性较高	因为没有电刷和换向器，不存在电刷磨损和换向火花的问题，所以工作可靠性较高，使用寿命较长，同时维护方便
调速精度较高	因为转速与频率同步，不受电源电压和负载变化的影响，所以调速精度较高

4.2.2.4　开关磁阻电机

　　开关磁阻电机是一种新型调速电机，调速系统兼具直流、交流两类调速系统的优点，是继变频调速系统、无刷直流电机调速系统之后的最新一代无级调速系统。开关磁阻电机由双凸极的定子和转子组成，其定子、转子的凸极均由普通的硅钢片叠压而成。其可控参数多，调速性能好；结构简单，成本低；运转效率高，损耗小；并且启动扭矩大，启动电流小。但同时开关磁阻电机振动和噪声相对较大，控制复杂。开关磁阻电机的特点如表 4-2-5 所示。

表 4-2-5　开关磁阻电机的特点

特点	描述
结构简单	因为转子上没有任何类型绕组，所以转子机械强度较高，适合高速运转
功率电路可靠	因为只需单方向绕组电流，所以功率电路可以做到每相一个功率开关，降低成本的同时，也有较高的工作可靠性
启动电流小，扭矩大	启动电流小，扭矩大的优点，适合车辆低速重载启动和较长时间运行

特点	描述
调速性能较好	因为主要运行参数有相开通角、相关断角、相电流幅值、相绕组电压等，所以可控参数较多，调速性能较好
效率较高	因为转子不存在绕组磨损，可控参数较多和调速性能较好，所以损耗较小、效率较高
性能较好	因为运转时转子不发热，冷却控制较容易，所以在高温运转的性能较好
易于回收利用	因为定子和转子使用的是硅钢片，回收利用容易

4.2.3 电机驱动系统结构与原理

4.2.3.1 直流电机结构

电动汽车直流电机中，分为定子和转子两个部分，其中定子包括主磁极、机座、换向极、电刷装置等；转子包括电枢铁芯、电枢绕组、换向器、转轴和风扇等。定子与转子通过空气分开。图 4-2-7 所示为直流电机结构。

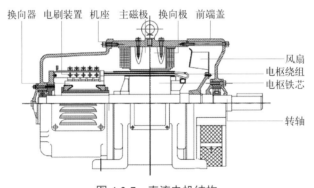

图 4-2-7　直流电机结构

4.2.3.2 直流电机工作原理

图 4-2-8 所示为直流电机工作原理。图中定子有一对 N 极和 S 极，电枢绕组的末端分别接到两个换向片上，正、负电刷 A 和 B 分别与两个换向片接触。

若在两个电刷上加直流电源，就会有直流电流从电刷 A 流入，再经过线圈 abcd，从电刷 B 流出。按照电磁力定律，当载流导体 b 和 cd 受到电磁力的作用，其方向可用左手定则判定，两段导体受到的力形成了一个扭矩，使得转子逆时针转动。

若使电刷 A 和换向片接触，电刷 B 和换向片接触，直流电流从电刷 A 流入，则在线圈中的流动方

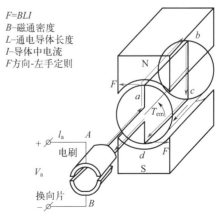

$F=BLI$
B-磁通密度
L-通电导体长度
I-导体中电流
F方向-左手定则

图 4-2-8　直流电机工作原理

第4章　电动汽车构造原理

向是 $dcba$，从电刷 B 流出。此时载流导体 b 和 cd 就会受到电磁力的作用，发生的方向同样可用左手定则判定，它们产生的扭矩仍然使得转子逆时针转动。

因为电刷和换向片的作用，线圈中流过交流电流，所以其产生的扭矩方向不变。

4.2.3.3 交流异步电机结构

异步电机的种类很多，按转子结构可分为笼型转子异步电机和绕线转子型异步电机；按照定子绕组相数则可分为单相异步电机、两相异步电机和三相异步电机。

交流异步电机主要也是由转子和定子两大部分组成，基本结构如图 4-2-9 所示。在转子和定子之间没有相互接触的部件，结构简单。三相交流异步电机转子的导体电流是感应产生的，因此又被称为感应电机。它是靠同时接入三相交流电流（相位差 120°）供电的一类电机。

图 4-2-9　交流异步电机结构

❶ 定子。定子主要由定子铁芯和定子绕组组成，定子与机座剖视图如图 4-2-10 所示。

定子铁芯是交流异步电机磁路的一部分，通常采用 0.35 ～ 0.5mm 厚的、表面有绝缘层的硅钢片叠制而成，其内圆表面的槽用于镶嵌三相定子绕组。

定子绕组由嵌放在定子铁芯槽中的线圈按一定规则连接而成，其作用是产生同步旋转磁场。

❷ 转子。转子主要由转子铁芯、转子绕组和转轴构成。笼型绕组的转子结构如图 4-2-11 所示。

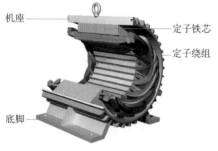

图 4-2-10　定子与机座剖视图

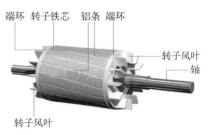

图 4-2-11　笼型绕组的转子结构

转子铁芯是交流异步电机磁路的构成部分，一般采用 0.5mm 厚的硅钢片叠制而成，转子铁芯的外圆表面均匀分布的槽用于安装转子绕组。

笼型转子绕组一般在转子铁芯的槽内放置裸铜条或铝条，两端用短路环焊接起来，形成闭合回路。

❸ 气隙。定子与转子之间有一小间隙，称为电机气隙。气隙的大小与异步电机的运行性能有很大关系。功率越大，转速越高，气隙尺寸越大。中、小型异步电机的气隙一般为 0.2 ～ 2mm。

4.2.3.4 交流异步电机工作原理

在交流异步电机中，三相对称定子绕组流过三相交流电时，在定子绕组中就有励磁电流通过，励磁电流在定子铁芯中产生一个圆形旋转磁势。该磁势在电机气隙中形成相应的圆形旋转磁场，如图 4-2-12 所示。该旋转磁场在转子绕组中产生感应电动势，因为转子绕组是闭合回路，所以将产生感应电流，如图 4-2-13 所示，转子载流导体在旋转磁场中产生电磁力，对转轴形成电磁扭矩带动转轴转动。

由于交流异步电机的转子在定子通电后才产生感应电动势，继而在电磁力的作用下被拖动旋转，所以转子的转速总是低于定子旋转磁场的转速，二者的转速差称为转差，用转差率表示。在额定负载运行时转差率为 2% ～ 5%。这也是异步电机名字的由来。

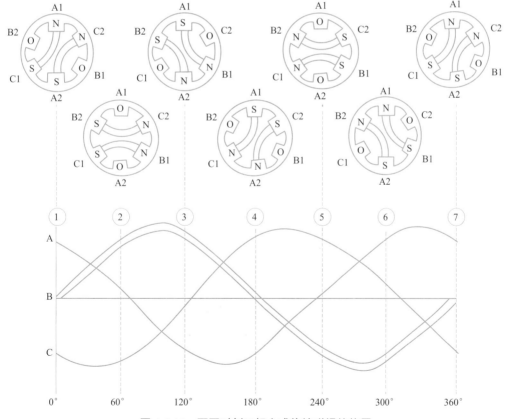

图 4-2-12　不同时刻三相合成旋转磁场的位置

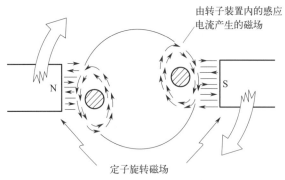

由转子装置内的感应
电流产生的磁场

定子旋转磁场

图 4-2-13　交流异步电机的工作原理

4.2.3.5　永磁同步电机结构

电动汽车永磁同步电机中，分为定子和转子两个部分，具有高效、高控制精度、高扭矩密度、良好的扭矩平稳性及低振动噪声的特点，通过合理设计永磁三路结构，可以获得较高的弱磁性能。图 4-2-14 所示为永磁同步电机结构图。

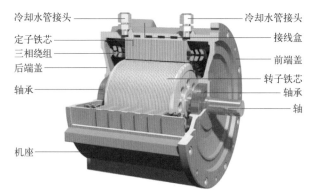

冷却水管接头　　　　冷却水管接头
定子铁芯　　　　接线盒
三相绕组　　　　前端盖
后端盖　　　　转子铁芯
轴承　　　　轴承
　　　　轴
机座

图 4-2-14　永磁同步电机结构

（1）定子　定子与普通电机基本相同，由导磁的电枢铁芯和导电的电枢绕组构成，如图 4-2-15 所示。电枢铁芯一般采用 0.5mm 硅钢冲片叠压而成；对于极数较多电机的电枢绕组，普遍采用分数槽绕组。

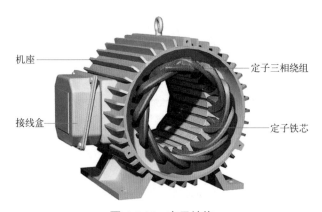

机座　　　　定子三相绕组
接线盒　　　　定子铁芯

图 4-2-15　定子结构

产生磁场需要 3 个沿定子铁芯对称分布，在空间上互差 120°电角度的绕组（简称三相绕组），三相绕组通常采用星形连接电路或三角形连接电路，如图 4-2-16 所示。通入三相交流电时，产生旋转磁场。

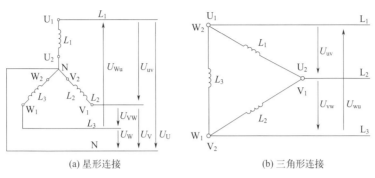

(a) 星形连接　　　　　　　　　(b) 三角形连接

图 4-2-16　定子接线

（2）转子　转子主要由永磁体、转子铁芯、转轴等组成，如图 4-2-17 所示。永磁同步电机主要采用钕铁硼磁铁为永磁体制造材料，电机的磁体体积较原来磁体体积所占空间小，并且没有损耗，不发热，提高了电机的效率。

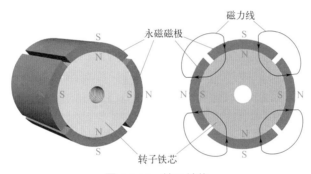

图 4-2-17　转子结构

按永磁体在转子上位置的不同，永磁同步电机的转子磁极结构主要分为两种：表面式和内置式。

❶ 表面式转子磁极结构。表面式永磁同步电机转子上的永磁体贴装在转子铁芯的表面，表面式结构又分为凸出式和嵌入式两种，如图 4-2-18 所示。

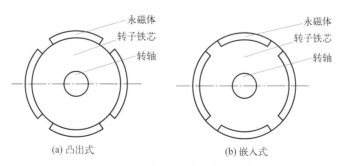

(a) 凸出式　　　　　　　　　(b) 嵌入式

图 4-2-18　表面式转子磁极结构

表面凸出式转子具有结构简单、制造成本低、转动惯量小等优点。此外，表面凸出式转子结构中的永磁磁极易实现最优设计，使之成为能使电机气隙磁场密度波形趋近于正弦波的磁极形状，可显著提高电机乃至整个传动系统的性能。

❷ 内置式转子磁极结构。内置式结构的永磁体位于转子内部，永磁体外表面与定子铁芯内圆之间有铁磁物质制成的极靴，极靴中可以放置铸铝笼或铜条笼，起阻尼或启动作用，动、稳态性能好，因此具有较好的异步启动能力或动态性能。内置式转子磁极结构的永磁同步电机有着更为坚固的转子结构，更加适合于高速运行场合。

按照永磁体磁化方向和转子旋转方向的相互关系，内置式转子磁极结构又可分为如图 4-2-19 所示的 4 种结构。

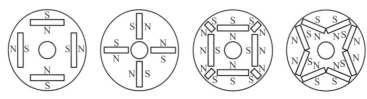

图 4-2-19 内置式转子磁极结构

4.2.3.6 永磁同步电机工作原理

永磁同步电机工作时，定子的三相绕组中通入三相对称电流，转子的励磁绕组通入直流电流。在定子三相对称绕组中通入三相交变电流时，将在气隙中产生旋转磁场。在转子励磁绕组中通入直流电流时，将产生极性恒定的静止磁场，转子磁场因受定子磁场磁力作用而随定子旋转磁场同步旋转，即转子以等同于旋转磁场的速度、方向旋转，这就是三相交流同步的基本原理，如图 4-2-20 所示。

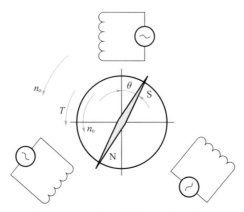

图 4-2-20 永磁同步电机工作原理

4.2.3.7 开关磁阻电机结构

电动汽车开关磁阻电机中，定子与转子都是由硅钢片叠压而成，采用了凸极铁芯的结构。在定子上，通常绕有集中绕组，通过径向相对的两个绕组串联构成一相绕组；在转子上，无绕组也无永磁体，通常装有位置传感器。通过定子和转子的凸极组合，可以形成不同极数的开关磁阻电机,一般定子凸极数量为偶数,转子凸极也为偶数,转子会比定子少2个。图 4-2-21 所示为开关磁阻电机不同极数组合。

三相6/4极开关磁阻电机　　三相6/8极开关磁阻电机　　三相12/8极开关磁阻电机

图 4-2-21　开关磁阻电机不同极数组合

4.2.3.8　开关磁阻电机工作原理

在开关磁阻电机工作原理中,以三相 12/8 极开关磁阻电机为例,图 4-2-22 所示为三相 12/8 极开关磁阻电机的横切面与一相电路的原理示意图。其中 VD1、VD2 为二极管,US 为直流电源。

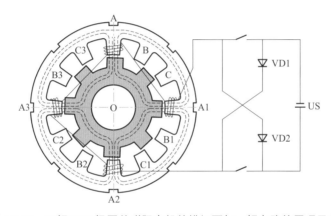

图 4-2-22　三相 12/8 极开关磁阻电机的横切面与一相电路的原理示意图

定子和转子为双凸极结构,极数互不相等,定子绕组可根据需要采用串联、并联或串并联结合的形式在相应的极上得到径向磁场,转子由硅钢片叠片构成无绕组,转子带有位置检测器以提供转子位置信号,使定子绕组按一定的顺序通断,保持电动机的连续运行。

电机磁阻随着转子磁极,与定子磁极的中心线对准或错开而变化,由于电感与磁阻成反比,转子磁极在定子磁极中心线位置时,相绕组电感为最大,转子极间中心线对准定子磁极中心线时,相绕组电感则最小。

4.2.4　电机控制器结构与原理

4.2.4.1　电机控制器结构

电机控制器是电动汽车三大核心之一,它是车辆行驶的主要执行机构,其特性决定了车辆的主要性能指标,直接影响了车辆的动力性、经济性以及用户驾乘感受。

电机控制器是驱动系统的控制中心，又称智能功率模块，由外界控制信号接口电路、电机控制电路和驱动电路组成，包括驱动电路板、控制电源、散热系统等，一般安装在前舱驱动电机的上方。

电机控制器是动力蓄电池与驱动电机能量传输的装置，包括车辆怠速控制、前进、后退、DC-AC 转换等功能，图 4-2-23 所示为电机控制器结构。

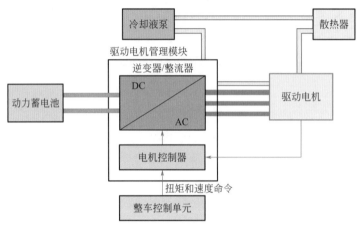

图 4-2-23 电机控制器结构

4.2.4.2 电机控制器工作原理

电机控制器作为整个制动系统的控制中心，由功率变换器和控制器两部分组成。通过功率变换器传输动力蓄电池输送的直流电电能，再变换成驱动电机所需要的电源，为车辆驱动电机提供电能。

当控制器接收电机转速、旋变等信号反馈后，信息也通过仪表显示。车辆出现制动或者加速时，控制器控制变频器频率的升降，从而达到加速或者减速的目的。图 4-2-24 所示为电机控制器工作原理。

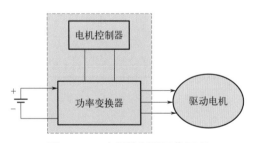

图 4-2-24 电机控制器工作原理

4.2.5 电机冷却系统结构与原理

驱动电机转子高速旋转会产生高温，热量通过机体传递，如果不加以降温，驱动电机无法正常工作，所以驱动电机机体内设置有冷却液道，通过冷却液的循环与外界进行热交换。这样能将驱动电机的工作温度保持在一定范围内，防止驱动电机过热。

电机冷却系统包括电机控制器、车载充电机、驱动电机、整车控制器、散热器、膨胀箱、水温传感器、冷却液泵、冷却管路等组成。

图 4-2-25 所示为电机冷却系统工作原理。从电动水泵开始，由低压电路驱动，为冷却液的循环提供压力，通过冷却液在管路中流动进行降温。

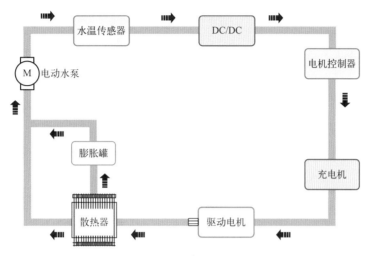

图 4-2-25　电机冷却系统工作原理

4.3

整车控制系统

4.3.1　整车控制系统组成

整车控制系统通常由多个控制单元、传感器、控制器及 CAN 通信网络组成，包括动力网和舒适网两大类型，其中动力网对应的控制单元有动力蓄电池管理系统、电机控制器车载充电机、DC-DC 转换器以及对应的传感器 / 控制器等；舒适网对应的控制单元有组合仪表、空调控制、转向控制、制动控制以及对应的传感器 / 控制器等。

整车控制器上通常会连接动力网和舒适网，而整车控制器作为最上层控制器，负责总体控制、协调各个控制单元工作以及信息的统筹管理等工作。

4.3.2　整车控制系统控制策略

常见的控制策略包括整车能量管理控制、整车驱动控制、制动能量回馈控制和整车保护功能控制等。

4.3.2.1　整车能量管理控制

整车能量管理控制策略是作为车辆动力系统的管理，它的作用是提高车辆能量利用效率、延长车辆续驶里程等，同时可以控制车辆各种工作模式的切换，也可以合理分配车辆的能量。

一般会根据动力蓄电池的荷电状态合理分配能量，按照荷电状态的取值不同，对车辆的能量进行分配，包括限制空调运行、控制驱动电机功率等。

4.3.2.2 整车驱动控制

整车驱动控制策略是根据驾驶员的操作进行分析，同时需要综合考虑动力系统当前的状态，通过计算后得出驾驶员对驱动电机的期望扭矩，再对驱动电机发出指令，使车辆的行驶状态得到改变，让驾驶员得到期望的工况要求。

在驱动控制策略中，需要实时考虑行驶工况、动力蓄电池荷电状态等情况，将需要的能量合理分配到驱动电机，同时限制驱动电机的工作区域以及荷电状态数值的范围，保证驱动系统可以长时间有更高效率的状态。驱动控制策略包括起步控制、加速控制、怠速控制、减速控制以及驻坡等功能。

4.3.2.3 制动能量回馈控制

制动能量回馈控制是对车辆的制动能量进行使用，把车辆行驶的动能存储在汽车的储能装置中，再使用，主要为采集制动踏板信号、ABS信号和动力蓄电池信息等，作为判断是否启用动力回收功能的依据，再按照驱动电机的实际信息，计算实时的最大回馈电流，然后转换成制动力矩，实现能量的回馈。

4.3.2.4 整车保护功能控制

当车辆发生故障时，整车控制器检测到故障，同时判断故障的严重程度，然后按照车辆的运行状态，传输相应的指令。根据《电动汽车用驱动电机系统故障诊断分类及判断》分级，对故障进行处理。整车保护功能控制的故障描述如表 4-3-1 所示；整车保护功能控制的应对措施如表 4-3-2 所示。

表 4-3-1 整车保护功能控制的故障描述

故障级别	故障类型	故障描述
1 级	致命故障	● 危及人身安全 ● 影响行车安全 ● 对周围环境造成严重危害 ● 造成车辆在故障发生地不能行使 ● 主要零部件功能失效 ● 引起整车其他相关主要零部件严重损坏
2 级	严重故障	● 造成车辆不能正常行驶，但可以从发生故障地点移动到路边，等待救援 ● 性能发生较明显的衰退
3 级	一般故障	● 非主要零部件故障，可以从发生故障地点非正常开到停车场 ● 非主要零部件故障，能用易损备件和随车工具在短时间内排除
4 级	轻微故障	● 不需要更换零部件，车辆仍能正常运行 ● 不需要换零部件，可用随车工具在短时间内排除

表 4-3-2　整车保护功能控制的应对措施

故障级别	故障类型	故障应对措施
1 级	严重故障	● 发送驱动电机停机命令，断开高压系统 ● 车辆进入保护状态（禁止充电、禁止上高压电）
2 级	一般故障	● 进入跛行模式 ● 限制功率 ● 禁止制动能量回收
3 级	轻微故障	仪表显示提示维修

4.4

底盘系统

4.4.1　行驶系统

电动汽车行驶系统可以实现承受汽车的总重量、接受传动系传来的动力、缓冲车身的冲击和振动等功能。电动汽车行驶系统一般由车架（图 4-4-1）、驱动桥（图 4-4-2）、车轮和悬架（4-4-3）等组成。

图 4-4-1　电动汽车的车架外观

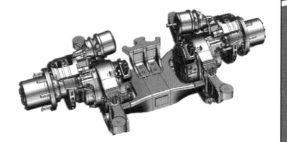

图 4-4-2　电动汽车的驱动桥外观

图 4-4-3　电动汽车的车轮与前悬架和后悬架连接外观

4.4.2 转向系统

电动助力转向系统主要由动力转向控制模块、动力转向电动机、扭矩传感器、动力转向减速机构和动力转向机总成等组成。电子液压转向系统结构如图 4-4-4 所示。

电动汽车中，通常采用电动助力转向系统，简称为"EPS"，它是直接依靠驱动电机提供辅助扭矩的动力转向系统。按照驱动电机分布的位置不同，可以分为转向柱助力式、齿轮助力式、齿条助力式。

❶ 转向柱助力式。转向柱助力式中，助力电动机固定在转向柱一侧，通过减速机构与转向轴相连，直接驱动转向轴助力转向。转向柱助力式电动助力转向结构如图 4-4-5 所示。

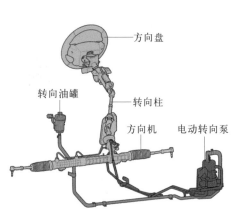

图 4-4-4 电子液压转向系统结构

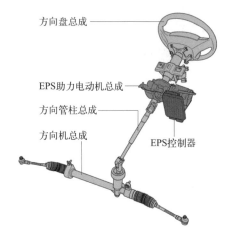

图 4-4-5 转向柱助力式结构

❷ 齿轮助力式。齿轮助力式中助力电动机和减速机构与小齿轮相连，直接驱动齿轮助力转向。齿轮助力式电动转向系统结构如图 4-4-6 所示。

❸ 齿条助力式。齿条助力式中，助力电动机和减速机构直接驱动齿条提供助力。齿条助力式电动助力转向系统结构如图 4-4-7 所示。

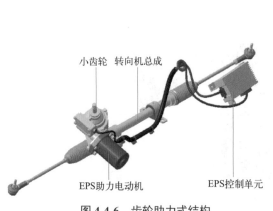

图 4-4-6 齿轮助力式结构

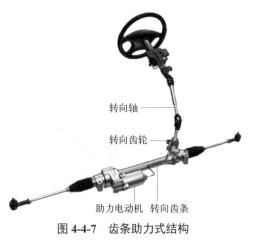

图 4-4-7 齿条助力式结构

4.4.3 制动系统

在电动汽车的制动系统中，单独设计了电动真空泵，为真空助力器提供真空源，称为电动真空助力系统。电动真空助力系统示意图如图4-4-8所示。

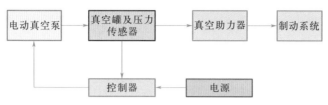

图4-4-8　电动真空助力系统示意图

电动汽车制动系统主要与真空助力器连接，由制动器、真空助力器、制动液储存罐等组成，在制动系统工作过程中，由制动器通过推杆直接操纵，对车辆进行制动。电动汽车的真空助力器外观如图4-4-9所示。

图4-4-9　电动汽车的真空助力器外观

4.5

车身及辅助电气系统

4.5.1 汽车车身

4.5.1.1 辅助设备

辅助设备主要由用电设备、组合仪表等组成。

❶ 用电设备。用电设备中，包括照明设备、声光设备、信号设备、车载音箱设备、电动车窗、电动后视镜、电动座椅、车身安全防护装置、空调、刮水器等。

❷ 组合仪表。组合仪表通常在驾驶位的正前方，一般选用数字显示屏幕或液晶屏幕等。

4.5.1.2 电力驱动设备

电力驱动设备主要由电机控制器、驱动电机、机械传动装置等组成。

❶ 电机控制器。电机控制器根据加速踏板和制动踏板的信号，对驱动电机发出相应的指令，从而实现驱动电机的启动、加速、减速、制动等控制。

❷ 驱动电机。驱动电机根据动力蓄电池的能量，将电能转化为机械能，当车辆车轮在制动或滑行时，将机械能转化为电能，为动力蓄电池提供电能。

❸ 机械传动装置。机械传动装置将驱动电机输出的能量传输到车轮，驱动车辆行驶。

4.5.2 电动汽车空调系统

4.5.2.1 制冷系统组成结构与原理

电动汽车空调的制冷系统主要由空调压缩机、冷凝器、膨胀阀、蒸发器及管路等组成，电动汽车空调的制冷过程如图 4-5-1 所示。

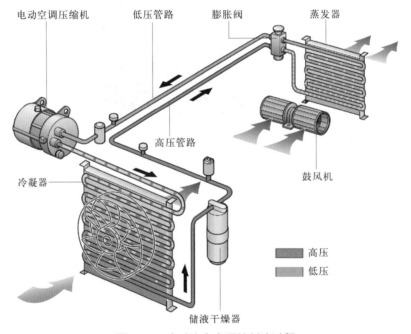

图 4-5-1 电动汽车空调的制冷过程

4.5.2.2 制暖系统组成结构与原理

电动汽车空调的制暖系统，主要通过正温度系数（PTC）加热器对空气进行加热，在空调的制暖过程中，加热器在高压电的作用下，对冷却液进行加热，高温冷却液被加热器水泵抽入加热器芯，气流在鼓风机的作用下产生热量传递。电动汽车空调的制暖过程如图 4-5-2 所示。

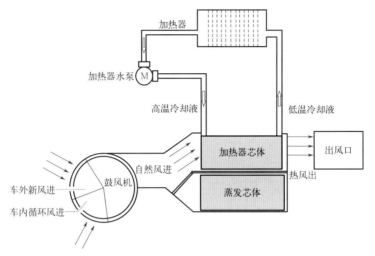

图 4-5-2　电动汽车空调的制暖过程

4.5.2.3　送风系统组成结构与原理

电动汽车空调的送风系统主要由鼓风机、风道、空气翻板和出风口等组成。空调的送风系统中，通过蒸发器或热交换器形成冷风或暖风，按照驾驶员的需求传送到指定出风口。图 4-5-3 所示为电动汽车空调的送风过程，其中包括制冷模式送风和制暖模式送风。

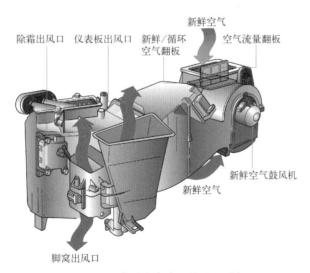

图 4-5-3　电动汽车空调的送风过程

❶ 制冷模式送风。空调在制冷模式下，外界温度较高的新鲜空气通过鼓风机流经蒸发器，会将温度降低，此时就不会流经加热器，被蒸发器降低温度后的空气仅在驾驶员设置的出风口流出。电动汽车空调的制冷模式送风过程如图 4-5-4 所示。

❷ 制暖模式送风。空调在制暖模式下，电动空调压缩机不工作，外界温度较低的新鲜空气通过鼓风机流经蒸发器，此时蒸发器不工作，在温度翻板打开情况下，温度较低的新鲜空气流经热交换器，被升高温度后的空气，仅在驾驶员设置的出风口流出。电动汽车空

调的制暖模式送风过程如图 4-5-5 所示。

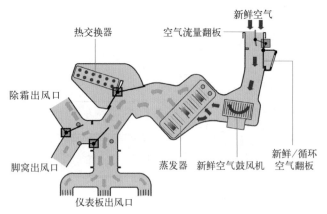

热交换器　空气流量翻板　新鲜空气

除霜出风口

脚窝出风口　蒸发器　新鲜空气鼓风机　新鲜/循环空气翻板

仪表板出风口

图 4-5-4　电动汽车空调的制冷模式送风过程

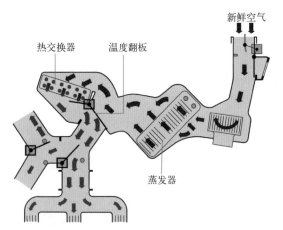

热交换器　温度翻板　新鲜空气

蒸发器

图 4-5-5　电动汽车空调的制暖模式送风过程

05

第 5 章

电动汽车电路识读

5.1

电动汽车电路特点

5.1.1　电动汽车低压电路特点

电动汽车低压电路特点如图 5-1-1 所示。

5.1.2　电动汽车高压系统电路特点

电动汽车高压系统因存在高压，故与低压系统有较大的区别。高压系统必须安全不漏电，同时还应具有以下特点。

❶ 高压电网与低压电网隔离。电动汽车高压系统对车身接地断路也称为电隔离。为了实现这种隔离，高压设备具有一个专门的电网平衡装置。高压电网与低压电网之间的电隔离可以防止意外短路致使车身接地通电。

❷ 高压系统为低压蓄电池充电。电动汽车低压系统供电源即低压蓄电池由高压系统的动力电池通过 DC/DC 将直流高压电变换为直流低压电，为其充电。

❸ 低压系统采用单线制，高压系统采用双线制。单线制是指从电源到用电设备只用一根导线连接，利用车身接地连通蓄电池负极。电动汽车的低压系统采用单线制，且所有用电设备均为并联。高压系统用电设备采用双线制，一根为正极导线，另一根为负极导线，负极导线与车身接地没有连接，保障用电安全。

❹ 电动汽车可以通过关闭点火开关断开高压。电动汽车关闭高压设备，使动力电池从高压电网断开最简单的方法是关闭点火开关。关闭点火开关的作用是将电路与高压设备的保护继电器断开，并使动力电池与高压电网脱离，高压设备上就没有了电压。但需要注意

的是，此时动力电池本身以及连接至保护继电器那一段的高压导线依然有高压电。完全使动力电池断开高压电，需要断开动力电池的手动维修开关。

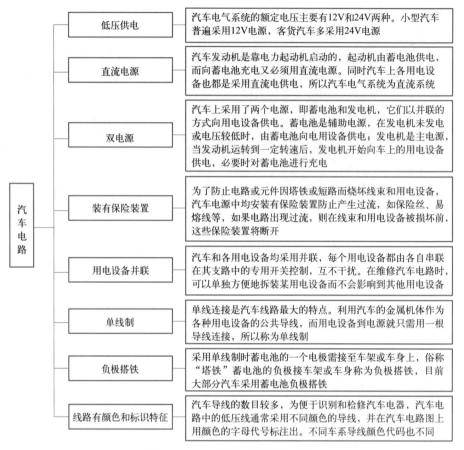

	低压供电	汽车电气系统的额定电压主要有12V和24V两种。小型汽车普遍采用12V电源，客货汽车多采用24V电源
	直流电源	汽车发动机是靠电力起动机启动的，起动机由蓄电池供电，而向蓄电池充电又必须用直流电源。同时汽车上各用电设备也都是采用直流电供电，所以汽车电气系统为直流系统
	双电源	汽车上采用了两个电源，即蓄电池和发电机，它们以并联的方式向用电设备供电。蓄电池是辅助电源，在发电机未发电或电压较低时，由蓄电池向用电设备供电；发电机是主电源，当发动机运转到一定转速后，发电机开始向车上的用电设备供电，必要时对蓄电池进行充电
汽车电路	装有保险装置	为了防止电路或元件因搭铁或短路而烧坏线束和用电设备，汽车电源中均安装有保险装置防止产生过流，如保险丝、易熔线等，如果电路出现过流，则在线束和用电设备被损坏前，这些保险装置将断开
	用电设备并联	汽车和各用电设备均采用并联，每个用电设备都由各自串联在其支路中的专用开关控制，互不干扰。在维修汽车电路时，可以单独方便地拆装某用电设备而不会影响到其他用电设备
	单线制	单线连接是汽车线路最大的特点。利用汽车的金属机体作为各种用电设备的公共导线，而用电设备到电源就只需用一根导线连接，所以称为单线制
	负极搭铁	采用单线制时蓄电池的一个电极需接至车架或车身上，俗称"搭铁"蓄电池的负极接车架或车身称为负极搭铁，目前大部分汽车采用蓄电池负极搭铁
	线路有颜色和标识特征	汽车导线的数目较多，为便于识别和检修汽车电器，汽车电路中的低压线通常采用不同颜色的导线，并在汽车电路图上用颜色的字母代号标注出。不同车系导线颜色代码也不同

图5-1-1　电动汽车低压电路特点

❺ 高压系统存在高压互锁电路。高压互锁电路是一个完全独立的系统，用于确定是否所有的高压组件都正确地连接到高压系统上。高压互锁电路是一个低压系统。高压互锁电路连接着所有的高压组件，此系统检查连接在互锁电路中的部件的高压插接器是否正确连接。一旦某一高压部分的高压触点断开，保护继电器就会断开，动力电池会从高压电网中脱离。

5.2

小鹏纯电动汽车电路图识读范例

5.2.1　电路图识读说明

小鹏汽车电路图识读说明如图5-2-1和图5-2-2所示。

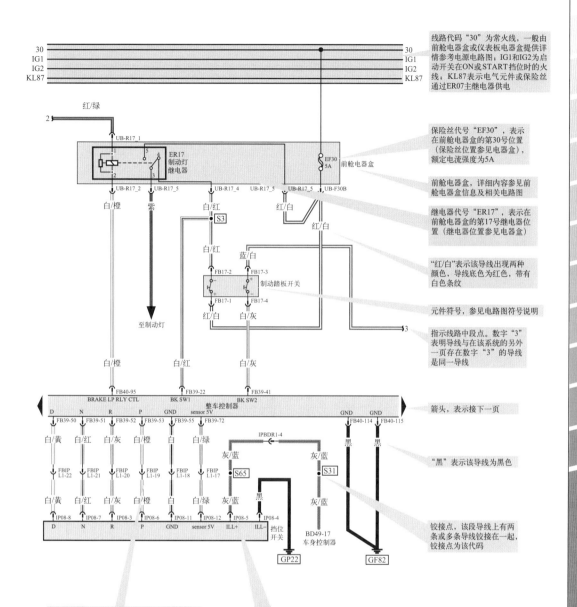

图 5-2-1　小鹏汽车电路图识读说明（一）

5.2.2　线束代码定义

（1）电气部件端线束插接器　电路图中的线束插接器编码规则以线束代码为基础。如车身线束中的插接器 BD01，其中 BD 为线束代码，插接器序列号从 01 开始。整车线束代码如表 5-2-1 所示。

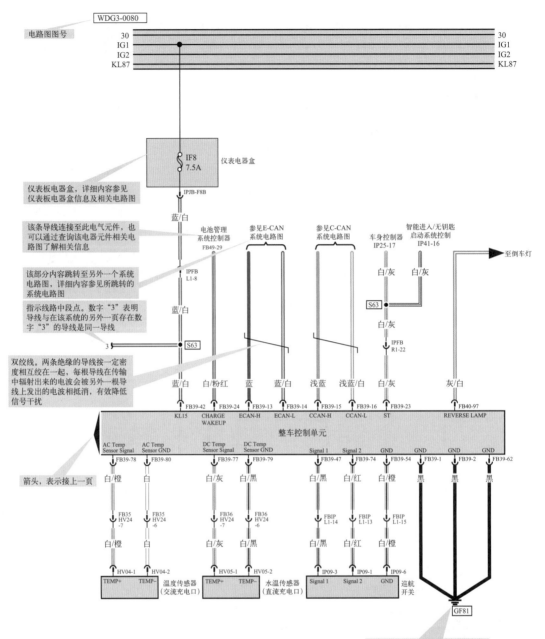

WDG3-0080

电路图图号

30
IG1
IG2
KL87

30
IG1
IG2
KL87

IF8
7.5A

仪表电器盒

仪表板电器盒，详细内容参见
仪表板电器盒信息及相关电路图

IPJB-F8B

该条导线连接至此电气元件，也
可以通过查询该电器元件相关电
路图了解相关信息

蓝/白

电池管理
系统控制器
FB49-29

参见E-CAN
系统电路图

参见C-CAN
系统电路图

车身控制器
IP25-17

智能进入/无钥匙
启动系统控制
IP41-16

至倒车灯

该部分内容跳转至另外一个系统
电路图，详细内容参见所跳转的
系统电路图

IPFB
L1-8

白/灰

白/灰

指示线路中段点。数字"3"表明
导线与该系统的另外一页存在数
字"3"的导线是同一导线

蓝/白

S63

S63

白/灰

3

S63

双绞线。两条绝缘的导线按一定密
度相互绞在一起，每根导线在传输
中辐射出来的电波会被另外一根导
线上发出的电波相抵消，有效降低
信号干扰

蓝/白

白/粉红

蓝

蓝/白

浅蓝

浅蓝/白

白/灰

IPFB
R1-22

灰/白

FB39-42

FB39-24

FB39-13

FB39-14

FB39-15

FB39-16

FB39-23

FB40-97

KL15

CHARGE
WAKEUP

ECAN-H

ECAN-L

CCAN-H

CCAN-L

ST

REVERSE LAMP

整车控制单元

AC Temp
Sensor Signal

AC Temp
Sensor GND

DC Temp
Sensor Signal

DC Temp
Sensor GND

Signal 1

Signal 2

GND

GND

GND

GND

箭头，表示接上一页

FB39-78

FB39-80

FB39-77

FB39-79

FB39-47

FB39-74

FB39-54

FB39-1

FB39-2

FB39-62

白/橙

白

白/灰

白/黑

白/黑

白/红

白/橙

黑

黑

黑

FB35
HV24
-7

FB35
HV24
-6

FB36
HV24
-7

FB36
HV24
-6

FBIP
L1-14

FBIP
L1-13

FBIP
L1-15

白/橙

白

白/灰

白/黑

白/黑

白/红

白/橙

HV04-1

HV04-2

HV05-1

HV05-2

IP09-3

IP09-1

IP09-6

TEMP+

TEMP-

温度传感器
（交流充电口）

TEMP+

TEMP-

水温传感器
（直流充电口）

Signal 1

Signal 2

GND

巡航
开关

GF81

接地点代号可查到该代号的接地点
在汽车上的安装位置及所涉及的电
器元件，详情请参见接地点位置分
布图和接地点电路图

图 5-2-2 小鹏汽车电路图识读说明（二）

表 5-2-1 整车线束代码

代码	线束名称	代码	线束名称
B	前保险杠线束	FL	左前门线束
FB	前舱线束	FR	右前门线束
IP	仪表线束	RL	左后门线束

代码	线束名称	代码	线束名称
BD	车身线束	RR	右后门线束
RB	后保险杠线束	HV	高压线束
TG	后尾门线束		

（2）对接插接器　图 5-2-3 和图 5-2-4 分别为对接插接器系统电路和实车中的表示方法。

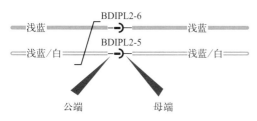

图 5-2-3　系统电路图中对接插接器的表示方法

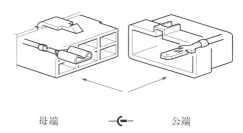

图 5-2-4　实车中插接器的表示方法

图 5-2-3 中对接插接器 BDIPL2-6，其中 BDLP 表示从车身线束到仪表线束的插接器，L2 表示仪表左侧第二个（L 为左、M 为中、R 为右），-6 表示对接插接器针脚。所有线束对接插接器都是以显示代码开头。

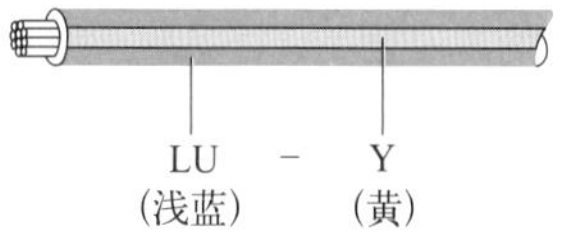

5.2.3　导线颜色代码

低压线束导线颜色采用双色线，使用字母表示，如导线颜色代码为 LU-Y，第一个 / 组代码表示导线的基本色，第二个 / 组字母表示条纹的颜色，如图 5-2-5 所示。低压线束颜色代码与字母对照表如表 5-2-2 所示。

图 5-2-5　双色导线颜色示意图

表 5-2-2　低压线束颜色代码与字母对照表

代码	名称	图示	代码	名称	图示
R	红		G	绿	
B	黑		LG	浅绿	
S	灰		K	粉红	
U	蓝		N	棕	
LU	浅蓝		W	白	
P	紫		Y	黄	
O	橙				

高压系统导线采用国家标准中规定的橙色导线。

第5章　电动汽车电路识读

105

5.2.4 电路图形符号

小鹏汽车电路图形符号及说明如表 5-2-3 所示

表 5-2-3 电路图形符号及说明

图形符号	说明	图形符号	说明
	不可拆卸式导线连接	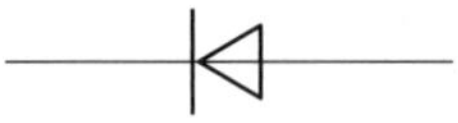	二极管
	可拆卸导线连接	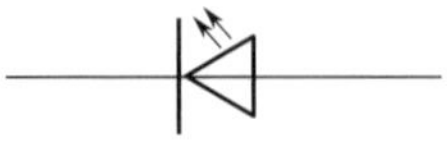	发光二极管
	部件内部导线连接（不可拆）	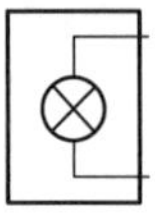	灯泡
	部件的连接器连接	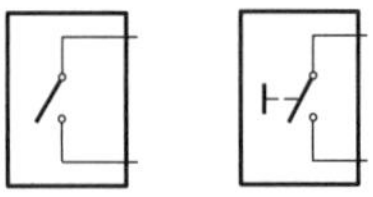	开关
	线束的连接器连接		麦克风
	公连接器	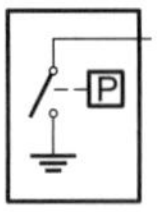	油压开关
	母连接器	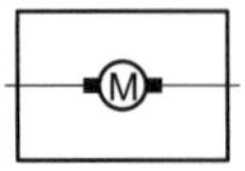	电机
	公连接器与母连接器对接，芯脚号不同，在电路图中的表现形式	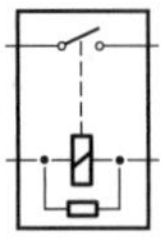	继电器
	无连接交叉导线	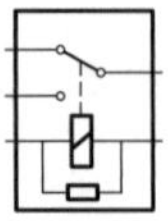	双掷继电器
	双绞线	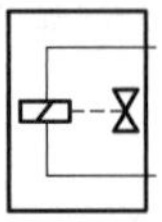	电磁阀
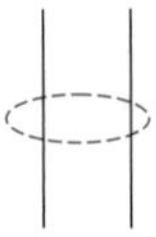	屏蔽线	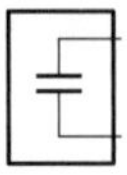	电容

图形符号	说明	图形符号	说明
	熔丝		扬声器
	蓄电池		点烟器 / 加热丝
	接地点		天线
	电阻		电子控制器
	可变电阻		

5.2.5　不同类型的插接器拔插操作

（1）**一般卡接结构的插接器**　图 5-2-6 所示是线束插接器中最常见的一种卡接类型，公母护套通过卡点和卡扣进行锁止。装配时应先对准，缓慢接插，最后再用力卡接到位，一般会有卡点弹起时发出的"哒"的一声。拆卸时应先按压卡点，使卡点脱出卡扣，然后再拔出插接器。

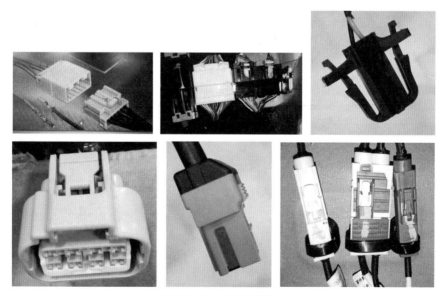

图 5-2-6　一般卡接结构

（2）**带保持锁片的插接器** 带保持锁片的插接器如图 5-2-7 所示，这类插接器有一个保持锁片。在接插之前需要先退出，接插到位之后需要推入锁止；反之，拆卸时需要先退出保持锁片，再拔出插接器。

在保持锁片打开时插入　　　　　　　　　　推入保持锁片到位

图 5-2-7　带保持锁片的插接器

（3）**杠杆扳手式插接器** 杠杆扳手式插接器如图 5-2-8 所示，这类插接器带有一个杠杆扳手，用于辅助接插。在操作这类插接器时需要注意先将扳手打开到底，对准扳手上的导向孔后插入插接器，再推扳手。推入扳手时应该用力匀速，避免用力过猛导致扳手断裂。

图 5-2-8　杠杆扳手式插接器

（4）带直线推入锁止结构的插接器　带直线推入锁止结构的插接器如图 5-2-9 所示，这类插接器的锁止结构在操作时朝一个方向用力。插入前需要将其退出到底（注意不是拔出），同样需要先对准导向孔再插入。

图 5-2-9　带直线推入锁止结构的插接器

（5）弹性保持锁片式插接器　这类插接器的保持锁片有弹性，插入到位时会自动弹出锁止到位。方形结构的弹性保持锁片式插接器如图 5-2-10 所示，拆卸时按上面的箭头指示推动锁片并同时按下卡扣，再拔出插接器。

圆形结构的弹性保持锁片式插接器如图 5-2-11 所示。接插时，红色卡点要朝正上方；拆卸时，朝分离方向推动圆形锁止结构到底并同时拔出插接器。

图 5-2-10　方形结构的弹性保持锁片式插接器　　　　图 5-2-11　圆形结构的弹性保持锁片式插接器

（6）小鹏汽车高压维修开关的断开

❶ 将图 5-2-12 中所示的黄色锁片退出。

❷ 如图 5-2-13 所示，捏住黑色卡点，将短路片退出。

图 5-2-12　将黄色锁片退出　　　　　　　　　　图 5-2-13　将短路片退出

❸此时高压互锁回路断开，高压接触器线圈电源回路断开。维修高压系统时，在图 5-2-14 处上锁，避免他人将短接片插上，高压上电造成危险。

❹安装时，取下上一步上的锁，拉起图 5-2-15 所示的绿色卡片，插入短路片，锁上黄色二次锁止锁片。

图 5-2-14　上锁维修开关　　　　　　　　　　图 5-2-15　绿色卡片

（7）高压插接器的断开

❶杠杆扳手式高压插接器如图 5-2-16 所示，将蓝色锁片退出，扳动杠杆扳手，将插接器退出。插入时操作相反。

图 5-2-16　杠杆扳手式高压插接器断开

❷圆形结构弹性保持锁片式高压插接器如图 5-2-17 所示，捏住锁环沿箭头方向解锁弹性保持锁片式，将插接器沿箭头方向拔出。

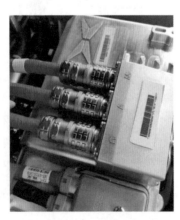

图 5-2-17　圆形结构弹性保持锁片式高压插接器断开

❸ 带保持锁片的二次锁止高压插接器先沿箭头方向退出图 5-2-18 所示的二次锁片，压住图 5-2-19 所示的橙色大锁片；如图 5-2-20 所示，先把插接器拉出一节，压住图 5-2-21 所示橙色小锁片 a 拔出插接器，最后将绿色二次锁片 b 推入。

图 5-2-18　退出二次锁片

图 5-2-19　压住橙色大锁片

图 5-2-20　插接器拉出一节

图 5-2-21　再次拔出插接器

5.3

电路图识读方法

5.3.1　继电器控制电路图识读

要进行电路图的识读需要遵循一定的流程图。依据实际维修的过程，推荐先从用电设备开始进行读图。具体的流程如下：

❶ 查找用电设备。因用户报修时往往只说某某功能失效，导致功能失效一定是实现此功能的用电设备不工作，所以我们优先查找用电设备。

❷ 查找控制是电源还是接地。用电设备工作与否必须进行控制，控制方式不是电源就是接地。不同的用电设备、不同的厂家，控制方式不同，但效果都一样。

❸ 如果用电设备是由继电器控制，要将电路分为触点电路和线圈电路。线圈电路可看成一个用电设备。用电设备工作需要控制电源或接地才能进行工作，所以此时可回到查找

用电设备的步骤。

❹ 如果继电器是由模块进行控制，模块必须收到一个请求信号才能工作，所以先查看其信号电路。模块要想正常工作，必须有电源和接地，因此需检查模块的电源和接地电路。

下边以喇叭不工作为例进行电路图的识读，喇叭电路图如图 5-3-1 所示。

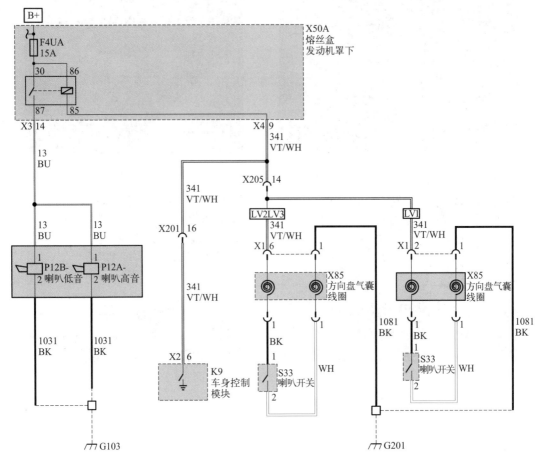

图 5-3-1　喇叭电路图

❶ 确定用电设备位置。通过符号标识和旁边的文字注释，快速找到用电设备——喇叭。

❷ 确定用电设备是否控制接地。线路图的一般布局特点是电源在上边，接地在下边。所以从用电设备的下边开始快速向下看，发现中间没有经过开关直接接地，也就是我们常说的常搭铁。并且两个喇叭共用一个接地点，如图 5-3-2 左下框所示。

❸ 查找用电设备供电控制方法。不控制接地，那么向上看是否进行电源的控制。从用电设备的上边开始向上看，两个喇叭的电源通过一个铰接点，它们共同由铰接点上边的电路进行控制，如图 5-3-3 箭头所示。

如图 5-3-4 所示，继续查看铰接点上边的电路经过一个 4 脚继电器的常开触点进行控制。我们要先把电路分为触点电路和继电器线圈电路。

首先查看触点电路。继电器触点电路的上边线路经过一个 15A 的熔丝，其编号为 F4UA。再向上看到一个电源，表明是常电。

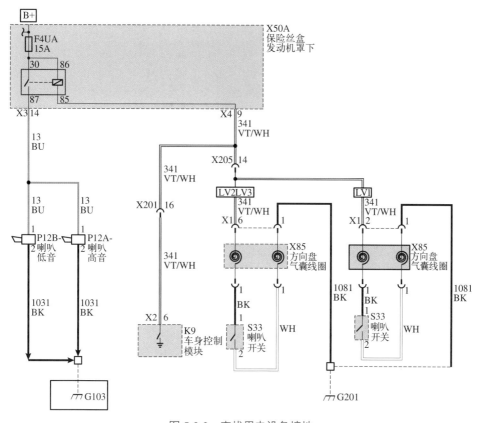

图 5-3-2　查找用电设备接地

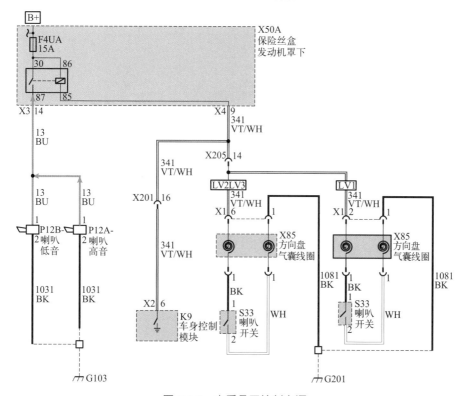

图 5-3-3　查看是否控制电源

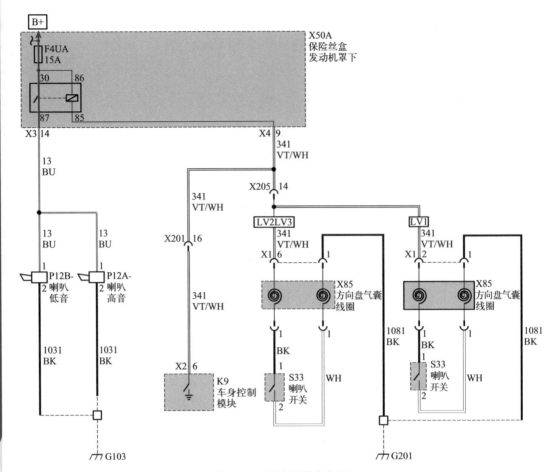

图 5-3-4　继电器触点电路

　　如图 5-3-5 所示，接着查看线圈电路。因为其又是个小用电设备，所以又可以按照刚才我们第一步的读图思路进行读图。从继电器线圈开始向下看。继电器线圈下边电路经过 2 个铰接点后分成 3 路，最左边的经过 X201 插头的 16 针脚，再通过一个部件的 X2 插头的 6 号针脚，最后通过一个内部开关进行控制搭铁。通过旁边的文字注释，得到 K9 车身控制模块进行控制。注意 K9 是模块的一个编号。总结以上，得出喇叭继电器线圈可以通过车身搭铁来进行控制。同时因有铰接点，所以其他电路也必须看，查看是否其他电路也可以进行控制。

　　经过上边第一个铰接点后又分为两路，我们先直接沿图 5-3-6 所示红色箭头向下看。

　　其有个配置标识，只有配置为 V2 或 LV3 的车辆才有这条线路。对应看铰接点右侧的线路，也是一个配置标识，只有配置为 LV1 的车辆才需要查看铰接点下边右边的电路。所以，此时，要确认车辆实际的配置是哪一种。确定配置之后，实车就只有一条电路存在，而不会出现两条电路的可能。所以在实际维修中只查看一条电路即可。假设通过实车查看，确认是 LV3 配置的车辆，那么继续看左边的电路。

　　经过包含 3 配置标识后继续向下看，其通过一个游丝线圈，再到喇叭开关，再回到另一个游丝，再回到搭铁点 G201 处。注意：两个游丝线路共在一个游丝线圈总成之内。

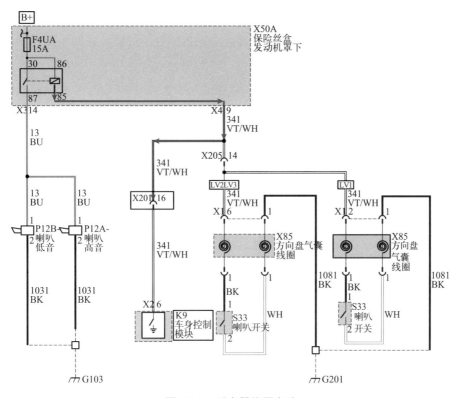

图 5-3-5　继电器线圈电路

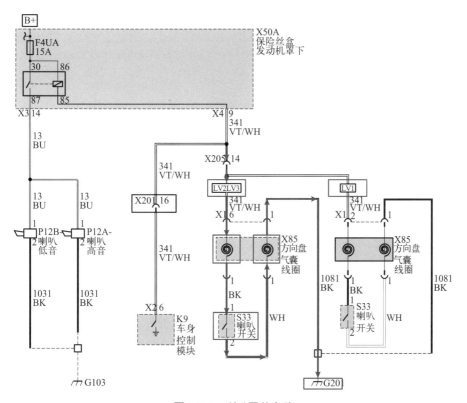

图 5-3-6　喇叭开关电路

通过以上读图，我们总结喇叭继电器线圈的接地可以有两路进行控制搭铁：一路是由车身控制模块进行控制；另一路是由喇叭触点开关直接控制搭铁。任何一路控制搭铁，喇叭都有可能工作。注意，这里只是"有可能"，喇叭继电器触点闭合的前提是喇叭继电器线圈有电源和有接地，刚才我们只分析了线圈的搭铁电路，现在我们查看线圈的电源是否有接地。

如图 5-3-7 所示，顺着继电器线圈的上边继续查看，得出其和继电器触点电路共用一个熔丝，其电源的性质为常电。

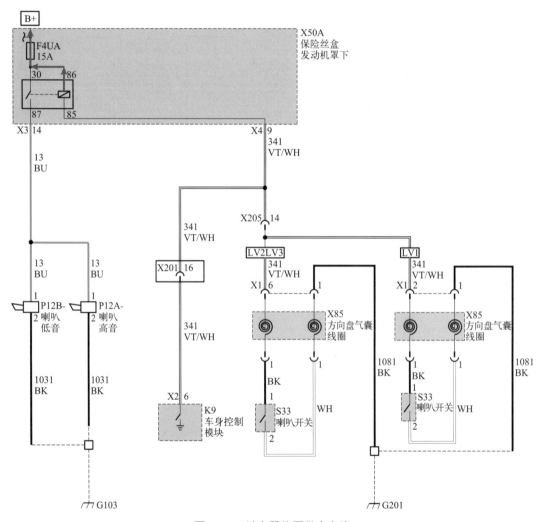

图 5-3-7 继电器线圈供电电路

到此喇叭的控制原理就可以完全掌握。但此时需要再整体上把电路联系起来，喇叭是常接地的，喇叭经过一个喇叭继电器控制，喇叭触点电路电源为常电，只要喇叭继电器触点闭合，喇叭就可以工作。喇叭继电器触点闭合的前提是喇叭继电器线圈有电源，有接地，通过先查看下方的电路，我们得出喇叭继电器受 BCM 和喇叭触点控制，任何一个控制都可以实现线圈电路的搭铁；再从继电器线圈向上看，得出其电源与触点电路铰接在一起，共同由一个熔丝供电，电源的性质为常电。

以上就是喇叭的控制原理。在读图过程中，我们也要注意其他一些原则：

❶ 同时满足电源和接地。用电设备工作必须电源和接地同时满足才工作，所以不能只查看电源部分而不看搭铁，或只查看接地不查看电源。

❷ 回路原则。用电设备的搭铁最终是要回到电源的负极。车辆上的电源有两种：一种是蓄电池，在不着车时供电；另一种是发动机，在着车时供电。必须区分清楚发动机是在运行还是在关闭的状态下，这样才能找到回路的最终点。搭铁点往往直接搭在车身上，因金属本身具有导电性，再经过车身与电源的线路，最终就可以回到电源的负极。注意发电机的负极是发电机的金属壳体。

❸ 化整为零。有时同一页电路表达了很多用电设备的控制原理。在实际维修中我们只查看要维修的用电设备的电路就可以了，用户没有报修其他功能暂且就不用查看，这样可大大提高读图的速度。在上一个喇叭电路中其实也可以用这个技巧，只要确定当前车辆的配置，查看一个配置的电路即可。

5.3.2　模块化控制电路图识读

车身控制模块 BCM（或整车控制器）控制对象很多，各电子设备的功能越来越多，各种功能都需要通过 BCM 来实现，比如灯光、雨刮、喇叭等的控制都是通过 BCM 实现的。那么车身控制模块 BCM 是怎么进行控制的呢？我们首先知道 BCM 也是电脑模块，电脑模块内部同样装有程序，当有相关的请求信号输入时，模块会根据已有的程序进行计算和对比，如果满足条件，模块会输出一个执行指令，执行器就会按照一定的程序执行。模块化控制原理如图 5-3-8 所示。

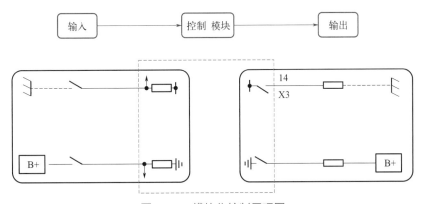

图 5-3-8　模块化控制原理图

模块化控制分 3 大部分：

❶ 请求信号（或请求电路）。模块识别请求信号的唯一方法是识别电压信号，并且电压有变化，才能识别其开关或传感器的状态有变化，这样模块才能执行相应的动作。BCM 的信号输入有两种，即负触发低电位信号和正触发高电位信号。

❷ 输出控制。输出控制分为两种：一种是控制电源输出；另一种是控制接地输出个别系统的工作需要一定条件满足后才能进行输出控制。

❸ 模块本身。模块工作时本身也需要同时提供电源和接地。模块其实也是智能用电设

备，所以其和用电设备正常工作的道理是一样的。

图 5-3-9 所示为近光灯控制电路，输入信号为负触发信号。当开关触点断开时，车身控制模块通过内部一个限流电阻，模块识别的信号为高电位（大约 11V），模块判断出大灯开关处于关闭位置。当大灯开关打开时，先前的信号由高电位变为低电位（0V），模块接收到开启大灯近光的请求信号，所以模块控制输出。BCM 通过控制近光灯继电器的搭铁来控制继电器吸合，点亮近光灯灯泡。

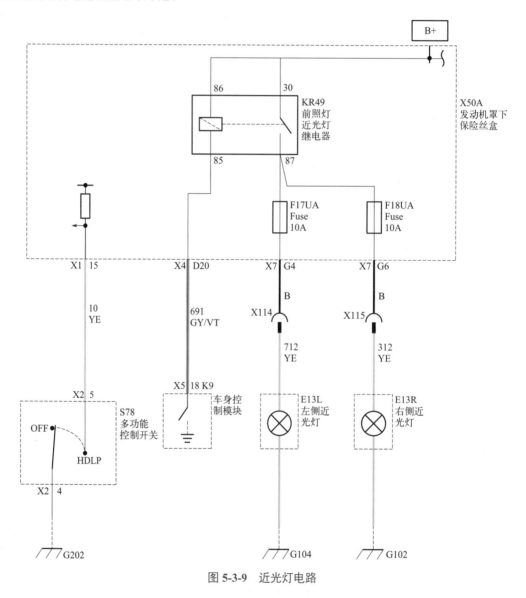

图 5-3-9　近光灯电路

对于采用以上电路控制的车型来说，要想打开大灯，还需要点火钥匙开到 ON 挡。需要打开前雾灯，点火开关必须在 ON 挡且打开小灯开关，BCM 才会进行输出控制。所以模块接收到开关或触发信号后，还得参考其他基础信号才决定是否控制输出，并不是一有触发信号就会立即执行输出，这一点尤其要注意。

5.4

车身电器电路图识读举例

5.4.1 灯光系统电路图识读

前照灯电路如图 5-4-1 所示。

（1）近光灯

请求信号：① BCM 的 X1 30# → S78 的 X2 6# → X2 2# → G204

② BCM 的 X1 47# → S78 的 X1 5# → X1 7# → G204

驱动电路：BCM 的 X2 30# →近光灯继电器 KR48 线圈→电源 B+

继电器开关电路：电源 B + →继电器开关→保险→近光灯灯泡

小灯开关闭合的基础上，BCM 通过近光请求信号电路①和②判断是否是低电位，如果都是低电位，则对 X2 30# 接地控制，驱动继电器线圈工作，从而电源经过继电器开关向近光灯供电，点亮近光灯。

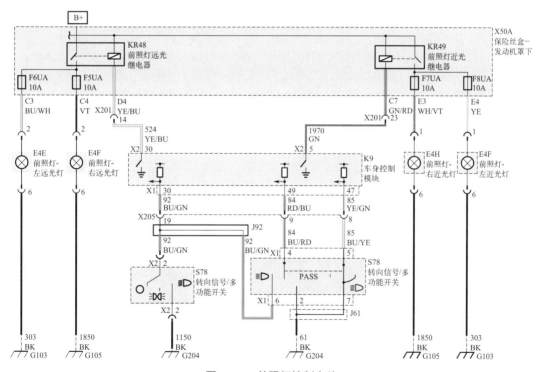

图 5-4-1　前照灯控制电路

（2）远光灯

请求信号：① BCM 的 X1 49# → S78 的 X1 4 → X1 6# → S78 的 X2 6# → X2 2# → G204

② BCM 的 X1 47# → S78 的 X1 5 # → X1 7# → G204

驱动电路：BCM 的 X2 5 # →远光灯继电器 KR49 线圈→电源 B+

継電器开关电路：电源 B + →継电器开关→熔丝→远光灯灯泡

小灯开关闭合的基础上，BCM 通过远光请求信号电路①判断是否是低电位，②是否高电位，如果对应得上，则对 X2 30# 接地控制，驱动継电器线圈工作，从而电源经过継电器开关向远光灯供电。

（3）变光灯

请求信号：① BCM 的 X1 49# → S78 的 X1 4# → X1 2# → G204

② BCM 的 X1 47# → S78 的 X1 5# → X1 7# → G204

驱动电路：BCM 的 X2 5 # →远光灯継电器 KR49 线圈→电源 B+

継电器开关电路：电源 B+ →継电器开关→熔丝→远光灯灯泡

BCM 通过远光请求信号电路①判断是否是间歇式低电位，②是否间歇式高电位，如果对应得上，则对 X2 30# 接地控制，驱动継电器线圈间歇式工作，从而电源经过継电器开关向远光灯间歇式供电，远光灯闪烁。

（4）危险警告灯开关和转向灯

危险警告灯开关和转向灯电路如图 5-4-2 所示。

转向灯开关拨到左或右时，BCM 驱动相应转向灯至少激活闪烁 3 次。

如果转向灯在被激活后闪烁未超过 3 次，就将转向灯开关从左拨到右或从右拨到左，初始化转向灯。

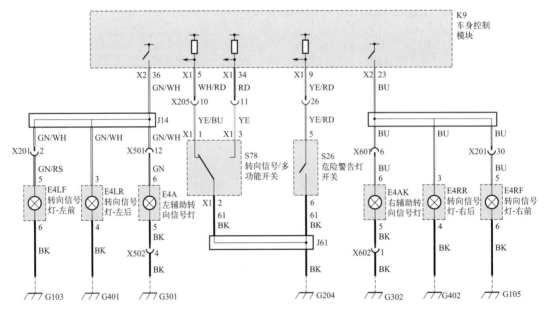

图 5-4-2　危险警告灯开关和转向灯电路

5.4.2　电动车窗电路图识读

电动车窗电路如图 5-4-3 所示。

对于这样一个有多个用电设备在一起的线路系统，线路多，看上去结构很复杂，读图有一定困难。这时候更需要采用化整为零的方法来读图。

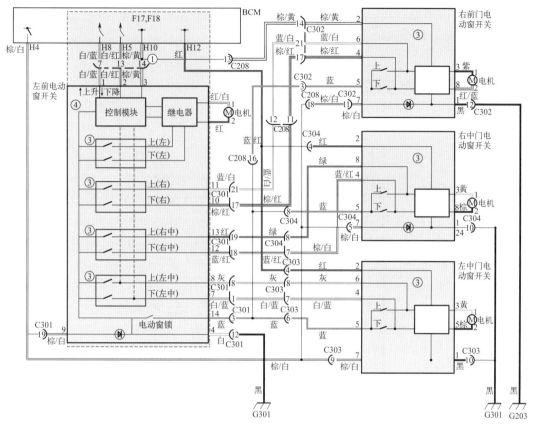

图 5-4-3　电动车窗电路

下面以乘客侧车窗这一用电设备为例来读图。

从图注中找到乘客车窗电机，可以看到它的线路都到了右前门开关上 3 和 8 号针脚。

因右前门开关是个总成件，没有内部线路原理图，所以我们把它看成模块，根据模块控制的工作条件：要有电源和接地电路、请求信号电路、驱动执行器电路，从图中借助图注和符号含义分别梳理出来。

（1）电源和接地

电源：BCM 的 H10 → C208 13 # →右前门开关 2#。

接地：右前门开关 1# → C302 12# → G203。

（2）请求信号线路

左前开关控制的上升请求：右前门开关 6# 针脚→ C302 21# → C208 12# → C301 21# →左前门开关 11# →左前门开关 4# → C301 12# → G301 接地。

左前开关控制的下降请求：右前门开关 4# 针脚→ C302 17# → C208 11# → C301 17# →左前门开关 10# →左前门开关 4# → C301 12# → G301 接地。

右前门开关控制的上升和下降：右前门开关 5# 针脚→ C302 3# → C208 16#-+C301 3# →左前门开关 14# →左前门开关 4# → C301 12# → G301 接地。

（3）驱动执行器电路

右前门开关的 3# 和 8# →乘客车窗电机。

以右前门开关为中心（控制模块），当接收到请求信号（4# 或 6# 低电位），就会控制驱动输出（3# 和 8#）电源和接地，从而使电机工作，完成对车窗上升或下降的控制。

其他的用电设备控制原理同上，在此不再赘述。

5.4.3　雨刮洗涤系统电路识读

雨刮洗涤系统电路如图 5-4-4 和图 5-4-5 所示。

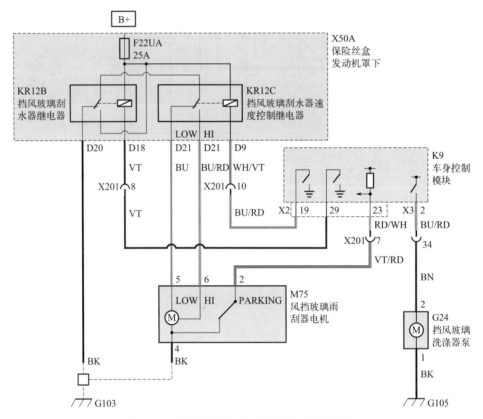

图 5-4-4　前雨刮器电路（继电器和雨刮电机）

❶ 高速挡：当点火钥匙处于 ON 状态时，如果雨刮开关手柄拨至快挡（HIGH）挡位时，BCM X1 13# 针脚变低电位，BCM 同时控制 X2 19# 针脚和 X2 29# 针脚接地，继电器 KR12B 和继电器 KR12C 的触点都闭合，雨刮电机高速运转。

❷ 低速挡：当点火钥匙处于 ON 状态时，如果雨刮开关手柄拨至慢挡（LOW）挡位时，BCM X1 16 针脚变低电位，BCM 控制 X2 29# 针脚接地，挡风玻璃刮水继电器 KR12B 触点闭合，雨刮电机进行低速转动。

❸ 间歇挡：当点火钥匙处于 ON 状态时，如果雨刮开关手柄拨至雨刮间歇（NT）挡位置时，则 BCM X1 20# 针脚变低电位，BCM 控制 X2 29# 针脚间歇接地（间隔 4s），挡风玻璃刮水继电器 KR12B 触点间歇地闭合，雨刮电机进行间歇转动。

❹ 洗涤：当点火钥匙处于 ON 状态时，如果雨刮开关手柄拨向上时，BCM X1 37# 针脚变低电位，BCM 控制 X3 2# 针脚接地，BCM 通过 X3 5# 针脚供电，洗涤电机运转。

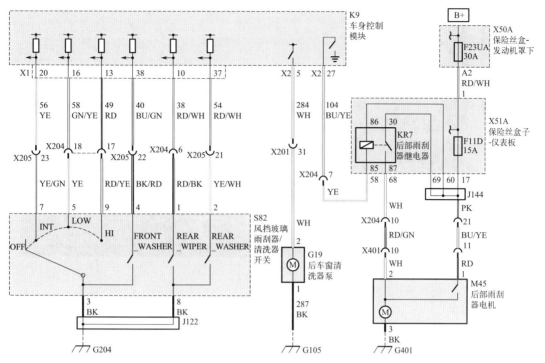

图 5-4-5 雨刮器电路（雨刮和洗涤开关、后雨刮继电器）

第 6 章

电动汽车维护保养

6.1 电动汽车保养周期及注意事项

6.1.1 电动汽车保养周期

6.1.1.1 保养说明

通过车辆的保养，可以使车辆行驶稳定和安全，并且可以减小故障发生概率，提高驾驶体验。

保养周期通常根据里程表的读数或时间间隔而定，以先到者为准。若有超过最后期限的保养项目，也应在同样的时间间隔里进行保养。保养的过程中，对每个项目的保养间隔应进行记载，方便下次保养时查看。

由于车辆的保养周期表中检修项目、行驶时间和距离通常以车辆运载乘客或物品正常使用的情况而设计，所以应避免车辆超过载重的极限。

保养时应到车辆指定的授权服务店完成，同时也要按照车辆的保养标准和规格进行操作。

使用车辆时，若出现声音、性能或外观的变化，一般为车辆直观预兆现象，如表 6-1-1 所示，此时车辆可能需要调整或维修。

表 6-1-1 车辆的直观预兆现象

车辆部件	直观预兆
驱动电机	无法启动、启动声音异常、运行时出现异常响声、运转时有过大振动、冷却液温度持续偏高等
动力蓄电池	容量明显下降、持续高温、过热保护、无动力输出等

6.1.1.2 保养周期

电动汽车保养主要针对高压系统、底盘系统、电气系统等进行检查，调整。表 6-1-2 为典型的纯电动车型保养里程周期；比亚迪汉 EV 车型高压系统部分、底盘部分和电气部分保养周期分别如表 6-1-3、表 6-1-4 和表 6-1-5 所示。

表 6-1-2 典型的纯电动车型保养里程周期

等级	项目描述	里程周期					
		10000km	20000km	30000km	40000km	50000km	以此类推
A 级	全车保养	√		√		√	…
B 级	高压检查		√		√		…

表 6-1-3 比亚迪汉 EV 车型高压系统部分保养周期

项目描述		里程表读数或月数，以先到者为准						
周期	里程	7500km	15000km	22500km	30000km	37500km	45000km	以此类推
	时间	6 个月	12 个月	18 个月	24 个月	30 个月	36 个月	以此类推
动力总成漏液、磕碰等		√	√	√	√	√	√	…
高压线束、接插件、部件等		√	√	√	√	√	√	…
高压模块外观		√	√	√	√	√	√	…
充电连接接口		√	√	√	√	√	√	…
动力蓄电池容量测试及校正		每 72000km 或 6 个月						…

表 6-1-4 比亚迪汉 EV 车型底盘系统部分保养周期

项目描述		里程表读数或月数，以先到者为准						
周期	里程	7500km	15000km	22500km	30000km	37500km	45000km	以此类推
	时间	6 个月	12 个月	18 个月	24 个月	30 个月	36 个月	以此类推
底盘固定螺钉		√	√	√	√	√	√	…
制动踏板和电子驻车开关		√		√		√		…
制动摩擦块和制动盘		√		√		√		…
制动系统管路		√		√		√		…
制动钳总成			√		√		√	…
转向盘、拉杆		√		√		√		…

项目描述		里程表读数或月数，以先到者为准						
周期	里程	7500km	15000km	22500km	30000km	37500km	45000km	以此类推
	时间	6个月	12个月	18个月	24个月	30个月	36个月	以此类推
传动轴、防尘罩		√		√		√		…
前后悬架装置		√		√		√		…
轮胎、轮胎压力、轮胎传感器等		√	√	√	√	√	√	…
轮胎定位和轮胎换位		√		√		√		…
变速器内的齿轮油		首次更换齿轮油24个月/40000km，后续每24个月/48000km更换一次						…
动力蓄电池托盘、防撞杆等		√	√	√	√	√	√	…

表 6-1-5　比亚迪汉 EV 车型电气系统部分保养周期

项目描述		里程表读数或月数，以先到者为准						
周期	里程	7500km	15000km	22500km	30000km	37500km	45000km	以此类推
	时间	6个月	12个月	18个月	24个月	30个月	36个月	以此类推
灯光系统		√	√	√	√	√	√	…
近光灯校准		每隔10000km校准一次						…
整车控制器外观		√		√		√		…
整车模块软件更新		√	√	√	√	√	√	…
整车模块故障码		√	√	√	√	√	√	…

6.1.2　电动汽车保养注意事项

6.1.2.1　基本规范

进行在维护保养时，应摘除戒指、手表之类的饰物，金属饰物接触带电零部件会导致触电或者烧伤。对于宽松的衣物应脱掉或固定，佩戴好防护服和防护眼镜。

对于高压部件、线束及接插件等，禁止随意拆卸、移动和更换，否则可能导致严重烧伤或触电，造成严重人员伤亡。

进入车辆底部操作时，必须使用安全支架以及其他设备进行支撑，禁止用千斤顶支撑在任何钣金件或管路下方，否则可能导致部件损坏或人身伤害。

打开部件的保护性壳体之前，需要先进行搭铁，不能把固态部件放在金属工作台上或者电气设备上。

6.1.2.2 使用设备规范

使用电动汽车测量仪器检测部件时，提前确定好选择的端子测试适配器，符合插接器端子的尺寸，不能以目测来选择端子测试适配器。由于插接器端子孔位可能存在视觉偏差，使用较大的端子测试适配器会导致端子损坏。万用表测量使用注意事项如表 6-1-6 所示。

表 6-1-6　万用表测量使用注意事项

测量操作	注意事项
检修高压系统前	接直流母线 5min 后，测量动力蓄电池和车身之间的电压来初步判断是否漏电，若检测到电压大于或等于 50V，应立即停止操作，检查判断漏电部位后再进行操作
检查万用表	万用表一根表笔线上配备有绝缘夹（耐压为 3kV，电流能力大于 5A），确保万用表无损坏
测量高压时	先选择正确量程，精度不低于 0.5 级，要求具有直流电压测量挡位，量程范围大于或等于 500V。夹到电路的一个端子，再用另一支表笔接到需测量端子进行读数，测量时只能用一只手握住表笔，同时严禁触摸表笔金属部分

6.1.2.3 维护人员注意事项

维护人员操作高压系统时，需要注意以下事项。

❶ 必须穿戴好绝缘防护用品，包括绝缘防护服、绝缘鞋、防护眼镜、绝缘手套等。

❷ 检查绝缘工具，保证工具无破损、破洞和裂纹，以及内外表面清洁、干燥等。使用绝缘工具时，为了确保安全，不能带水进行操作。

❸ 对高压系统下电，通常为断开直流母线或断开手动维修开关，由专职监护人员保管，并确保在维修过程中不会有人将其重新安装。再等待 5min 以上，待电机控制器、充电机等内部有电容元件的部件充分放电。

❹ 检修高压系统时，对拆下的任何裸露的高压部件，应立刻用绝缘胶带包扎绝缘，安装高压线必须按照车身固定孔位将线束固定好。不能用手指触摸高压线束插接器的带电部分，同时还要防止有细小的金属工具或铁条等接触到插接器中的带电部分，以免造成触电。

❺ 检修动力蓄电池时，由于动力蓄电池存在带电的情况，应使用绝缘胶带包好裸露的高压部件，以免造成触电，同时也要防止电解液泄漏造成伤害。移动动力蓄电池需要使用动力蓄电池专用移动设备。

❻ 当车辆上电前，要注意确认高压线束或其他部件是否安装完成，以及确保维护人员无维修操作，避免发生危险。

6.2

保养时的检查项目

6.2.1　高压组件检查

高压组件检查步骤如表 6-2-1 所示。

表 6-2-1　高压组件检查步骤

步骤	操作
第 1 步	断开 12V 蓄电池的负极
第 2 步	断开手动维护开关插头
第 3 步	检查高压插接件和低压插接件，包括外观、连接等情况
第 4 步	检查集成电力驱动总成，包括高压线束连接、支架固定、故障代码等
第 5 步	检查动力蓄电池，包括高压线束连接、手动维护开关连接、电芯工作状态、故障代码等
第 6 步	检查车载充电机，包括高压接插件、低压接插件、低压 12V 正负线束连接、螺栓、故障代码等
第 7 步	检查特殊部位的高压线束，包括底盘下高压线束连接、高压线束护板外观、与驱动电机连接、后行李厢内高压线束连接等

6.2.2　电气系统检查

（1）灯光检查　图 6-2-1 所示为车外灯光位置；灯光检查如表 6-2-2 所示。

图 6-2-1　车外灯光位置

表 6-2-2　灯光检查步骤

步骤	操作
第 1 步	一名操作人员在车内控制灯光
第 2 步	另外一名操作人员在车外检查灯光的变化，包括亮度、高度、外观等
第 3 步	检查灯光系统，包括外观、连接、功能等

（2）喇叭检查　喇叭检查步骤如表 6-2-3 所示。

表 6-2-3　喇叭检查步骤

步骤	操作
第 1 步	通过按压喇叭开关，检查是否鸣响
第 2 步	通过连续 5 次以上的检测，若存在喇叭未响情况，应检查喇叭系统

（3）**安全气囊检查**　图 6-2-2 所示为安全气囊分布图；安全气囊检查步骤如表 6-2-4 所示。

图 6-2-2　电动汽车安全气囊分布

表 6-2-4　安全气囊检查步骤

步骤	操作
第 1 步	检查主驾驶安全气囊外壳外观情况，一般在方向盘垫板上有"AIRBAG"字样
第 2 步	检查副驾驶员安全气囊外壳外观情况，一般在手套箱上有"AIRBAG"字样
第 3 步	检查侧安全气囊标签位置外观情况，一般在车门侧座椅旁有"AIRBAG"字样
第 4 步	检查侧安全气帘饰板外观情况，一般在车内立柱饰板上有"AIRBAG"字样
第 5 步	检查故障灯，若存在故障灯点亮情况，应检查安全气囊系统

（4）**天窗检查**　图 6-2-3 所示为车辆天窗位置；天窗检查步骤如表 6-2-5 所示。

图 6-2-3　车辆天窗位置

表 6-2-5　天窗检查步骤

步骤	操作
第 1 步	检查天窗外观，包括密封、腐蚀等
第 2 步	检查天窗功能，包括开启、关闭等
第 3 步	对天窗的导轨进行清洁，存在卡顿现象应进行润滑处理

（5）**低压蓄电池检查**　低压蓄电池检查步骤如表 6-2-6 所示。

表 6-2-6　低压蓄电池检查步骤

步骤	操作
第 1 步	检查 12V 蓄电池外观，包括连接、壳体、固定、电缆、电缆螺母、接线端等。图 6-2-4 所示为 12V 蓄电池外观 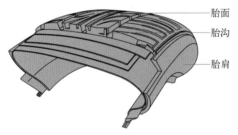 图 6-2-4　12V 蓄电池外观
第 2 步	检查 12V 蓄电池数值，若存在低于标准电压、容量等情况，应进行更换

6.2.3　底盘系统检查

（1）**轮胎检查**　图 6-2-5 所示为轮胎外观。轮胎检查步骤如表 6-2-7 所示。

图 6-2-5　轮胎外观

表 6-2-7　轮胎检查步骤

步骤	操作
第 1 步	检查轮胎外观，包括胎面、胎肩、胎沟、气压等
第 2 步	检查轮胎胎面磨损情况，若存在双边磨损或中心磨损等情况，应检查轮胎气压；若存在锯齿形磨损或单边磨损等情况，应检查前轮前束和车轮外倾角
第 3 步	检查轮胎胎肩磨损情况，若存在磨损至胎肩磨损标记等情况，应更换轮胎
第 4 步	检查轮胎胎沟磨损情况，若存在磨损至胎沟底部的磨损标记等情况，应更换轮胎。图 6-2-6 所示为轮胎胎沟底部磨损标记位置 图 6-2-6　轮胎胎沟底部磨损标记位置

（2）**制动盘检查**　制动盘检查步骤如表 6-2-8 所示。

表 6-2-8　制动盘检查步骤

步骤	操作
第 1 步	拆卸车辆轮胎
第 2 步	检查制动盘厚度，若存在制动盘磨损超过规定值情况，应更换制动盘。图 6-2-7 所示为检查制动盘厚度操作 图 6-2-7　检查制动盘厚度操作

（3）**制动摩擦片检查**　制动摩擦片检查步骤如表 6-2-9 所示。

表 6-2-9　制动摩擦片检查步骤

步骤	操作
第 1 步	拆卸车辆轮胎
第 2 步	检查制动摩擦片厚度，若存在制动盘磨损超过规定值或达到磨损极限，应更换制动摩擦片。图 6-2-8 所示为检查制动摩擦片厚度范围 图 6-2-8　检查制动摩擦片厚度范围

（4）**驻车制动检查**　驻车制动检查步骤如表 6-2-10 所示。

表 6-2-10　驻车制动检查步骤

步骤	操作
第 1 步	检查驻车制动器，包括外观、磨损、功能等
第 2 步	制动器正常的情况下，把车辆行驶到坡度大约为 20% 的斜坡上，踩下制动踏板后开启驻车制动，然后在斜坡上缓慢抬起制动踏板，若车辆在 5min 内出现下滑情况，应检查驻车制动

（5）**悬架检查**　图 6-2-9 所示为前悬架位置；图 6-2-10 所示为后悬架位置。悬架检查步骤如表 6-2-11 所示。

图 6-2-9　前悬架位置

图 6-2-10　后悬架位置

表 6-2-11　悬架检查步骤

步骤	操作
第 1 步	检查底盘各部件，包括外观、连接、磕碰等
第 2 步	检查悬架橡胶衬套，若出现老化情况，应更换
第 3 步	检查减振器，包括损坏、漏油等
第 4 步	检查轮毂轴承，通过举升车辆，使轮胎与地面分离，将轮胎上下来回晃动数次，若出现明显松旷现象，应检查轴承部件

（6）传动轴检查　图 6-2-11 所示为传动轴外观。电动汽车传动轴检查如表 6-2-12 所示。

表 6-2-12　电动汽车传动轴检查步骤

步骤	操作
第 1 步	检查驱动轴防尘罩外观，若存在破裂或漏油等情况，应更换
第 2 步	检查驱动轴防尘罩卡箍，若存在松动情况，应更换
第 3 步	检查驱动轴两侧球节，若存在松动或卡滞等情况，应更换损坏的零部件

（7）转向柱检查　转向柱外观如图 6-2-12 所示。电动汽车转向柱检查步骤如表 6-2-13 所示。

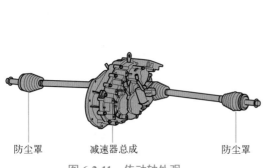

防尘罩　　　　减速器总成　　　　防尘罩

图 6-2-11　传动轴外观

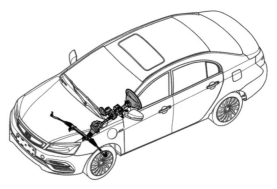

图 6-2-12　转向柱外观

表 6-2-13　电动汽车转向柱检查步骤

步骤	操作
第1步	检查车辆轮胎气压
第2步	检查转向柱总成，包括外观、连接、活动连接头、螺栓、安装支架等

6.2.4　车辆液体以及其他部件检查

（1）冷却液检查　冷却液检查步骤如表 6-2-14 所示。

表 6-2-14　电动汽车冷却液检查步骤

步骤	操作
第1步	检查冷却液液位，液位应处于"MAX"与"MIN"之间；检查冷却系统冷却液、暖风系统冷却液的液位。图 6-2-13 所示为冷却系统冷却液面位置，图 6-2-14 所示为暖风系统冷却液液面位置 图 6-2-13　冷却系统冷却液液面位置　　图 6-2-14　暖风系统冷却液液面位置
第2步	检查冷却液冰点，通过吸管将冷却液滴在折射计玻璃上，观察冷却液冰点数值后，读取冷却液冰点数值

（2）制动液检查　制动液检查步骤如表 6-2-15 所示。

表 6-2-15　电动汽车制动液检查步骤

步骤	操作
第1步	检查制动液液位，液位应处于"MAX"与"MIN"之间。图 6-2-15 所示为制动液液面指示 图 6-2-15　制动液液面指示
第2步	通过制动液快速探测笔检查制动液质量，若出现制动液质量不符合要求的情况，应更换

（3）雨刮片检查　雨刮片检查步骤如表6-2-16所示。

表6-2-16　电动汽车雨刮片检查步骤

步骤	操作	
第1步	通过清洁风窗玻璃表面，检查雨刮片外观、功能、洗涤液等	
第2步	检查雨刮片胶条，若出现裂痕、割伤、变形、磨损等情况，应更换。图6-2-16所示为检查雨刮片胶条操作	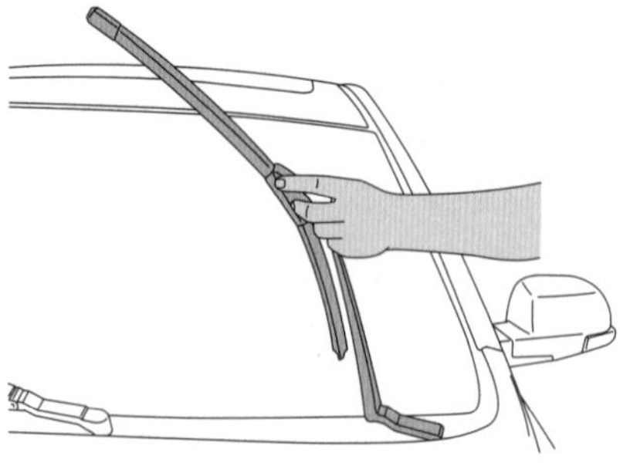 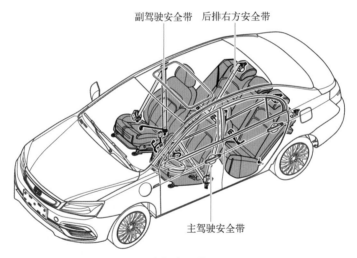 图6-2-16　检查雨刮片胶条操作

（4）安全带检查　图6-2-17所示为车辆安全带检查位置。电动汽车安全带检查步骤如表6-2-17所示。

副驾驶安全带　后排右方安全带

主驾驶安全带

图6-2-17　车辆安全带检查位置

表6-2-17　电动汽车安全带检查步骤

步骤	操作
第1步	检查安全带功能，通过用力快速往下拉动安全带检查卷收器灵敏程度，若出现不能顺利回收，应更换
第2步	检查安全带锁扣，若出现锁扣外壳的变形、脱落、裂开等情况，应更换
第3步	检查安全带锁舌，若出现锁舌变形、裂开、不能锁止等情况，应更换
第4步	检查安全带外观，通过安全带自动回卷装置完全拉出安全带，若出现脏污情况，应清洁；若出现断裂、扯破、擦伤、织物线圈撕裂、缺口、变形等情况，应更换

6.3
保养时的更换和调整项目

6.3.1　制动液

（1）制动液排放　制动液排放步骤如表 6-3-1 所示。

表 6-3-1　电动汽车制动液排放步骤

步骤	操作
第 1 步	打开前机舱盖，取下制动液壶盖
第 2 步	打开放气螺钉罩，将透明软管安装到制动器放气螺钉上，另外一端放入容器内
第 3 步	拧松放气螺钉后，连续踩下制动踏板，对全部车轮进行排放，直至无制动液流出为止
第 4 步	排放完制动液后，安装储液壶盖，避免进入杂物

（2）制动液加注　制动液加注步骤如表 6-3-2 所示。

表 6-3-2　电动汽车制动液加注步骤

步骤	操作
第 1 步	打开前机舱盖，取下图 6-3-1 箭头所示制动液壶盖 MAX MIN 图 6-3-1　制动液壶盖位置
第 2 步	按照标准加注专用的制动液，添加至"MAX"与"MIN"的刻度线之间
第 3 步	观察制动液壶的液面高度，确保液面在"MAX"与"MIN"的刻度线之间

（3）制动系统排气　制动系统排气步骤如表 6-3-3 所示。

表 6-3-3　电动汽车制动系统排气步骤

步骤	操作
第 1 步	检查制动液壶的液面高度，液面应在"MAX"与"MIN"的刻度线之间。若液面出现在"MIN"下方，应加注制动液再进行排气

第 6 章　电动汽车维护保养

135

步骤	操作
第2步	清洁放气螺钉，打开放气螺钉罩，将透明软管安装到图 6-3-2 所示制动器放气螺钉上，另外一端放入容器内 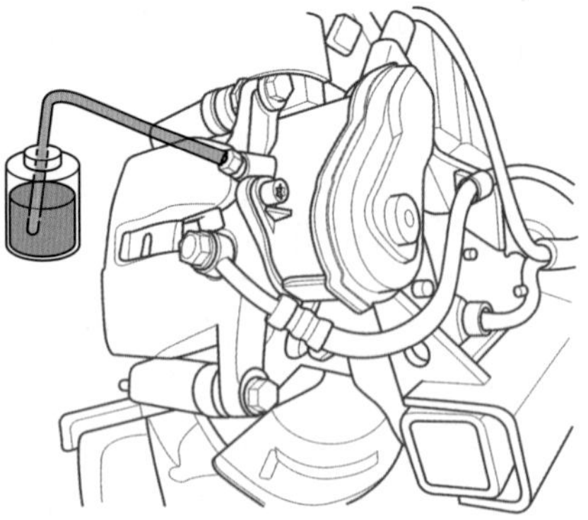 图 6-3-2 透明软管连接示意图
第3步	打开车辆电源，如图 6-3-3 所示，连续踩下制动踏板，并且保持在踩下的状态，利用油管扳手拧松放气螺钉，直至有液体流出为止，若无气泡流出时，应拧紧放气螺钉 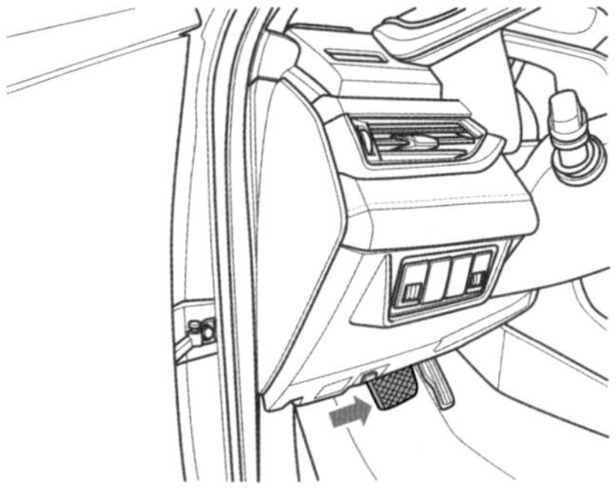 图 6-3-3 踩下制动踏板位置
第4步	重复第 3 步操作，直至软管内再无气泡冒出，同时在排气过程中，要不断观察制动液壶的液面
第5步	使用同样的方法，对车辆全部车轮依次进行排气
第6步	观察制动踏板，若存在发软情况，应重复排气步骤
第7步	完成排气后，要重新检查制动液面，若液面出现在"MIN"下方，应加注制动液
第8步	完成排气后，安装储液壶盖，避免进入杂物

6.3.2 减速器齿轮油

（1）减速器齿轮油排放　减速器齿轮油排放步骤如表 6-3-4 所示。

表 6-3-4　电动汽车减速器齿轮油排放步骤

步骤	操作
第1步	关闭车辆电源后，对车辆进行举升
第2步	车辆举升后，在车辆下方放置油液回收容器
第3步	拆卸减速器加油螺塞

步骤	操作
第4步	拆卸图6-3-4所示减速器放油螺塞,排放减速器齿轮油 放油螺塞 图6-3-4 减速器放油螺塞位置
第5步	完成排放后,拧紧放油螺塞,避免进入杂物

(2)减速器齿轮油加注　减速器齿轮油加注步骤如表6-3-5所示。

表6-3-5　电动汽车减速器齿轮油加注步骤

步骤	操作
第1步	关闭车辆电源后,对车辆进行举升
第2步	使车辆处于水平举升状态,利用齿轮油加注机加注减速器齿轮油,加至油液液面刚好与图6-3-5所示加油螺塞加注口下边缘平齐 加油螺塞 图6-3-5 减速器加油螺塞位置
第3步	完成加注后,拧紧加油螺塞,避免进入杂物

6.3.3　空调滤芯更换

(1)空调滤芯拆卸　滤芯总成拆卸步骤如表6-3-6所示。

表6-3-6　滤芯总成拆卸步骤

步骤	操作
第1步	拆卸手套箱总成
第2步	取下图6-3-6箭头所示滤芯盖板,通过按下滤芯盖板解锁按钮取下滤芯盖板 图6-3-6 滤芯盖板位置

电动汽车维修手册（全彩图解＋视频教学）

步骤	操作
第3步	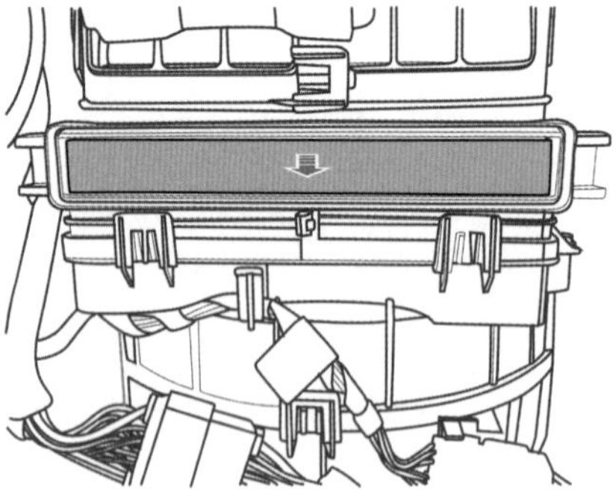 取出如图 6-3-7 箭头所示滤芯总成 图 6-3-7　滤芯总成位置

（2）空调滤芯安装　滤芯总成安装步骤如表 6-3-7 所示

表 6-3-7　电动汽车滤芯总成安装步骤

步骤	操作
第1步	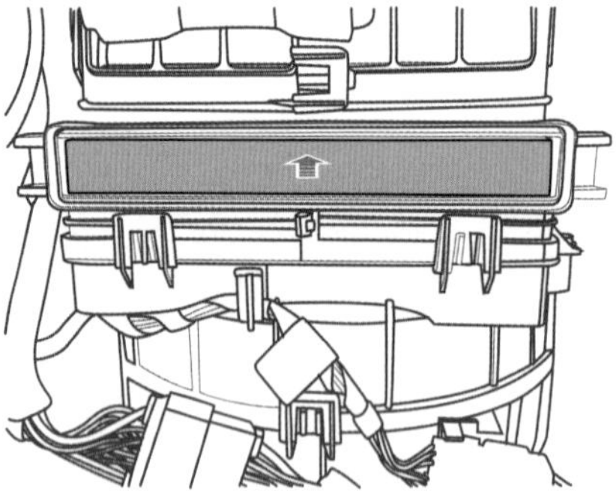 安装图 6-3-8 箭头所示滤芯总成 图 6-3-8　滤芯总成位置
第2步	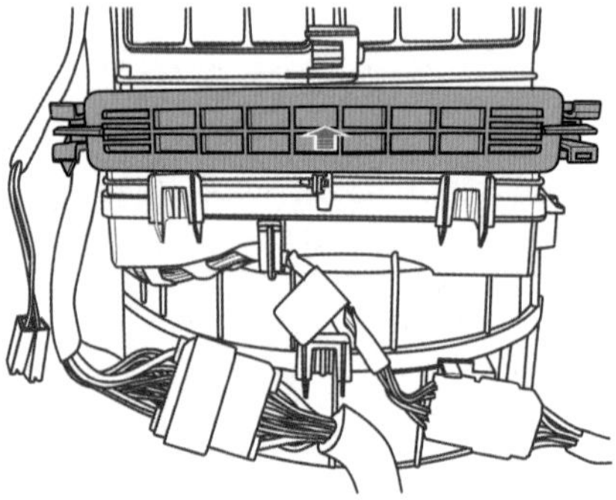 安装图 6-3-9 箭头所示滤芯盖板 图 6-3-9　滤芯盖板位置
第3步	安装手套箱总成

6.3.4　前组合灯调整

前组合灯调整步骤如表 6-3-8 所示。

表 6-3-8　前组合灯步骤调整

步骤	操作
第 1 步	检查车辆轮胎气压，保持在正常的气压范围
第 2 步	检查前组合灯的外观，保持清洁和无破损
第 3 步	增加车辆负荷，保持日常使用车辆的负荷
第 4 步	使车辆进行短距离行驶，并且调节悬架
第 5 步	按照法律规定调节前组合灯

6.3.5　电池温控系统冷却液

（1）排放电池温控系统冷却液　电池温控系统冷却液排放步骤如表 6-3-9 所示。

表 6-3-9　电池温控系统冷却液排放步骤

步骤	操作
第 1 步	关闭车辆电源后，举升车辆
第 2 步	车辆举升后，在车辆下方放置油液回收容器
第 3 步	断开图 6-3-10 箭头所示散热器出水管，排放冷却液 图 6-3-10　散热器出水管位置
第 4 步	排放完成后，连接散热器出水管，并且对排放出的冷却液集中回收处理

（2）加注电池温控系统冷却液　电池温控系统冷却液加注步骤如表 6-3-10 所示。

表 6-3-10　电动汽车电池温控系统冷却液加注步骤

步骤	操作
第 1 步	拆卸图 6-3-11 箭头所示电池温控系统冷却液加注口盖 图 6-3-11　电池温控系统冷却液加注口位置

步骤	操作
第2步	按照标准加注专用的冷却液，添加至"MAX"与"MIN"的刻度线之间，如图6-3-12所示 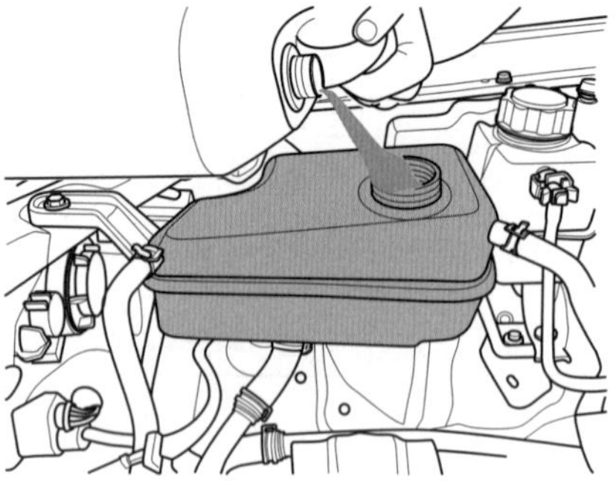 图 6-3-12　添加冷却液操作
第3步	打开车辆电源，连接诊断仪，用诊断仪强制输出功能，使电池冷却系统电动水泵工作
第4步	重新检查液面，若液面出现在"MIN"下方，应加注冷却液，使其保持在"MAX"与"MIN"的刻度线之间
第5步	完成加注后，拧紧加注口盖，避免进入杂物，同时用诊断仪将车辆恢复默认状态

6.3.6　暖风循环水加热器冷却液

（1）排放暖风循环水加热器冷却液　暖风循环水加热器冷却液排放步骤如表6-3-11所示。

表 6-3-11　暖风循环水加热器冷却液排放步骤

步骤	操作
第1步	关闭车辆电源后，对车辆进行举升
第2步	车辆举升后，在车辆下方放置油液回收容器
第3步	断开图6-3-13箭头所示暖风循环水泵出水管，排放冷却液 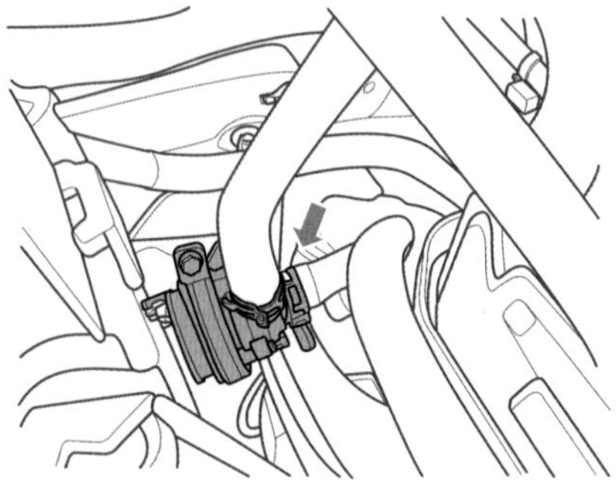 图 6-3-13　暖风循环水泵出水管位置
第4步	排放完成后，连接暖风循环水泵出水管，并且对排放出的冷却液集中回收处理

（2）加注暖风循环水加热器冷却液　暖风循环水加热器冷却液加注步骤如表6-3-12所示。

表 6-3-12　暖风循环水加热器冷却液加注步骤

步骤	操作
第 1 步	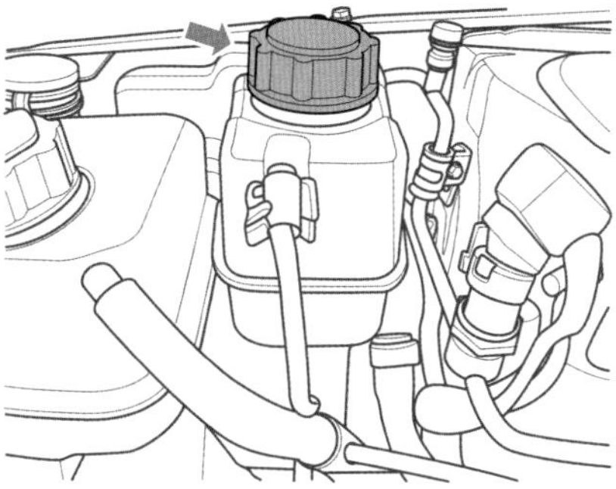 拆卸图 6-3-14 箭头所示暖风水壶加注口盖 图 6-3-14　暖风水壶加注口盖位置
第 2 步	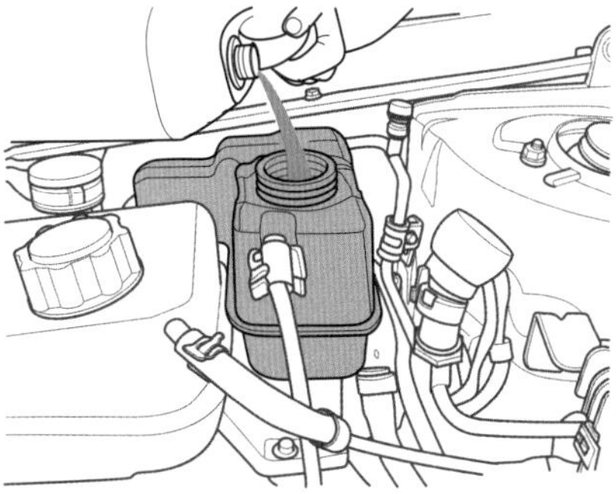 按照标准加注专用的冷却液，添加至"MAX"与"MIN"的刻度线之间，如图 6-3-15 所示 图 6-3-15　添加冷却液操作
第 3 步	打开车辆电源，连接诊断仪，用诊断仪强制输出功能，使暖风系统电动水泵工作
第 4 步	重新检查液面，若液面出现在"MIN"下方，应加注冷却液，使其保持在"MAX"与"MIN"的刻度线之间
第 5 步	完成加注后，拧紧加注口盖，避免进入杂物，同时用诊断仪将车辆恢复默认状态

07

第 7 章

电动汽车一般检查维修

7.1

常规检查项目

7.1.1 驻车机构传感器检查

驻车机构传感器检查步骤如表 7-1-1 所示。

表 7-1-1　驻车机构传感器检查步骤

步骤	操作
第 1 步	关闭车辆电源，进行高压下电，并断开 12V 蓄电池负极，拆卸手动维修开关
第 2 步	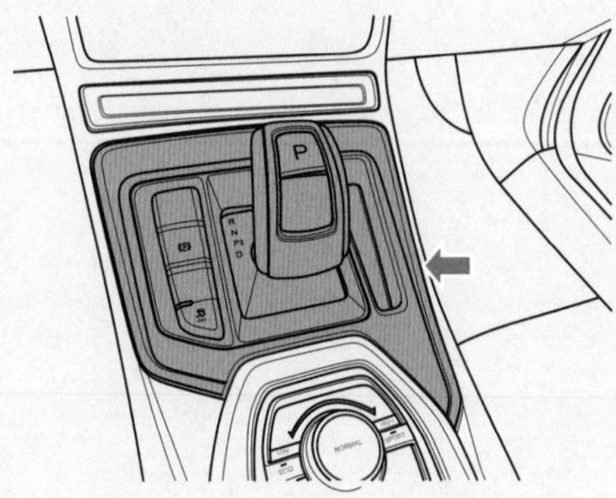 拆卸图 7-1-1 箭头所示的驻车开关装饰面板 图 7-1-1　驻车开关装饰面板位置

步骤	操作
第 3 步	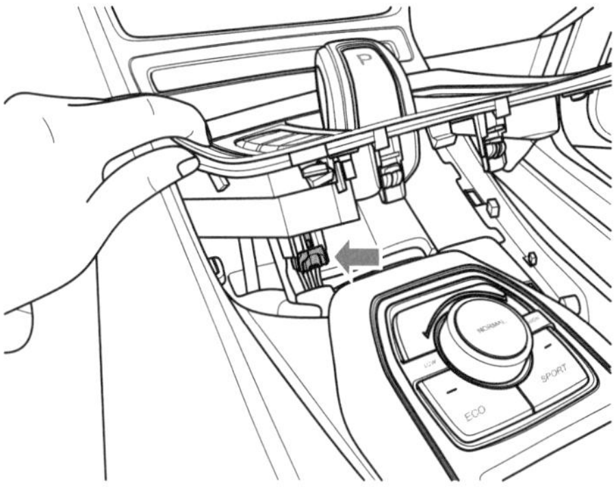 断开图 7-1-2 箭头所示的驻车开关线束插接器，取出驻车开关总成检查 图 7-1-2　驻车开关线束插接器位置

7.1.2　动力蓄电池冷却液传感器检查

（1）**动力蓄电池冷却液进水端传感器检查**　动力蓄电池冷却液进水端传感器检查步骤如表 7-1-2 所示。

表 7-1-2　动力蓄电池冷却液进水端传感器检查步骤

步骤	操作
第 1 步	关闭车辆电源，进行高压下电，并断开 12V 蓄电池负极，拆卸手动维修开关
第 2 步	排放蓄电池冷却液
第 3 步	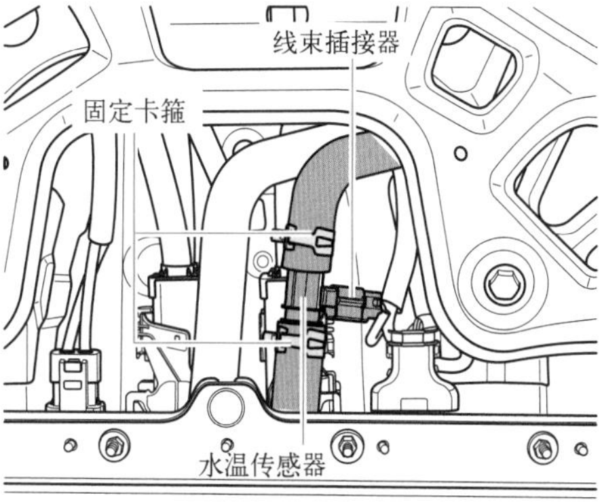 断开图 7-1-3 所示的水温传感器线束插接器，脱开固定卡箍，取出水温传感器检查，其中针脚符合规定数值为正常，不符合规定数值证明传感器存在故障或损坏 线束插接器 固定卡箍 水温传感器 图 7-1-3　水温传感器线束插接器、 固定卡箍、水温传感器位置

（2）**动力蓄电池冷却液出水端传感器检查**　动力蓄电池冷却液出水端传感器检查步骤如表 7-1-3 所示。

表 7-1-3　动力蓄电池冷却液出水端传感器检查步骤

步骤	操作
第 1 步	关闭车辆电源，进行高压下电，并断开 12V 蓄电池负极，拆卸手动维修开关
第 2 步	排放蓄电池冷却液
第 3 步	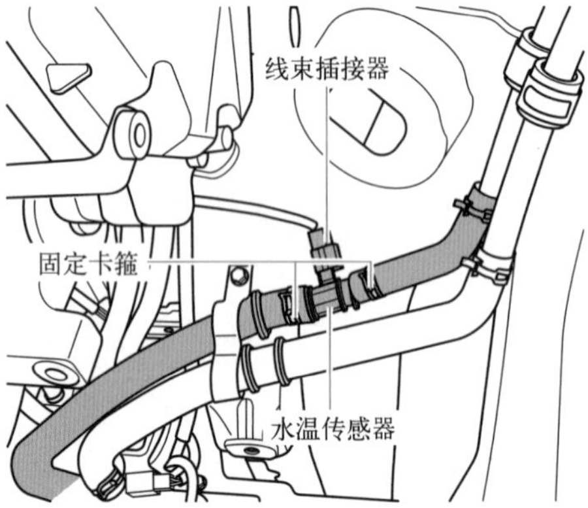 断开图 7-1-4 所示的水温传感器线束插接器，脱开固定卡箍，取出水温传感器检查，其中针脚符合规定数值为正常，不符合规定数值证明传感器存在故障或损坏 图 7-1-4　水温传感器线束插接器、固定卡箍、水温传感器位置

7.1.3　动力蓄电池冷却系统电动三通阀检查

动力蓄电池冷却系统电动三通阀检查步骤如表 7-1-4 所示。

表 7-1-4　动力蓄电池冷却系统电动三通阀检查步骤

步骤	操作
第 1 步	关闭车辆电源，进行高压下电，并断开 12V 蓄电池负极，拆卸手动维修开关
第 2 步	排放蓄电池冷却液
第 3 步	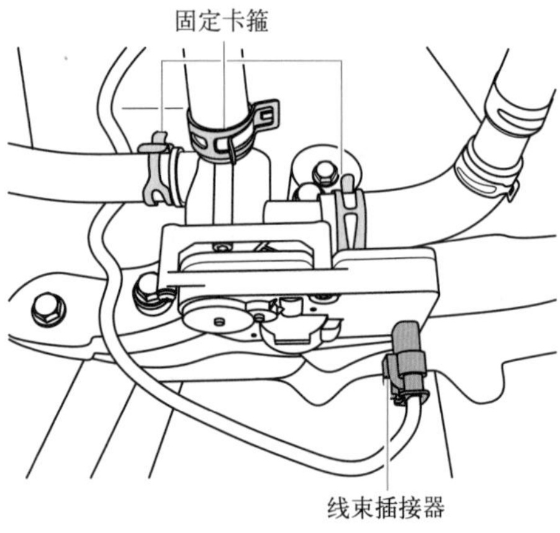 脱开图 7-1-5 所示的三通电磁阀连接水管固定卡箍，断开线束插接器，取出冷却液管时，避免存在冷却液，在下方放置油液回收容器，对排放出的冷却液集中回收处理 图 7-1-5　固定卡箍、线束插接器位置

步骤	操作
第4步	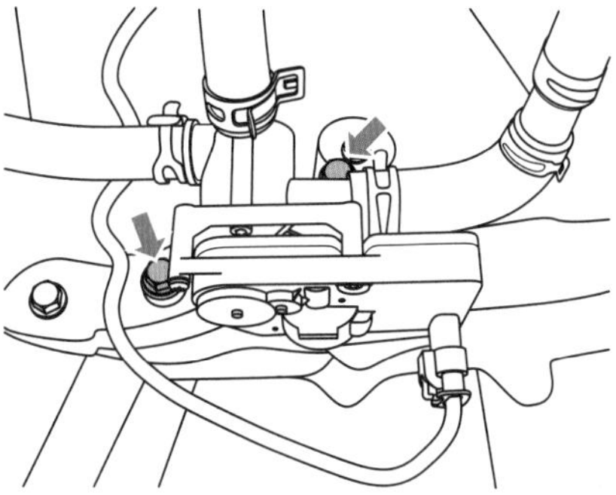 拆卸三通电磁阀固定螺栓，取出图 7-1-6 所示的三通电磁阀检查，其中针脚符合规定数值为正常，不符合规定数值证明三通电磁阀存在故障或损坏 图 7-1-6　三通电磁阀固定螺栓位置

7.1.4　动力蓄电池冷却系统密封性检查

动力蓄电池冷却系统密封性检查步骤如表 7-1-5 所示。

表 7-1-5　动力蓄电池冷却系统密封性检查步骤

步骤	操作
第1步	关闭车辆电源，进行高压下电，并断开 12V 蓄电池负极，拆卸手动维修开关
第2步	待动力蓄电池冷却液冷却到环境温度时，再进行下一步操作
第3步	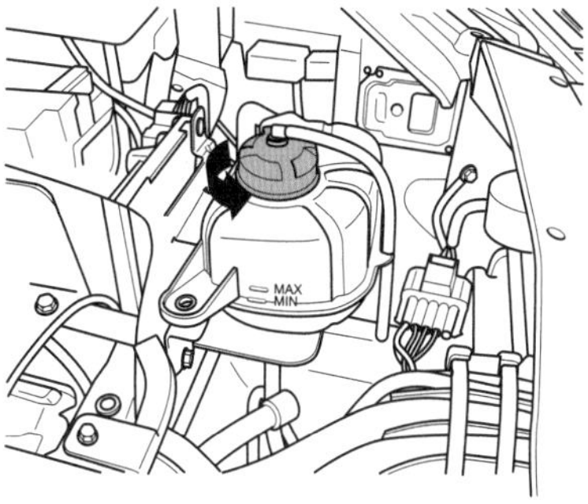 拆卸图 7-1-7 箭头所示的膨胀壶盖 图 7-1-7　膨胀壶盖位置
第4步	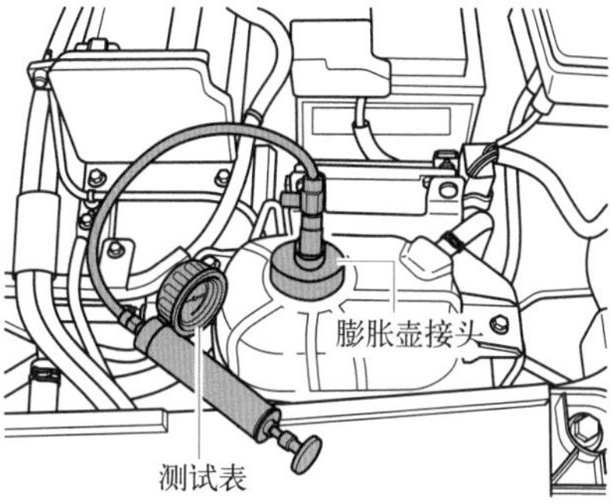 使用图 7-1-8 所示的冷却系统测试工具将膨胀壶接头连接至膨胀壶，测试表连接至系统接头。 通过测试表观察，将冷却系统施加到规定的压力值，等待数分钟后，若出现压力下降，证明驱动电机冷却系统存在泄漏，需要进行检查 图 7-1-8　冷却系统测试工具连接示意图

步骤	操作
第5步	检测膨胀箱盖安全阀，使用冷却系统测试工具，将膨胀壶盖接头连接至膨胀壶盖，膨胀壶盖接头连接至图 7-1-9 所示的测试表 通过测试表观察，将膨胀箱盖施加到规定的压力值，当压力达到规定值时，安全阀应处于打开状态；若安全阀处于关闭状态，证明存在问题，需要进行检查或更换膨胀箱盖	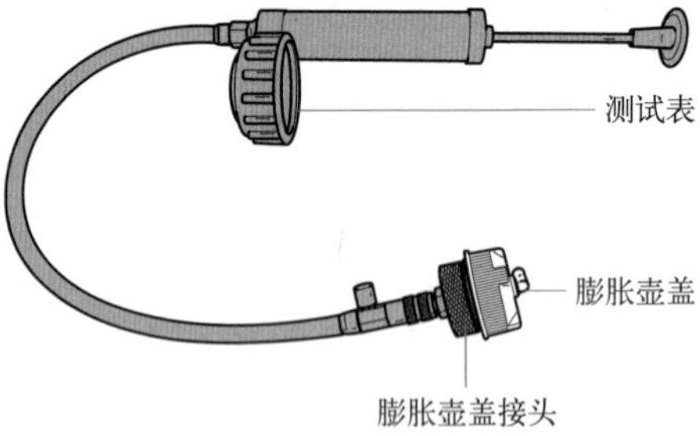 测试表 膨胀壶盖 膨胀壶盖接头 图 7-1-9　测试表连接示意图

7.1.5　电机驱动冷却系统密封性检查

电机驱动冷却系统密封性检查步骤如表 7-1-6 所示。

表 7-1-6　电机驱动冷却系统密封性检查步骤

步骤	操作
第1步	关闭车辆电源，进行高压下电，并断开 12V 蓄电池负极，拆卸手动维修开关
第2步	待驱动电机冷却液冷却到环境温度时，再进行下一步操作
第3步	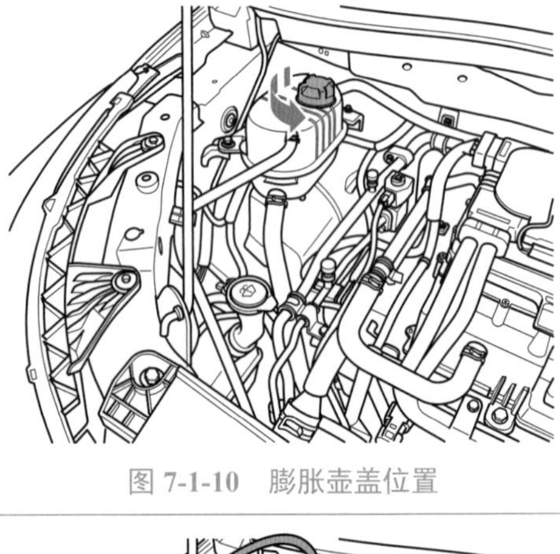 拆卸图 7-1-10 箭头所示的膨胀壶盖 图 7-1-10　膨胀壶盖位置
第4步	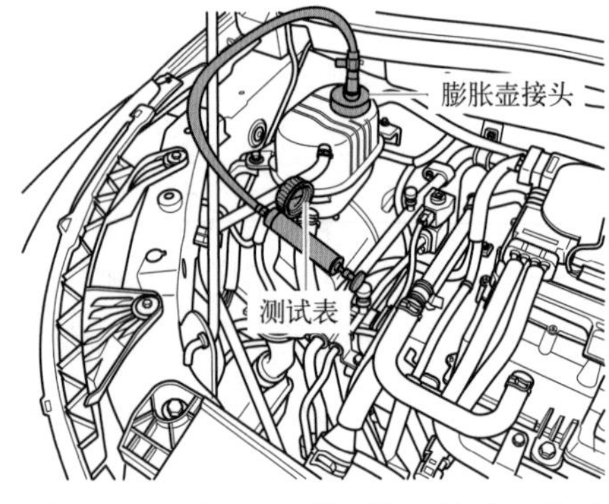 使用图 7-1-11 所示的冷却系统测试工具将膨胀壶接头连接至膨胀壶，测试表连接至系统接头 通过测试表观察，将冷却系统施加到规定的压力值，等待数分钟后，若出现压力下降，证明驱动电机冷却系统存在泄漏，需要进行检查 膨胀壶接头 测试表 图 7-1-11　冷却系统测试工具连接示意图

电动汽车维修手册（全彩图解＋视频教学）

步骤	操作
第 5 步	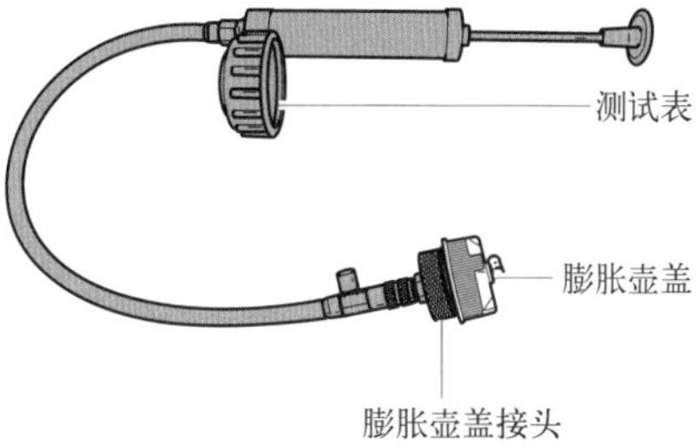 对检测膨胀箱盖安全阀进行检查，使用冷却系统测试工具将膨胀壶盖接头连接至膨胀壶盖，膨胀壶盖接头连接至图 7-1-12 所示的测试表 通过测试表观察，将膨胀箱盖施加到规定的压力值，当压力达到规定值时，安全阀应处于打开状态；若安全阀处于关闭状态，证明存在问题，需要进行检查或更换膨胀箱盖 测试表 膨胀壶盖 膨胀壶盖接头 图 7-1-12　测试表连接示意图

7.1.6　手动维修开关上互锁开关检查

手动维修开关上互锁开关检查步骤如表 7-1-7 所示。

表 7-1-7　手动维修开关上互锁开关检查步骤

步骤	操作
第 1 步	关闭车辆电源，进行高压下电，并断开 12V 蓄电池负极
第 2 步	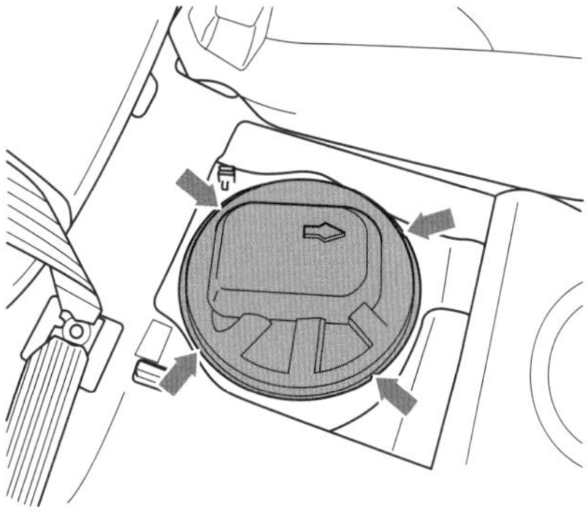 等待数分钟后，拆卸图 7-1-13 箭头所示的手动维护开关盖板 图 7-1-13　手动维护开关盖板位置
第 3 步	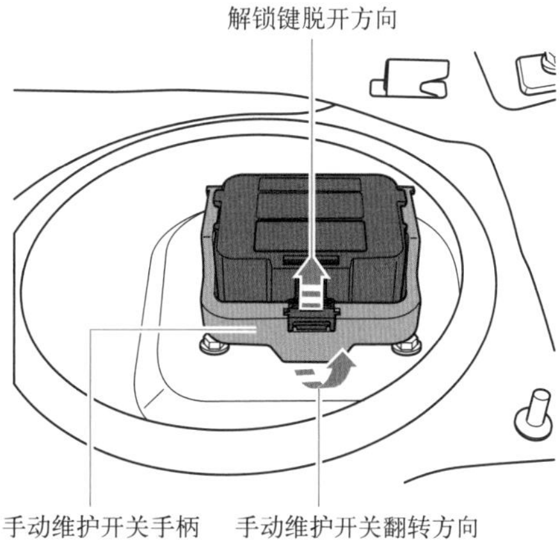 解开手动维护开关第一道锁，脱开图 7-1-14 所示的解锁键，再翻转手动维护开关 解锁键脱开方向 手动维护开关手柄　手动维护开关翻转方向 图 7-1-14　解锁键位置

步骤	操作
第 4 步	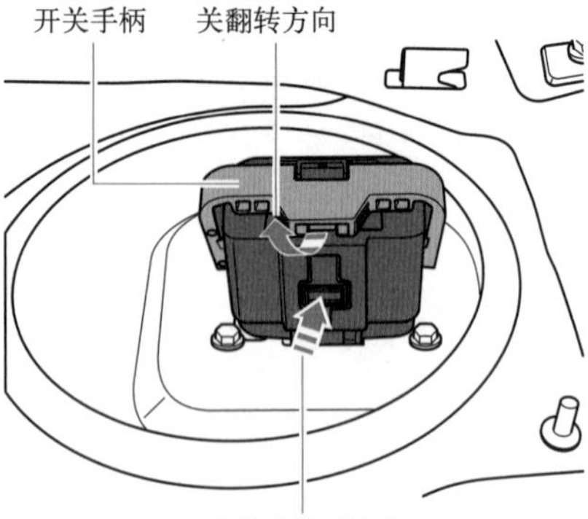 解开手动维护开关第二道锁，按压图 7-1-15 所示的解锁键，再翻转手动维护开关，取出手动维护开关检查 图 7-1-15　解锁键位置

7.1.7　惯性开关检测

惯性开关检测步骤如表 7-1-8 所示。

表 7-1-8　惯性开关检测步骤

步骤	操作
第 1 步	关闭车辆电源，进行高压下电，并断开 12V 蓄电池负极，拆卸手动维修开关
第 2 步	拆卸惯性开关
第 3 步	取出惯性开关检查，其中针脚符合规定数值为正常，不符合规定数值证明惯性开关存在故障或损坏

7.1.8　驱动电机旋转变压器定子检查

驱动电机旋转变压器定子检查步骤如表 7-1-9 所示。

表 7-1-9　驱动电机旋转变压器定子检查步骤

步骤	操作
第 1 步	关闭车辆电源，进行高压下电，并断开 12V 蓄电池负极，拆卸手动维修开关
第 2 步	拆卸变速器线束插接器
第 3 步	取出变速器线束插接器检查，其中针脚符合规定数值为正常，不符合规定数值证明驱动电机旋转变压器定子存在故障或损坏。通常针脚 3 与针脚 4 之间电阻值正常范围为 34.5 ～ 37Ω；针脚 5 与针脚 6 之间电阻值正常范围为 29.5 ～ 32Ω；针脚 7 与针脚 8 之间电阻值正常范围为 12.5 ～ 14.5Ω

7.1.9　驱动电机转子检查

驱动电机转子检查步骤如表 7-1-10 所示。

表 7-1-10 驱动电机转子检查步骤

步骤	操作
第 1 步	关闭车辆电源，进行高压下电，并断开 12V 蓄电池负极，拆卸手动维修开关
第 2 步	拆卸变速器线束插接器
第 3 步	取出变速器线束插接器检查，不符合规定数值证明驱动电机转子存在故障或损坏。通常针脚 3 与针脚 4 之间电阻值正常范围为 34.5 ～ 37Ω；针脚 5 与针脚 6 之间电阻值正常范围为 29.5 ～ 32Ω；针脚 7 与针脚 8 之间电阻值正常范围为 12.5 ～ 14.5Ω

7.1.10　驱动电机旋转变压器定子温度传感器检查

驱动电机旋转变压器定子温度传感器检查步骤如表 7-1-11 所示。

表 7-1-11　驱动电机旋转变压器定子温度传感器检查步骤

步骤	操作
第 1 步	关闭车辆电源，进行高压下电，并断开 12V 蓄电池负极，拆卸手动维修开关
第 2 步	拆卸变速器线束插接器
第 3 步	取出变速器线束插接器检查，其中针脚符合规定数值为正常，不符合规定数值证明驱动电机旋转变压器定子温度传感器存在故障或损坏。通常针脚 16 与针脚 24 之间电阻值正常范围为 24 ～ 32kΩ；针脚 15 与针脚 23 之间电阻值正常范围为 24 ～ 32kΩ

7.1.11　驱动电机转子温度传感器检查

驱动电机转子温度传感器检查步骤如表 7-1-12 所示。

表 7-1-12　驱动电机转子温度传感器检查步骤

步骤	操作
第 1 步	关闭车辆电源，进行高压下电，并断开 12V 蓄电池负极，拆卸手动维修开关
第 2 步	拆卸变速器线束插接器
第 3 步	取出变速器线束插接器检查，其中针脚符合规定数值为正常，不符合规定数值证明驱动电机转子温度传感器存在故障或损坏。通常针脚 16 与针脚 24 之间电阻值正常范围为 24 ～ 32kΩ；针脚 15 与针脚 23 之间电阻值正常范围为 24 ～ 32kΩ

7.1.12　P 挡电机总成检查

P 挡电机总成检查步骤如表 7-1-13 所示。

表 7-1-13　P 挡电机总成检查步骤

步骤	操作
步骤	操作
第 1 步	关闭车辆电源，进行高压下电，并断开 12V 蓄电池负极，拆卸手动维修开关

步骤	操作
第 2 步	举升车辆
第 3 步	排放车辆冷却液
第 4 步	断开图 7-1-16 所示的 P 挡控制电机线束插接器，拆卸固定螺栓，取出 P 挡控制电机总成检查，其中针脚符合规定数值为正常，不符合规定数值证明存在故障或损坏	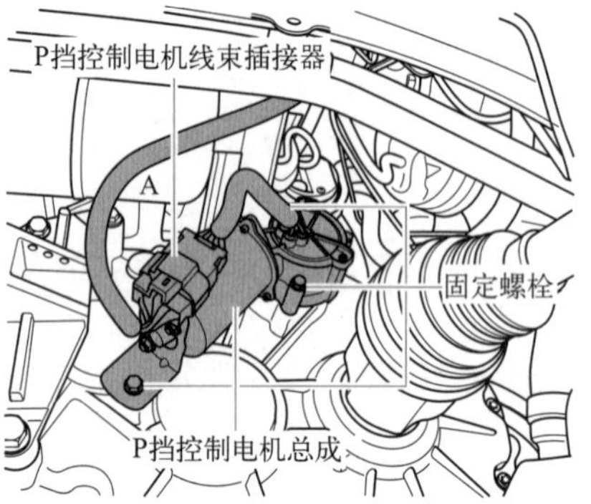 P 挡控制电机线束插接器 A 固定螺栓 P 挡控制电机总成 图 7-1-16　P 挡控制电机线束插接器位置

7.2

电源系统维修

7.2.1　动力蓄电池手动维修开关检查与断开

动力蓄电池手动维修开关检查与断开步骤如表 7-2-1 所示。

表 7-2-1　动力蓄电池手动维修开关检查与断开步骤

步骤	操作
第 1 步	关闭车辆电源，进行高压下电，并断开 12V 蓄电池负极
第 2 步	拆卸后排座椅坐垫总成
第 3 步	拆卸手动维修开关 ① 脱开图 7-2-1 箭头所示的手动维修开关红色解锁键 a； ② 拆卸图 7-2-1 箭头所示的手动维修开关手柄，断开手动维修开关 a 并取出检查

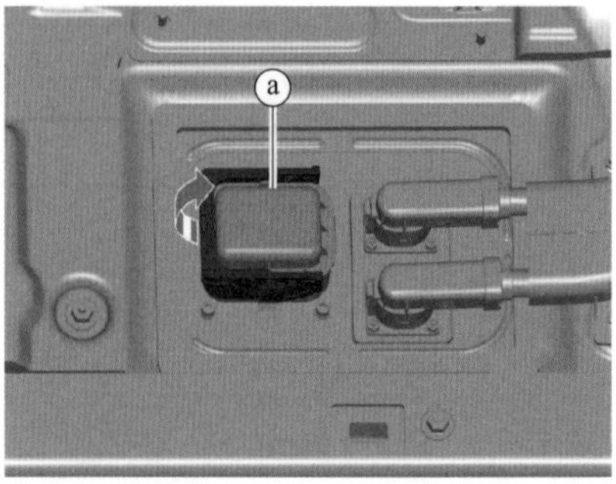

图 7-2-1　手动维修开关位置

7.2.2　动力蓄电池绝缘电阻检查

动力蓄电池绝缘电阻检查步骤如表 7-2-2 所示。

表 7-2-2　动力蓄电池绝缘电阻检查步骤

步骤	操作	
第 1 步	关闭车辆电源，进行高压下电，并断开 12V 蓄电池负极，拆卸手动维修开关	
第 2 步	断开车载充电机线束插接器	
第 3 步	断开车载充电机线束插接器后，等待 5min，使用万用表检测车载充电机的正负极电压	① 车载充电机的电压小于或等于 5V 时，进行第 4 步
		② 电机控制器的电压大于 5V 时，待驱动电机电压下降后，再进行检测
第 4 步	检查动力蓄电池的供电绝缘阻值，拆卸车载充电机线束插接器后，将高压绝缘检测仪的挡位调至 1000V，分别测量车载充电机线束插接器正极、负极与车身接地之间的电阻	① 车载充电机线束插接器正极、负极与车身接地之间的电阻大于或等于 20MΩ 时，进行第 5 步
		② 车载充电机线束插接器正极、负极与车身接地之间的电阻小于 20MΩ 时，需要进行检测、更换线束或更换动力蓄电池
第 5 步	检查动力蓄电池的充电线路绝缘阻值，拆卸直流充电插座线束插接器后，将高压绝缘检测仪的挡位调至 1000V，分别测量直流充电插座线束插接器正极、负极与车身接地之间的电阻	① 直流充电插座线束插接器正极、负极与车身接地之间的电阻大于或等于 20MΩ 时，驱动电机绝缘电阻值正常
		② 直流充电插座线束插接器正极、负极与车身接地之间的电阻小于 20MΩ 时，需要进行检测、更换线束或更换动力蓄电池

7.2.3　动力蓄电池更换

动力蓄电池更换步骤如表 7-2-3 所示。

表 7-2-3　动力蓄电池更换步骤

步骤	操作
第 1 步	关闭车辆电源，进行高压下电，并断开 12V 蓄电池负极，拆卸手动维修开关
第 2 步	举升车辆
第 3 步	排放车辆冷却液
第 4 步	拆卸前舱底部护板后总成
第 5 步	拆卸前舱底部护板电池包安装支架总成
第 6 步	拆卸备胎池护板前总成
第 7 步	拆卸备胎池护板电池包安装支架总成
第 8 步	拆卸左 / 右后轮导流板
第 9 步	拆卸左 / 右侧裙板总成
第 10 步	拆卸动力蓄电池

步骤	操作
第10步	①拆卸图 7-2-2 箭头 A 所示的动力蓄电池高压线束固定螺母 ②断开图 7-2-2 箭头 B 所示的动力蓄电池高压线束插接器 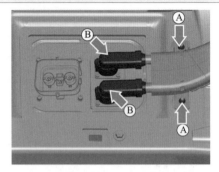 图 7-2-2　固定螺母、线束插接器位置 ③脱开图 7-2-3 箭头 A 所示的固定卡扣 ④揭开图 7-2-3 箭头 B 所示的后座椅下对应的隔音垫总成 a 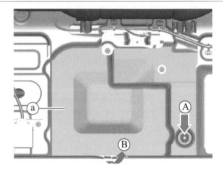 图 7-2-3　固定卡扣、隔音垫总成位置 ⑤拆卸图 7-2-4 箭头所示的固定螺母，取出检修口盖组件 a 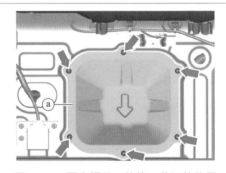 图 7-2-4　固定螺母、检修口盖组件位置 ⑥拆卸图 7-2-5 箭头 A 所示的固定螺栓，取出动力蓄电池高压接插件 a ⑦断开图 7-2-5 箭头 B 和箭头 C 所示的动力蓄电池的低压连接线束插接器 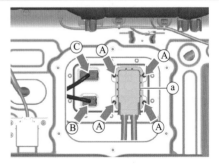 图 7-2-5　固定螺栓、高压接插件、低压连接线束插接器位置

步骤	操作
	⑧脱开图 7-2-6 箭头 A 所示的固定卡箍，脱开蓄电池出水管 a 与动力蓄电池连接管 ⑨脱开图 7-2-6 箭头 B 所示的固定卡箍，脱开电机水冷出水管 b 与动力蓄电池连接管 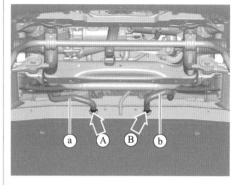 图 7-2-6　动力蓄电池出水管、电机水冷出水管位置
第 10 步	⑩拆卸图 7-2-7 箭头所示的固定螺栓，取出等电位铜排总成 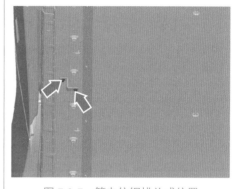 图 7-2-7　等电位铜排总成位置
	⑪利用平台车 a 对动力蓄电池总成 b 进行支撑 ⑫拆卸图 7-2-8 箭头 A 和箭头 B 所示的动力蓄电池固定螺栓 ⑬利用平台车 a 对动力蓄电池总成 b 缓慢下降，取出将动力蓄电池总成 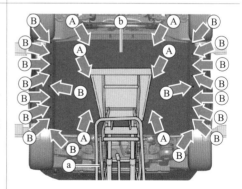 图 7-2-8　动力蓄电池固定螺栓位置
第 11 步	更换新的动力蓄电池后（安装步骤为拆卸步骤相反顺序）再进行测试和调整

7.2.4　动力蓄电池线束更换

动力蓄电池线束更换步骤如表 7-2-4 所示。

表 7-2-4　动力蓄电池线束更换步骤

步骤	操作
第 1 步	关闭车辆电源，进行高压下电，并断开 12V 蓄电池负极，拆卸手动维修开关
第 2 步	拆卸动力蓄电池
第 3 步	拆卸动力蓄电池线束 ①断开图 7-2-9 箭头 A 所示的 ACP 线束插接器 ②断开图 7-2-9 箭头 B 所示的 PTC 加热器线束插接器 ③脱开图 7-2-9 箭头 C 所示的动力蓄电池线束①固定卡扣 图 7-2-9　线束插接器、动力蓄电池线束、固定卡扣位置 ④拆卸图 7-2-10 箭头 A 所示的动力蓄电池线束①支架固定螺母 ⑤脱开图 7-2-10 箭头 B 所示的动力蓄电池线束①固定卡扣 ⑥脱开图 7-2-10 箭头 C 所示的动力蓄电池线束①固定卡扣 ⑦取出图 7-2-10 所示的动力蓄电池线束① 图 7-2-10　固定螺母、固定卡扣、动力蓄电池线束位置
第 4 步	更换新的动力蓄电池线束后（安装步骤为拆卸步骤相反顺序），再进行测试和调整

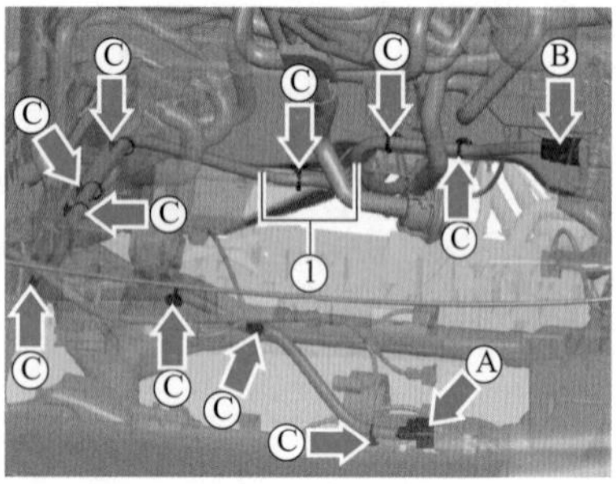

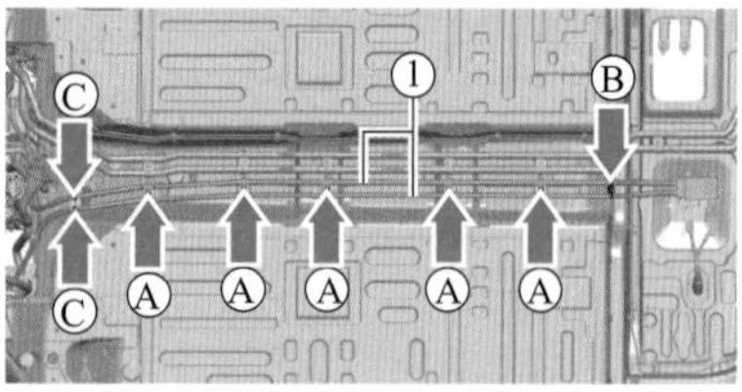

7.2.5　动力蓄电池线束内部熔断器更换

动力蓄电池线束内部熔断器更换步骤如表 7-2-5 所示。

表 7-2-5　动力蓄电池线束内部熔断器更换步骤

步骤	操作
第 1 步	关闭车辆电源，进行高压下电，并断开 12V 蓄电池负极，拆卸手动维修开关
第 2 步	拆卸动力蓄电池线束内部熔断器 ①脱开图 7-2-11 箭头 A 所示的固定卡扣 ②揭开图 7-2-11 箭头 B 所示的后座椅下隔音垫总成 a 图 7-2-11　固定卡扣、隔音垫总成位置

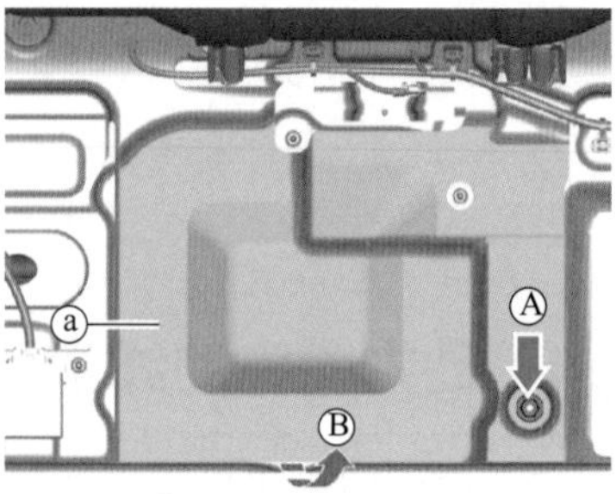

步骤	操作
第2步	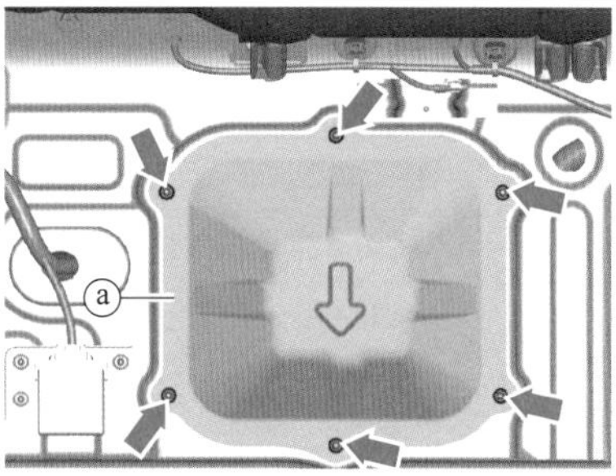 ③拆卸图 7-2-12 箭头所示的固定螺母，取出检修口盖组件 a 图 7-2-12　固定螺母、检修口盖组件位置
	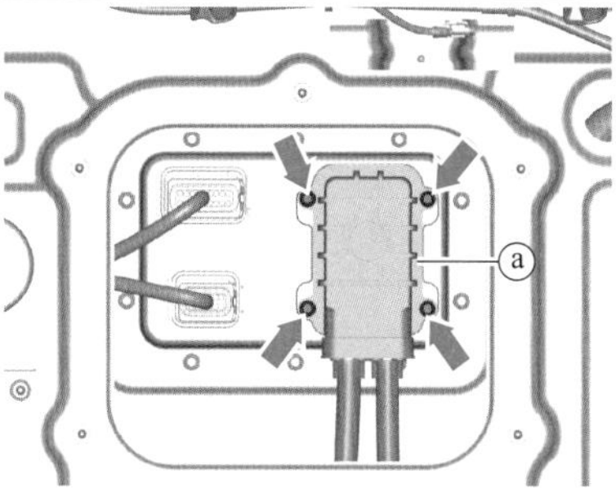 ④拆卸图 7-2-13 箭头所示的固定螺栓，取出动力蓄电池高压线束接插件 a 图 7-2-13　固定螺栓、动力蓄电池束高压线束接插件位置
	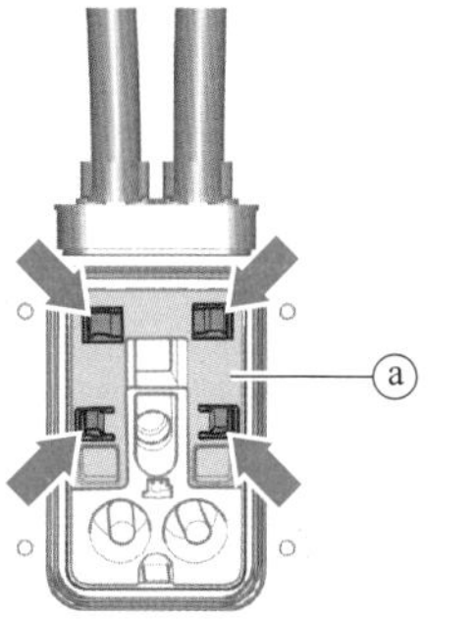 ⑤脱开图 7-2-14 箭头所示的固定卡扣，取出动力蓄电池线束内部熔断器盖 a 图 7-2-14　固定卡扣、动力蓄电池线束内部熔断器盖位置
	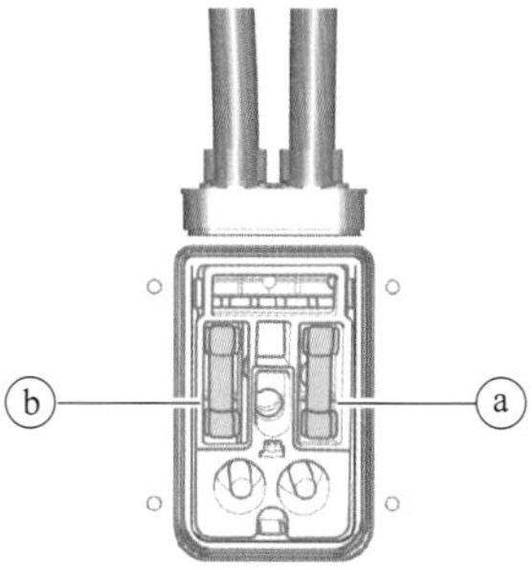 ⑥取出图 7-2-15 所示的采暖水加热器高压线束熔断器 a 和电动压缩机高压线束熔断器 b 图 7-2-15　采暖水加热器高压线束熔断器、电动压缩机高压线束熔断器位置
第3步	更换新的动力蓄电池线束内部熔断器后（安装步骤为拆卸步骤相反顺序），再进行测试和调整

7.2.6　动力蓄电池开箱与密封

动力蓄电池开箱与密封检查步骤如表 7-2-6 所示。

表 7-2-6　动力蓄电池开箱与密封检查步骤

步骤	操作
第 1 步	关闭车辆电源，进行高压下电，并断开 12V 蓄电池负极，拆卸手动维修开关
第 2 步	举升车辆
第 3 步	排放车辆冷却液
第 4 步	拆卸动力蓄电池总成
第 5 步	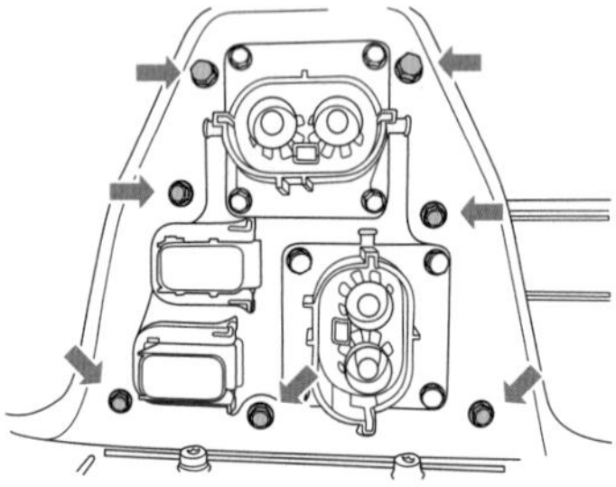 拆卸图 7-2-16 箭头所示的前部密封压板固定螺栓，取出前部密封压板 图 7-2-16　固定螺栓位置
第 6 步	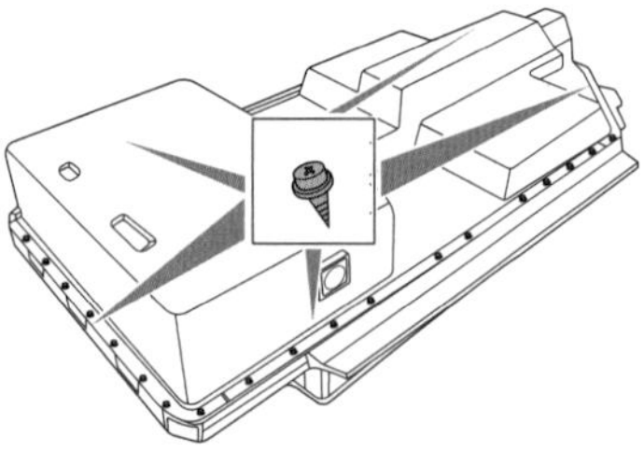 拆卸图 7-2-17 所示的上盖压条圆柱形螺钉，取出动力蓄电池箱盖 图 7-2-17　螺钉分布位置
第 7 步	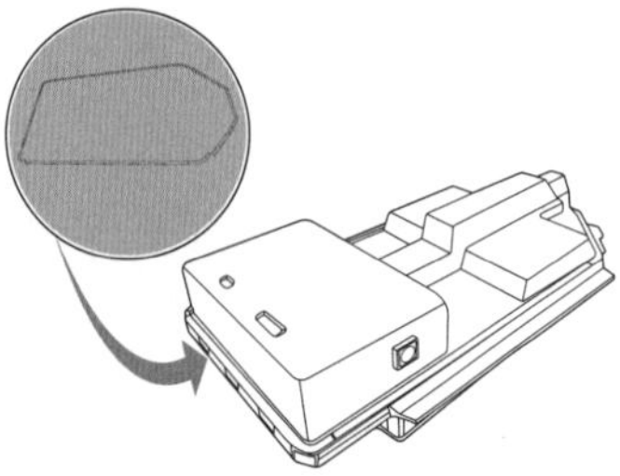 取出图 7-2-18 箭头所示动力蓄电池箱盖上的上盖压条，检查动力蓄电池的密封性 图 7-2-18　上盖压条位置
第 8 步	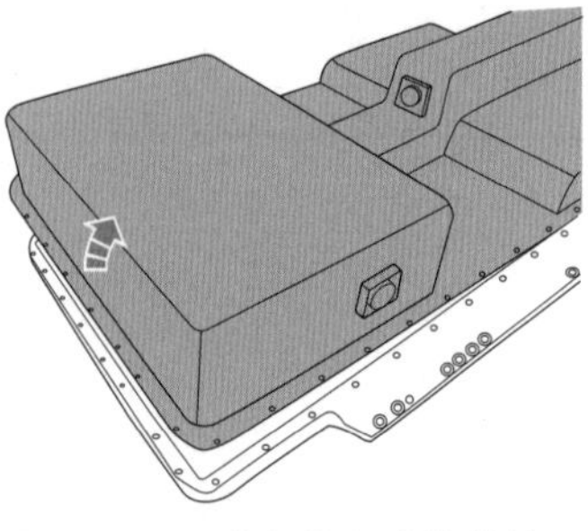 取出图 7-2-19 箭头所示的动力蓄电池箱盖 图 7-2-19　动力蓄电池箱盖位置

7.2.7 动力蓄电池管理器更换

动力蓄电池管理器更换步骤如表 7-2-7 所示。

表 7-2-7 动力蓄电池管理器更换步骤

步骤	操作
第 1 步	关闭车辆电源，进行高压下电，并断开 12V 蓄电池负极，拆卸手动维修开关
第 2 步	举升车辆
第 3 步	排放车辆冷却液
第 4 步	拆卸力蓄电池总成
第 5 步	拆卸动力蓄电池箱盖
第 6 步	拆卸熔断器
第 7 步	断开图 7-2-20 箭头所示的动力蓄电池管理器线束插接器 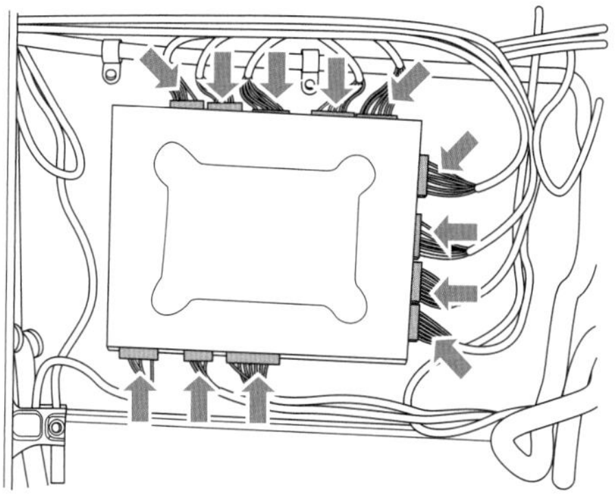 图 7-2-20 动力蓄电池管理器线束插接器位置
第 8 步	拆卸图 7-2-21 箭头所示的动力蓄电池管理器底部固定螺栓 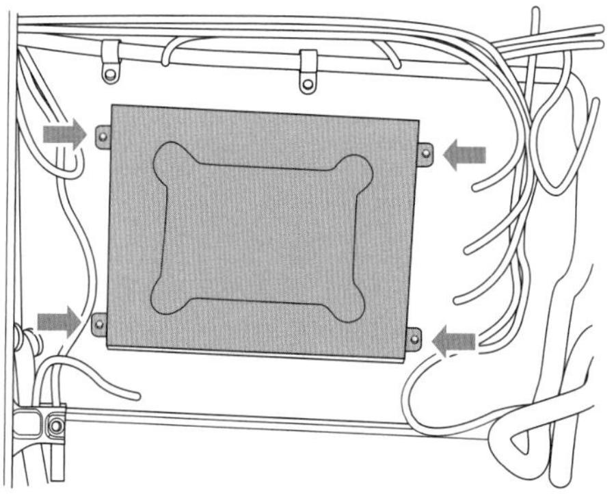 图 7-2-21 动力蓄电池管理器底部固定螺栓位置
第 9 步	更换新的动力蓄电池管理器后（安装步骤为拆卸步骤相反顺序），再进行测试和调整

7.2.8 动力蓄电池冷却连接管更换

动力蓄电池冷却连接管更换步骤如表 7-2-8 所示。

表 7-2-8　动力蓄电池冷却连接管更换步骤

步骤	操作
第 1 步	关闭车辆电源，进行高压下电，并断开 12V 蓄电池负极，拆卸手动维修开关
第 2 步	举升车辆
第 3 步	排放车辆冷却液
第 4 步	拆卸动力蓄电池总成
第 5 步	拆卸动力蓄电池箱盖
第 6 步	拆卸熔断器
第 7 步	拆卸熔断器盒支架
第 8 步	脱开图 7-2-22 箭头所示的动力蓄电池冷却连接管卡箍 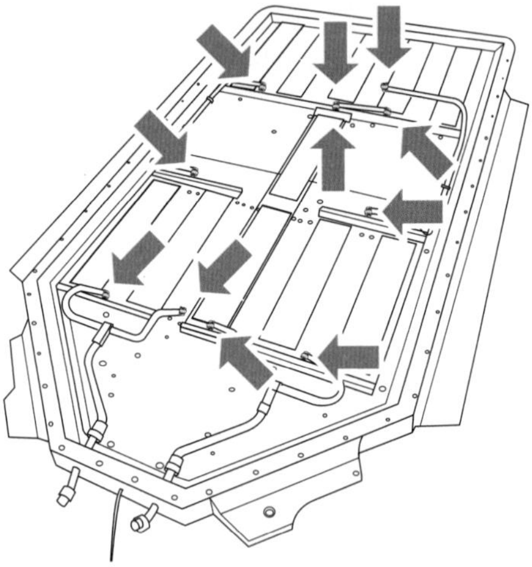 图 7-2-22　动力蓄电池冷却连接管卡箍位置
第 9 步	拆卸图 7-2-23 箭头所示动力蓄电池冷却接管与底板固定螺栓，取出动力蓄电池冷却连接管 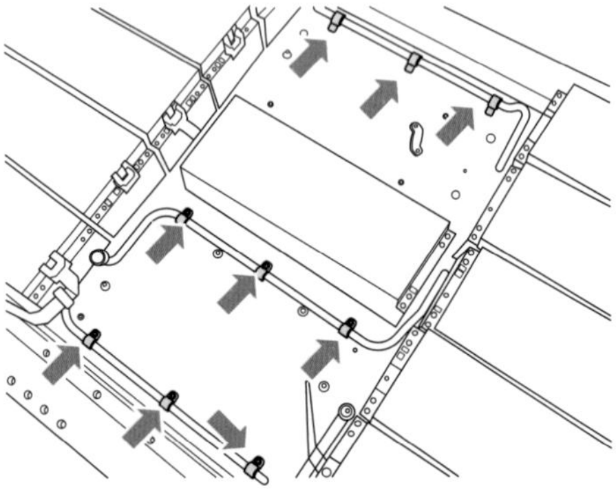 图 7-2-23　动力蓄电池冷却连接管与底板固定螺栓位置
第 10 步	更换新的动力蓄电池冷却连接管后（安装步骤为拆卸步骤相反顺序），再进行测试和调整

7.2.9　动力蓄电池模组更换

动力蓄电池模组更换步骤如表 7-2-9 所示。

表 7-2-9　动力蓄电池模组更换步骤

步骤	操作
第 1 步	关闭车辆电源，进行高压下电，并断开 12V 蓄电池负极，拆卸手动维修开关
第 2 步	举升车辆
第 3 步	排放蓄电池冷却液
第 4 步	拆卸动力蓄电池总成
第 5 步	拆卸动力蓄电池箱盖
第 6 步	拆卸熔断器
第 7 步	拆卸导电装置软铜排
第 8 步	断开图 7-2-24 箭头所示的动力蓄电池模组两端线束插接器 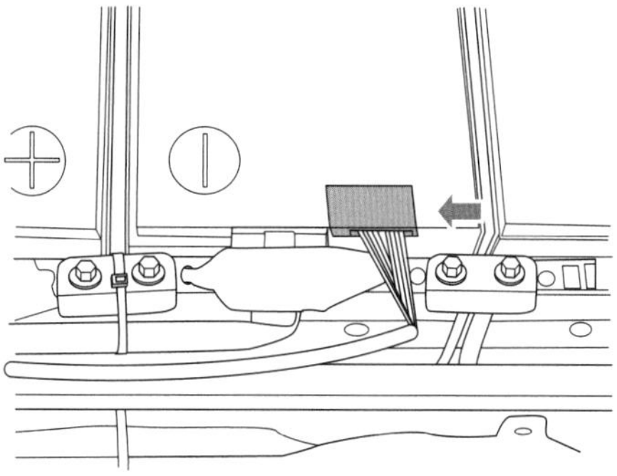 图 7-2-24　动力蓄电池模组两端线束插接器位置
第 9 步	拆卸图 7-2-25 箭头所示的动力蓄电池模组前部固定支架固定螺栓 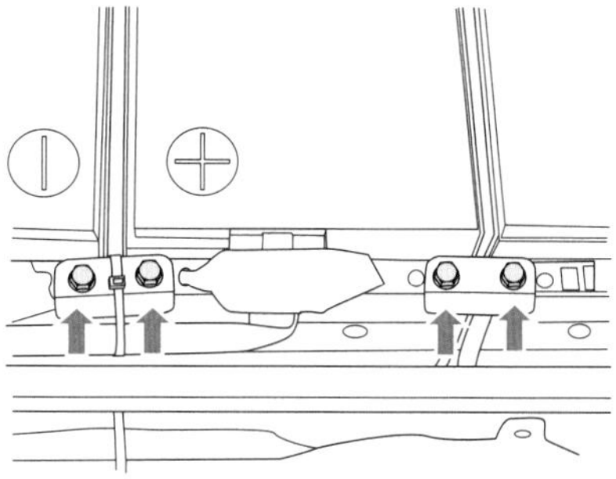 图 7-2-25　动力蓄电池模组前部固定支架固定螺栓位置
第 10 步	拆卸图 7-2-26 箭头所示的动力蓄电池模组后部固定支架固定螺栓，取出动力蓄电池模组 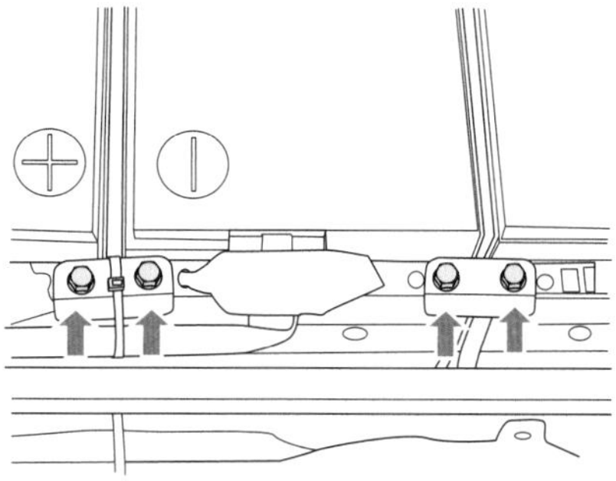 图 7-2-26　动力蓄电池模组后部固定支架固定螺栓位置
第 11 步	更换新的动力蓄电池模组后（安装步骤为拆卸步骤相反顺序），再进行测试和调整

7.2.10　动力蓄电池主接触器更换

（1）**动力蓄电池主接触器正极更换**　动力蓄电池主接触器正极更换步骤如表 7-2-10 所示。

表 7-2-10　动力蓄电池主接触器正极更换步骤

步骤	操作
第 1 步	关闭车辆电源，进行高压下电，并断开 12V 蓄电池负极，拆卸手动维修开关
第 2 步	举升车辆
第 3 步	排放蓄电池冷却液
第 4 步	拆卸动力蓄电池总成
第 5 步	拆卸动力蓄电池箱盖
第 6 步	拆卸熔断器
第 7 步	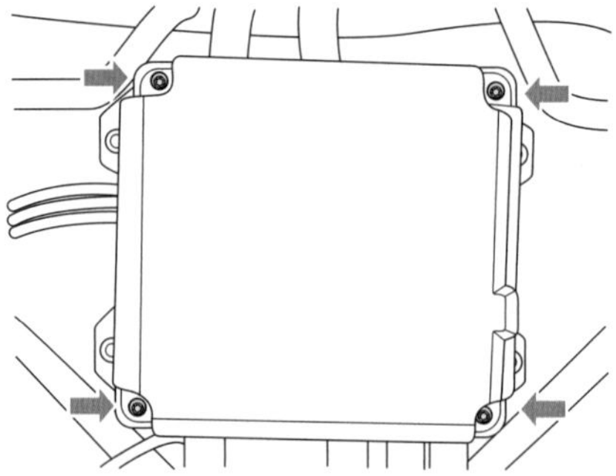 拆卸图 7-2-27 箭头所示的动力蓄电池主接触器正极上端盖固定螺栓 图 7-2-27　动力蓄电池主接触器正极上端盖固定螺栓位置
第 8 步	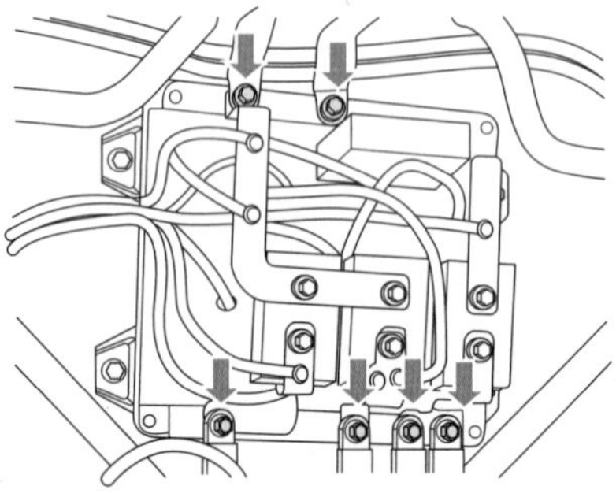 拆卸图 7-2-28 箭头所示的主接触器正极两侧导电装置软铜排的固定螺栓 图 7-2-28　主接触器正极两侧导电装置软铜排的固定螺栓位置
第 9 步	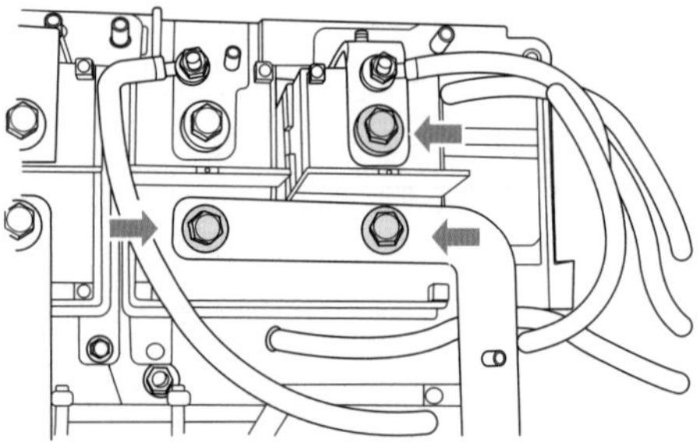 拆卸图 7-2-29 箭头所示主接触器正极导电装置硬铜排固定螺栓，取出导电装置硬铜排 图 7-2-29　主接触器正极导电装置硬铜排固定螺栓位置

步骤	操作
第 10 步	拆卸图 7-2-30 箭头所示的主接触器正极底部固定螺栓，取出主接触器正极 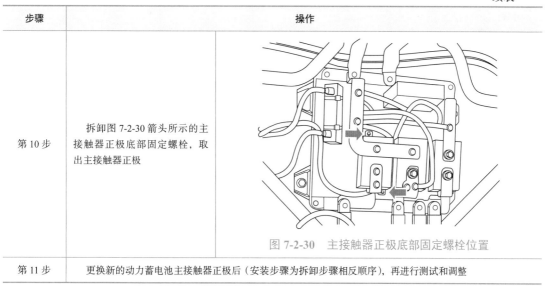 图 7-2-30　主接触器正极底部固定螺栓位置
第 11 步	更换新的动力蓄电池主接触器正极后（安装步骤为拆卸步骤相反顺序），再进行测试和调整

（2）动力蓄电池主接触器负极更换　动力蓄电池主接触器负极更换步骤如表 7-2-11 所示。

表 7-2-11　动力蓄电池主接触器负极更换步骤

步骤	操作
第 1 步	关闭车辆电源，进行高压下电，并断开 12V 蓄电池负极，拆卸手动维修开关
第 2 步	举升车辆
第 3 步	排放蓄电池冷却液
第 4 步	拆卸动力蓄电池总成
第 5 步	拆卸动力蓄电池箱盖
第 6 步	拆卸熔断器
第 7 步	拆卸图 7-2-31 箭头所示的动力蓄电池主接触器负极上端盖固定螺栓 图 7-2-31　动力蓄电池主接触器负极上端盖固定螺栓位置

步骤	操作
第 8 步	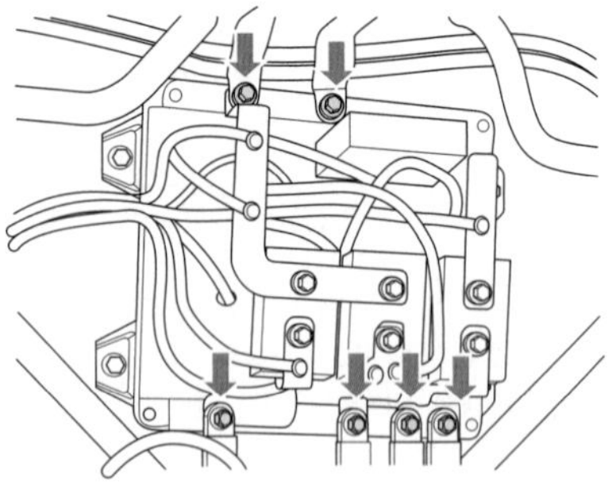 拆卸图 7-2-32 箭头所示的主接触器负极两侧导电装置软铜排的固定螺栓 图 7-2-32　主接触器负极两侧导电装置软铜排的固定螺栓位置
第 9 步	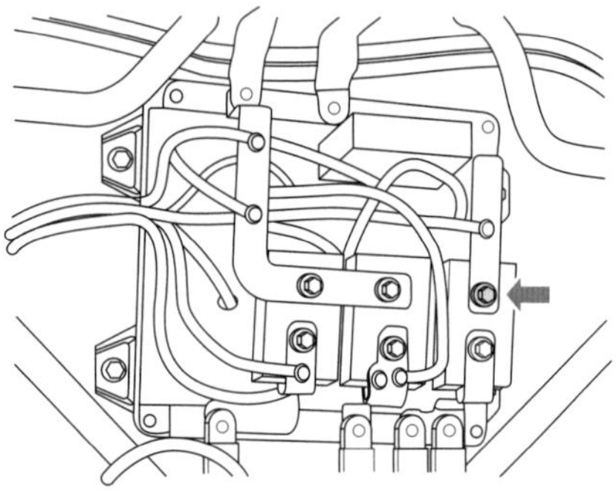 拆卸图 7-2-33 箭头所示的电池模组侧导电装置硬铜排固定螺栓，取出导电装置硬铜排 图 7-2-33　电池模组侧导电装置硬铜排固定螺栓位置
第 10 步	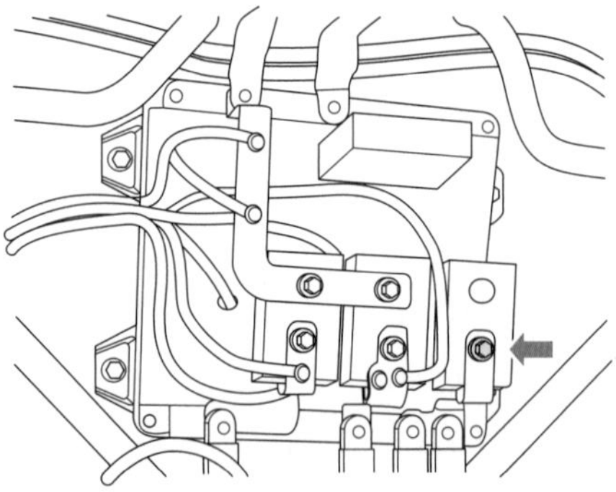 拆卸图 7-2-34 箭头所示的电池模组另一边导电装置硬铜排固定螺栓，取出导电装置硬铜排 图 7-2-34　电池模组侧另一边导电装置硬铜排固定螺栓位置
第 11 步	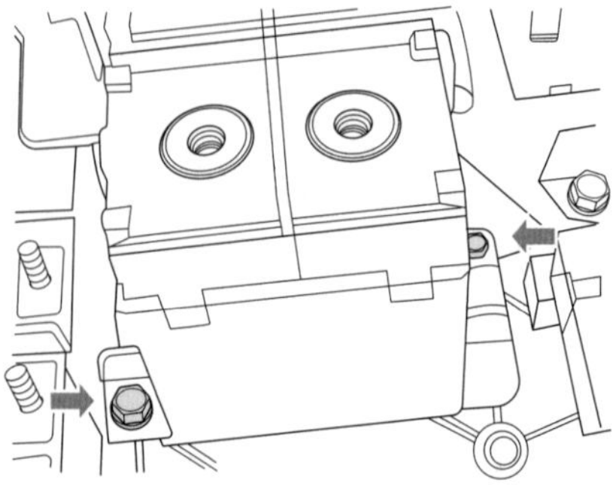 拆卸图 7-2-35 箭头所示的主接触器负极底部固定螺栓，取出主接触器负极 图 7-2-35　主接触器负极底部固定螺栓位置
第 12 步	更换新的动力蓄电池主接触器负极后（安装步骤为拆卸步骤相反顺序），再进行测试和调整

7.2.11 动力蓄电池快充继电器更换

动力蓄电池快充继电器更换步骤如表 7-2-12 所示。

表 7-2-12 动力蓄电池快充继电器更换步骤

步骤	操作
第 1 步	关闭车辆电源，进行高压下电，并断开 12V 蓄电池负极，拆卸手动维修开关
第 2 步	举升车辆
第 3 步	排放蓄电池冷却液
第 4 步	拆卸动力蓄电池总成
第 5 步	拆卸动力蓄电池箱盖
第 6 步	拆卸熔断器
第 7 步	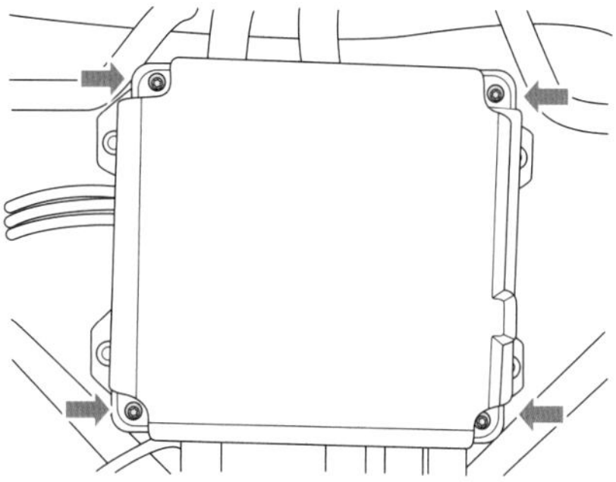 拆卸图 7-2-36 箭头所示的快充继电器上端盖固定螺栓 图 7-2-36 快充继电器上端盖固定螺栓位置
第 8 步	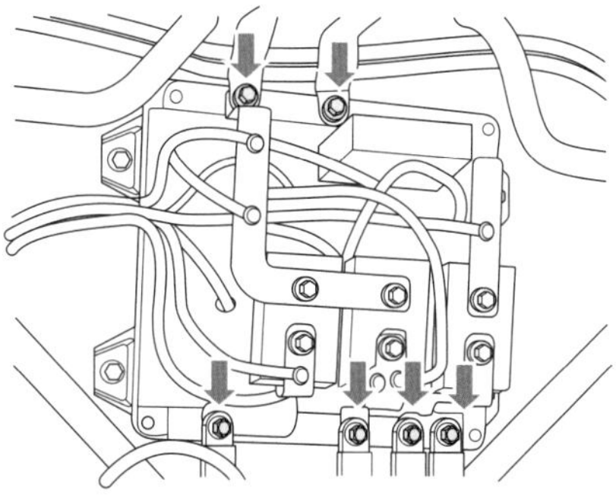 拆卸图 7-2-37 箭头所示的继电器两侧导电装置软铜排的固定螺栓 图 7-2-37 继电器两侧导电装置软铜排的固定螺栓位置
第 9 步	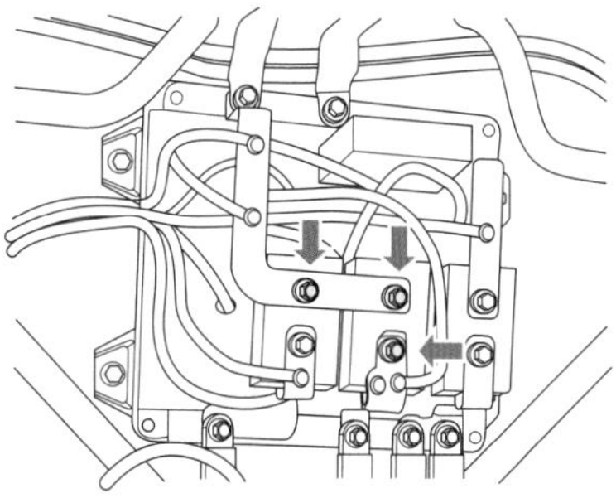 拆卸图 7-2-38 箭头所示的快充继电器导电装置硬铜排固定螺栓，取出导电装置硬铜排 图 7-2-38 快充继电器导电装置硬铜排固定螺栓位置

步骤	操作
第 10 步	拆卸图 7-2-39 箭头所示的快充继电器底部固定螺栓，取出快充继电器 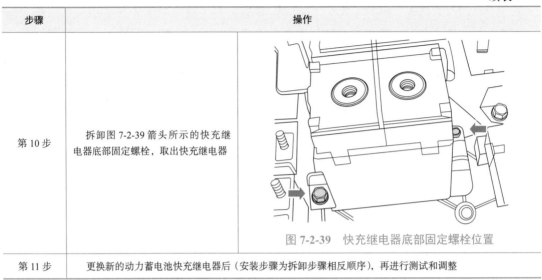 图 7-2-39　快充继电器底部固定螺栓位置
第 11 步	更换新的动力蓄电池快充继电器后（安装步骤为拆卸步骤相反顺序），再进行测试和调整

7.2.12　动力蓄电池高压盒更换

动力蓄电池高压盒更换步骤如表 7-2-13 所示。

表 7-2-13　动力蓄电池高压盒更换步骤

步骤	操作
第 1 步	关闭车辆电源，进行高压下电，并断开 12V 蓄电池负极，拆卸手动维修开关
第 2 步	举升车辆
第 3 步	排放蓄电池冷却液
第 4 步	拆卸动力蓄电池总成
第 5 步	拆卸动力蓄电池箱盖
第 6 步	拆卸熔断器
第 7 步	拆卸图 7-2-40 箭头所示的高压盒上端盖固定螺栓 图 7-2-40　高压盒上端盖固定螺栓位置

步骤	操作
第 8 步	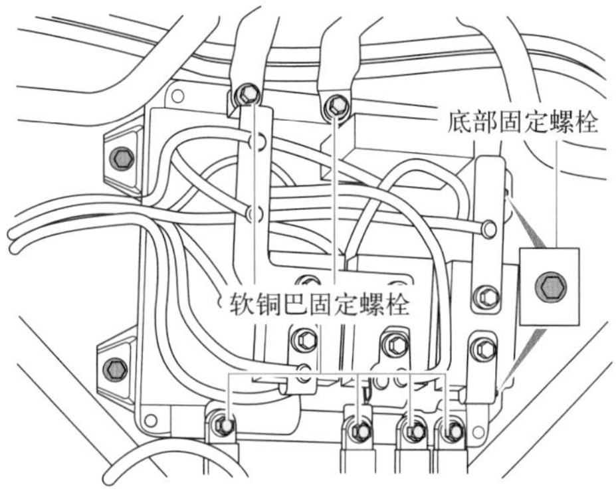 拆卸图 7-2-41 所示的继电器导电装置软铜排固定螺栓和底座固定螺栓 图 7-2-41　继电器导电装置软铜排固定螺栓和 底座固定螺栓位置
第 9 步	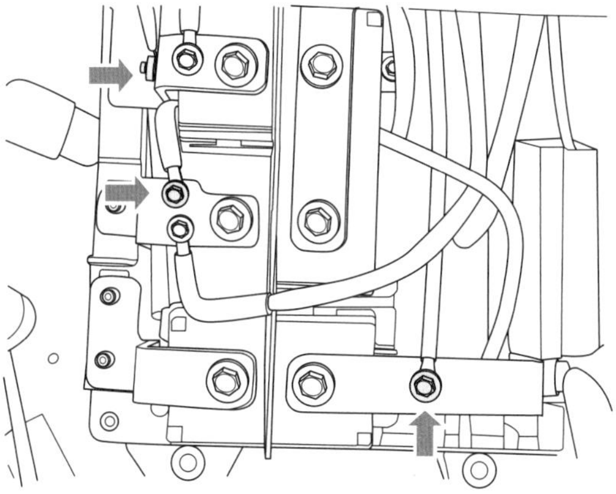 拆卸图 7-2-42 箭头所示的主负线束连接、主正线束连接、快充继电器线束插接器的固定螺栓，断开主负线束连接、主正线束连接、快充继电器线束插接器 图 7-2-42　主负线束连接、主正线束连接、 快充继电器线束插接器的固定螺栓位置
第 10 步	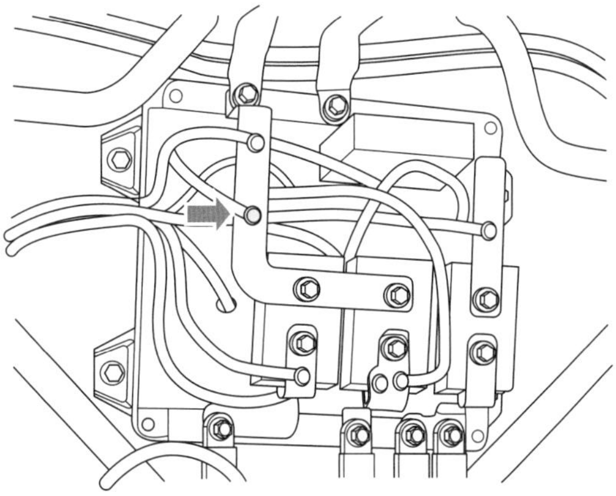 拆卸图 7-2-43 箭头所示的总线束插接器固定螺栓，断开总线束插接器 图 7-2-43　总线束插接器固定螺栓位置

第 7 章　电动汽车一般检查维修

步骤	操作
第 11 步	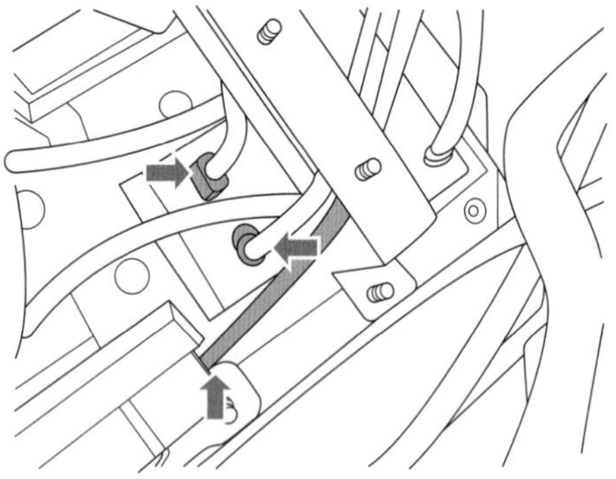 断开图 7-2-44 箭头所示的预充 1 线束插接器、预充 2 线束插接器和电流传感器线束插接器 图 7-2-44　预充 1 线束插接器、预充 2 线束插接器和电流传感器线束插接器位置
第 12 步	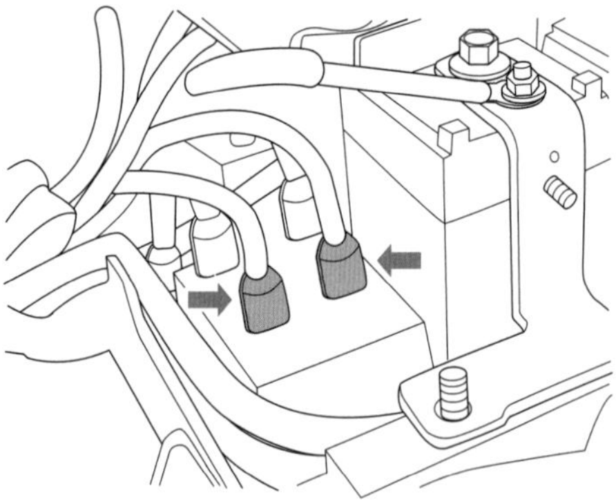 断开图 7-2-45 箭头所示的预充 3 线束插接器、预充 4 线束插接器 图 7-2-45　预充 3 线束插接器、预充 4 线束插接器位置
第 13 步	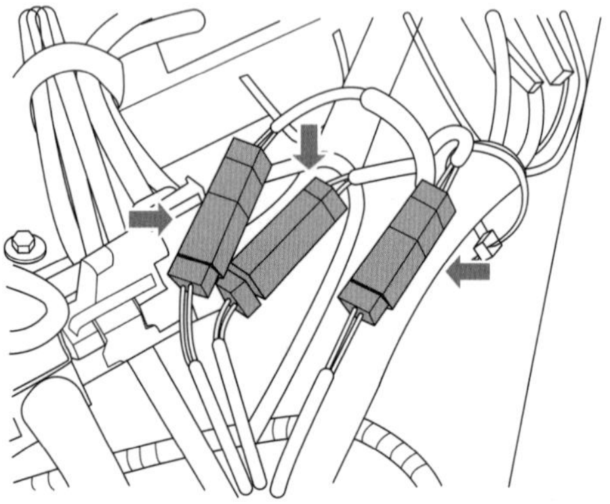 断开图 7-2-46 箭头所示的快充线束插接器、主正线束插接器、主负线束插接器，取出高压盒 图 7-2-46　快充线束插接器、主正线束插接器、主负线束插接器位置
第 14 步	更换新的动力蓄电池高压盒后（安装步骤为拆卸步骤相反顺序），再进行测试和调整

7.2.13　动力蓄电池冷却液泵更换

动力蓄电池冷却液泵更换步骤，如表 7-2-14 所示。

表 7-2-14　动力蓄电池冷却液泵更换步骤

步骤	操作
第 1 步	关闭车辆电源，进行高压下电，并断开 12V 蓄电池负极，拆卸手动维修开关
第 2 步	排放蓄电池冷却液
第 3 步	拆卸电池冷却液泵 ①断开图 7-2-47 箭头 A 所示的动力蓄电池冷却液泵线束插接器 ②脱开图 7-2-47 箭头 B 所示的固定卡箍，脱开动力蓄电池冷却液泵出水管 a 与动力蓄电池冷却液泵连接 ③脱开图 7-2-47 箭头 C 所示的动力蓄电池冷却液泵进水管 b 固定卡扣 ④断开图 7-2-47 箭头 D 所示的固定卡箍，脱开动力蓄电池冷却液进水管 b 与动力蓄电池冷却液泵连接 图 7-2-47　线束插接器、固定卡箍、固定卡扣位置 ⑤拆卸图 7-2-48 箭头所示的固定螺母，取出动力蓄电池冷却液泵 a 图 7-2-48　固定螺母位置
第 4 步	更换新的动力蓄电池冷却液泵后（安装步骤为拆卸步骤相反顺序），再进行测试和调整

7.2.14　车载充电口照明灯、充电指示灯更换

（1）**车载充电口照明灯更换**　车载充电口照明灯更换步骤如表 7-2-15 所示。

表 7-2-15　车载充电口照明灯更换步骤

步骤	操作
第 1 步	关闭车辆电源，进行高压下电，并断开 12V 蓄电池负极，拆卸手动维修开关
第 2 步	拆卸交流充电插座总成和直流充电插座总成
第 3 步	拆卸车载充电口照明灯总成
第 4 步	更换新的车载充电口照明灯后（安装步骤为拆卸步骤相反顺序），再进行测试和调整

（2）**充电指示灯更换**　充电指示灯更换步骤如表 7-2-16 所示。

表 7-2-16　充电指示灯更换步骤

步骤	操作
第 1 步	关闭车辆电源，进行高压下电，并断开 12V 蓄电池负极，拆卸手动维修开关
第 2 步	断开图 7-2-49 箭头所示的充电指示灯线束插接器 图 7-2-49　充电指示灯线束插接器位置
第 3 步	脱开图 7-2-50 箭头所示的充电指示灯固定卡扣 图 7-2-50　充电指示灯固定卡扣位置
第 4 步	取出图 7-2-51 所示的充电指示灯 充电指示灯 图 7-2-51　充电指示灯位置
第 5 步	更换新的充电指示灯后（安装步骤为拆卸步骤相反顺序），再进行测试和调整

7.2.15　车载充电插座更换（交流、直流）

（1）**交流充电插座更换**　交流充电插座更换步骤如表 7-2-17 所示。

表 7-2-17　交流充电插座更换步骤

步骤	操作
第1步	打开交流充电口盖
第2步	关闭车辆电源,进行高压下电,并断开 12V 蓄电池负极,拆卸手动维修开关
第3步	拆卸行李厢盖板总成
第4步	拆卸行李厢内门槛饰板总成
第5步	拆卸行李厢左饰件总成
第6步	拆卸重低音音箱
第7步	拆卸备胎池护板总成
第8步	拆卸交流充电线束 ①断开图 7-2-52 箭头 A 所示的交流充电线束与集成式车载电源线束插接器 ②脱开图 7-2-52 箭头 B 所示的交流充电线束固定卡扣 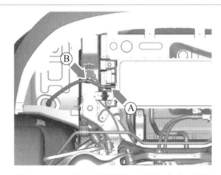 图 7-2-52　线束插接器、固定卡扣位置 ③断开图 7-2-53 箭头 A 所示的交流充电线束低压线束插接器 ④脱开图 7-2-53 箭头 B 所示的充电口盖板应急解锁拉索固定卡扣 ⑤脱开图 7-2-53 箭头 C 所示的交流充电线束固定卡扣 ⑥拆卸图 7-2-53 箭头 D 所示的交流充电线束密封胶堵 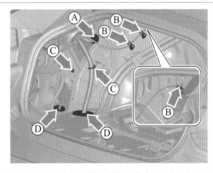 图 7-2-53　线束插接器、固定卡扣、密封胶堵位置 ⑦拆卸图 7-2-54 箭头所示的固定螺钉,取出交流充电线束插座 a 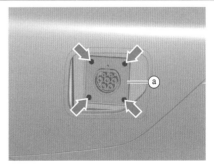 图 7-2-54　固定螺钉位置
第9步	更换新的交流充电插座后(安装步骤为拆卸步骤相反顺序),再进行测试和调整

（2）直流充电插座更换　直流充电插座更换步骤如表 7-2-18 所示。

表 7-2-18　直流充电插座更换步骤

步骤	操作
第 1 步	打开直流充电口盖
第 2 步	关闭车辆电源，进行高压下电，并断开 12V 蓄电池负极，拆卸手动维修开关
第 3 步	拆卸行李厢盖板总成
第 4 步	拆卸行李厢内门槛饰板总成
第 5 步	拆卸行李厢右饰件总成
第 6 步	对直流充电线束进行拆卸 ①拆卸图 7-2-55 箭头 A 所示的充电线束塑料支架 a 固定螺母 ②断开图 7-2-55 箭头 B 所示的集成式车载电源线束插接器 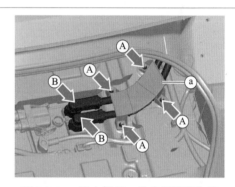 图 7-2-55　固定螺母、线束插接器位置 ③拆卸图 7-2-56 箭头所示的固定卡扣，取出充电线束塑料支架 a 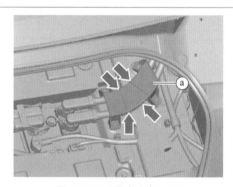 图 7-2-56　固定卡扣位置 ④断开图 7-2-57 箭头 A 所示的直流充电线束插接器 ⑤拆卸图 7-2-57 箭头 B 所示的直流充电线束固定卡扣 ⑥拆卸图 7-2-57 箭头 C 所示的直流充电线束搭铁螺栓 ⑦拆卸图 7-2-57 箭头 D 所示的直流充电线束密封胶堵 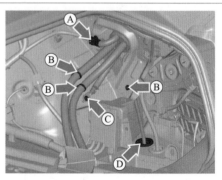 图 7-2-57　线束插接器、固定卡扣、搭铁螺栓、密封胶堵位置

步骤	操作
第 6 步	⑧拆卸图 7-2-58 箭头所示的固定螺钉，取出直流充电线束插座 a 图 7-2-58　固定螺钉位置
第 7 步	更换新的直流充电插座后（安装步骤为拆卸步骤相反顺序）再进行测试和调整

7.2.16　集成式车载电源更换

集成式车载电源更换步骤如表 7-2-19 所示。

表 7-2-19　集成式车载电源更换步骤

步骤	操作
第 1 步	连接诊断仪控制模块换件模式
第 2 步	关闭车辆电源，进行高压下电，并断开 12V 蓄电池负极，拆卸手动维修开关
第 3 步	排放车辆冷却液
第 4 步	拆卸行李厢盖板总成
第 5 步	拆卸集成式车载电源 ①断开图 7-2-59 箭头 A 和箭头 B 所示的集成式车载电源线束插接器 图 7-2-59　线束插接器位置

步骤	操作
第 5 步	②断开图 7-2-60 箭头 A 所示的集成式车载电源低压线束插接器 ③拆卸图 7-2-60 箭头 B 所示的三合一接地线束总成 a 固定螺栓 ④揭开低压电池正极电源线护罩，拆卸图 7-2-60 箭头 C 所示的低压电池正极电源线 b 固定螺栓 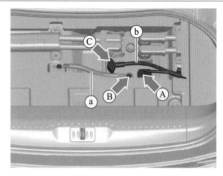 图 7-2-60　线束插接器、固定螺栓位置 ⑤拆卸胎池护板总成 ⑥断开图 7-2-61 箭头所示的集成式车载电源线束插接器 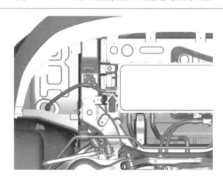 图 7-2-61　线束插接器位置 ⑦拆卸图 7-2-62 箭头 A 所示的电机线束 a 固定螺栓 ⑧断开图 7-2-62 箭头 B 所示的电机线束 a 与集成式车载电源线束插接器 ⑨脱开图 7-2-62 箭头 C 所示的固定卡箍，再脱开 IPU 进水管 b 与集成式车载电源连接 ⑩脱开图 7-2-62 箭头 D 所示的固定卡箍，再脱开过渡胶管 c 与集成式车载电源连接 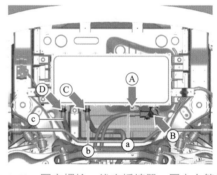 图 7-2-62　固定螺栓、线束插接器、固定卡箍位置 ⑪拆卸图 7-2-63 箭头 A 所示的固定螺栓，取出三合一车载电源右支架 a ⑫拆卸图 7-2-63 箭头 B 所示的固定螺栓，取出三合一车载电源左支架 b 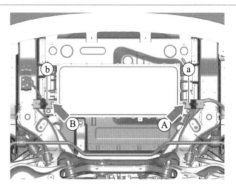 图 7-2-63　固定螺栓位置

电动汽车维修手册（全彩图解＋视频教学）

步骤	操作
第 5 步	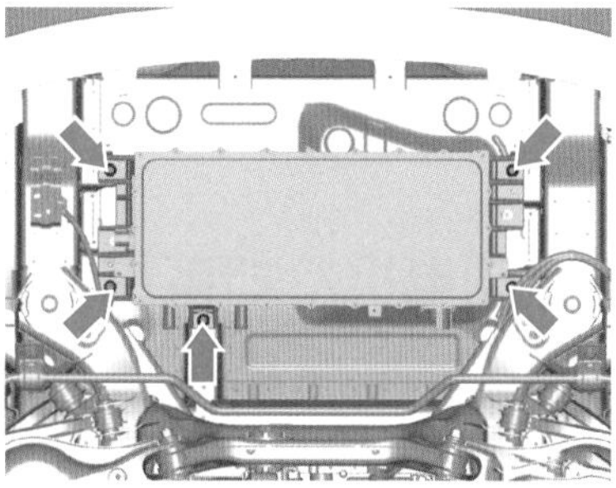 ⑬ 使用举升装置支撑集成式车载电源 ⑭ 拆卸图 7-2-64 箭头所示的集成式车载电源固定螺栓 ⑮ 取出图 7-2-64 所示的集成式车载电源 图 7-2-64　固定螺栓位置
第 6 步	更换新的集成式车载电源后（安装步骤为拆卸步骤相反顺序），再进行测试和调整

7.2.17　辅助蓄电池检查

辅助蓄电池检查步骤如表 7-2-20 所示。

表 7-2-20　辅助蓄电池检查步骤

步骤	操作
第 1 步	关闭车辆电源，进行高压下电，并断开 12V 蓄电池负极
第 2 步	拆卸行李厢右饰件总成
第 3 步	拆卸蓄电池排气管
第 4 步	拆卸蓄电池 ①脱开图 7-2-65 所示的蓄电池正极盖 a ②拆卸图 7-2-65 箭头所示的固定螺母 ③取出图 7-2-65 所示的电池压板 b 图 7-2-65　固定螺母位置 ④拆卸图 7-2-66 箭头所示的固定螺母 ⑤脱开图 7-2-66 所示的蓄电池正极极夹 a ⑥取出图 7-2-66 所示的蓄电池 b 图 7-2-66　固定螺母位置

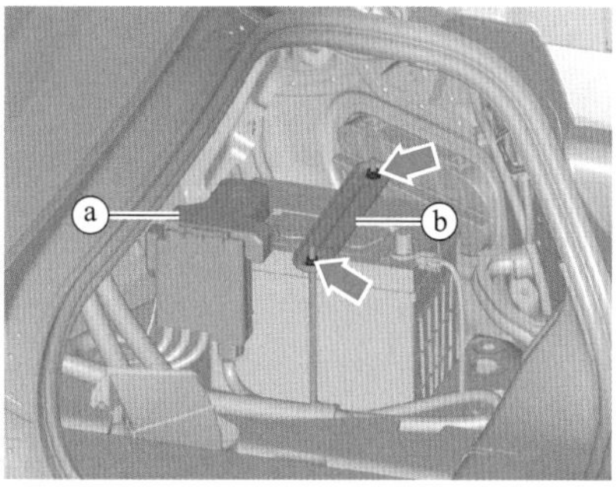

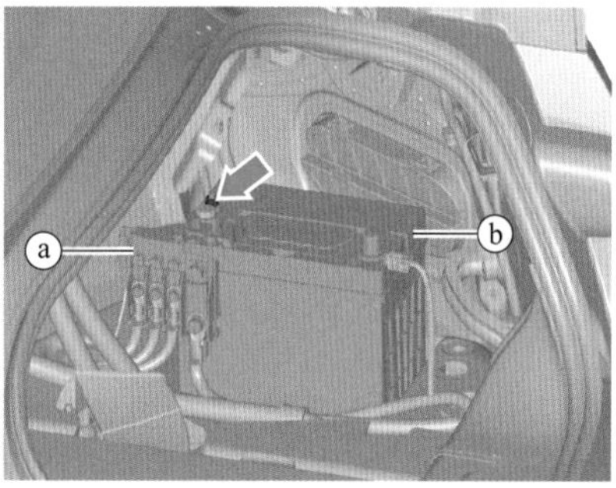

7.3 电机驱动系统维修

7.3.1 驱动电机冷却系统管路、电动冷却液泵更换

（1）驱动电机冷却系统管路更换　驱动电机冷却系统管路更换步骤如表 7-3-1 所示。

表 7-3-1　驱动电机冷却系统管路更换步骤

步骤	操作
第1步	关闭车辆电源，进行高压下电，并断开 12V 蓄电池负极，拆卸手动维修开关
第2步	拆卸备胎池护板前总成
第3步	排放车辆冷却液
第4步	拆卸电机进水管 ①脱开图 7-3-1 箭头 A 所示的固定卡箍，脱开电机进水管 a 与驱动电机总成连接 ②脱开图 7-3-1 箭头 B 所示的固定卡箍，取出电机进水管 a 图 7-3-1　固定卡箍位置
第5步	拆卸电机出水管 ①脱开图 7-3-2 箭头 A 所示的固定卡扣 ②脱开图 7-3-2 箭头 B 所示的固定卡箍，再脱开电机出水管 a 与后驱减速器总成连接 ③脱开图 7-3-2 箭头 C 所示的固定卡箍，取出电机出水管 a 图 7-3-2　固定卡扣、固定卡箍位置
第6步	更换新的驱动电机冷却系统管路后（安装步骤为拆卸步骤相反顺序），再进行测试和调整

（2）**电机冷却液泵更换**　电机冷却液泵更换步骤如表 7-3-2 所示。

表 7-3-2　电机冷却液泵更换步骤

步骤	操作
第 1 步	关闭车辆电源，进行高压下电，并断开 12V 蓄电池负极，拆卸手动维修开关
第 2 步	排放车辆冷却液
第 3 步	拆卸电机冷却液泵 ①断开图 7-3-3 箭头 A 所示的电机冷却液泵线束插接器 ②脱开图 7-3-3 箭头 B 所示的固定卡箍，再脱开电驱回路水泵出水管 a 与电机冷却液泵连接 ③脱开图 7-3-3 箭头 C 所示的固定卡箍，再脱开电驱回路水泵进水管 b 与电机冷却液泵连接 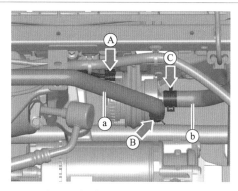 图 7-3-3　电机冷却液泵线束插接器、固定卡箍位置 ④拆卸图 7-3-4 箭头所示的固定螺母 ⑤取出图 7-3-4 所示的电机冷却液泵 a 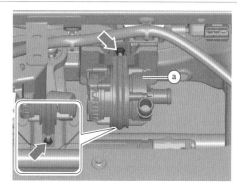 图 7-3-4　固定螺母、电机冷却液泵位置
第 4 步	更换新的电动冷却液泵后（安装步骤为拆卸步骤相反顺序），再进行测试和调整

7.3.2　驱动电机冷却液温度传感器检查

驱动电机冷却液温度传感器检查步骤如表 7-3-3 所示。

表 7-3-3　驱动电机冷却液温度传感器检查步骤

步骤	操作
第 1 步	关闭车辆电源，进行高压下电，并断开 12V 蓄电池负极，拆卸手动维修开关
第 2 步	排放车辆冷却液
第 3 步	拆卸驱动电机冷却液温度传感器

步骤	操作	
第3步	①脱开图 7-3-5 箭头 A 所示的散热器出水管固定卡扣 ②断开图 7-3-5 箭头 B 所示的驱动电机冷却液温度传感器线束插接器 ③脱开图 7-3-5 箭头 C 所示的固定卡箍，再脱开散热器出水管与驱动电机冷却液温度传感器 a 连接 ④脱开图 7-3-5 箭头 D 所示的固定卡箍，再脱开散热器出水管与驱动电机冷却液温度传感器 a 连接 ⑤取出图 7-3-5 所示的驱动电机冷却液温度传感器 a 检查	图 7-3-5　驱动电机冷却液温度传感器线束插接器、固定卡箍位置

7.3.3　驱动电机绝缘电阻检查

驱动电机绝缘电阻检查步骤如表 7-3-4 所示。

表 7-3-4　驱动电机绝缘电阻检查步骤

步骤	操作	
第1步	关闭车辆电源，进行高压下电，并断开 12V 蓄电池负极，拆卸手动维修开关	
第2步	断开电机控制器高压线线束插接器后，等待 5min，使用万用表检测电机控制器的正负极电压	①电机控制器的电压小于或等于 5V 时，进行第 3 步
		②电机控制器的电压大于 5V 时，待驱动电机电压下降后，再进行检测
第3步	对电机三相线束插接器进行拆卸，将高压绝缘检测仪的挡位调至 1000V，分别对三相线束插接器 1 号端子、2 号端子、3 号端子与电机壳体之间的电阻进行测量	①1 号端子、2 号端子、3 号端子与电机壳体之间的电阻大于或等于 20MΩ 时，驱动电机绝缘电阻值正常
		②1 号端子、2 号端子、3 号端子与电机壳体之间的电阻小于 20MΩ 时，需要进行检测或更换线束

7.3.4　电机控制器更换

电机控制器更换步骤如表 7-3-5 所示。

表 7-3-5　电机控制器更换步骤

步骤	操作
第1步	连接诊断仪控制车辆为模块件模式
第2步	关闭车辆电源，进行高压下电，并断开 12V 蓄电池负极，拆卸手动维修开关
第3步	排放车辆冷却液

步骤	操作
第 4 步	拆卸副车架总成及动力总成
第 5 步	拆卸后驱动电机控制器总成

<table>

步骤	操作
第 5 步	①脱开图 7-3-6 箭头 A 所示的固定卡箍，再取出 IPU 进水管 a ②脱开图 7-3-6 箭头 B 所示的固定卡箍，再脱开电机进水管 b 与驱动电机控制器总成连接

</table>

①脱开图 7-3-6 箭头 A 所示的固定卡箍，再取出 IPU 进水管 a

②脱开图 7-3-6 箭头 B 所示的固定卡箍，再脱开电机进水管 b 与驱动电机控制器总成连接

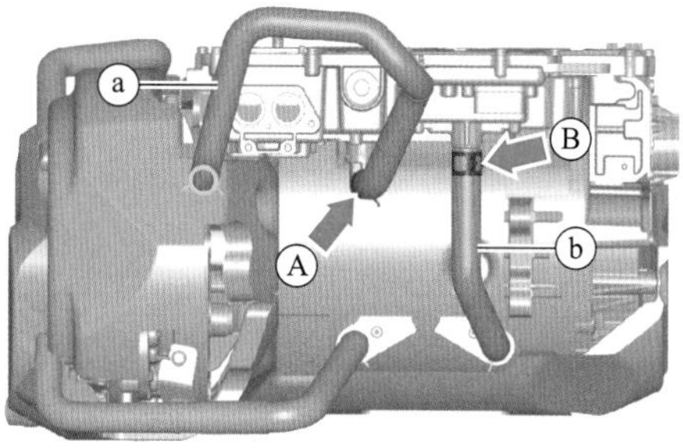

图 7-3-6　固定卡箍、电机进水管位置

③拆卸图 7-3-7 箭头所示的固定螺栓，揭开电机中下隔音垫总成侧面 a

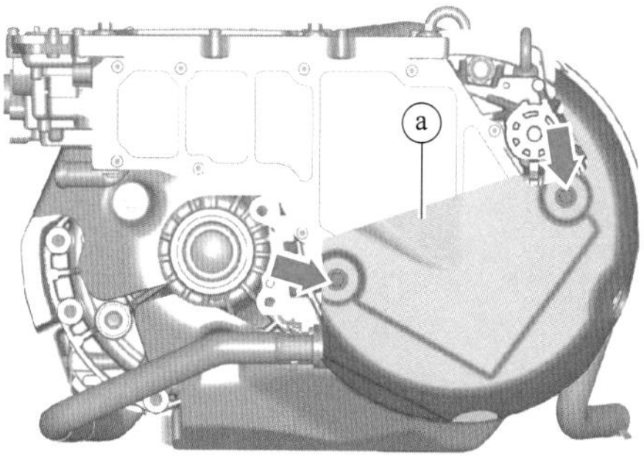

图 7-3-7　固定螺栓位置

④拆卸图 7-3-8 箭头所示的固定螺栓，再拆卸低压与三相线插接器盖板 a

图 7-3-8　固定螺栓位置

⑤断开图 7-3-9 箭头 A 所示的低压线束插接器

⑥拆卸图 7-3-9 箭头 B 所示的三相线束固定螺栓

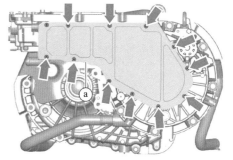
图 7-3-9　低压线束插接器、固定螺栓位置

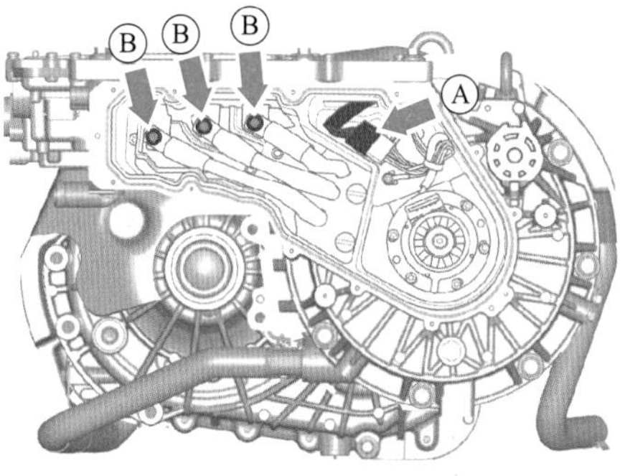

步骤	操作
第5步	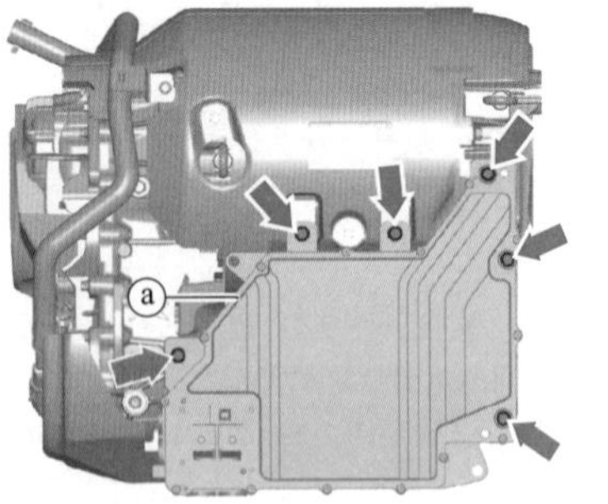 ⑦拆卸图7-3-10箭头所示的固定螺栓，取出驱动电机控制器总成 a 图7-3-10 固定螺栓位置
第6步	更换新的电机控制器后（安装步骤为拆卸步骤相反顺序），再进行测试和调整，以及注意第7步安装事项
第7步	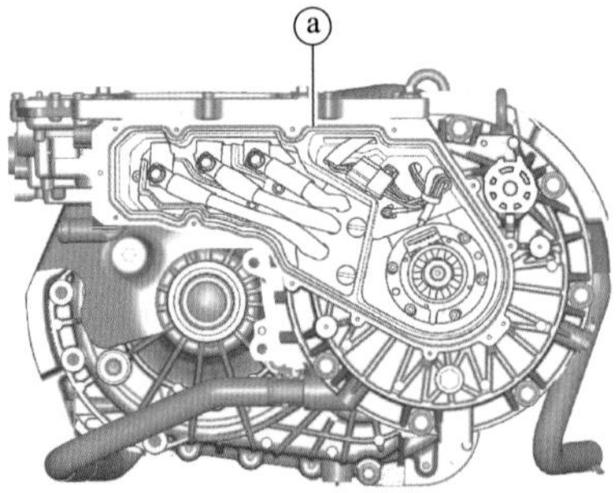 注意维修过程中不能损坏图7-3-11和图7-3-12所示的电机密封胶圈 a 图7-3-11 密封胶圈位置 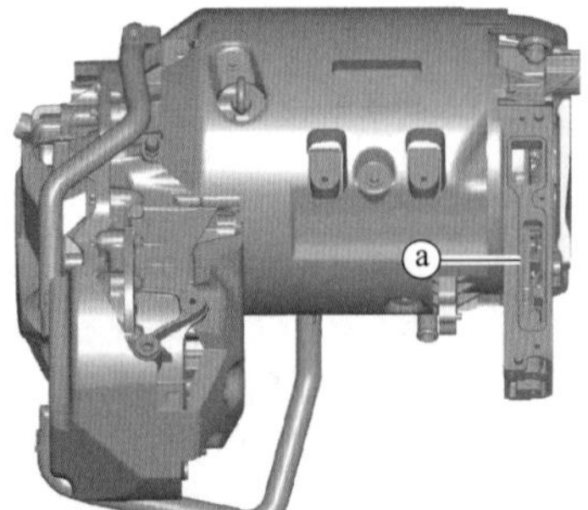 图7-3-12 密封胶圈位置
	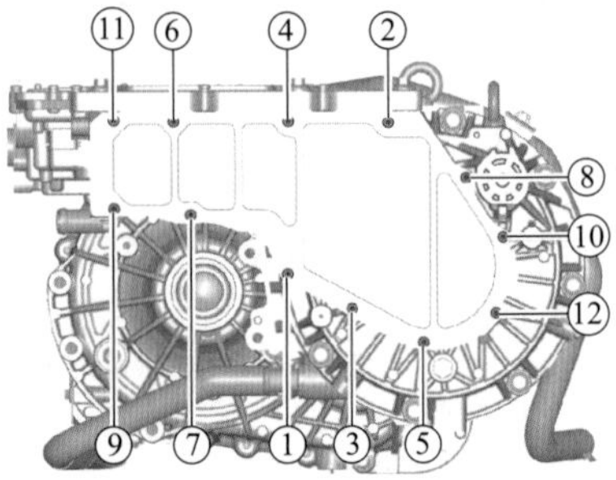 注意按图7-3-13所示①～⑫的顺序依次拧紧电机旋变后盖固定螺栓，并按规定力矩拧紧 图7-3-13 固定螺栓位置

7.3.5　P挡按钮更换

P挡按钮更换步骤如表7-3-6所示。

表7-3-6　P挡按钮更换步骤

步骤	操作
第1步	关闭车辆电源，进行高压下电，并断开12V蓄电池负极，拆卸手动维修开关
第2步	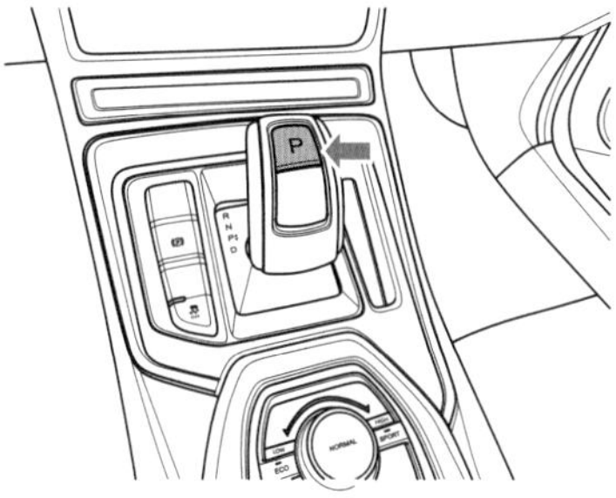 使用一片3M双面胶贴粘在图7-3-14箭头所示的P挡按钮上 图7-3-14　P挡按钮位置
第3步	撕掉双面胶上面的保护纸后，使用拉环压紧双面胶
第4步	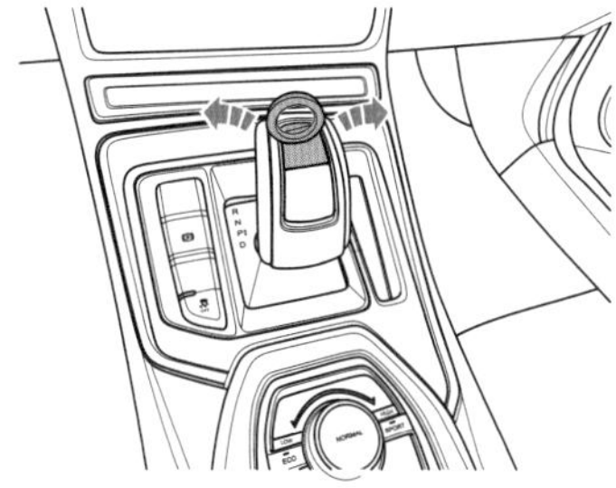 左右缓慢晃动图7-3-15所示P挡按钮 图7-3-15　P挡按钮左右晃动操作
第5步	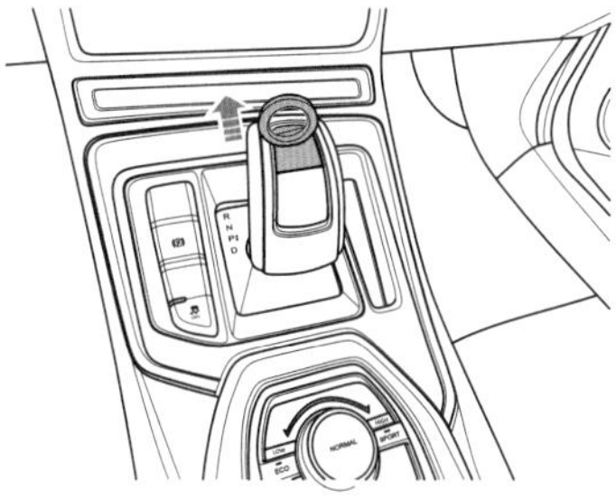 快速斜向上方拉起图7-3-16所示的拉环，取出P挡按钮 图7-3-16　P挡按钮快速拉起操作
第6步	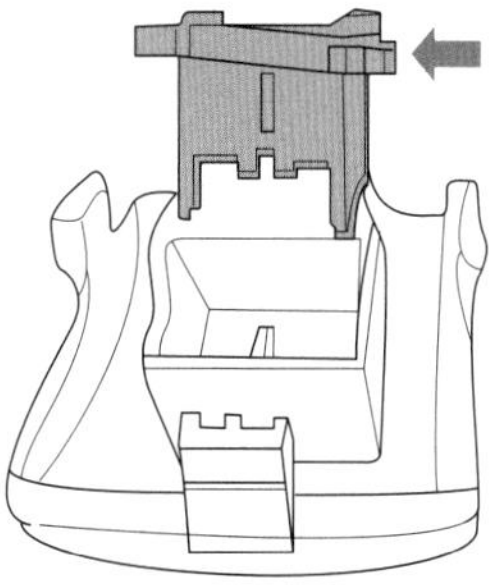 拆卸图7-3-17箭头所示的P挡按钮支架 图7-3-17　P挡按钮拆卸支架位置

步骤	操作
第7步	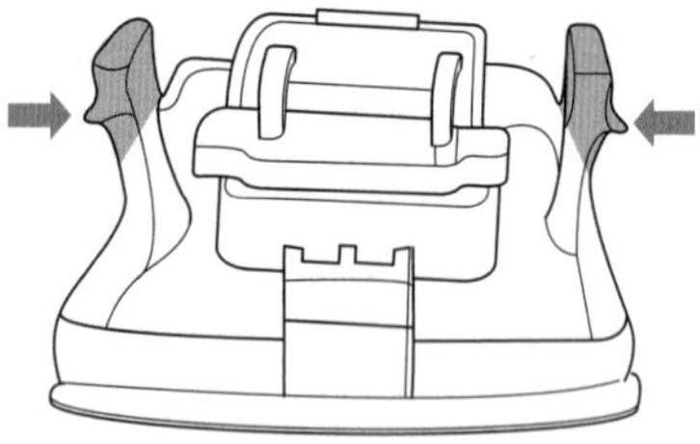 检查图7-3-18箭头所示的P挡按钮左右两侧卡脚 图 7-3-18　P挡按钮左右两侧卡脚位置
第8步	更换新的P挡按钮后（安装步骤为拆卸步骤相反顺序），再进行测试和调整

7.3.6　电子换挡器更换

电子换挡器更换步骤如表7-3-7所示。

表 7-3-7　电子换挡器更换步骤

步骤	操作
第1步	关闭车辆电源，进行高压下电，并断开12V蓄电池负极，拆卸手动维修开关
第2步	拆卸空调面板
第3步	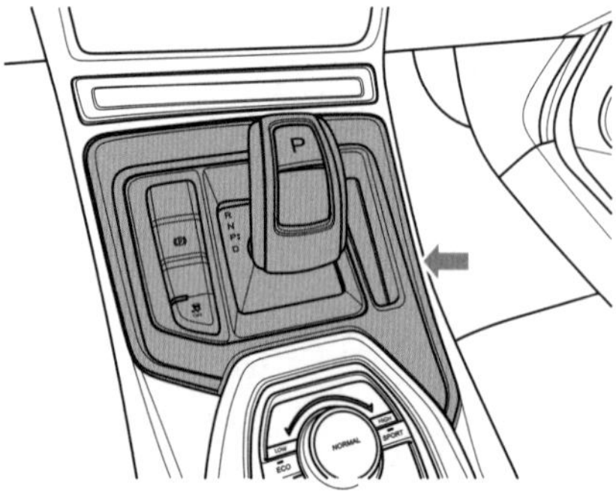 拆卸图7-3-19箭头所示的换挡机构装饰面板总成 图 7-3-19　换挡机构装饰面板总成位置
第4步	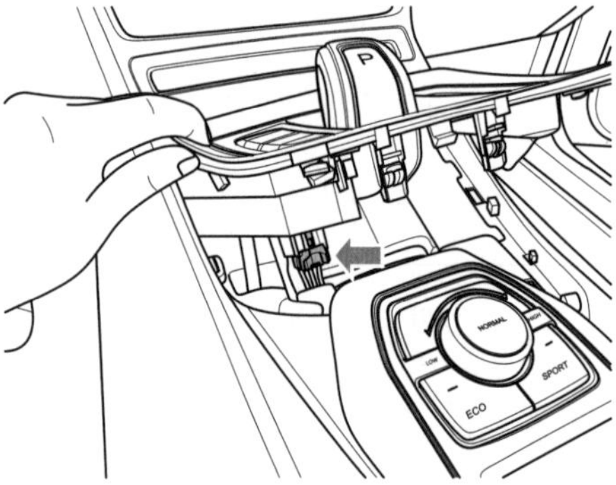 断开图7-3-20箭头所示的驻车制动开关线束插接器，取出换挡机构装饰面板总成 图 7-3-20　驻车制动开关线束插接器位置

步骤	操作
第 5 步	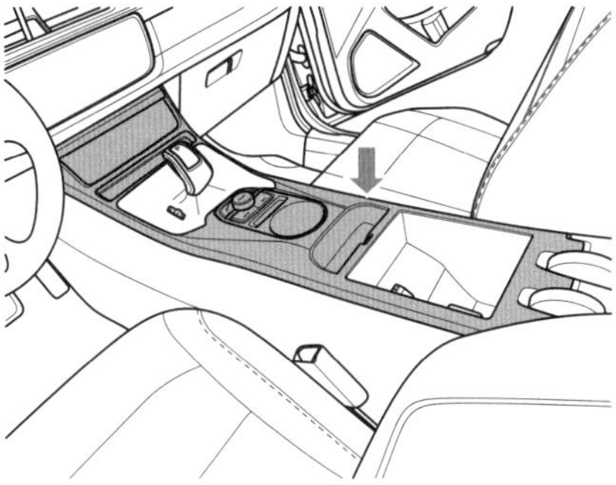 取出图 7-3-21 箭头所示的副仪表板面板总成 图 7-3-21　副仪表板面板总成位置
第 6 步	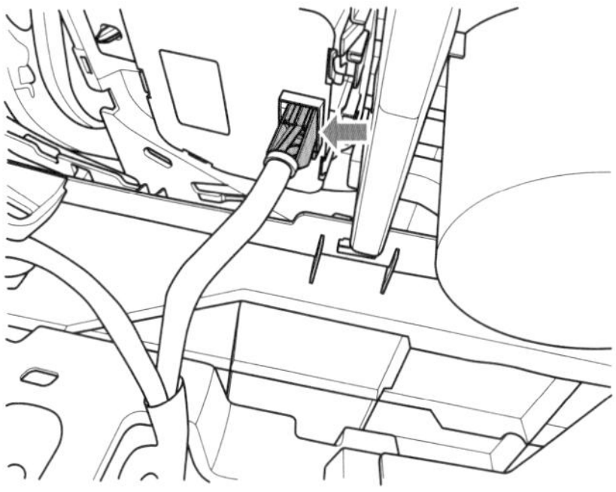 断开图 7-3-22 箭头所示的驾驶模式开关总成线束插接器 图 7-3-22　驾驶模式开关总成线束插接器位置
第 7 步	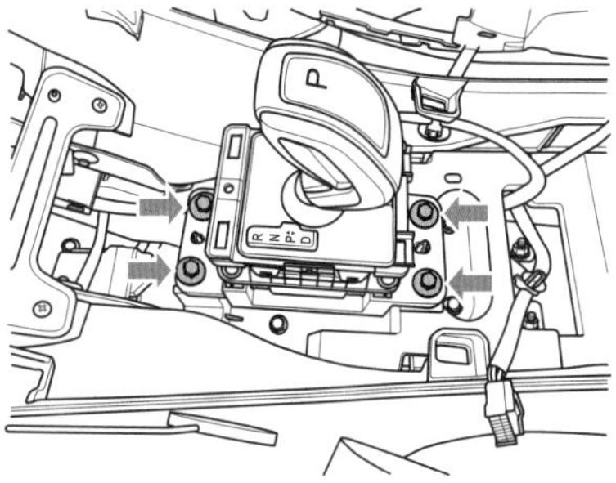 拆卸图 7-3-23 箭头所示的电子换挡器总成固定螺栓 图 7-3-23　电子换挡器总成固定螺栓位置
第 8 步	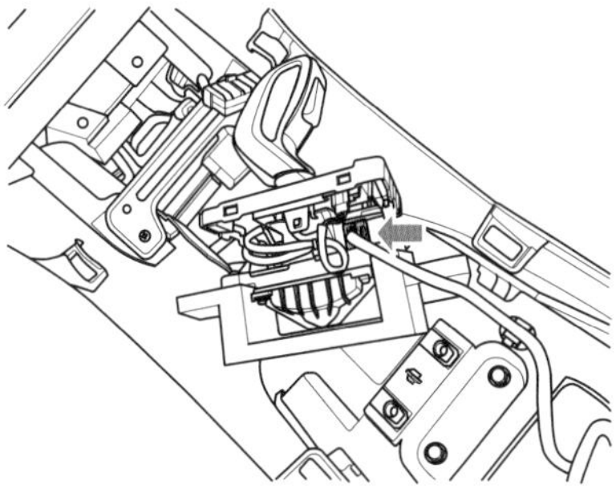 拆卸图 7-3-24 箭头所示的电子换挡器总成线束插接器，取出电子换挡器总成 图 7-3-24　电子换挡器总成线束插接器位置
第 9 步	更换新的电子换挡器后（安装步骤为拆卸步骤相反顺序），再进行测试和调整

第 7 章　电动汽车一般检查维修

181

7.3.7 驱动电机悬置更换

驱动电机左悬置更换步骤如表 7-3-8 所示。

表 7-3-8　驱动电机左悬置更换步骤

步骤	操作
第 1 步	关闭车辆电源，进行高压下电，并断开 12V 蓄电池负极，拆卸手动维修开关
第 2 步	举升车辆
第 3 步	拆卸机舱底部护板
第 4 步	拆卸动力总成
第 5 步	拆卸图 7-3-25 箭头所示的左悬置车身固定螺栓，取出驱动电机左悬置 图 7-3-25　左悬置车身固定螺栓位置
第 6 步	更换新的驱动电机左悬置后（安装步骤为拆卸步骤相反顺序），再进行测试和调整

7.3.8 驱动电机总成更换

驱动电机总成更换步骤如表 7-3-9 所示。

表 7-3-9　驱动电机总成更换步骤

步骤	操作
第 1 步	关闭车辆电源，进行高压下电，并断开 12V 蓄电池负极，拆卸手动维修开关
第 2 步	排放车辆冷却液
第 3 步	拆卸副车架总成及动力总成
第 4 步	从动力总成上分离副车架
第 5 步	拆卸驱动电机控制器总成
第 6 步	拆卸电机隔热垫总成
第 7 步	拆卸驱动电机总成 ①脱开图 7-3-26 箭头 A 所示的电机出水管固定卡扣。 ②脱开图 7-3-26 箭头 B 所示的固定卡箍，取出电机出水管 a 图 7-3-26　固定卡扣、固定卡箍位置

步骤	操作
第 7 步	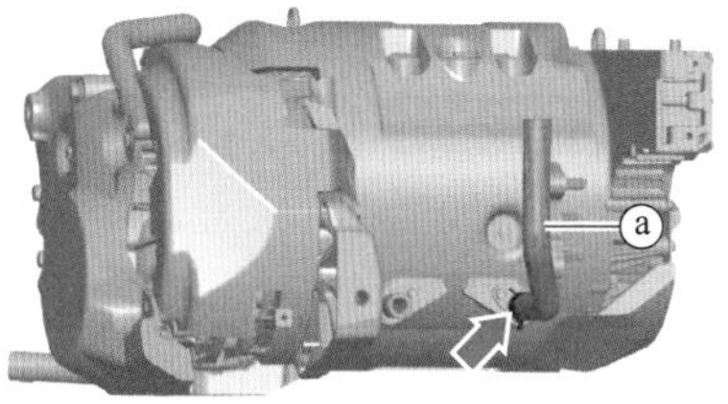 ③脱开图 7-3-27 箭头所示的固定卡箍，取出电机进水管 a 图 7-3-27　固定卡箍位置
	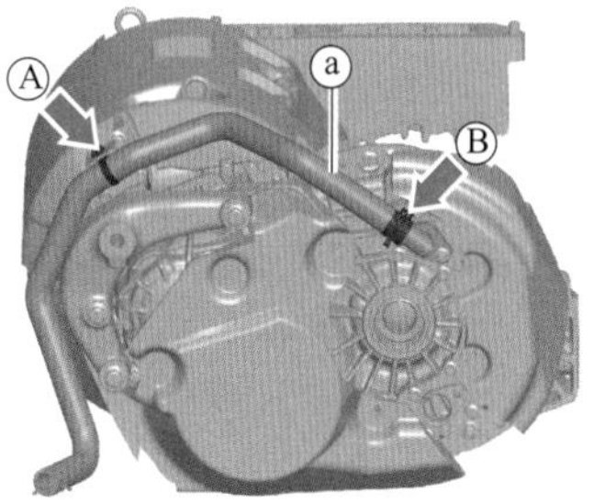 ④脱开图 7-3-28 箭头 A 所示的减速器出水管固定卡扣 ⑤脱开图 7-3-28 箭头 B 所示的固定卡箍，取出减速器出水管 a 图 7-3-28　固定卡扣、固定卡箍位置
	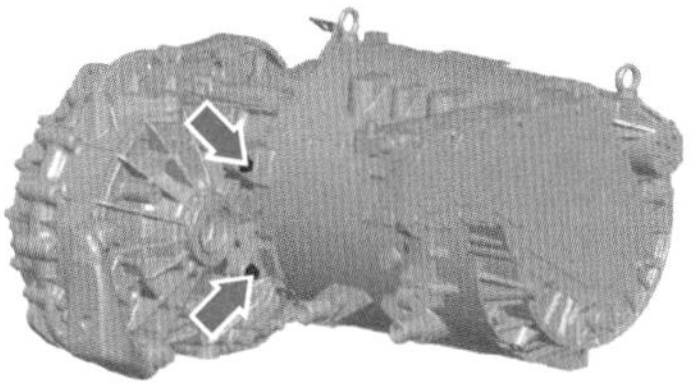 ⑥拆卸图 7-3-29 箭头所示的驱动电机总成与后驱减速器总成连接螺栓 图 7-3-29　连接螺栓位置
	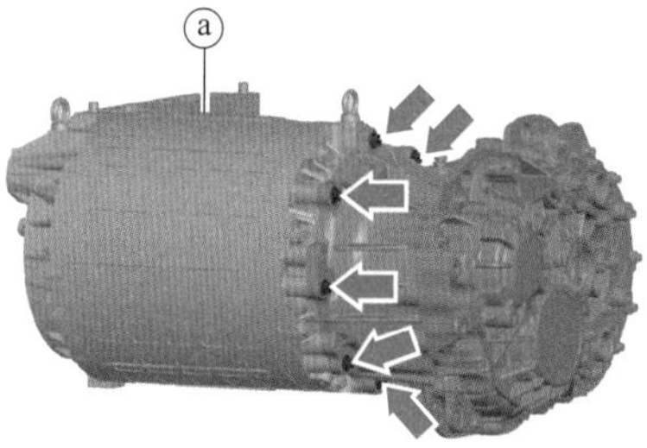 ⑦拆卸图 7-3-30 箭头所示的连接螺栓，取出驱动电机总成 a 图 7-3-30　连接螺栓位置
第 8 步	更换新的驱动电机后（安装步骤为拆卸步骤相反顺序），再进行测试和调整，以及注意第 9 步安装事项
第 9 步	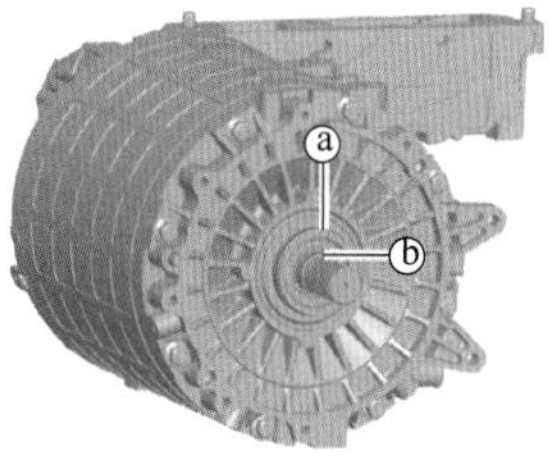 ①若图 7-3-31 所示的 O 形圈（a，b）损坏，应及时更换 ②注意安装完成后检测气密性 图 7-3-31　O 形圈位置

7.3.9　减速器分解

减速器分解步骤如表 7-3-10 所示。

表 7-3-10　减速器分解步骤

步骤	操作
第 1 步	关闭车辆电源，进行高压下电，并断开 12V 蓄电池负极，拆卸手动维修开关
第 2 步	举升车辆
第 3 步	拆卸减速器总成 ①拆卸图 7-3-32 所示的自动变速箱控制模块固定螺栓，取出自动变速箱控制模块 ②拆卸图 7-3-32 所示的电机固定螺栓与支架固定螺栓，取出驻车电机 电机固定螺栓　　自动变速箱控制模块固定螺栓 支架固定螺栓 图 7-3-32　自动变速箱控制模块固定螺栓、电机固定螺栓和支架固定螺栓位置 ③拆卸图 7-3-33 所示的半轴油封。半轴油封为一次性零部件，安装时应更换新的半轴油封 图 7-3-33　半轴油封位置
第 4 步	分解减速器 ①拆卸图 7-3-34 箭头所示的减速器上盖固定螺栓 图 7-3-34　减速器上盖固定螺栓位置

步骤	操作
第4步	②拆卸图 7-3-35 所示的减速器上盖，减速器壳体密封面不能敲打和用力撬动 图 7-3-35　拆卸减速器上盖操作 ③拆卸图 7-3-36 所示的换挡轴 图 7-3-36　换挡轴位置 ④拆卸图 7-3-37 所示的 P 挡锁止轴 图 7-3-37　P 挡锁止轴位置 ⑤拆卸图 7-3-38 所示的输入轴 图 7-3-38　输入轴位置

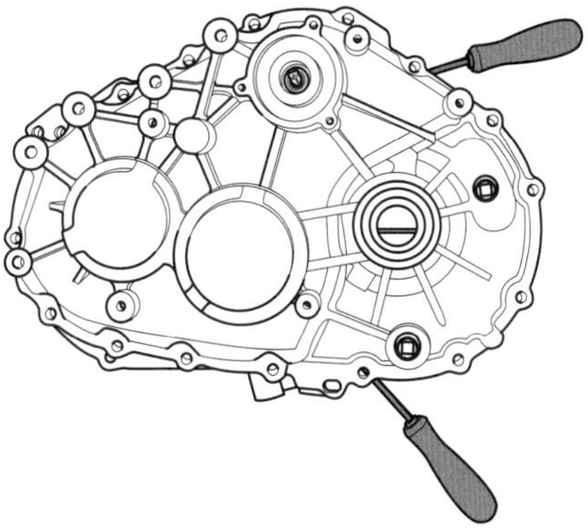

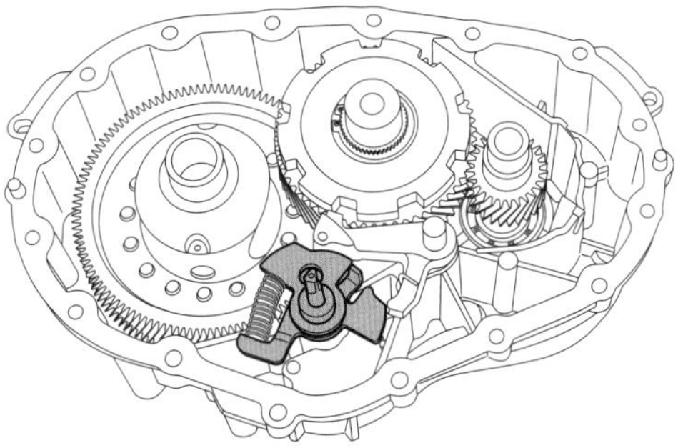

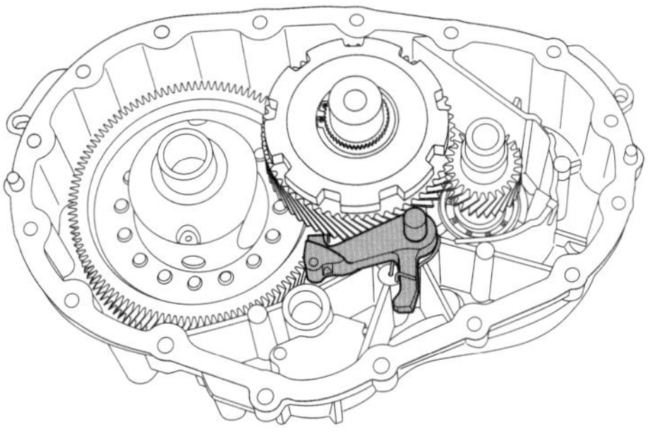

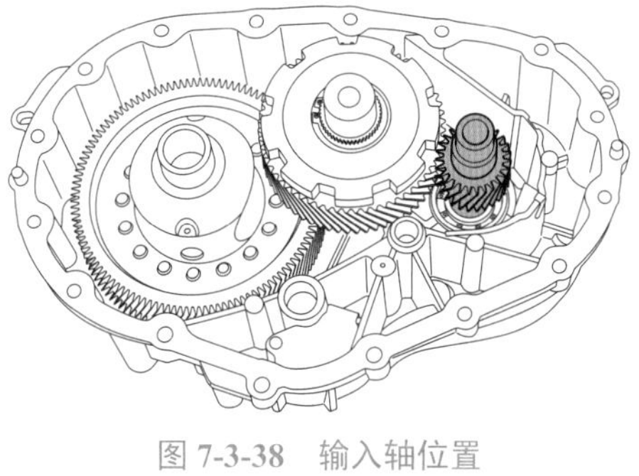

步骤	操作
第4步	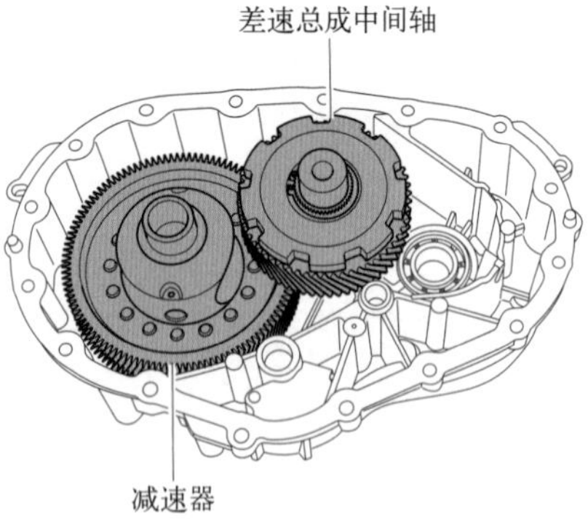 ⑥拆卸图 7-3-39 所示的差减总成中间轴、减速器 图 7-3-39　差减总成中间轴、减速器位置
	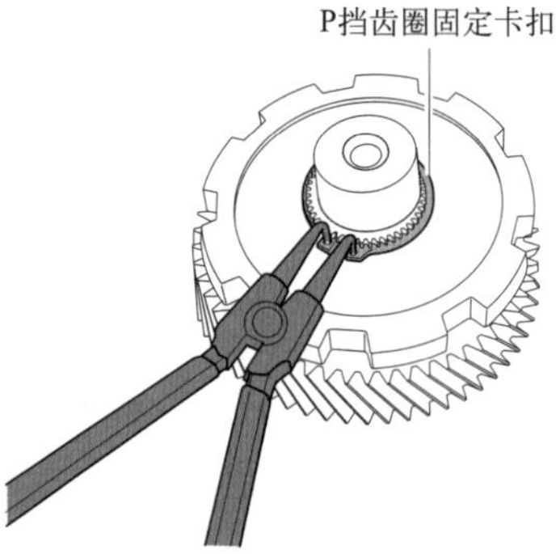 ⑦脱开图 7-3-40 所示的 P 挡齿圈固定卡扣,取出 P 挡齿圈 图 7-3-40　P 挡齿圈固定卡扣位置
	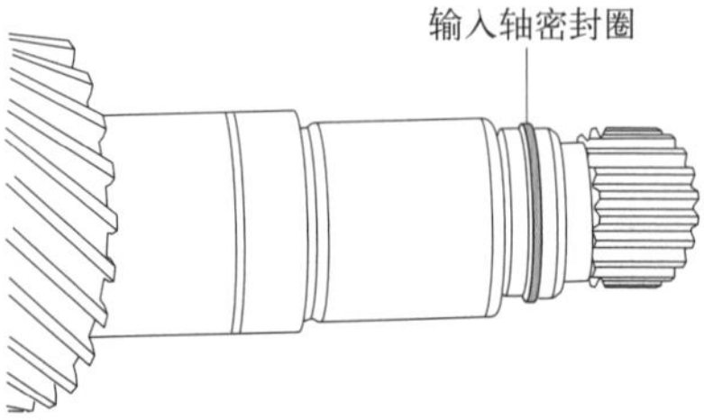 ⑧拆卸图 7-3-41 所示的输入轴密封圈(输入轴密封圈为一次性零部件,安装时应更换新的) 图 7-3-41　输入轴密封圈位置
	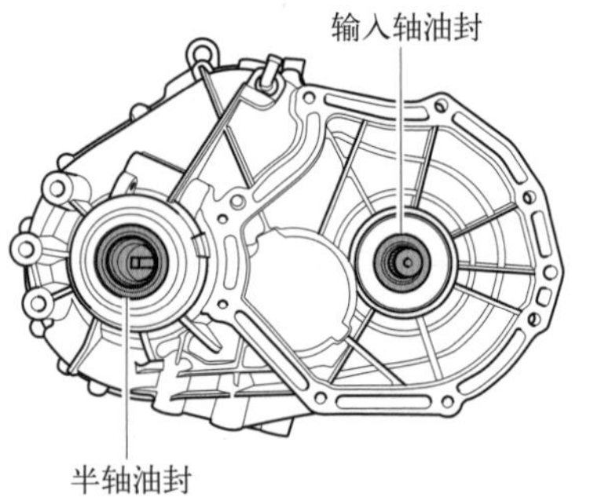 ⑨拆卸图 7-3-42 所示的半轴油封、输入轴油封,取出半轴油封、输入轴油封按顺序摆放(半轴油封、输入轴油封为一次性零部件,安装时应更换新的) 图 7-3-42　半轴油封、输入轴油封位置

7.4
整车控制器维修

7.4.1 电子加速踏板总成更换

电子加速踏板总成更换步骤如表 7-4-1 所示。

表 7-4-1　电子加速踏板总成更换步骤

步骤	操作
第 1 步	关闭车辆电源，进行高压下电，并断开 12V 蓄电池负极，拆卸手动维修开关
第 2 步	拆卸电子加速踏板总成 ①拆卸图 7-4-1 箭头 A 所示的电子加速踏板总成固定螺栓 ②使用图 7-4-1 所示的一字旋具 a，按压箭头 B 所示的位置并脱开固定卡扣，取下电子加速踏板总成 b ③断开图 7-4-1 箭头 C 所示的线束插接器，取出电子加速踏板总成 b 图 7-4-1　固定螺栓、固定卡扣、线束插接器位置
第 3 步	更换新的电子油门踏板后（安装步骤为拆卸步骤相反顺序），再进行测试和调整

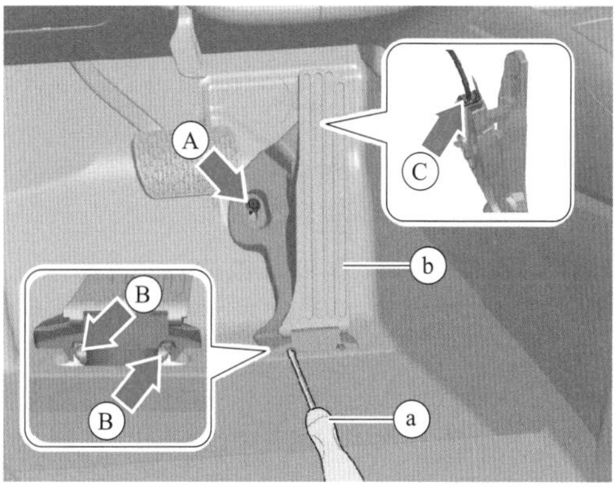

7.4.2 制动深度传感器更换

制动深度传感器更换步骤如表 7-4-2 所示。

表 7-4-2　制动深度传感器更换步骤

步骤	操作
第 1 步	关闭车辆电源，进行高压下电，并断开 12V 蓄电池负极，拆卸手动维修开关
第 2 步	拆卸制动深度传感器

步骤	操作
第2步	①断开图7-4-2箭头所示的制动深度传感器线束插接器 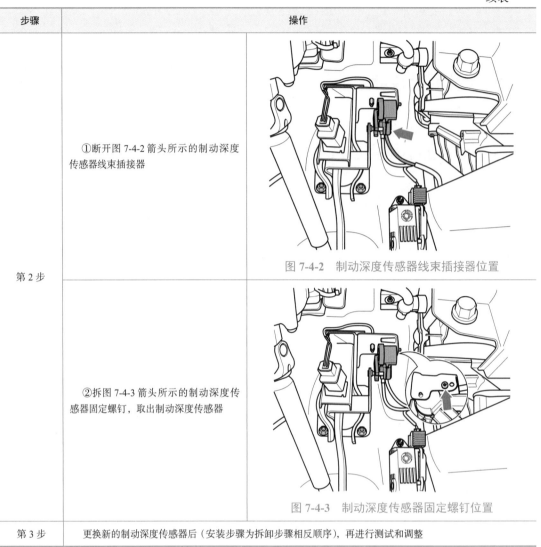 图7-4-2 制动深度传感器线束插接器位置 ②拆图7-4-3箭头所示的制动深度传感器固定螺钉，取出制动深度传感器 图7-4-3 制动深度传感器固定螺钉位置
第3步	更换新的制动深度传感器后（安装步骤为拆卸步骤相反顺序），再进行测试和调整

7.4.3 制动踏板更换

制动踏板更换步骤如表7-4-3所示。

表7-4-3 制动踏板更换步骤

步骤	操作
第1步	关闭车辆电源，进行高压下电，并断开12V蓄电池负极，拆卸手动维修开关
第2步	拆卸静音板总成
第3步	拆卸饰板总成
第4步	拆卸制动灯开关
第5步	拆卸车身控制器

电动汽车维修手册（全彩图解＋视频教学）

步骤	操作
第6步	拆卸制动踏板总成
	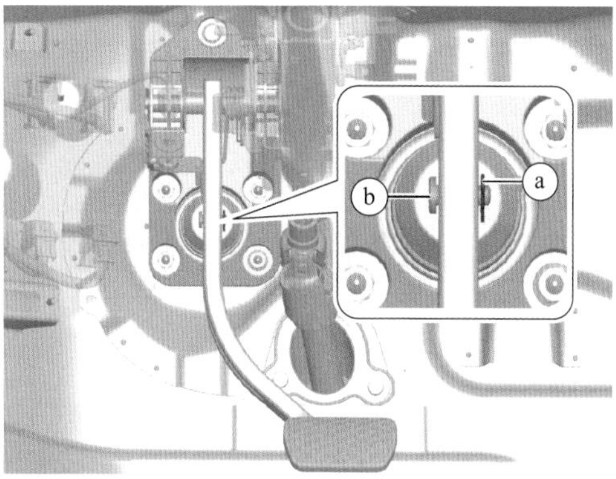 ①拆卸图7-4-4所示的锁销a，取出销轴b 图 7-4-4　锁销、销轴位置
	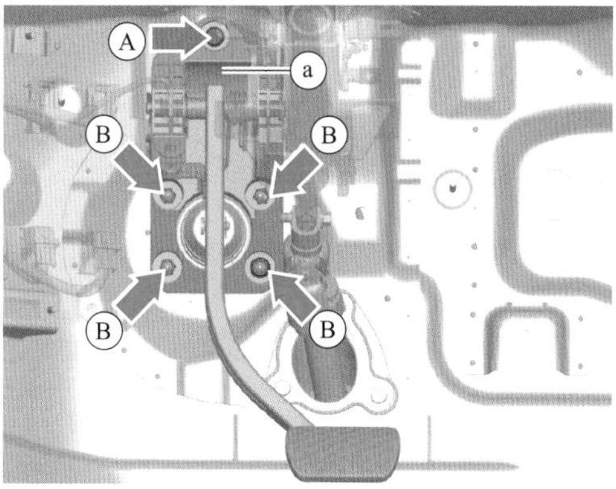 ②拆卸图7-4-5箭头A所示的制动踏板总成固定螺栓和箭头B所示的制动踏板总成固定螺母 ③取出图7-4-5所示的制动踏板总成a 图 7-4-5　固定螺栓、固定螺母位置
第7步	更换新的制动踏板后（安装步骤为拆卸步骤相反顺序），再进行测试和调整。注意检测制动踏板自由行程和高度

7.4.4　整车控制器更换

整车控制器更换步骤如表 7-4-4 所示。

表 7-4-4　整车控制器更换步骤

步骤	操作
第1步	关闭车辆电源，进行高压下电，并断开12V蓄电池负极，拆卸手动维修开关
第2步	拆卸后排座椅坐垫总成
第3步	拆卸整车控制器

步骤	操作
第 3 步	①断开图 7-4-6 箭头 A 所示的整车控制器 a 线束插接器 ②拆卸图 7-4-6 箭头 B 所示的整车控制器 a 固定螺母 ③取出图 7-4-6 所示的整车控制器 a	![图](图 7-4-6 线束插接器、固定螺母位置)
第 4 步	更换新的整车控制器后（安装步骤为拆卸步骤相反顺序），再进行测试和调整

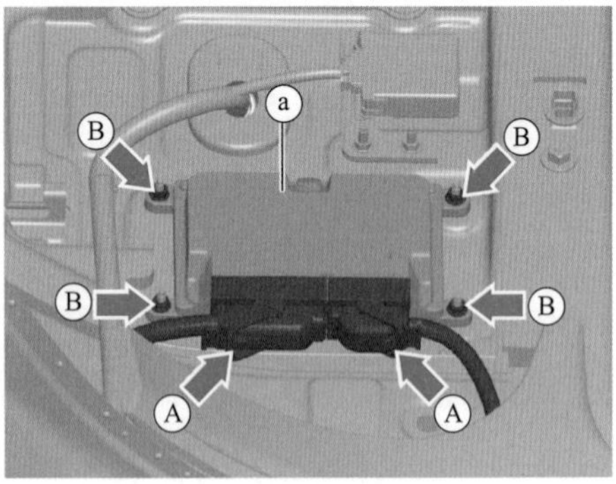

图 7-4-6 线束插接器、固定螺母位置

7.5 底盘系统维修

7.5.1　行驶系统更换

（1）**驱动轴更换**　驱动轴更换步骤如表 7-5-1 所示。

表 7-5-1　驱动轴更换步骤

步骤	操作
第 1 步	关闭车辆电源，进行高压下电，并断开 12V 蓄电池负极，拆卸手动维修开关
第 2 步	排放后驱减速器润滑油
第 3 步	拆卸左后转向节总成
第 4 步	拆卸左后驱动轴总成 ①使用图 7-5-1 所示的半轴拆卸工具 a，将图 7-5-1 箭头所示将左后驱动轴总成 b 与减速器分离 ②取出图 7-5-1 所示的左后驱动轴总成 b 图 7-5-1 取出左后驱动轴总成方向

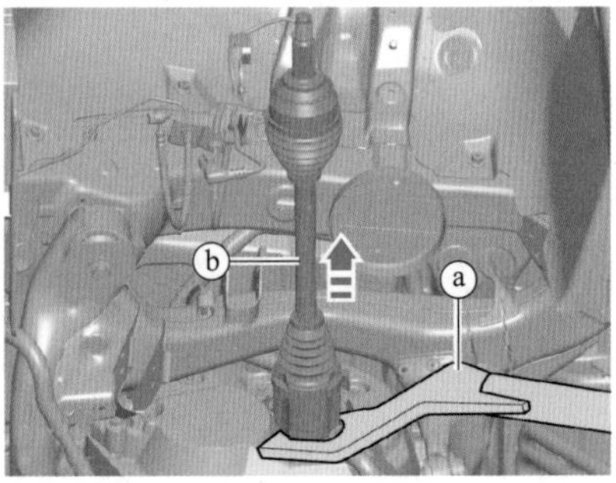

步骤	操作
第 5 步	更换新的左后驱动轴总成后（安装步骤为拆卸步骤相反顺序），再进行测试和调整，以及注意第 6 步安装事项
第 6 步	①安装驱动轴总成前，注意需要检查外观，以及图 7-5-2 所示的油封挡 a 检查 图 7-5-2　油封挡位置
	②驱动轴总成从轮毂轴承中取出时，图 7-5-3 所示的驱动轴总成的固定端面 a 必须重新涂抹减磨剂，避免出现异响 图 7-5-3　固定端面位置
	③使用油封护套工具 a 时，应将驱动轴 b 沿图 7-5-4 箭头所示的方向推入 图 7-5-4　驱动轴推入方向
	④确认图 7-5-4 所示 C 的安装位置，沿箭头 A 方向将驱动轴 a 推入安装到位 ⑤按图 7-5-4 箭头 B 所示的方向将油封护套工具 b 向下拉出 图 7-5-5　拉出油封护套工具方向

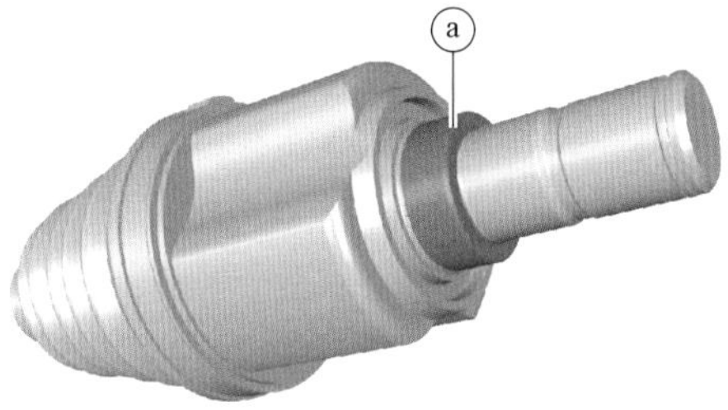

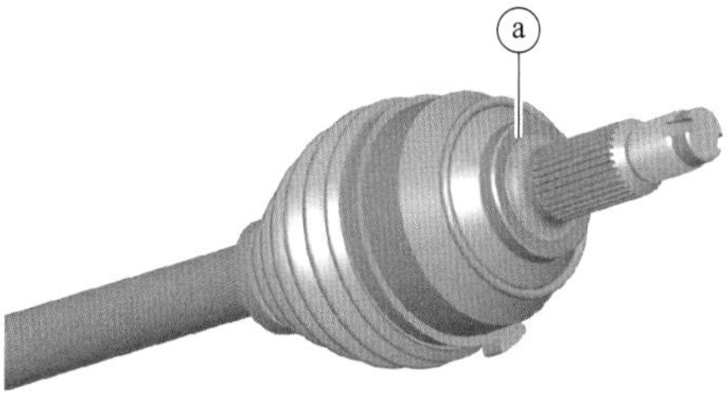

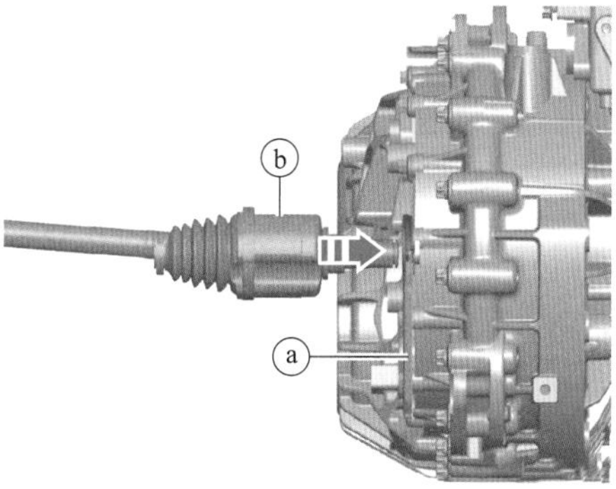

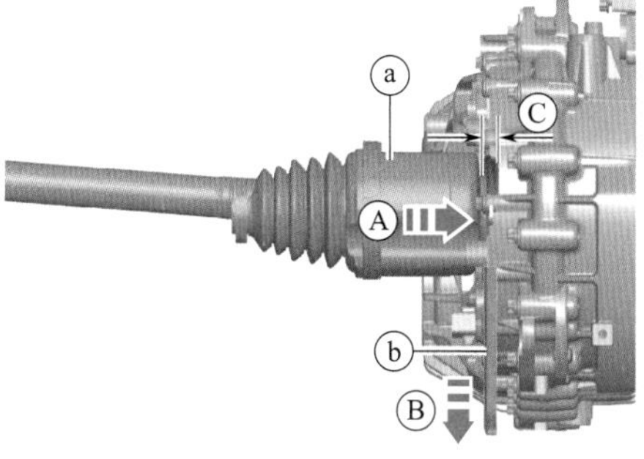

步骤	操作
第6步	⑥驱动轴总成安装后，拧紧螺母并使用冲子a将图7-5-6箭头所示的锁紧螺母变形边缘与驱动轴缺口边缘贴合，确保驱动轴螺母锁死 图7-5-6　螺母位置

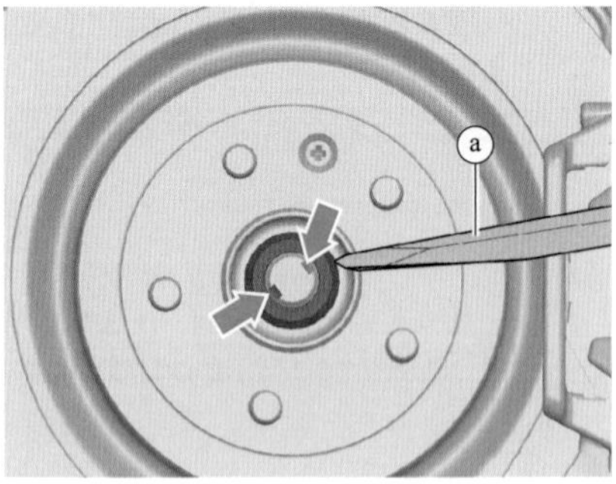

（2）副车架总成更换　后副车架总成更换步骤如表7-5-2所示。

表7-5-2　后副车架总成更换步骤

步骤	操作
第1步	关闭车辆电源，进行高压下电，并断开12V蓄电池负极，拆卸手动维修开关
第2步	排放车辆冷却液
第3步	拆卸动力总成
第4步	拆卸后副车架总成 ①脱开图7-5-7箭头A所示的电驱动系统IPU搭铁线束固定卡扣 ②拆卸图7-5-7箭头B所示的固定螺栓，取出电驱动系统IPU搭铁线束a 图7-5-7　固定卡扣、固定螺栓位置 ③拆卸图7-5-8箭头所示的固定螺栓，取出接线盒上盖a 图7-5-8　固定螺栓位置

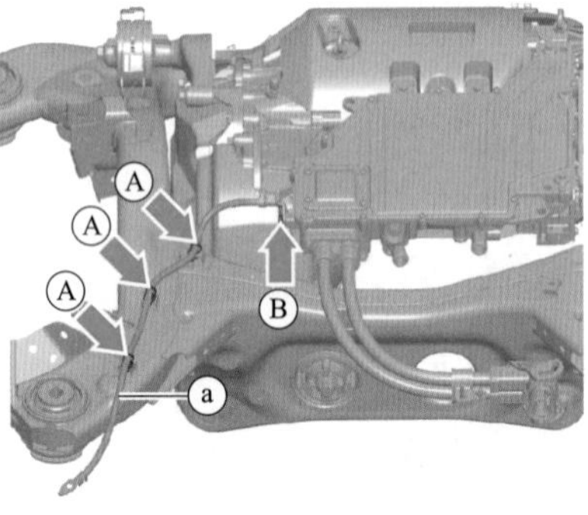

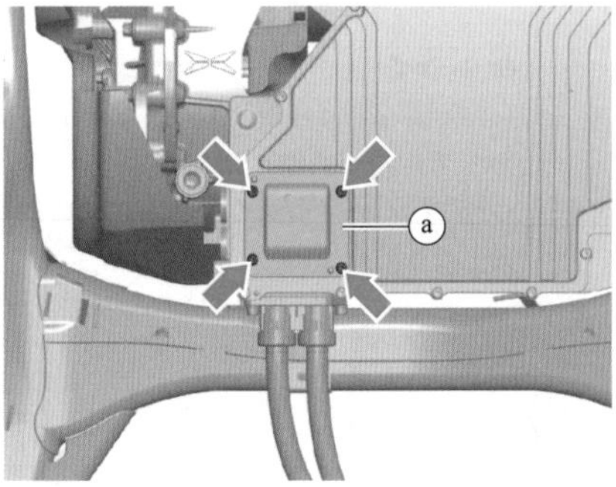

步骤	操作
第 4 步	④拆卸图 7-5-9 箭头 A 和箭头 B 所示的固定螺栓，取出电机线束 a 图 7-5-9　固定螺栓位置 ⑤拆卸图 7-5-10 箭头 A 所示的动力总成左支架固定螺栓，取出悬置质量块 a ⑥拆卸图 7-5-10 箭头 B 所示的动力总成右悬置固定螺栓，取出悬置质量块 b ⑦拆卸图 7-5-10 箭头 C 所示的动力总成后支架固定螺栓，取出后副车架总成 c 图 7-5-10　固定螺栓位置
第 5 步	更换新的副车架总成后（安装步骤为拆卸步骤相反顺序），再进行测试和调整

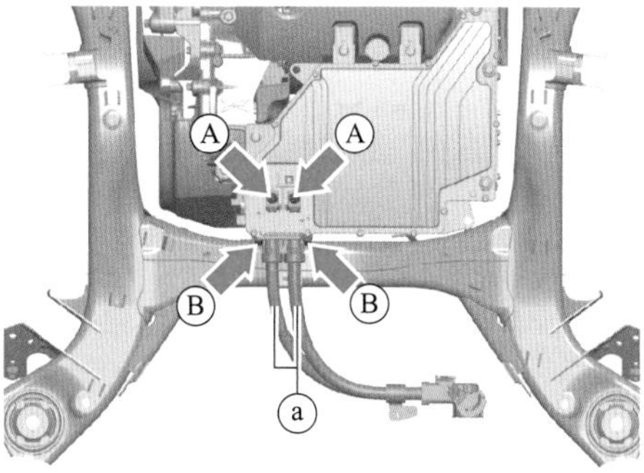

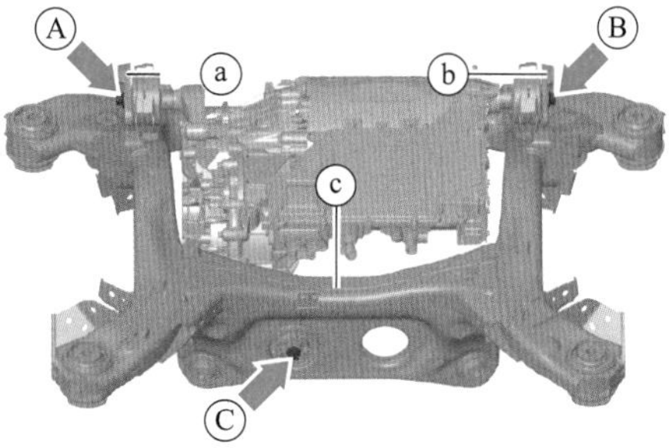

（3）减震器总成更换　后减震器总成更换步骤如表 7-5-3 所示。

表 7-5-3　后减震器总成更换步骤

步骤	操作
第 1 步	关闭车辆电源，进行高压下电，并断开 12V 蓄电池负极，拆卸手动维修开关
第 2 步	拆卸后车轮总成
第 3 步	拆卸后减震器总成 ①脱开图 7-5-11 箭头所示的 CDC 线束固定卡扣，脱开 CDC 传感器 a 图 7-5-11　固定卡扣位置

步骤	操作
第3步	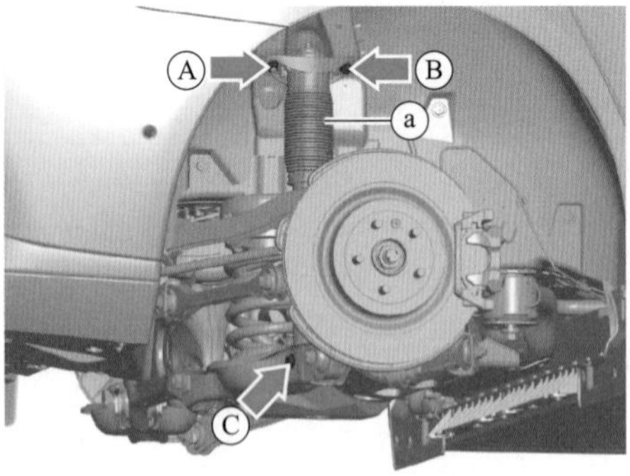 ②拆卸图 7-5-12 箭头 A 所示的后减震器总成固定螺母和箭头 B 所示的后减震器总成固定螺栓 ③拆卸图 7-5-12 箭头 C 所示的固定螺栓，取出后减震器总成 a 图 7-5-12　固定螺母、固定螺栓位置
第4步	更换新的减震器总成后（安装步骤为拆卸步骤相反顺序），再进行测试和调整，以及注意第5步安装事项
第5步	①注意先安装后减震器上支座与车身连接螺栓，再使用图 7-5-13 所示的举升装置 a 将下后控制臂总成举升至合适位置，安装后减震器总成下螺栓 图 7-5-13　举升装置 a 摆放位置 ②注意在安装时，最终扭矩必须在图 7-5-14 所示的车辆设计高度条件下施加 图 7-5-14　车辆设计高度范围

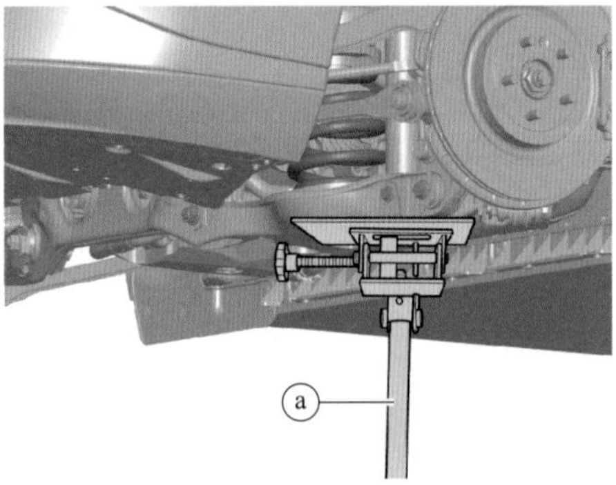

7.5.2　转向系统更换

（1）方向盘总成更换　方向盘总成更换步骤如表 7-5-4 所示。

表 7-5-4　方向盘总成更换步骤

步骤	操作
第1步	关闭车辆电源，进行高压下电，并断开 12V 蓄电池负极，拆卸手动维修开关

步骤	操作
第2步	拆卸主驾驶安全气囊总成
	拆卸方向盘总成
第3步	①将方向盘转到中间位置 ②断开图 7-5-15 箭头 A 和箭头 B 所示的方向盘总成线束插接器 图 7-5-15　线束插接器位置
	③拆卸图 7-5-16 箭头所示的固定螺母，取出方向盘总成 a 图 7-5-16　固定螺母位置
	④在方向盘总成 a 三角标记正对图 7-5-17 箭头所示的转向管柱上做标记（方便安装方向盘总成） 图 7-5-17　标记位置
第4步	更换新的方向盘总成后（安装步骤为拆卸步骤相反顺序），再进行测试和调整

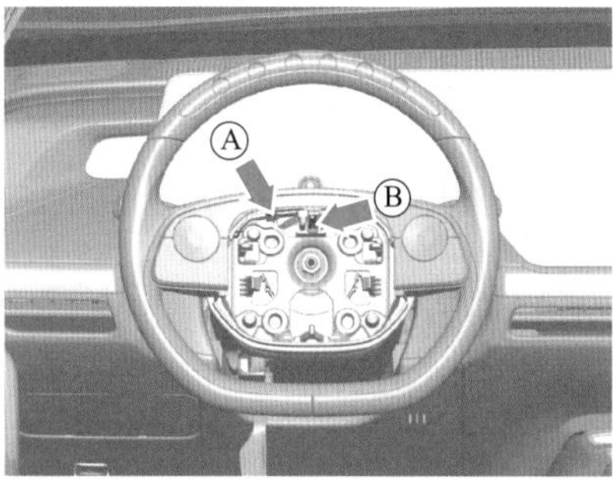

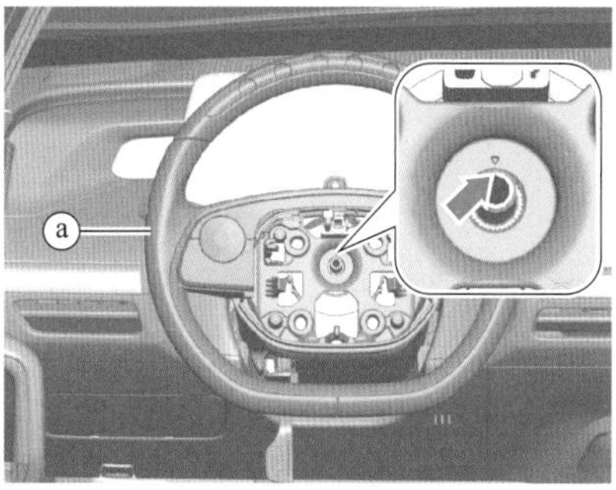

（2）**转向柱总成更换**　转向柱总成更换步骤如表 7-5-5 所示。

表 7-5-5　转向柱总成更换步骤

步骤	操作
第1步	将主驾驶座椅调节至最后
第2步	关闭车辆电源，进行高压下电，并断开 12V 蓄电池负极，拆卸手动维修开关

步骤	操作
第3步	拆卸左下静音板总成
第4步	拆卸左下饰板总成
第5步	拆卸主驾驶安全气囊总成
第6步	拆卸方向盘总成
第7步	拆卸管柱下护罩总成
第8步	拆卸管柱上护罩总成
第9步	拆卸车内智能摄像头
第10步	拆卸时钟弹簧
第11步	拆卸组合开关
第12步	拆卸转向柱总成 ①拆卸图7-5-18箭头所示的连接螺栓，脱开转向下轴带防尘罩总成a与转向柱总成连接 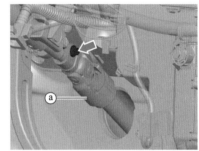 图7-5-18　连接螺栓位置 ②脱开图7-5-19箭头所示的线束a固定卡扣 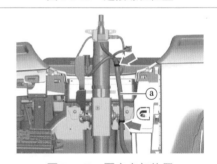 图7-5-19　固定卡扣位置 ③拆卸图7-5-20箭头所示的固定螺母，取出转向柱总成a 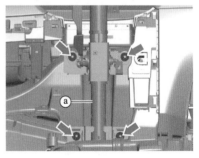 图7-5-20　固定螺母位置
第13步	更换新的转向柱总成后（安装步骤为拆卸步骤相反顺序），再进行测试和调整

（3）转向器总成更换　转向器总成更换步骤如表 7-5-6 所示。

表 7-5-6　转向器总成更换步骤

步骤	操作
第 1 步	将方向盘转到正前位置，并且锁定方向盘
第 2 步	关闭车辆电源，进行高压下电，并断开 12V 蓄电池负极，拆卸手动维修开关
第 3 步	拆卸左 / 右前车轮总成
第 4 步	拆卸左 / 右转向器外球头总成
第 5 步	拆卸左 / 右转向器横拉杆
第 6 步	拆卸转向器总成 ①断开图 7-5-21 箭头 A 和箭头 B 所示的转向器总成线束插接器 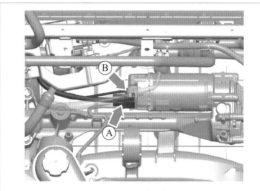 图 7-5-21　线束插接器位置 ②拆卸图 7-5-22 箭头所示的连接螺栓，脱开转向下轴 a 与转向器总成连接 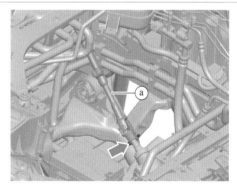 图 7-5-22　连接螺栓位置 ③拆卸图 7-5-23 箭头所示的固定螺栓，取出转向器总成 a 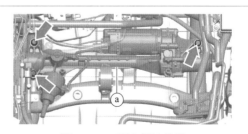 图 7-5-23　固定螺栓位置
第 7 步	更换新的转向器总成后（安装步骤为拆卸步骤相反顺序），再进行测试和调整

（4）转向器外球头总成更换　转向器外球头总成更换步骤如表 7-5-7 所示。

表 7-5-7　转向器外球头总成更换步骤

步骤	操作
第 1 步	关闭车辆电源，进行高压下电，并断开 12V 蓄电池负极，拆卸手动维修开关
第 2 步	拆卸前车轮总成
第 3 步	拆卸转向器外球头总成 ①标记图 7-5-24 箭头所示锁紧螺母在转向器横拉杆上的位置 ②使用开口扳手固定转向器外球头总成 a，拆卸图 7-5-24 箭头所示的锁紧螺母 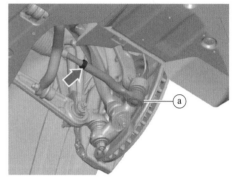 图 7-5-24　锁紧螺母位置 ③拆卸图 7-5-25 箭头所示的转向器外球头总成 a 固定螺母 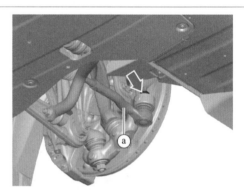 图 7-5-25　固定螺母位置 ④使用图 7-5-26 所示的拆卸工具 a，将转向器外球头总成 b 从前转向节上压出，并脱开连接 ⑤取出图 7-5-26 所示的转向器外球头总成 b 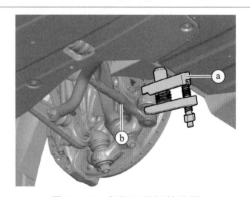 图 7-5-26　拆卸工具摆放位置
第 4 步	更换新的转向器外球头总成后（安装步骤为拆卸步骤相反顺序），再进行测试和调整

（5）转向器横拉杆更换　　转向器横拉杆更换步骤如表 7-5-8 所示

表 7-5-8　转向器横拉杆更换步骤

步骤	操作
第 1 步	关闭车辆电源，进行高压下电，并断开 12V 蓄电池负极，拆卸手动维修开关
第 2 步	拆卸前车轮总成
第 3 步	拆卸前舱底部后护板总成
第 4 步	拆卸转向器外球头总成
第 5 步	拆卸转向器横拉杆 ①拆卸图 7-5-27 箭头 A 所示的锁紧螺母 ②脱开图 7-5-27 箭头 B 所示的防尘罩固定卡箍 ③松开图 7-5-27 箭头 C 所示的防尘罩大夹箍，取出防尘罩 a 图 7-5-27　锁紧螺母、防尘罩固定卡箍、防尘罩大夹箍位置 ④使用合适的活动扳手在图 7-5-28 箭头所示位置旋出转向器横拉杆 a 图 7-5-28　活动扳手旋出位置
第 6 步	更换新的转向器横拉杆后（安装步骤为拆卸步骤相反顺序），再进行测试和调整

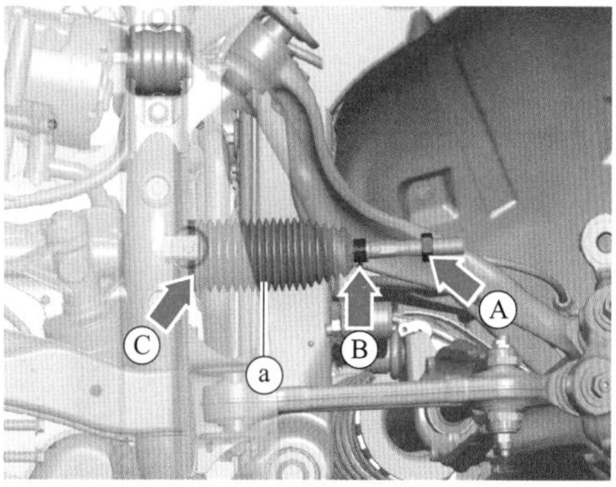

7.5.3　制动系统更换

（1）制动助力器总成更换　　制动助力器总成更换步骤如表 7-5-9 所示。

表 7-5-9　制动助力器总成更换步骤

步骤	操作
第 1 步	关闭车辆电源，进行高压下电，并断开 12V 蓄电池负极，拆卸手动维修开关

步骤	操作
第2步	拆卸雨刮盖板总成
第3步	排放车辆制动液
第4步	拆卸储液罐
第5步	拆卸制动助力器总成 ①拆卸图7-5-29箭头所示的制动踏板支架与制动助力器总成固定螺母 ②拆卸图7-5-29所示的锁销a，取出销轴b 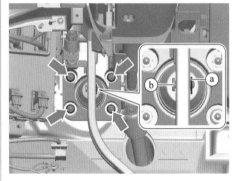 图7-5-29　固定螺母位置 ③拆卸图7-5-30箭头A所示的管路自带螺母，脱开制动主缸前腔制动管路a与制动总泵连接 ④拆卸图7-5-30箭头B所示的旋出管路自带螺母，脱开制动主缸后腔制动管路b与制动总泵连接 ⑤断开图7-5-30箭头C和箭头D所示的线束插接器，取出制动助力器总成c 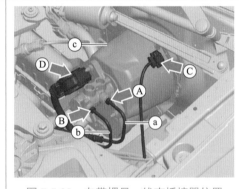 图7-5-30　自带螺母、线束插接器位置
第6步	更换新的制动助力器总成后（安装步骤为拆卸步骤相反顺序），再进行测试和调整

（2）**制动钳带电子驻车总成更换**　右后制动钳带电子驻车总成更换步骤如表7-5-10所示。

表7-5-10　右后制动钳带电子驻车总成更换步骤

步骤	操作
第1步	释放电子驻车制动
第2步	使用诊断仪执行"制动钳维修释放"程序
第3步	关闭车辆电源，进行高压下电，并断开12V蓄电池负极，拆卸手动维修开关
第4步	拆卸后车轮总成
第5步	排放车辆制动液
第6步	拆卸制动钳带电子驻车总成

步骤	操作
第6步	①断开图 7-5-31 箭头所示的后制动钳带电子驻车总成线束插接器 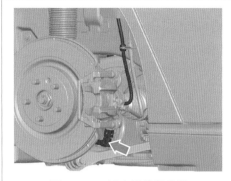 图 7-5-31　线束插接器位置
	②拆卸图 7-5-32 箭头所示的后制动软管 a 固定螺栓，取出垫片 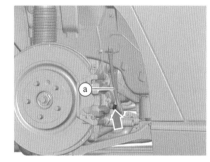 图 7-5-32　固定螺栓位置
	③使用扳手固定图 7-5-33 箭头 A 所示的导向螺母，拆卸箭头 B 所示的后制动钳带电子驻车总成固定螺栓 ④拆卸图 7-5-33 所示的后制动钳带电子驻车总成 a 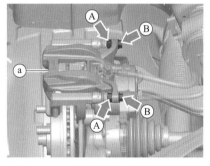 图 7-5-33　导向螺母、固定螺栓位置
	⑤拆卸图 7-5-34 所示的后制动摩擦片 a 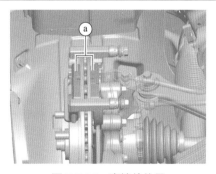 图 7-5-34　摩擦片位置

步骤	操作
第6步	⑥拆卸图7-5-35箭头所示的后制动钳体固定螺栓，取出后制动钳体a 图7-5-35　固定螺栓位置 ⑦拆卸图7-5-36箭头所示的工艺螺钉，取出后制动盘a 图7-5-36　工艺螺钉位置
第7步	更换新的制动钳带电子驻车总成后（安装步骤为拆卸步骤相反顺序），再进行测试和调整，以及注意第8步安装事项
第8步	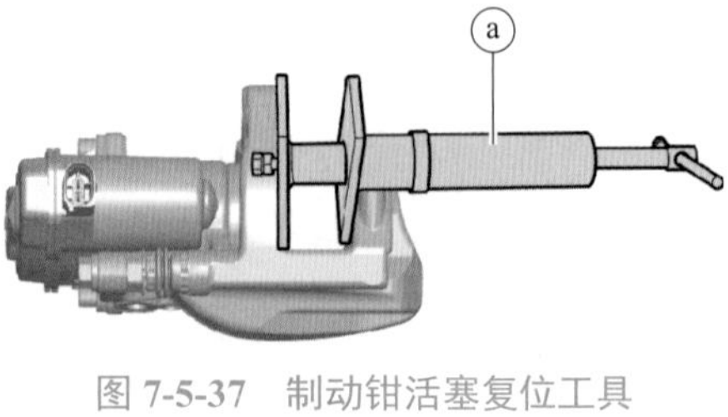 ①使用图7-5-37所示的后制动钳活塞复位工具a时，注意将后制动钳的活塞复位 ②安装制动钳带电子驻车总成时，注意理顺后制动软管，确认软管呈自然弯曲状态 ③安装完成后，需要执行车辆上电程序，上提EPB开关，施加驻车制动，使驻车电机和卡钳复位 图7-5-37　制动钳活塞复位工具

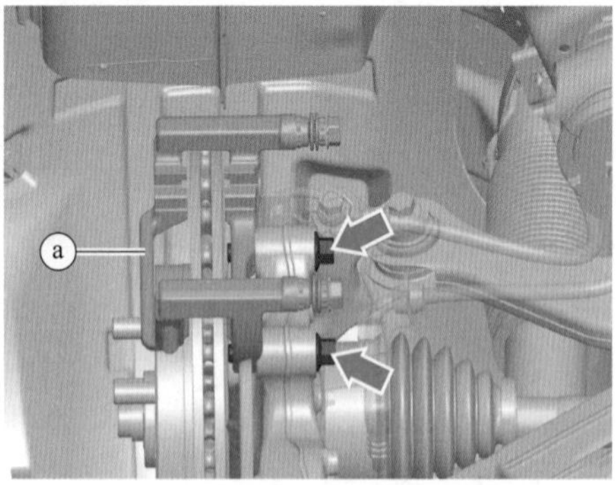

（3）**车身电子稳定系统总成更换**　车身电子稳定系统总成更换步骤如表7-5-11所示。

表7-5-11　车身电子稳定系统总成更换步骤

步骤	操作
第1步	连接诊断仪控制车辆为模块换件模式
第2步	关闭车辆电源，进行高压下电，并断开12V蓄电池负极，拆卸手动维修开关
第3步	排放车辆制动液
第4步	拆卸车身电子稳定系统总成

步骤	操作
第4步	①断开图 7-5-38 箭头所示的车身电子稳定系统总成线束插接器 图 7-5-38　线束插接器位置 ②拆卸图 7-5-39 箭头 A 和箭头 B 所示的管路自带螺母，脱开制动管路与车身电子稳定系统总成连接 ③脱开图 7-5-39 箭头 C 所示的制动管路与支架连接 图 7-5-39　自带螺母位置 ④拆卸图 7-5-40 箭头所示的固定螺母，取出车身电子稳定系统总成 a 图 7-5-40　固定螺母位置
第5步	更换新的车身电子稳定系统总成后（安装步骤为拆卸步骤相反顺序），再进行测试和调整

7.6

辅助电气系统维修

7.6.1　电动空调系统更换

（1）空调冷凝器总成更换　空调冷凝器总成更换步骤如表 7-6-1 所示。

表 7-6-1　空调冷凝器总成更换步骤

步骤	操作
第 1 步	关闭车辆电源，进行高压下电，并断开 12V 蓄电池负极，拆卸手动维修开关
第 2 步	排放车辆制冷剂
第 3 步	排放车辆冷却液
第 4 步	拆卸前保险杠总成
第 5 步	拆卸小腿梁焊接总成
第 6 步	拆卸主动进气格栅总成
第 7 步	拆卸空调冷凝器总成 ①拆卸图 7-6-1 箭头所示的连接螺栓，脱开电池换热器高低压管总成 a、压缩机排气管总成 b 与冷凝器总成连接 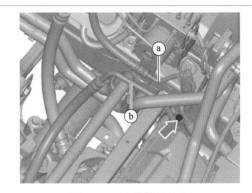 图 7-6-1　连接螺栓位置 ②断开图 7-6-2 箭头 A 所示的水温传感器线束插接器 ③脱开图 7-6-2 箭头 B 所示的电子风扇连接线束 a 固定卡扣 ④脱开图 7-6-2 箭头 C 所示的散热器旁通管 b 固定卡扣 ⑤断开图 7-6-2 箭头 D 所示的电子风扇总成线束插接器 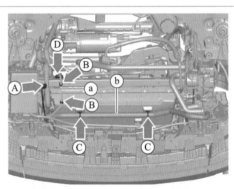 图 7-6-2　线束插接器、固定卡扣位置 ⑥脱开图 7-6-3 箭头 A 所示的固定卡箍，再脱开散热器出水管 a 与低温散热器总成连接 ⑦脱开图 7-6-3 箭头 B 所示的固定卡箍，再脱开散热器旁通管 b 与低温散热器总成连接 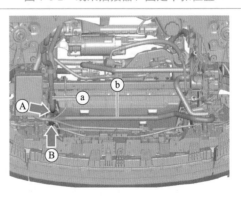 图 7-6-3　固定卡箍位置

步骤	操作
第 7 步	⑧拆卸图 7-6-4 箭头所示的电子风扇总成固定螺栓，稍微移出低温散热器总成带冷凝器总成带电子风扇总成 a 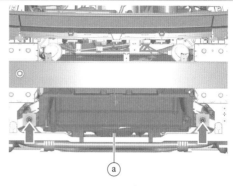 图 7-6-4　固定螺栓位置
	⑨脱开图 7-6-5 箭头所示的车身线束插接器头固定卡扣 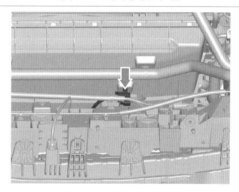 图 7-6-5　固定卡扣位置
	⑩脱开图 7-6-6 箭头所示的车身线束固定卡扣 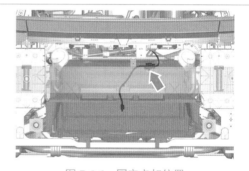 图 7-6-6　固定卡扣位置
	⑪ 脱开图 7-6-7 箭头所示的固定卡箍，再脱开散热器进水管 a 与低温散热器总成连接 ⑫ 取出图 7-6-7 所示的低温散热器总成带冷凝器总成带电子风扇总成 b 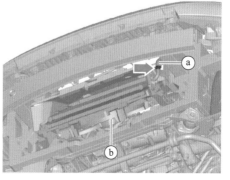 图 7-6-7　固定卡箍位置

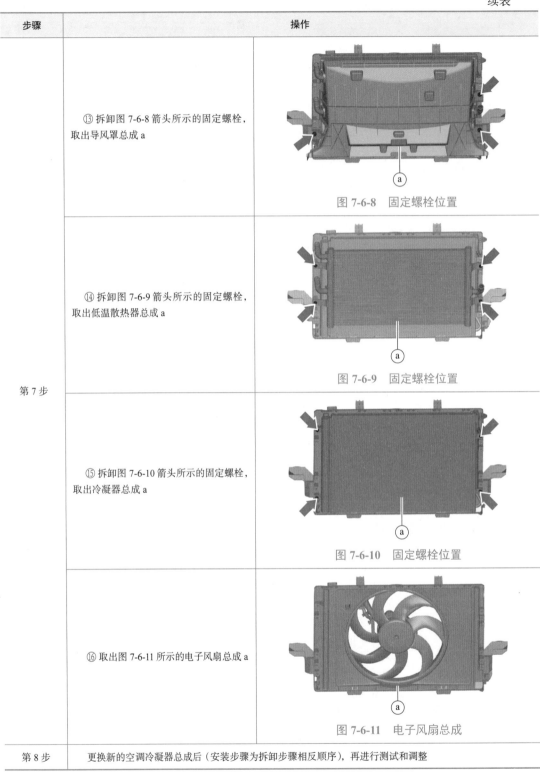

步骤	操作
第 7 步	⑬ 拆卸图 7-6-8 箭头所示的固定螺栓，取出导风罩总成 a 图 7-6-8　固定螺栓位置 ⑭ 拆卸图 7-6-9 箭头所示的固定螺栓，取出低温散热器总成 a 图 7-6-9　固定螺栓位置 ⑮ 拆卸图 7-6-10 箭头所示的固定螺栓，取出冷凝器总成 a 图 7-6-10　固定螺栓位置 ⑯ 取出图 7-6-11 所示的电子风扇总成 a 图 7-6-11　电子风扇总成
第 8 步	更换新的空调冷凝器总成后（安装步骤为拆卸步骤相反顺序），再进行测试和调整

（2）PTC 加热器更换　PTC 加热器更换步骤如表 7-6-2 所示。

表 7-6-2　PTC 加热器更换步骤

步骤	操作
第1步	关闭车辆电源，进行高压下电，并断开 12V 蓄电池负极，拆卸手动维修开关
第2步	排放车辆冷却液
第3步	拆卸三角梁总成
第4步	拆卸 PTC 加热器 ①断开图 7-6-12 箭头 A 和箭头 B 所示的线束插接器 ②脱开图 7-6-12 箭头 C 所示的线束固定卡扣 ③脱开图 7-6-12 箭头 D 所示的固定卡箍，再脱开 PTC 加热器出水管 a 与 PTC 加热器连接 ④脱开图 7-6-12 箭头 E 所示的固定卡箍，再脱开 PTC 加热器进水管 b 与 PTV 连接 ⑤拆卸图 7-6-12 箭头 F 所示的固定螺母，取出 PTC 加热器带支架总成 c 图 7-6-12　线束插接器、固定卡扣、固定卡箍、固定螺母位置 ⑥拆卸图 7-6-13 箭头所示的固定螺栓，取出 PTC 加热器 a 图 7-6-13　固定螺栓位置
第5步	更换新的 PTC 加热器后（安装步骤为拆卸步骤相反顺序），再进行测试和调整

7.6.2　车外灯光系统更换

（1）前组合灯更换　前组合灯更换步骤如表 7-6-3 所示。

表 7-6-3　前组合灯更换步骤

步骤	操作
第1步	关闭车辆电源，进行高压下电，并断开 12V 蓄电池负极，拆卸手动维修开关
第2步	拆卸中部前组合灯

步骤	操作
第3步	拆卸前保险杠总成
第4步	拆卸前组合灯 ①断开图 7-6-14 箭头 A 所示的前组合灯线束插接器 ②拆卸图 7-6-14 箭头 B 所示的固定螺栓，取出前组合灯 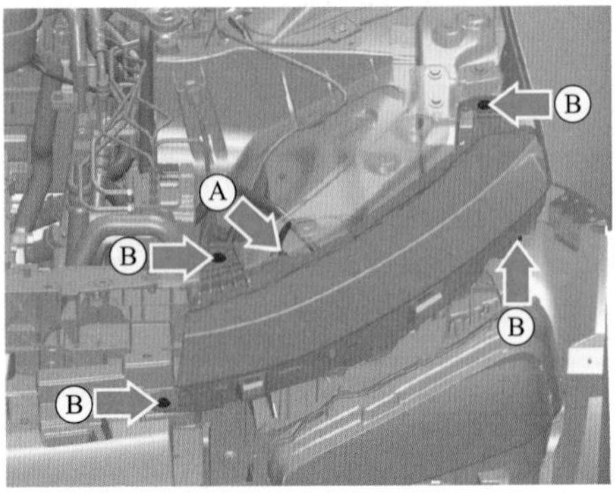 图 7-6-14　线束插接器位置
第5步	更换新的前组合灯后（安装步骤为拆卸步骤相反顺序），再进行测试和调整

（2）自动高度调节控制器更换　自动高度调节控制器更换步骤如表 7-6-4 所示。

表 7-6-4　自动高度调节控制器更换步骤

步骤	操作
第1步	连接诊断仪控制车辆为模块换件模式
第2步	关闭车辆电源，进行高压下电，并断开 12V 蓄电池负极，拆卸手动维修开关
第3步	拆卸后排座椅坐垫总成
第4步	拆卸自动高度调节控制器 ①断开图 7-6-15 箭头 A 头所示的自动高度调节控制器 a 线束插接器 ②拆卸图 7-6-15 箭头 B 所示的固定螺母，取出自动高度调节控制器 a 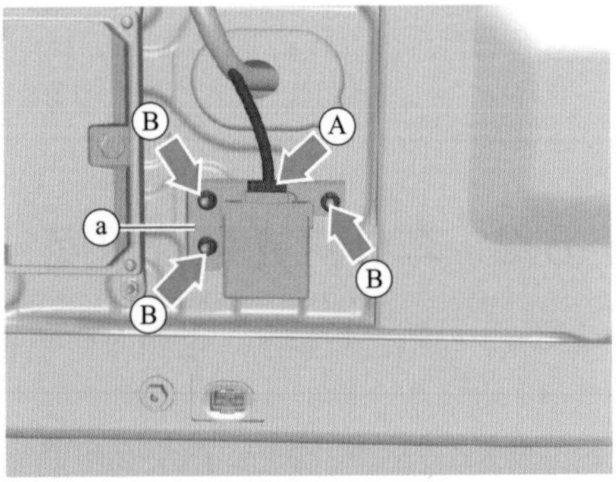 图 7-6-15　线束插接器、固定螺母位置
第5步	更换新的自动高度调节控制器后（安装步骤为拆卸步骤相反顺序），再进行测试和调整

7.6.3　车内灯光系统更换

（1）前阅读灯总成更换　前阅读灯总成更换步骤如表 7-6-5 所示。

表 7-6-5　前阅读灯总成更换步骤

步骤	操作
第 1 步	关闭车辆电源，进行高压下电，并断开 12V 蓄电池负极，拆卸手动维修开关
第 2 步	拆卸前阅读灯总成 ①使用塑料起子脱开图 7-6-16 箭头 A 所示的固定卡扣 ②沿图 7-6-16 箭头 B 所示的方向脱开前阅读灯 a 图 7-6-16　固定卡扣位置 ③断开图 7-6-17 箭头所示的线束插接器，取出前阅读灯 a 图 7-6-17　线束插接器位置
第 3 步	更换新的前阅读灯总成后（安装步骤为拆卸步骤相反顺序），再进行测试和调整

（2）行李厢灯更换　行李厢灯更换步骤如表 7-6-6 所示。

表 7-6-6　行李厢灯更换步骤

步骤	操作
第 1 步	关闭车辆电源，进行高压下电，并断开 12V 蓄电池负极，拆卸手动维修开关
第 2 步	打开行李厢
第 3 步	拆卸行李厢灯

步骤	操作
第3步	①脱开图7-6-18箭头所示的固定卡扣，取出行李厢照明灯a 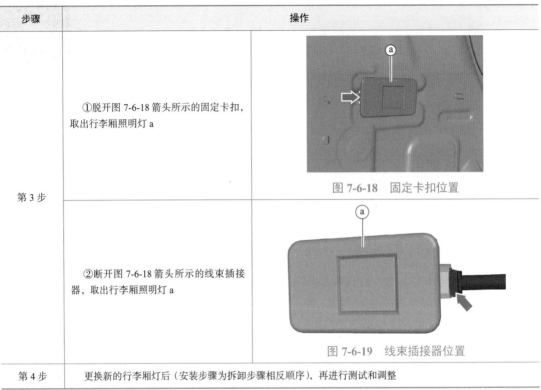 图7-6-18　固定卡扣位置 ②断开图7-6-18箭头所示的线束插接器，取出行李厢照明灯a 图7-6-19　线束插接器位置
第4步	更换新的行李厢灯后（安装步骤为拆卸步骤相反顺序），再进行测试和调整

7.6.4　电动车窗系统更换

（1）前门玻璃总成更换　左前门玻璃总成更换步骤如表7-6-7所示。

表7-6-7　左前门玻璃总成更换步骤

步骤	操作
第1步	将车门玻璃上升至顶
第2步	关闭车辆电源，进行高压下电，并断开12V蓄电池负极，拆卸手动维修开关
第3步	拆卸左前门内饰板
第4步	拆卸前门玻璃总成 ①拆卸图7-6-20所示的堵盖a 图7-6-20　堵盖位置

步骤	操作
第4步	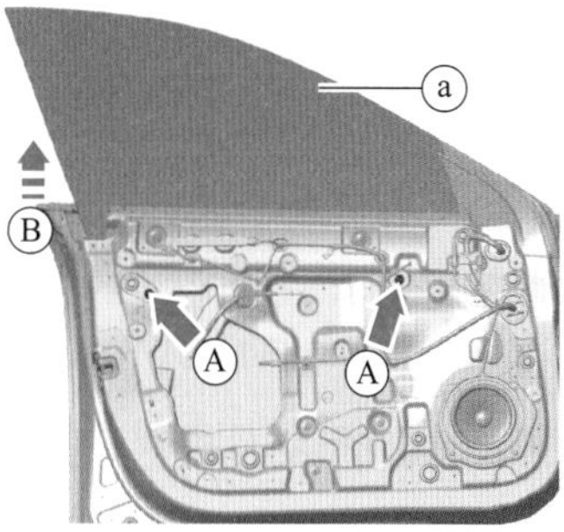 ②拆卸图 7-6-21 箭头 A 所示的前门玻璃总成固定螺栓 ③沿图 7-6-21 箭头 B 所示的方向取出前门玻璃总成 a 图 7-6-21　固定螺栓位置
第5步	更换新的前门玻璃总成后（安装步骤为拆卸步骤相反顺序），再进行测试和调整

（2）前门玻璃升降器更换　左前门玻璃升降器更换步骤如表 7-6-8 所示。

表 7-6-8　左前门玻璃升降器更换步骤

步骤	操作
第1步	关闭车辆电源，进行高压下电，并断开 12V 蓄电池负极，拆卸手动维修开关
第2步	拆卸左前门防水膜
第3步	拆卸左前门玻璃总成
第4步	拆卸前门玻璃升降器 ①拆卸图 7-6-22 所示的防水膜 a、堵盖 b 图 7-6-22　防水膜、堵盖位置 ②断开图 7-6-23 箭头 A 所示的前门玻璃升降器线束插接器 ③拆卸图 7-6-23 箭头 B 和箭头 C 所示的固定螺母，取出前门玻璃升降器 a 图 7-6-23　固定螺母位置
第5步	更换新的前门玻璃升降器后（安装步骤为拆卸步骤相反顺序），再进行测试和调整

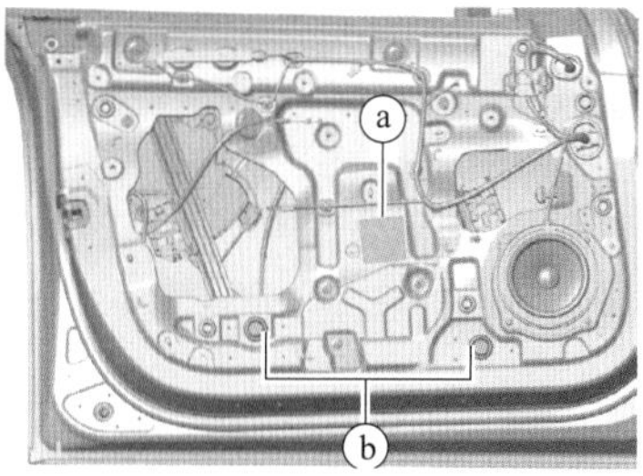

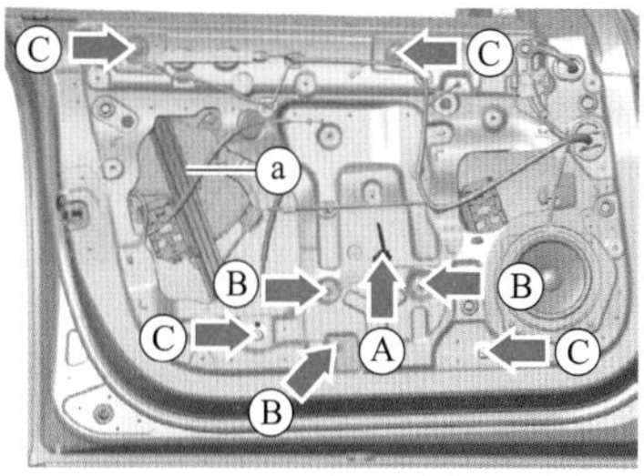

第 7 章　电动汽车一般检查维修

7.6.5　电动后视镜、电喇叭更换

（1）外后视镜总成更换　左侧外后视镜总成更换步骤如表 7-6-9 所示。

表 7-6-9　左侧外后视镜总成更换步骤

步骤	操作
第 1 步	将车门玻璃上升至顶
第 2 步	关闭车辆电源，进行高压下电，并断开 12V 蓄电池负极，拆卸手动维修开关
第 3 步	拆卸左前门饰板总成
第 4 步	拆卸外后视镜总成 ①断开图 7-6-24 箭头 A 所示的外后视镜总成线束插接器 ②脱开图 7-6-24 箭头 B 所示的橡胶密封圈、箭头 C 所示的堵盖和箭头 D 所示的防水膜 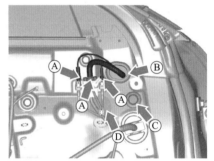 图 7-6-24　线束插接器、橡胶密封圈、堵盖、防水膜位置 ③拆卸图 7-6-25 箭头所示的外后视镜总成固定螺母 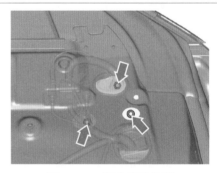 图 7-6-25　固定螺母位置 ④断开图 7-6-26 所示的线束 a，并穿过车门孔洞 ⑤取出图 7-6-26 所示的外后视镜总成 b 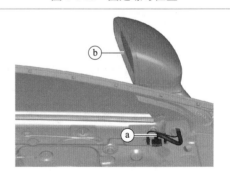 图 7-6-26　线束位置
第 5 步	更换新的外后视镜总成后（安装步骤为拆卸步骤相反顺序），再进行测试和调整

（2）**喇叭更换** 喇叭更换步骤如表7-6-10所示。

表 7-6-10　喇叭更换步骤

步骤	操作
第1步	关闭车辆电源，进行高压下电，并断开12V蓄电池负极，拆卸手动维修开关
第2步	拆卸前保险杠总成
第3步	拆卸喇叭 ①断开图7-6-27箭头A所示的喇叭a线束插接器 ②拆卸图7-6-27箭头B所示的固定螺栓，取出喇叭a 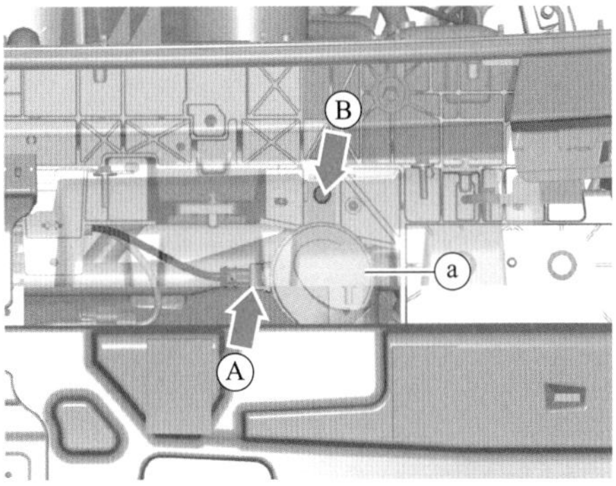 图 7-6-27　线束插接器、固定螺栓位置
第4步	更换新的喇叭后（安装步骤为拆卸步骤相反顺序），再进行测试和调整

7.6.6　电动座椅更换

（1）**驾驶员电动座椅靠背调节电机更换** 驾驶员电动座椅靠背调节电机更换步骤如表7-6-11所示。

表 7-6-11　驾驶员电动座椅靠背调节电机更换步骤

步骤	操作
第1步	关闭车辆电源，进行高压下电，并断开12V蓄电池负极，拆卸手动维修开关
第2步	拆卸驾驶员电动座椅总成
第3步	拆卸驾驶员电动座椅坐垫
第4步	拆卸驾驶员电动座椅左、右侧饰板
第5步	拆卸驾驶员电动座椅靠背垫
第6步	断开图7-6-28箭头所示的驾驶员电动座椅靠背调节电机的线束插接器 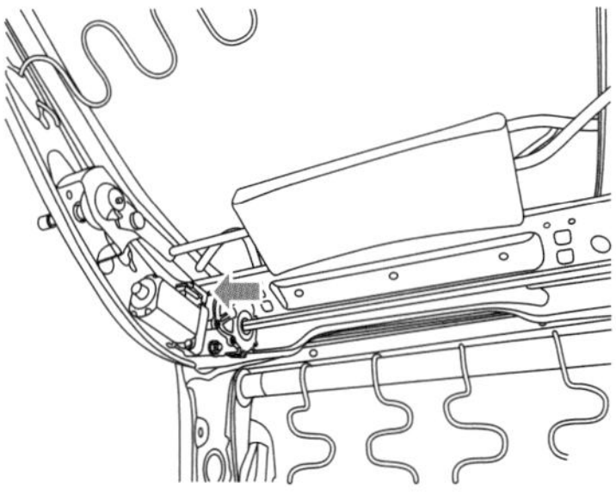 图 7-6-28　线束插接器位置

步骤	操作
第 7 步	拆卸图 7-6-29 箭头所示的驾驶员电动座椅靠背调节电机传动轴固定卡簧 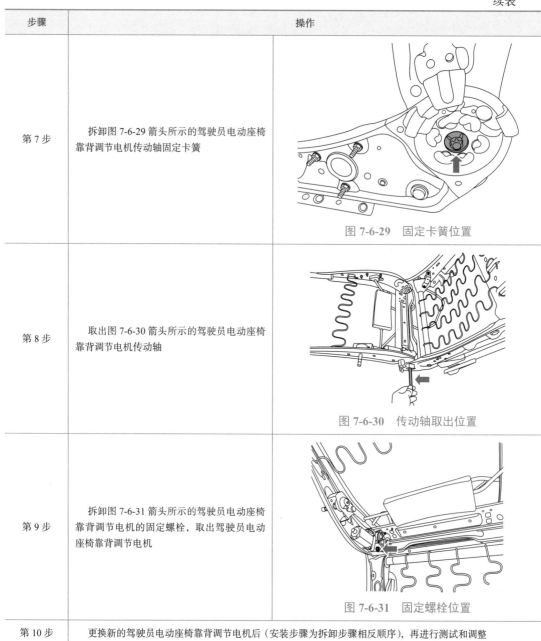 图 7-6-29　固定卡簧位置
第 8 步	取出图 7-6-30 箭头所示的驾驶员电动座椅靠背调节电机传动轴 图 7-6-30　传动轴取出位置
第 9 步	拆卸图 7-6-31 箭头所示的驾驶员电动座椅靠背调节电机的固定螺栓，取出驾驶员电动座椅靠背调节电机 图 7-6-31　固定螺栓位置
第 10 步	更换新的驾驶员电动座椅靠背调节电机后（安装步骤为拆卸步骤相反顺序），再进行测试和调整

（2）驾驶员电动座椅前后调节电机更换　驾驶员电动座椅前后调节电机更换步骤如表 7-6-12 所示。

表 7-6-12　驾驶员电动座椅前后调节电机更换步骤

步骤	操作
第 1 步	关闭车辆电源，进行高压下电，并断开 12V 蓄电池负极，拆卸手动维修开关
第 2 步	拆卸驾驶员电动座椅总成

电动汽车维修手册（全彩图解＋视频教学）

步骤	操作
第 3 步	拆卸驾驶员电动座椅左侧饰板
第 4 步	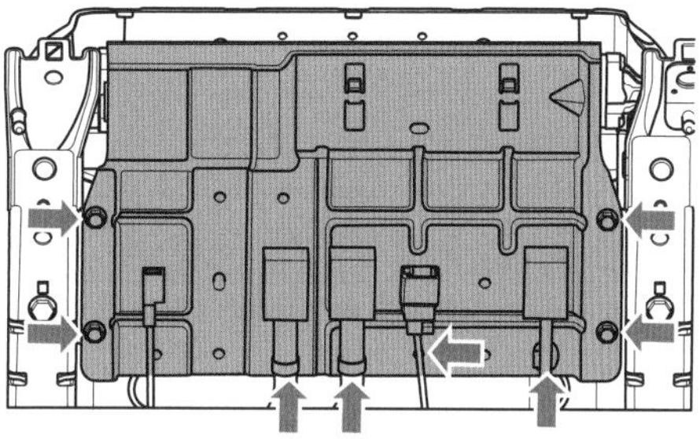 拆卸图 7-6-32 箭头所示的驾驶员电动座椅下底板固定螺栓、线束卡扣，取出驾驶员电动座椅下底板 图 7-6-32　线束卡扣位置
第 5 步	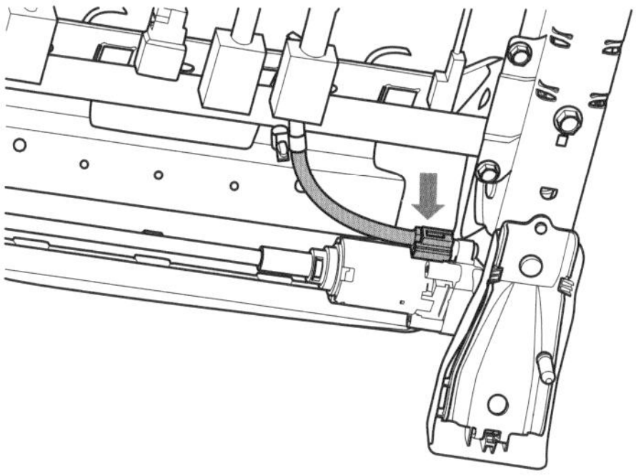 断开图 7-6-33 箭头所示的驾驶员电动座椅前后调节电机的线束插接器 图 7-6-33　线束插接器位置
第 6 步	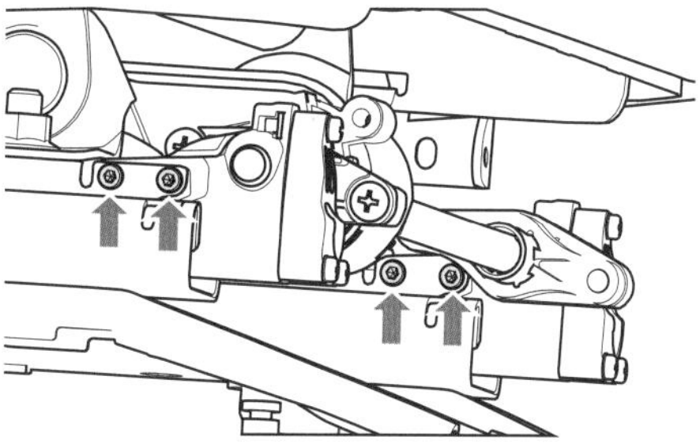 拆卸图 7-6-34 箭头所示的驾驶员电动座椅前后调节电机固定螺钉 图 7-6-34　固定螺钉位置
第 7 步	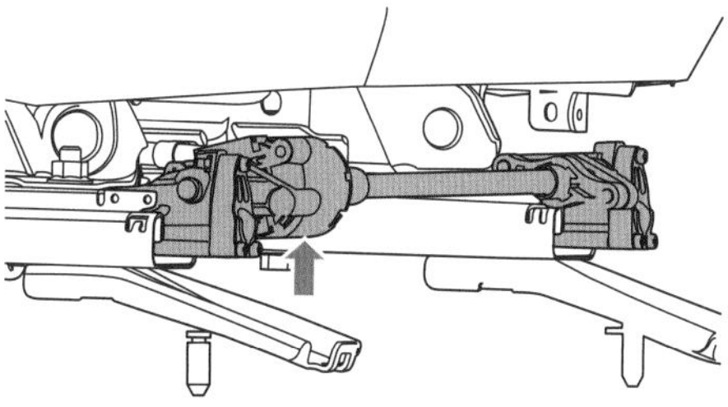 取出图 7-6-35 所示的驾驶员电动座椅前后调节电机 图 7-6-35　前电动座椅前后调节 电机取出位置
第 8 步	更换新的驾驶员电动座椅前后调节电机后（安装步骤为拆卸步骤相反顺序），再进行测试和调整

7.6.7　中控门锁系统更换

（1）前门锁体总成更换　左前门锁体总成更换步骤如表 7-6-13 所示。

表 7-6-13　左前门锁体总成更换步骤

步骤	操作
第 1 步	将车门玻璃上升至顶
第 2 步	关闭车辆电源，进行高压下电，并断开 12V 蓄电池负极，拆卸手动维修开关
第 3 步	拆卸左前门饰板总成
第 4 步	拆卸左前门防水膜
第 5 步	拆卸前门锁体总成 ①断开图 7-6-36 箭头 A 所示的前门锁体总成 a 线束插接器 ②断开图 7-6-36 箭头 B 所示的前门锁体总成 a 与车门锁芯拉索的连接 图 7-6-36　线束插接器位置 ③拆卸图 7-6-37 箭头所示的前门锁体总成 a 固定螺栓 图 7-6-37　固定螺栓位置 ④断开图 7-6-38 箭头所示的前门锁体总成 a 与前门外开拉线总成连接，取出前门锁体总成 a 图 7-6-38　前门锁体总成 a 与前门外开拉线总成位置
第 6 步	更换新的前门锁体总成成后（安装步骤为拆卸步骤相反顺序），再进行测试和调整

（2）**行李厢锁总成更换**　电动汽车的行李厢锁总成更换步骤如表 7-6-14 所示。

表 7-6-14　电动汽车行李厢锁总成更换步骤

步骤	操作
第 1 步	关闭车辆电源，进行高压下电，并断开 12V 蓄电池负极，拆卸手动维修开关
第 2 步	拆卸尾门饰板总成
第 3 步	拆卸行李厢锁总成 ①断开图 7-6-39 箭头 A 所示的行李厢锁总成 a 线束插接器 ②拆卸图 7-6-39 箭头 B 所示的固定螺栓，取出行李厢锁总成 a 图 7-6-39　线束插接器、固定螺栓位置
第 4 步	更换新的行李厢锁总成后（安装步骤为拆卸步骤相反顺序），再进行测试和调整

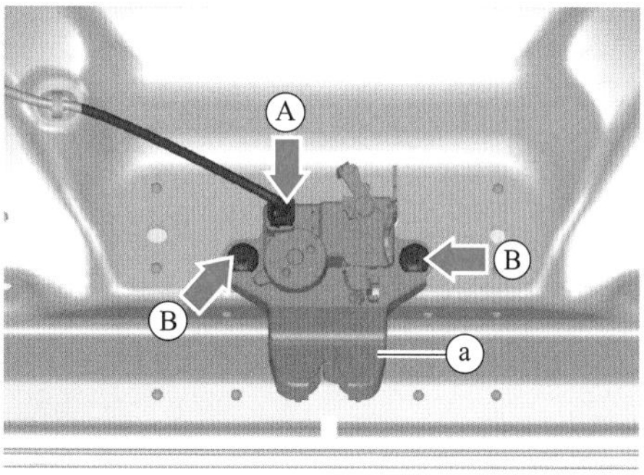

7.6.8　无钥匙进入系统更换

（1）**前部无钥匙进入接收天线更换**　电动汽车的前部无钥匙进入接收天线更换步骤如表 7-6-15 所示。

表 7-6-15　前部无钥匙进入接收天线更换步骤

步骤	操作
第 1 步	关闭车辆电源，进行高压下电，并断开 12V 蓄电池负极，拆卸手动维修开关
第 2 步	拆卸副仪表板
第 3 步	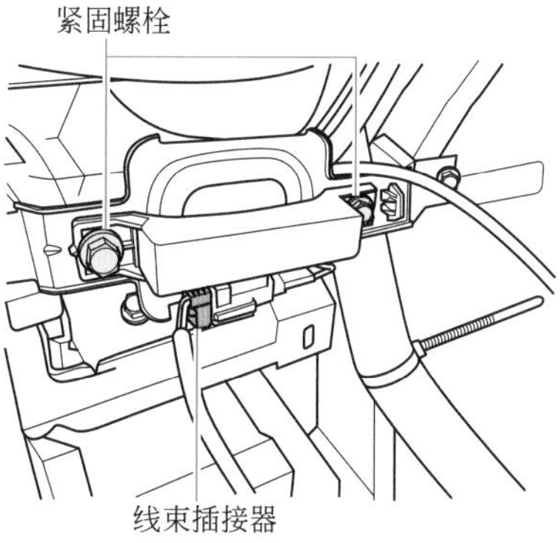 ①断开图 7-6-40 所示的前部无钥匙进入接收天线线束插接器 ②拆卸图 7-6-40 所示的固定螺栓，取出前部无钥匙进入接收天线 图 7-6-40　线束插接器、固定螺栓位置
第 4 步	更换新的前部无钥匙进入接收天线后（安装步骤为拆卸步骤相反顺序），再进行测试和调整

（2）**后部无钥匙进入接收天线更换**　电动汽车的后部无钥匙进入接收天线更换步骤如表 7-6-16 所示。

表 7-6-16　后部无钥匙进入接收天线更换步骤

步骤	操作
第 1 步	关闭车辆电源，进行高压下电，并断开 12V 蓄电池负极，拆卸手动维修开关
第 2 步	打开行李厢盖
第 3 步	①断开图 7-6-41 所示的后部无钥匙进入接收天线线束插接器 ②拆卸图 7-6-41 所示的固定螺栓，取出后部无钥匙进入接收天线 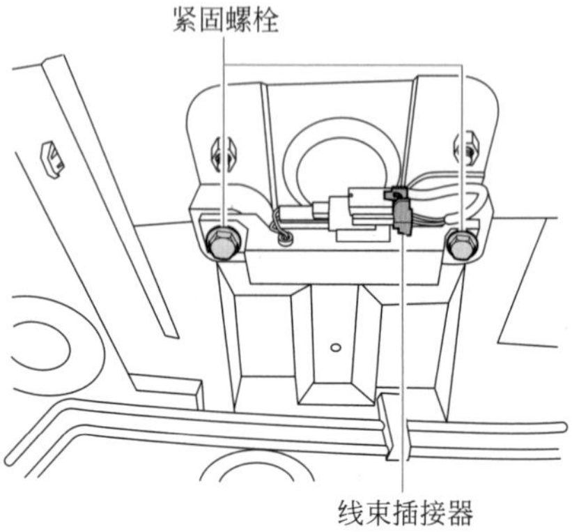	 图 7-6-41　线束插接器、固定螺栓位置
第 4 步	更换新的后部无钥匙进入接收天线后（安装步骤为拆卸步骤相反顺序），再进行测试和调整

7.6.9　安全气囊系统更换

（1）**驾驶员安全气囊更换**　电动汽车的驾驶员安全气囊更换步骤如表 7-6-17 所示。

表 7-6-17　驾驶员安全气囊更换步骤

步骤	操作
第 1 步	关闭车辆电源，进行高压下电，并断开 12V 蓄电池负极，拆卸手动维修开关
第 2 步	拆卸图 7-6-42 箭头所示的驾驶员安全气囊固定卡扣 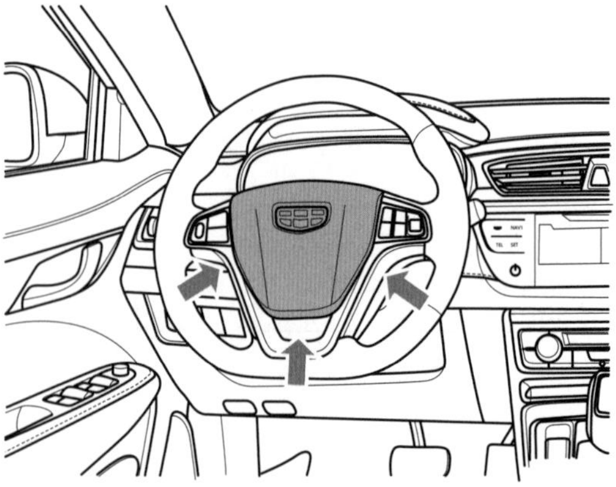	 图 7-6-42　固定卡扣位置

步骤	操作
第3步	断开图 7-6-43 所示的时钟弹簧与驾驶员安全气囊线束插接器、喇叭线束插接器，取出驾驶员安全气囊 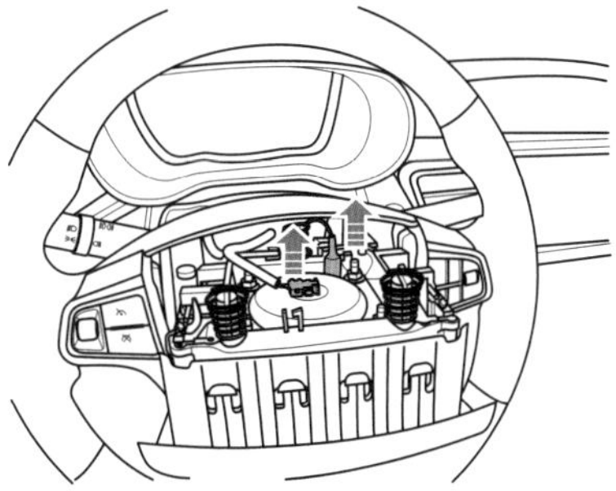	 图 7-6-43　线束插接器位置
第4步	更换新的驾驶员安全气囊后（安装步骤为拆卸步骤相反顺序），再进行测试和调整

（2）**副驾驶员安全气囊更换**　电动汽车的副驾驶员安全气囊更换步骤如表 7-6-18 所示。

表 7-6-18　副驾驶员安全气囊更换步骤

步骤	操作
第1步	关闭车辆电源，进行高压下电，并断开 12V 蓄电池负极，拆卸手动维修开关
第2步	拆卸仪表板杂物箱
第3步	拆卸驾驶员安全气囊
第4步	拆卸方向盘
第5步	拆卸 A 柱上装饰板
第6步	拆卸仪表板杂物箱总成
第7步	拆卸灯光组合开关
第8步	拆卸雨刮器及洗涤器开关
第9步	拆卸中央出风口、空调控制面板
第10步	拆卸智能车载主机
第11步	拆卸副仪表板、仪表板、仪表板左侧下护板、仪表板右侧下护板
第12步	断开图 7-6-44 所示的副驾驶员安全气囊线束插接器 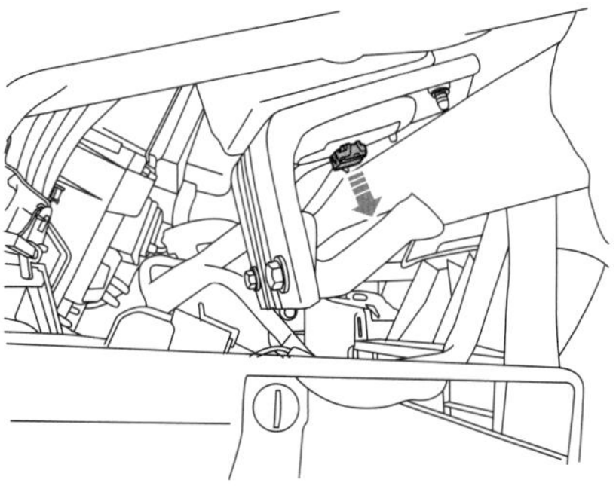	 图 7-6-44　线束插接器位置

步骤	操作
第 13 步	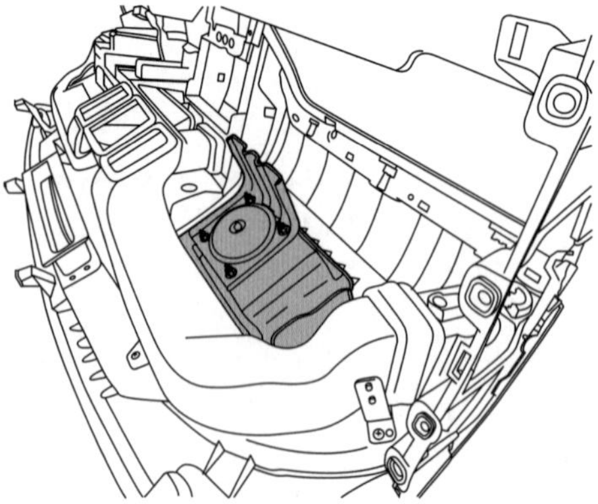 取出图 7-6-45 所示的副驾驶员安全气囊 图 7-6-45 副驾驶员安全气囊位置
第 14 步	更换新的副驾驶员安全气囊后（安装步骤为拆卸步骤相反顺序），再进行测试和调整

（3）**安全气帘更换** 电动汽车的安全气帘更换步骤如表 7-6-19 所示。

表 7-6-19 电动汽车的安全气帘更换步骤

步骤	操作
第 1 步	关闭车辆电源，进行高压下电，并断开 12V 蓄电池负极，拆卸手动维修开关
第 2 步	拆卸车门门槛内装饰板
第 3 步	拆卸 A、B、C 柱上装饰板
第 4 步	拆卸前、后排阅读灯
第 5 步	拆卸安全拉手
第 6 步	拆卸遮阳板
第 7 步	拆卸顶盖内饰板
第 8 步	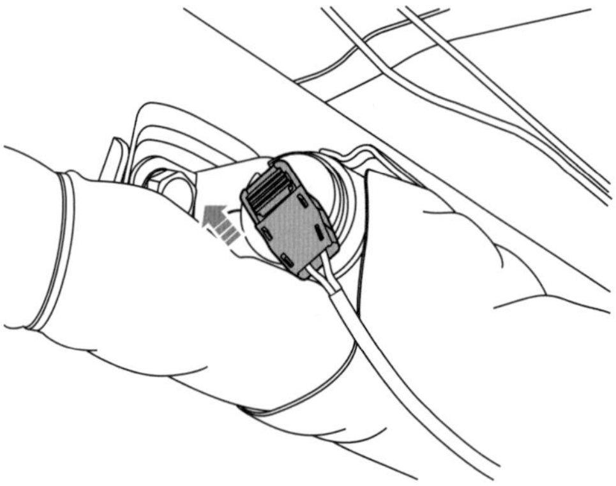 断开图 7-6-46 所示的安全气帘线束插接器 图 7-6-46 线束插接器位置

步骤	操作
第 9 步	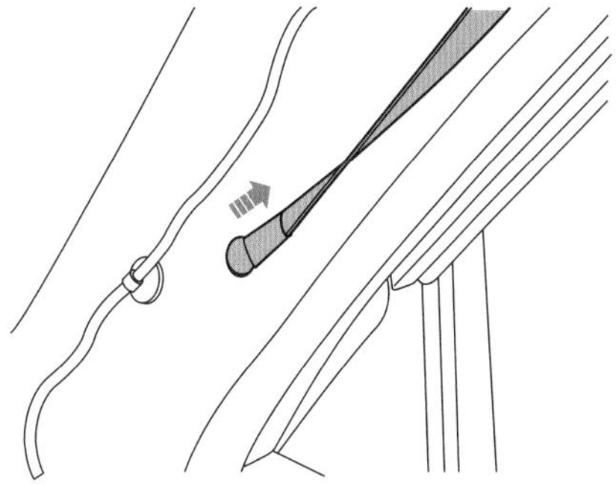 脱开图 7-6-47 所示的安全气帘前端固定拉绳 图 7-6-47　安全气帘前端固定拉绳位置
第 10 步	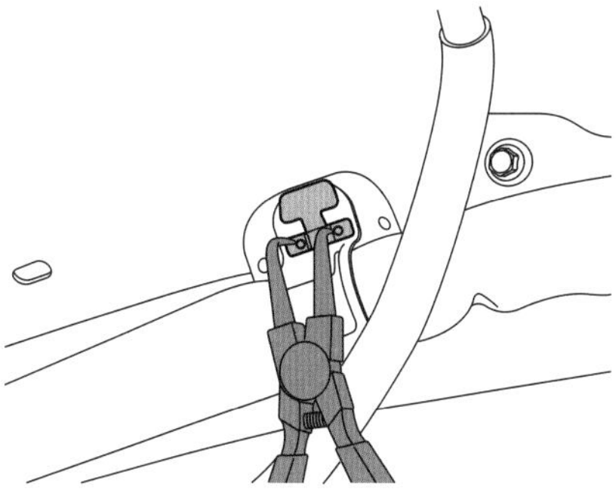 拆卸图 7-6-48 所示的安全气帘固定卡扣 图 7-6-48　固定卡扣位置
第 11 步	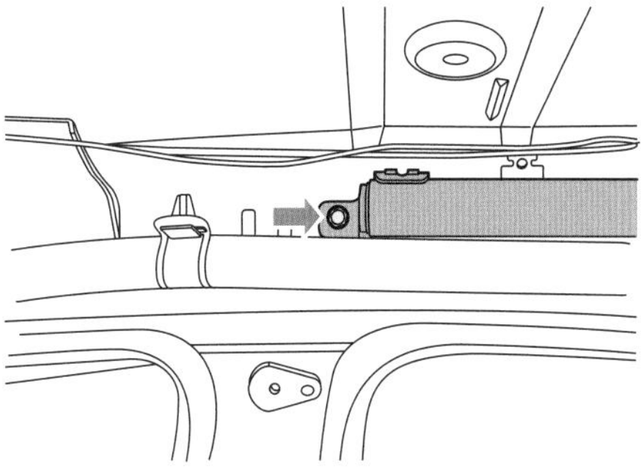 拆卸图 7-5-49 箭头所示的安全气帘固定螺栓，取出安全气帘 图 7-6-49　安全气帘固定螺栓位置
第 12 步	更换新的安全气帘后（安装步骤为拆卸步骤相反顺序），再进行测试和调整

（4）安全气囊电子控制单元更换　电动汽车的安全气囊电子控制单元更换步骤如表 7-6-20 所示。

表 7-6-20　安全气囊电子控制单元更换步骤

步骤	操作
第 1 步	关闭车辆电源，进行高压下电，并断开 12V 蓄电池负极，拆卸手动维修开关
第 2 步	拆卸副仪表板

步骤	操作
第3步	断开图 7-6-50 所示的安全气囊模块线束插接器

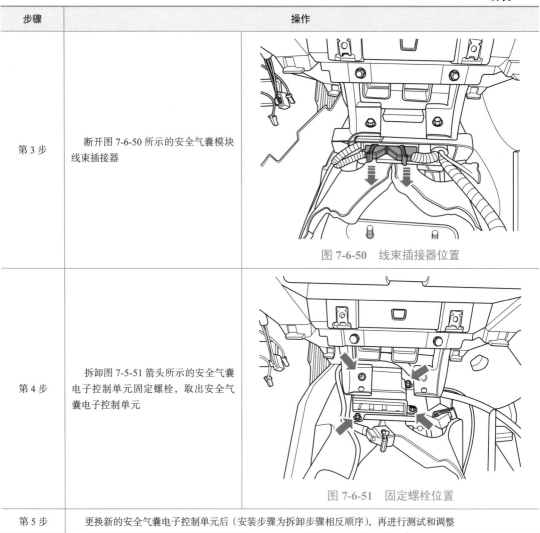

图 7-6-50　线束插接器位置

步骤	操作
第4步	拆卸图 7-5-51 箭头所示的安全气囊电子控制单元固定螺栓，取出安全气囊电子控制单元

图 7-6-51　固定螺栓位置

步骤	操作
第5步	更换新的安全气囊电子控制单元后（安装步骤为拆卸步骤相反顺序），再进行测试和调整

7.6.10　车联网系统更换

（1）中央网关控制器更换　电动汽车的中央网关控制器更换步骤如表 7-6-21 所示。

表 7-6-21　中央网关控制器更换步骤

步骤	操作
第1步	连接诊断仪控制车辆为模块换件模式
第2步	关闭车辆电源，进行高压下电，并断开 12V 蓄电池负极，拆卸手动维修开关
第3步	拆卸副仪表板前延伸板总成
第4步	拆卸仪表主机防护罩组件
第5步	拆卸中央网关控制器

步骤	操作
第 5 步	①拆卸图 7-6-52 箭头所示的仪表主机防水罩 a 固定螺母 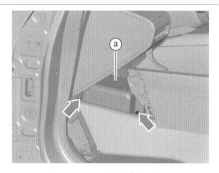 图 7-6-52　固定螺母位置 ②断开图 7-6-53 箭头 A 所示的仪表主机和中央网关控制器线束插接器 ③脱开图 7-6-53 箭头 B 所示的线束固定卡扣 ④脱开图 7-6-53 所示的空调排水管 a 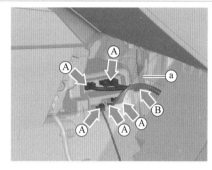 图 7-6-53　线束插接器、固定卡扣位置 ⑤拆卸图 7-6-54 箭头所示的仪表主机防水罩 a 固定螺母 ⑥将图 7-6-54 所示的仪表主机防水罩 a 尽量向上倾斜，取出仪表主机和中央网关控制器 b 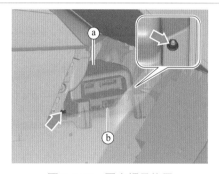 图 7-6-54　固定螺母位置 ⑦拆卸图 7-6-55 箭头所示的固定螺栓，取出中央网关控制器 a 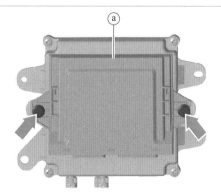 图 7-6-55　固定螺栓位置
第 6 步	更换新的中央网关控制器后（安装步骤为拆卸步骤相反顺序），再进行测试和调整

（2）**GPS 天线模块更换**　电动汽车的 GPS 天线模块更换步骤如表 7-6-22 所示。

表 7-6-22　GPS 天线模块更换步骤

步骤	操作
第 1 步	关闭车辆电源，进行高压下电，并断开 12V 蓄电池负极，拆卸手动维修开关
第 2 步	拆卸仪表板中部右装饰板总成
第 3 步	拆卸智能车载主机
第 4 步	拆卸组合仪表总成
第 5 步	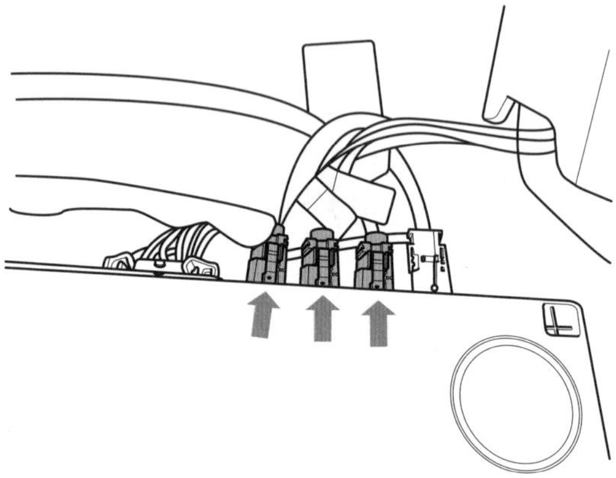 断开图 7-6-56 箭头所示的 GPS 天线模块线束插接器 图 7-6-56　线束插接器位置
第 6 步	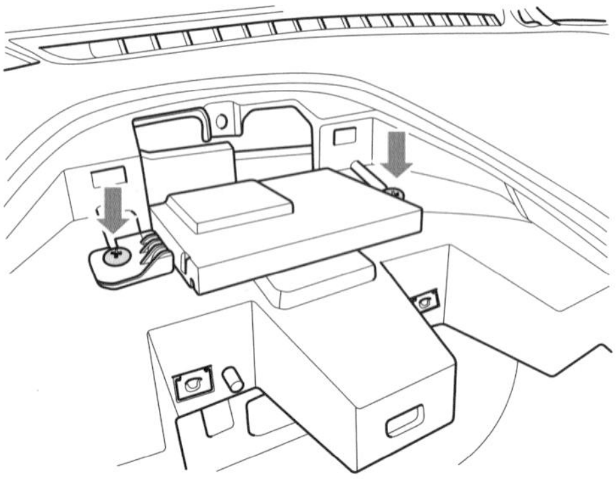 拆卸图 7-5-57 箭头所示 GPS 天线模块固定螺钉，取出 GPS 天线模块 图 7-6-57　固定螺钉位置
第 7 步	更换新的 GPS 天线模块后（安装步骤为拆卸步骤相反顺序），再进行测试和调整

（3）**远程监控模块更换**　电动汽车的远程监控模块更换步骤如表 7-6-23 所示。

表 7-6-23　远程监控模块更换步骤

步骤	操作
第 1 步	关闭车辆电源，进行高压下电，并断开 12V 蓄电池负极，拆卸手动维修开关
第 2 步	拆卸仪表板杂物箱
第 3 步	拆卸智能车载主机

步骤	操作
第 4 步	断开图 7-6-58 箭头所示的远程监控模块线束插接器 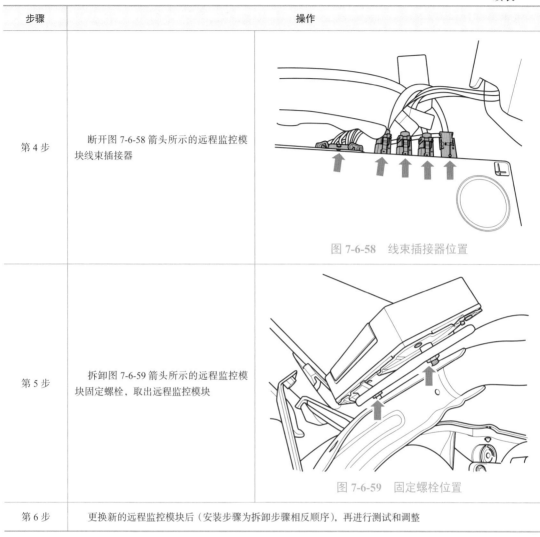 图 7-6-58　线束插接器位置
第 5 步	拆卸图 7-6-59 箭头所示的远程监控模块固定螺栓，取出远程监控模块 图 7-6-59　固定螺栓位置
第 6 步	更换新的远程监控模块后（安装步骤为拆卸步骤相反顺序），再进行测试和调整

7.6.11　泊车辅助系统更换

（1）倒车雷达传感器更换　电动汽车的倒车雷达传感器更换步骤如表 7-6-24 所示。

表 7-6-24　倒车雷达传感器更换步骤

步骤	操作
第 1 步	关闭车辆电源，进行高压下电，并断开 12V 蓄电池负极，拆卸手动维修开关
第 2 步	拆卸行李厢左侧饰板、右侧饰板
第 3 步	拆卸左后组合灯、右后组合灯
第 4 步	拆卸后保险杠总成

步骤	操作
第5步	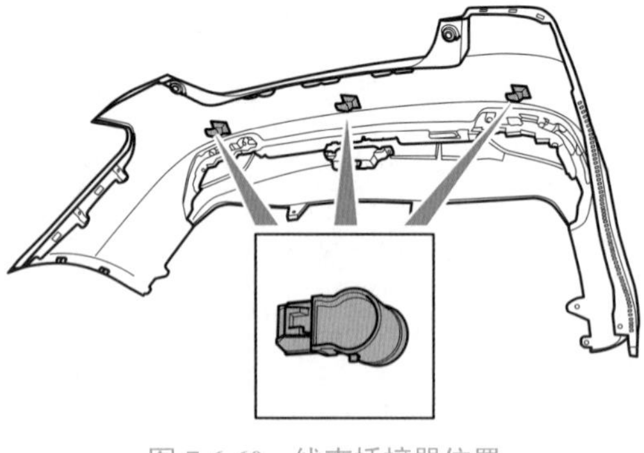 拆卸图7-6-60所示的倒车雷达传感器线束插接器,取出倒车雷达传感器 图7-6-60　线束插接器位置
第6步	更换新的倒车雷达传感器后(安装步骤为拆卸步骤相反顺序),再进行测试和调整

(2)**后摄像头更换**　电动汽车的后摄像头更换步骤如表7-6-25所示。

表7-6-25　后摄像头更换步骤

步骤	操作
第1步	关闭车辆电源,进行高压下电,并断开12V蓄电池负极,拆卸手动维修开关
第2步	拆卸行李厢门内饰板
第3步	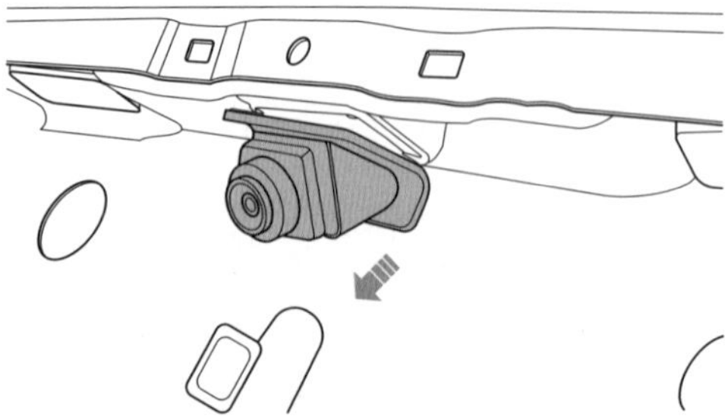 拆卸后摄像头线束插接器,取出图7-6-61所示的后摄像头 图7-6-61　后摄像头位置
第4步	更换新的后摄像头后(安装步骤为拆卸步骤相反顺序),再进行测试和调整

(3)**侧摄像头更换**　电动汽车的侧摄像头更换步骤如表7-6-26所示。

表7-6-26　侧摄像头更换步骤

步骤	操作
第1步	关闭车辆电源,进行高压下电,并断开12V蓄电池负极,拆卸手动维修开关
第2步	拆卸电动后视镜调整电机

步骤	操作
第 3 步	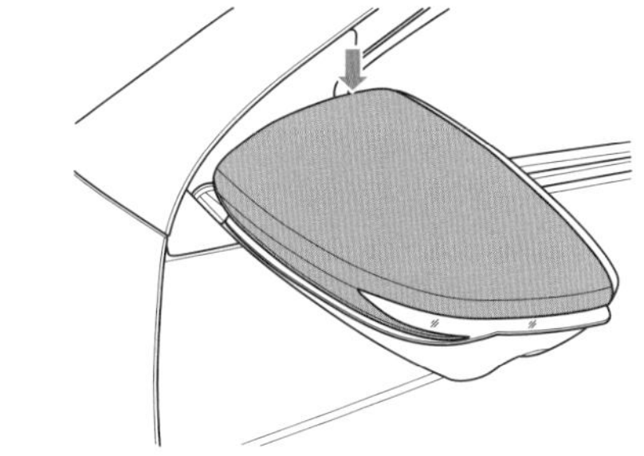 拆卸图 7-6-62 箭头所示的电动后视镜外部装饰罩 图 7-6-62　电动后视镜外部装饰罩位置
第 4 步	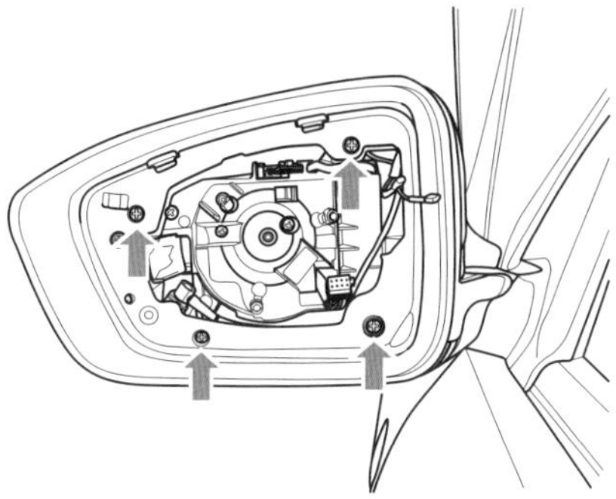 拆卸图 7-6-63 箭头所示的电动后视镜底部装饰罩固定螺钉 图 7-6-63　固定螺钉位置
第 5 步	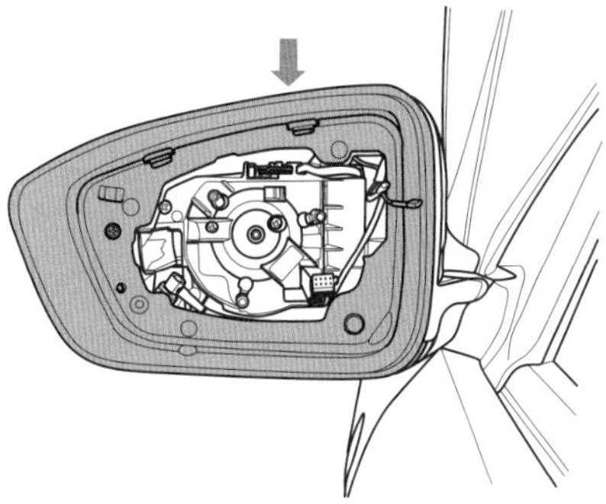 拆卸图 7-6-64 箭头所示的电动后视镜外部装饰框 图 7-6-64　电动后视镜外部装饰框位置
第 6 步	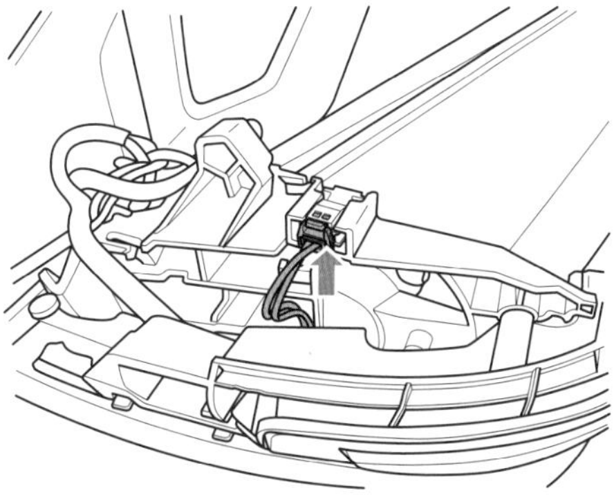 断开图 7-6-65 箭头所示的侧转向灯线束插接器 图 7-6-65　线束插接器位置

步骤	操作
第 7 步	①断开图 7-6-66 箭头所示的侧摄像头线束插接器 ②拆卸图 7-6-66 箭头所示的后视镜底部装饰罩固定螺钉	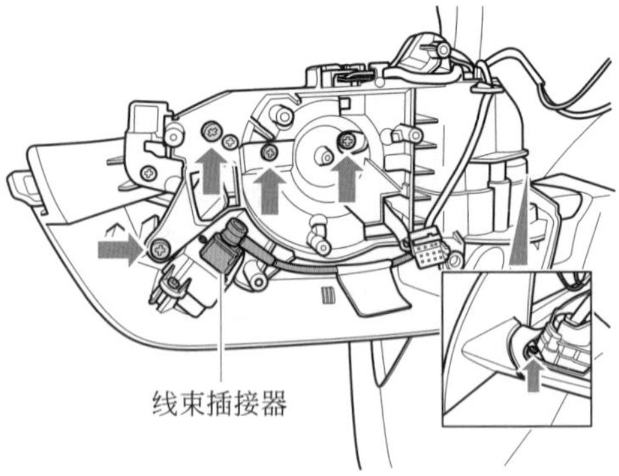 线束插接器 图 7-6-66　线束插接器、固定螺钉位置
第 8 步	转动图 7-6-67 箭头所示的后视镜底部装饰罩，取出视镜底部装饰罩	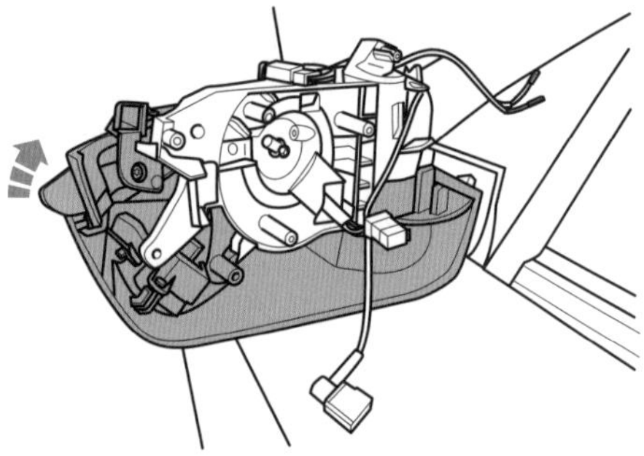 图 7-6-67　后视镜底部装饰罩转动方向
第 9 步	拆卸图 7-6-68 箭头所示的侧摄像头固定螺钉，取出全景影像侧摄像头	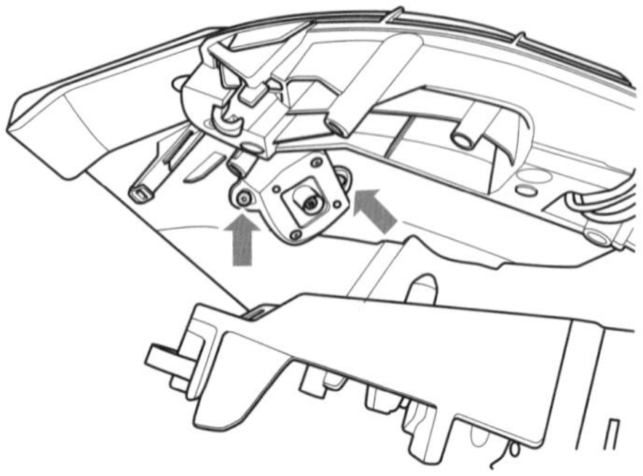 图 7-6-68　固定螺钉位置
第 10 步	更换新的侧摄像头后，将装饰罩、线束插接器、固定螺钉等进行连接

（4）前摄像头更换　电动汽车的前摄像头更换步骤如表 7-6-27 所示。

表 7-6-27　前摄像头更换步骤

步骤	操作
第 1 步	关闭车辆电源，进行高压下电，并断开 12V 蓄电池负极，拆卸手动维修开关
第 2 步	拆卸前保险杠上部装饰板

步骤	操作
第3步	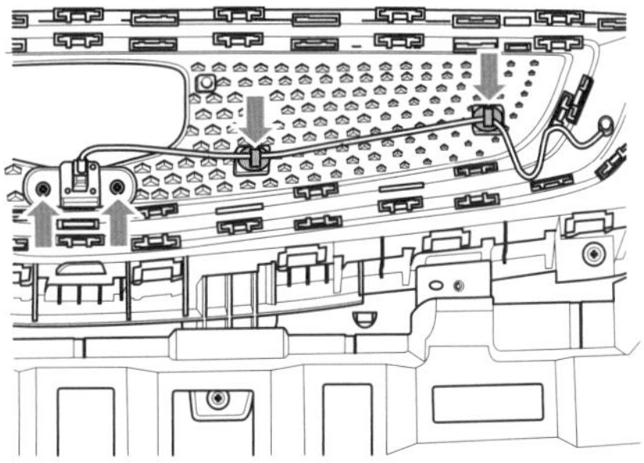 断开前摄像头线束插接器,拆卸图7-6-69箭头所示的前摄像头线束卡扣、固定螺钉,取出前摄像头 图 7-6-69　线束卡扣、固定螺钉位置
第4步	更换新的前摄像头后,将线束卡扣、固定螺钉等进行连接

（5）360°全景摄像头控制模块更换　电动汽车的360°全景摄像头控制模块更换步骤表7-6-28所示。

表 7-6-28　360°全景摄像头控制模块更换步骤

步骤	操作
第1步	关闭车辆电源,进行高压下电,并断开12V蓄电池负极,拆卸手动维修开关
第2步	拆卸仪表板右侧下护板
第3步	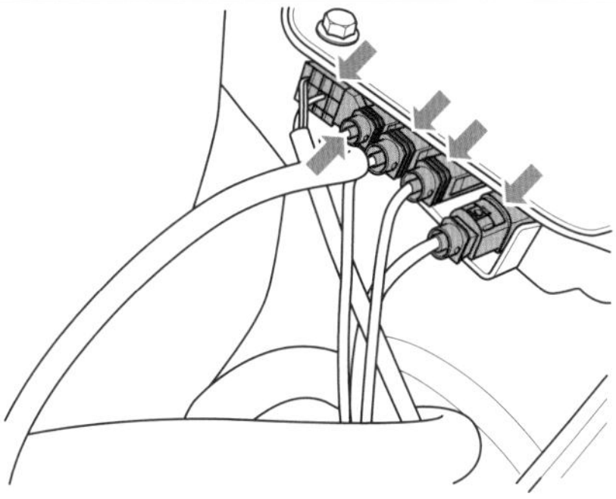 断开图7-6-70箭头所示的360°全景摄像头控制模块线束插接器 图 7-6-70　线束插接器位置
第4步	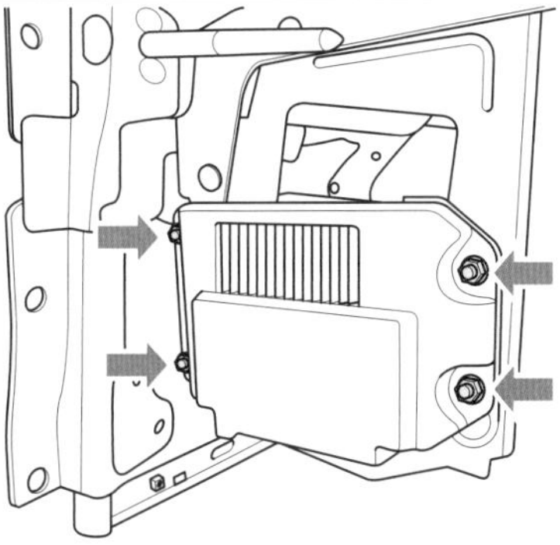 拆卸图7-6-71箭头所示的360°全景摄像头控制固定螺栓,取出360°全景摄像头控制模块 图 7-6-71　固定螺栓位置
第5步	更换新的360°全景摄像头控制模块后(安装步骤为拆卸步骤相反顺序),再进行测试和调整

7.6.12 点烟器、USB 充电器、手机无线充电模块更换

（1）点烟器更换　电动汽车的点烟器更换步骤表 7-6-29 所示。

表 7-6-29　点烟器更换步骤

步骤	操作
第 1 步	关闭车辆电源，进行高压下电，并断开 12V 蓄电池负极，拆卸手动维修开关
第 2 步	拆卸点烟器装饰板总成
第 3 步	拆卸图 7-6-72 所示的点烟器线束插接器，取出点烟器

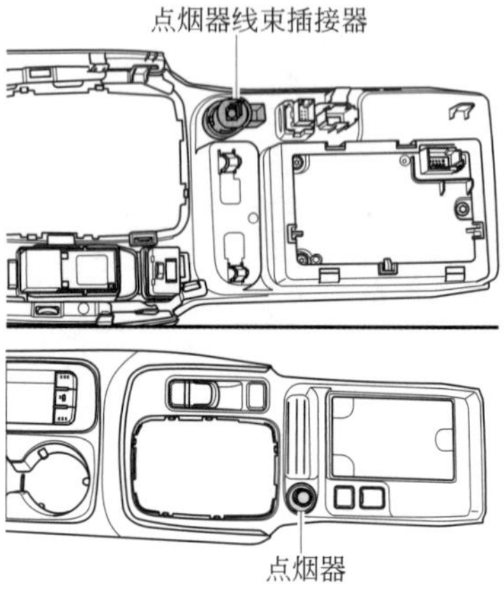

图 7-6-72　点烟器线束插接器、点烟器位置

第 4 步	更换新的点烟器后（安装步骤为拆卸步骤相反顺序），再进行测试和调整

（2）USB 充电器更换　电动汽车的 USB 充电器更换步骤表 7-6-30 所示。

表 7-6-30　USB 充电器更换步骤

步骤	操作
第 1 步	关闭车辆电源，进行高压下电，并断开 12V 蓄电池负极，拆卸手动维修开关
第 2 步	拆卸 USB 充电器装饰板总成
第 3 步	拆卸图 7-6-73 所示的 USB 充电器卡扣，断开 USB 充电器线束插接器，取出 USB 充电器

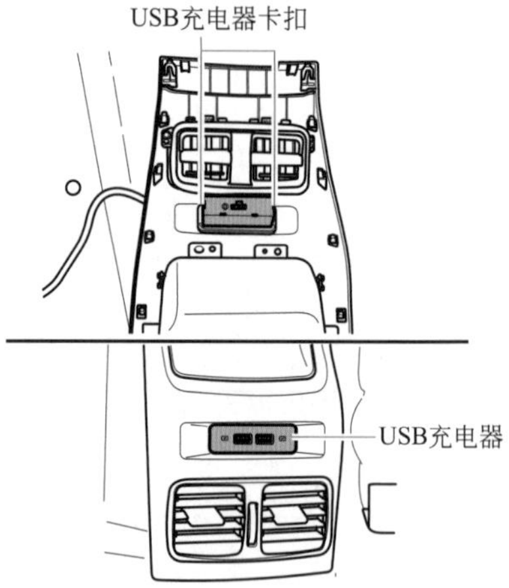

图 7-6-73　USB 充电器卡扣、USB 充电器位置

第 4 步	更换新的 USB 充电器后（安装步骤为拆卸步骤相反顺序），再进行测试和调整

（3）**手机无线充电模块更换**　电动汽车的手机无线充电模块更换步骤如表 7-6-31 所示。

表 7-6-31　手机无线充电模块更换步骤

步骤	操作
第 1 步	关闭车辆电源，进行高压下电，并断开 12V 蓄电池负极，拆卸手动维修开关
第 2 步	拆卸副仪表板杯托饰板总成
第 3 步	对无线充电模块装饰板进行拆卸 拆卸图 7-6-74 箭头所示的固定螺钉，取出手机无线充电模块 a 图 7-6-74　固定螺钉位置
第 4 步	更换新的手机无线充电模块后（安装步骤为拆卸步骤相反顺序），再进行测试和调整

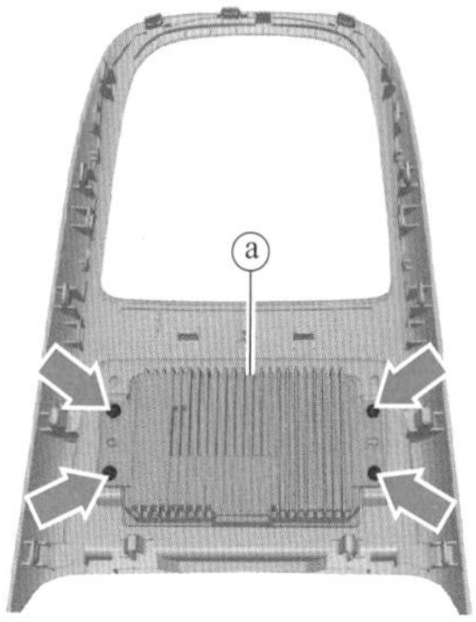

7.6.13　自适应巡航系统更换

电动汽车自适应巡航系统主要依靠车辆的中距离雷达工作。表 7-6-32 所示为中距离雷达更换步骤。

表 7-6-32　中距离雷达更换步骤

步骤	操作
第 1 步	关闭车辆电源，进行高压下电，并断开 12V 蓄电池负极，拆卸手动维修开关
第 2 步	拆卸前保险杠总成
第 3 步	 拆卸中距离雷达线束插接器、固定卡扣，取出图 7-6-75 所示的中距离雷达 中距离雷达 图 7-6-75　中距离雷达位置
第 4 步	更换新的中距离雷达后（安装步骤为拆卸步骤相反顺序），再进行测试和调整

7.6.14 行车辅助系统更换

电动汽车行车辅助系统主要依靠前视摄像头模组工作。表 7-6-33 所示为前视摄像头模组更换步骤。

表 7-6-33　前视摄像头模组更换步骤

步骤	操作
第 1 步	关闭车辆电源，进行高压下电，并断开 12V 蓄电池负极，拆卸手动维修开关
第 2 步	拆卸前视摄像头模组保护盖板
第 3 步	拆卸前视摄像头模组线束插接器、固定卡扣，取出图 7-6-76 所示的前视摄像头模组 前视摄像头模组 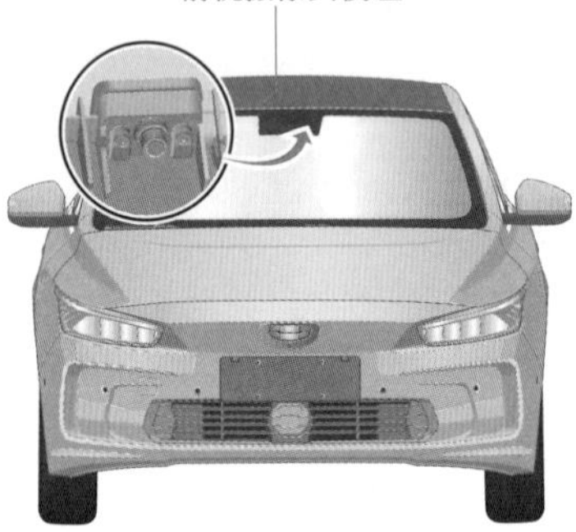 图 7-6-76　前视摄像头模组位置
第 4 步	更换新的前视摄像头模组后（安装步骤为拆卸步骤相反顺序），再进行测试和调整

7.6.15 智能识别系统更换

电动汽车智能识别系统主要依靠车内摄像头模组工作。表 7-6-34 所示为车内摄像头模组更换步骤。

表 7-6-34　车内摄像头模组更换步骤

步骤	操作
第 1 步	关闭车辆电源，进行高压下电，并断开 12V 蓄电池负极，拆卸手动维修开关
第 2 步	拆卸车内后视镜保护盖板
第 3 步	拆卸车内摄像头模组线束插接器、固定卡扣，取出图 7-6-77 所示的车内摄像头模组 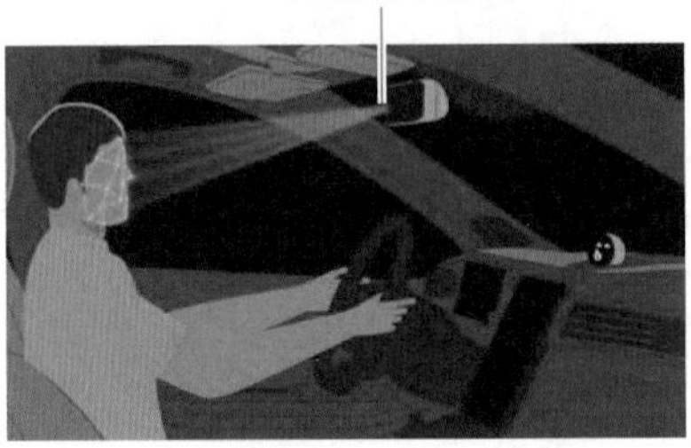 车内摄像头模组 图 7-6-77　车内摄像头模组位置
第 4 步	更换新的车内摄像头模组后（安装步骤为拆卸步骤相反顺序），再进行测试和调整

7.6.16 NFC 数字钥匙更换

电动汽车的数字钥匙主要有蓝牙数字钥匙、APP 远程操控和 NFC 数字钥匙等。表 7-6-35 所示为 NFC 通信模块更换步骤。

表 7-6-35　NFC 通信模块更换步骤

步骤	操作
第 1 步	连接诊断仪控制车辆为模块换件模式
第 2 步	关闭车辆电源，进行高压下电，并断开 12V 蓄电池负极，拆卸手动维修开关
第 3 步	拆卸左侧 B 柱外装饰板总成
第 4 步	拆卸 NFC 通信模块 拆卸图 7-6-78 箭头所示的固定螺钉，取出 NFC 通信模块 a 图 7-6-78　固定螺钉位置
第 5 步	更换新的 NFC 通信模块后（安装步骤为拆卸步骤相反顺序），再进行测试和调整

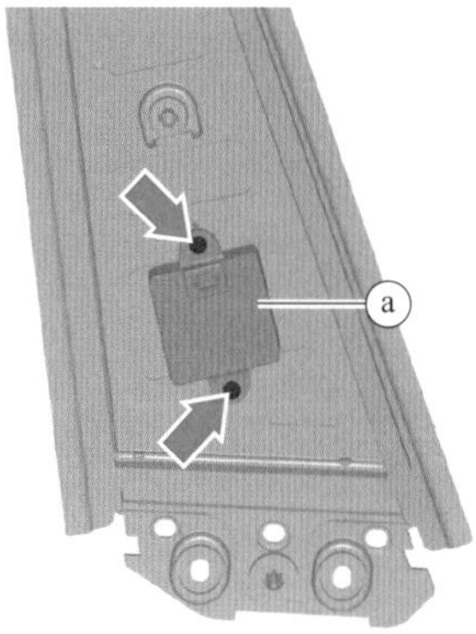

第 8 章
故障诊断基础

8.1
汽车故障诊断概述与流程

8.1.1　汽车故障概述

在汽车运行过程中，由于汽车的内部零部件之间、零件与工作介质和工作产物之间、汽车与外部环境之间均存在着相互作用，其结果会引起零部件发热、磨损及腐蚀等一系列物理、化学变化，使得汽车在整个使用寿命期内，技术状况由好变坏，进而出现汽车故障。汽车故障是指汽车在工作过程中，因某种原因"丧失规定功能"或危害安全的现象。如果这些现象出现，应该及时采用正确的方法诊断并给予排除，无论是什么车系或车型，分析故障、制定诊断流程、确定维修程序的方法都是一样的。

汽车故障通常可以分为机械故障和电子电气故障两个方面。机械故障主要表现为零件的磨损、变形、断裂、腐蚀，除此之外，老化、失调、烧蚀和沉积等也属于汽车某些零部件发生故障的重要原因。电子电气故障大多是用电器烧毁（比如前照灯），插接件处接触不良、短路、断路（断线）等。汽车故障并不全会导致车辆无法运行，比如发动机运行不稳，或是制动片磨损严重，汽车还是可以行驶的，如果这种故障现象或是隐患不排除，可能导致汽车处于危险之中。因此，及早发现并排除故障，既可以保证行车安全，也可以保证汽车的使用寿命。

当汽车发生故障时，会通过一些症状表现出来。可根据各种故障症状的不同来判断导致故障的具体原因，以便排除故障。汽车故障的症状多种多样，归纳起来大致可以分为异响、外观异常、工况异常、油液消耗异常、气味异常、尾气异常、温度异常、油液渗漏等方面。

8.1.2 故障诊断流程

故障诊断一般分为故障问询、诊断故障、确定故障、故障排除几个步骤。

维修技师通过故障问询向车主了解车辆故障的表现形式,为下一步诊断故障做准备,故障问询如图 8-1-1 所示。

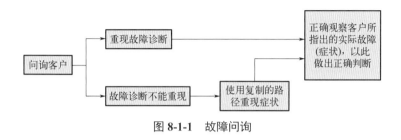

图 8-1-1 故障问询

维修技师根据客户描述的症状进行故障诊断,判断这种症状是不是故障,如图 8-1-2 所示。

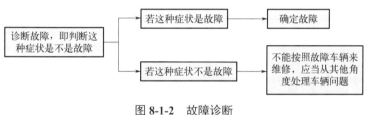

图 8-1-2 故障诊断

通过诊断故障确定了客户描述的症状属于故障,就需要通过确定故障步骤将故障定位到相关总成或部件,如图 8-1-3 所示。

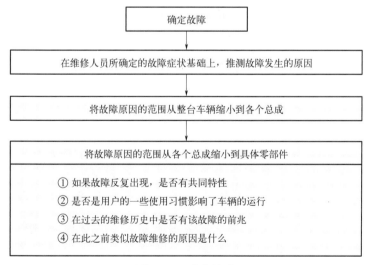

图 8-1-3 确定故障

确定了故障总成或部位就要通过检查、验证获得数据或证据找到真正原因,进行故障排除,如图 8-1-4 所示。

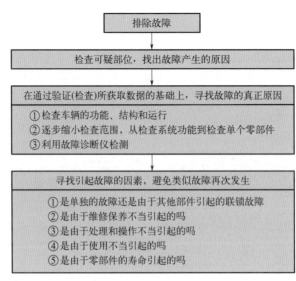

图 8-1-4　故障排除

8.2 故障代码及数据流读取

电动汽车的故障代码及数据流，一般通过诊断仪进行读取。表 8-2-1 所示为读取故障代码操作。

表 8-2-1　读取故障代码操作

步骤	操作
第 1 步	与车辆诊断仪进行连接，图 8-2-1 所示为车辆诊断仪连接位置 图 8-2-1　车辆诊断仪连接位置
第 2 步	打开车辆电源，按照诊断仪的提示，对故障信息进行查询
第 3 步	若读取到当前有故障代码，需要将故障进行排除

步骤	操作
第 4 步	对故障信息与历史故障信息进行清除
第 5 步	关闭车辆电源，等待 5 min 后再打开车辆电源
第 6 步	对车辆症状再次进行读取，若无出现故障代码，证明故障已排除

8.3

典型故障诊断方法

8.3.1 动力蓄电池冷却液温度过高

动力蓄电池冷却液温度过高诊断方法，如表 8-3-1 所示。

表 8-3-1 动力蓄电池冷却液温度过高诊断方法

步骤	诊断方法	
第 1 步	关闭车辆电源后，进行高压下电，并断开 12V 蓄电池负极，拆卸手动维修开关	
第 2 步	检查冷却液	若冷却液充足，进行第 3 步
		若冷却液不充足，应添加冷却液
第 3 步	检查动力蓄电池冷却管路	若动力蓄电池冷却管路正常，进行第 4 步
		若动力蓄电池冷却管路不正常，应更换动力蓄电池冷却管路
第 4 步	检查动力蓄电池冷却系统	若动力蓄电池冷却系统正常，进行第 5 步
		若动力蓄电池冷却系统不正常，应更换动力蓄电池冷却系统故障部件
第 5 步	更换动力蓄电池	若更换动力蓄电池后故障消失，证明故障排除
		若更换动力蓄电池后故障仍然存在，应从其他方面继续寻找故障原因

8.3.2 驱动电机冷却液温度过高

8.3.2.1 诊断方法

驱动电机冷却液温度过高诊断方法如表 8-3-2 所示。

表 8-3-2　驱动电机冷却液温度过高诊断方法

步骤	诊断方法	
第 1 步	关闭车辆电源后，进行高压下电，并断开 12V 蓄电池负极，拆卸手动维修开关	
第 2 步	对冷却液进行检查	若冷却液充足，进行第 3 步
		若冷却液不充足，应添加冷却液
第 3 步	对冷却管路进行检查	若冷却管路正常，进行第 4 步
		若冷却管路不正常，应更换冷却管路
第 4 步	将车辆行驶一段路程，再对冷却液流动情况进行检查	若冷却液流动正常，进行第 5 步
		若冷却液流动不正常，进行第 10 步
第 5 步	对车辆对应的熔丝进行检查	若车辆熔丝正常，进行第 6 步
		若车辆熔丝不正常，应更换相同规格的车辆熔丝
第 6 步	对驱动电机冷却液泵电源连接线束进行检查	若驱动电机冷却液泵电源连接线束数值正常，进行第 7 步
		若驱动电机冷却液泵电源连接线束数值不正常，应更换驱动电机冷却液泵电源连接线束
第 7 步	对驱动电机冷却液泵接地连接线束进行检查	若驱动电机冷却液泵接地连接线束数值正常，进行第 8 步
		若驱动电机冷却液泵接地连接线束数值不正常，应更换驱动电机冷却液泵接地连接线束
第 8 步	对驱动电机冷却液泵调速信号连接线束进行检查	若驱动电机冷却液泵调速信号连接线束数值正常，进行第 9 步
		若驱动电机冷却液泵调速信号连接线束数值不正常，应更换驱动电机冷却水泵调速信号连接线束
第 9 步	对驱动电机冷却液泵进行更换	若更换驱动电机冷却液泵后故障消失，证明故障排除
		若更换驱动电机冷却液泵后故障仍然存在，进行第 10 步
第 10 步	对驱动电机冷却液温度传感器进行更换	若更换驱动电机冷却液温度传感器后故障消失，证明故障排除
		若更换驱动电机冷却液温度传感器后故障仍然存在，进行第 11 步
第 11 步	对驱动电机进行更换	若更换驱动电机后故障消失，证明故障排除
		若更换驱动电机后故障仍然存在，进行第 12 步
第 12 步	对电机控制器进行更换	若更换电机控制器后故障消失，证明故障排除
		若更换电机控制器后故障仍然存在，应从其他方面继续寻找故障原因

8.3.2.2 典型故障案例分析

故障现象：全新一代比亚迪唐 EV 车型只要上 OK 电，冷却风扇就一直处于高速运转，组合仪表无故障告警。

原因分析：造成冷却风扇常转的原因有以下几个方面：

❶ 程序原因；

❷ 冷却系统温度过高；

❸ 风扇控制模块故障；

❹ 线路或其他原因导致。

故障诊断排除过程：

❶ 连接 VDS 发现有多个模块需要程序升级，全部更新后故障未能解决，排除因版本过低导致的原因。

❷ 后电机控制器报 P1C0200 后驱动电机一般过高告警（当前）无法清除，数据流显示电机温度为 131℃，IGBT 为 30℃，IPM 为 35℃，明显只有后电机温度过高（控制策略为电子风扇根据占空比控制，电机温度 80℃低速运转，高于 115℃高速运转），排除风扇控制模块及线路故障。

❸ 因比亚迪唐 EV 的冷却系统由充配电三合一到前电控、前电机、后电控、后电机，最后回到散热器（图 8-3-1），结合前电控数据流显示前电机温度为 21℃，IGBT 为 30℃，IPM 为 35℃，查看冷却电子水泵运转良好，冷却液循环正常，排除冷却系统故障导致的后电机温度过高，判断为后驱电动总成故障。

❹ 为进一步确认故障，把后驱电动总成拆下，打开侧盖测量电机温度传感器为 2.6kΩ（正常阻值为 50.04 ～ 2280kΩ），确认电机温度传感器异常。

❺ 更换电机温度传感器。

❻ 试车，故障排除。

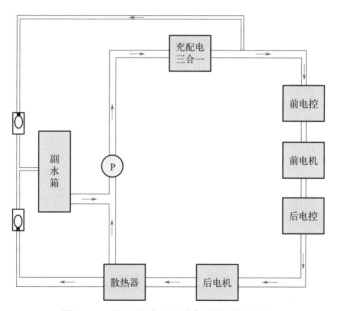

图 8-3-1　比亚迪唐 EV 冷却系统循环图示

8.3.3　电子冷却液泵不能工作

电子冷却液泵不能工作故障诊断方法，如表 8-3-3 所示。

表 8-3-3　电子冷却液泵不能工作故障诊断方法

步骤	诊断方法	
第 1 步	关闭车辆电源后，进行高压下电，并断开 12V 蓄电池负极，拆卸手动维修开关	
第 2 步	对车辆对应的熔丝进行检查	若车辆熔丝正常，进行第 3 步
		若车辆熔丝不正常，应更换相同规格的车辆熔丝
第 3 步	对电子冷却液泵电源连接线束进行检查	若电子冷却液泵电源连接线束数值正常，进行第 4 步
		若电子冷却液泵电源连接线束数值不正常，应更换电子冷却液泵电源连接线束
第 4 步	对电子冷却液泵接地连接线束进行检查	若电子冷却液泵接地连接线束数值正常，进行第 5 步
		若电子冷却液泵接地连接线束数值不正常，应更换电子冷却液泵接地连接线束
第 5 步	对电子冷却液泵调速信号连接线束进行检查	若电子冷却液泵调速信号连接线束数值正常，进行第 6 步
		若电子冷却液泵调速信号连接线束数值不正常，应更换电子冷却液泵调速信号连接线束
第 6 步	更换电子冷却液泵	若更换电子冷却液泵后故障消失，证明故障排除
		若更换电子冷却液泵后故障仍然存在，应从其他方面继续寻找故障原因

8.3.4　连接充电枪，车辆无法充电

连接充电枪，车辆无法充电故障诊断方法，如表 8-3-4 所示，以直流充电为例。

表 8-3-4　连接充电枪，车辆无法充电故障诊断方法

步骤	诊断方法	
第 1 步	关闭车辆电源后，进行高压下电，并断开 12V 蓄电池负极，拆卸手动维修开关。	
第 2 步	对充电设备进行检查	若充电设备正常，进行第 3 步
		若充电设备不正常，应更换充电设备，如更换后故障消失，证明故障排除
第 3 步	对直流充电唤醒信号连接线束进行检查	若直流充电唤醒信号连接线束数值正常，进行第 4 步
		若直流充电唤醒信号连接线束数值不正常，应更换直流充电唤醒信号连接线束
第 4 步	对直流充电插座进行更换	若更换直流充电插座后故障消失，证明故障排除
		若更换直流充电插座后故障仍然存在，进行第 5 步
第 5 步	对动力蓄电池进行更换	若更换动力蓄电池后故障消失，证明故障排除
		若更换动力蓄电池后故障仍然存在，应从其他方面继续寻找故障原因

8.3.5　车辆突然无法行驶

车辆突然无法行驶故障诊断方法，如表 8-3-5 所示。

表 8-3-5　车辆突然无法行驶故障诊断方法

步骤	诊断方法	
第1步	关闭车辆电源后，进行高压下电，并断开 12V 蓄电池负极，拆卸手动维修开关	
第2步	对 12V 蓄电池电压进行检查	若 12V 蓄电池电压数值正常，进行第 3 步
		若 12V 蓄电池电压数值不正常，应对 12V 蓄电池充电或更换
第3步	对动力蓄电池电量进行检查	若动力蓄电池电量正常，进行第 4 步
		若动力蓄电池电量不正常，应对动力蓄电池进行充电或放电处理
第4步	对手动维修开关进行检查	若手动维修开关正常，进行第 5 步
		若手动维修开关不正常，应更换手动维修开关
第5步	对高压线束进行检查，包括性能、绝缘、连接等情况	若高压线束性能、绝缘、连接等情况正常，进行第 6 步
		若高压线束性能、绝缘、连接等情况不正常，应更换高压线束
第6步	对驱动电机温度进行检查	若驱动电机温度正常，进行第 7 步
		若驱动电机温度不正常，应对驱动电机温度进行处理
第7步	对动力蓄电池温度进行检查	若动力蓄电池温度正常，进行第 8 步
		若动力蓄电池温度不正常，应对动力蓄电池温度进行处理
第8步	利用诊断仪对车辆进行连接检修	若清除故障代码后故障消失，证明故障排除
		若清除故障代码后故障仍然存在，应从其他方面继续寻找故障原因

8.3.6　无法解除 P 挡

无法解除 P 挡故障诊断方法，如表 8-3-6 所示。

表 8-3-6　无法解除 P 挡故障诊断方法

步骤	诊断方法	
第1步	关闭车辆电源后，进行高压下电，并断开 12V 蓄电池负极，拆卸手动维修开关	
第2步	对 P 挡开关进行检查，包括解锁、挂锁状态等状态	若 P 挡开关状态正常，进行第 3 步
		若 P 挡开关状态不正常，应重新对 P 挡进行解锁、挂锁等
第3步	对 P 挡请求连接线束进行检查	若 P 挡请求连接线束数值正常，进行第 4 步
		若 P 挡请求连接线束数值不正常，应检修短路、开路等状态，或更换 P 挡请求连接线束
第4步	对 P 挡信号输出连接线束进行检查	若 P 挡信号输出连接线束数值正常，进行第 5 步
		若 P 挡信号输出连接线束数值不正常，应检修短路、开路等状态，或更换 P 挡请求连接线束
第5步	对整车控制器进行更换	若更换整车控制器后故障消失，证明故障排除
		若更换整车控制器后故障仍然存在，进行第 6 步
第6步	对车身控制器进行更换	若更换车身控制器后故障消失，证明故障排除
		若更换车身控制器后故障仍然存在，应从其他方面继续寻找故障原因

09

第9章

整车无法上电及异常下电故障诊断与排除

9.1

整车上电流程及条件

电动汽车上电流程分为低压供电及唤醒上电和低压控制高压系统上电（称为高压上电）。如图9-1-1所示，整车控制器、驱动电机控制器、动力蓄电池管理器需要有独立的记忆供电电源端子，它们是由低压蓄电池供电，这是高压上电的第一个基础条件。

图 9-1-1　供电示意图

第二个基础条件是电源开关唤醒电源，使各控制器进行自检，自检后模块与模块方可互相通信。如图9-1-2所示，打开点火开关，根据不同车型上电唤醒设计，分别唤醒整车控制器，整车控制器进行自检，包括挡位控制器（挡位传感器位置）、制动开关状态、真空压力传感器数据以及整车控制器控制的电器等。BMS被唤醒后自检，同时进行动力蓄电池单体电压、温度、绝缘阻值、高压接触器是否烧结/粘连、高压接触器线圈、高压互锁、动力蓄电池当前电量等检测，并且将自检结果上报给整车控制器。驱动电机控制器被唤醒后进行自检（例如，ICBT 温度、驱动电源电路板等），自检完毕后，开始进行外围电器部件检测，例如旋转变压器传感器 U、V、W 三相线是否存在异常等，将自检结果上报给整车控制器和其他控制器件，例如 DC/DC 变换器、OBC、EAC、PTC 加热器、组合仪表等，同时这些控制器件也要被唤醒。

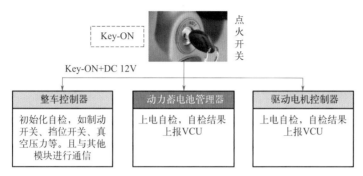

图 9-1-2　被唤醒控制器

当踩下制动踏板后，电源开关处于"ST"挡位，VCU 接收到启动唤醒信号并且通过上述自检后，具备上电条件，在数据总线上传至动力电池管理器、驱动电机控制器。图 9-1-3 为启动高压上电前工作示意图，VCU、BMS、MCU 开始执行高压上电工作。

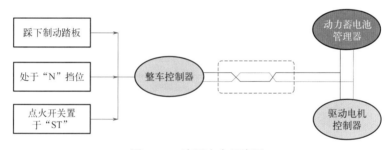

图 9-1-3　高压上电示意图

9.2

预充失败导致无法上电

9.2.1　一般诊断方法

预充失败导致无法上电，车辆症状和可能原因如表 9-2-1 所示。

表 9-2-1　车辆症状和可能原因

车辆症状	可能原因
①预充超时 ②预充过流 ③预充短路等	①高压上电未完成 ②外部负载提前工作 ③主正主负外部负载回路短路等

预充失败导致无法上电故障诊断与排除方法如表 9-2-2 所示。

表 9-2-2　预充失败导致无法上电故障诊断与排除方法

步骤		诊断与排除方法
第 1 步	关闭车辆电源后，对车辆进行上电检查	若重新启动车辆后故障消失，证明故障排除
		若重新启动车辆后故障仍然存在，进行第 2 步
第 2 步	对高压负载短路进行检查	若不存在高压负载短路，进行第 3 步
		若存在高压负载短路，应更换高压负载短路故障部件
第 3 步	对动力蓄电池进行更换	若更换动力蓄电池后故障消失，证明故障排除
		若更换动力蓄电池后故障仍然存在，应从其他方面继续寻找故障原因

9.2.2　故障案例

9.2.2.1　预充失败导致全新一代比亚迪唐 DM 车型 EV 功能受限故障案例 1

故障现象：全新一代比亚迪唐 DM 客户反映仪表提示 EV 功能受限（图 9-2-1），启动时发动机直接介入，无法切换到 EV 模式，车辆只能加速到 60km/h（跛行模式）。

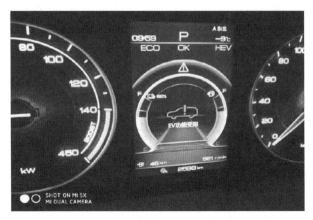

图 9-2-1　仪表提示 EV 功能受限

原因分析：

❶ 驱动电机控制器故障；

❷ 驱动电机故障；

❸ 高压配电箱故障；

❹ 动力电池故障。

维修过程：

❶ 读取故障代码，BMS 报故障代码 P1A3400 预充失败故障；整车控制器报故障代码 P1D7100 高压系统故障 -BMS 放电不允许（图 9-2-2），初步判断为此故障因预充未完成导致。

故障数：1	故障数：1
P1A3400　预充失败故障	P1D7100　高压系统故障-BMS放电不允许

图 9-2-2　故障代码

❷ BMS 报预充失败，首先排查预充失败的原因，测量预充电阻阻值为 204.7Ω（正常，如图 9-2-3 所示），检查预充接触器吸合正常。进一步根据预充成功的条件排查，检查 DC 模块无低压告警，BMS 无严重漏电故障报警，在上电瞬间读取前电控直流母线电压数据流发现无电压输入（预充失败的原因：前电控直流母线电压未达到设定值）。

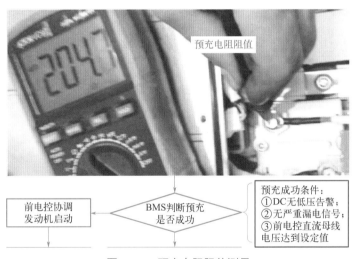

图 9-2-3　预充电阻阻值测量

❸ 如图 9-2-4 所示，拆下动力电池正负极母线短接互锁，在上电瞬间实测动力电池输出电压（此步骤一定要谨慎操作，做好防护），实测电压为 0.004V（异常），判定为动力蓄电池无电压输出导致预充失败。进一步测量负极接触器阻值为 17.5Ω（正常），分压接触器阻值为 0.44MΩ（异常）；到此确定为分压接触器故障导致动力蓄电池无电压输出，进而导致预充失败，车辆 EV 功能受限，更换动力蓄电池后故障排除。

维修小结：

处理故障时一定要熟知原理，结合故障代码和数据流逐步分析，验证排查。

注：对于装有 BSG 系统车辆，当动力蓄电池或配电箱故障，DC 无法收到电池的高压时，系统将启动稳压发电功能，即发动机带动 BSG 电机发电，BSG 电机控制器将交流电转换成高压直流电给 DC 供电，此时车辆进入跛行模式，限速 60km/h。

9.2.2.2　预充失败导致全新一代比亚迪唐 DM 车型 EV 功能受限故障案例 2

故障现象：上电时无法上 EV 挡，HEV 模式直接启动发动机。

原因分析：

❶ 高压互锁；

❷ 高压系统漏电；

❸ 模块故障；

❹ 线路故障。

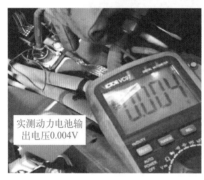

图 9-2-4　上电瞬间实测动力电池输出电压

维修过程：

❶ 对车辆进行 VDS 扫描得到的故障代码非常多，有高压系统、低压系统故障代码，还有与 EV 功能无关的系统故障代码。记录故障代码，清除所有故障代码后关闭点火开关并断开高压电连接，等待 5min。

❷ 重新上电还是报 "EV 功能受限"，这时扫描系统发现电池管理系统报故障代码 P1A3400 预充失败故障；整车控制器-BSG 报故障代码 P1D7100 高压系统故障-BMS 放电不允许（图 9-2-5）；自适应巡航系统报故障代码 U012186ESP 信号无效；低压电池管理系统报故障代码 B1FB900 未定义。

三元电池管理系统_80	整车控制器_BSG
38　Ⓒ 483500107C4D000100　Ⓥ 3.00.04	54　Ⓒ 48370010807E000020　Ⓥ 3.00.10
存在故障	存在故障
P1A3400　预充失败故障	P1D7100　高压系统故障-BMS放电不允许

图 9-2-5　故障代码

❸ 根据这些故障代码可以认定是预充无法完成导致 EV 功能受限，断开低压蓄电池负极，拆掉中央控制台，把高压配电箱上的前 PTC 加热器和后 PTC 加热器的接插件断开，短接好互锁后上电还是报"EV 功能受限"。

❹ 这时怀疑会不会是前电机控制器和后电机控制器把高压电给拉低了，在 HV 模式下用 VDS 检查前电机控制器的数据流母线电压为 521V（图 9-2-6），后电机控制器数据流母线电压为 524V（图 9-2-7），而电池管理系统数据流总电压为 669V（图 9-2-8），电压相差太大，而且前后电机控制器的母线电压一样，说明高压配电箱出来的母线电压只有 500V 左右。

前驱动电机状态	前驱动电机关闭	/
启动允许	禁止启动(防盗接触失败/正在充电/盖子打开)	/
母线电压	521	0/10
转速	0	−15000/15
扭矩	0	−500/50
功率	0	−100/20
IPM散热器温度	35	−40/16

图 9-2-6　前电机控制器母线电压

后驱动电机状态	电机关闭	/
启动允许	禁止启动(防盗接触失败/正在充电/盖子打开)	/
母线电压	524	0/10
转速	0	−15000/15
扭矩	0	−500/50
功率	0	−100/20
IPM散热器温度	35	−40/16

图 9-2-7　后电机控制器母线电压

SOC	91	0/10
低温标志	Ad5.6	/
动力电池品检代号	Ad5.6	/
电池组当前总电压	669	0/10
电池组当前总电流	−0.1	−500/10
最大允许充电功率	18.0	0/50
充电次数	3	/

图 9-2-8　电池管理系统数据流总电压

❺ 在上 OK 挡电时，有时还能上 EV 挡，能上 EV 挡时都正常，只要退电后再上电故障又出现，怀疑预充接触器烧结或者预充电阻阻值不正常。

❻ 拆下高压配电箱测量预充接触器无异常，测量预充电阻阻值时发现为 776Ω［图 9-2-9（a）］，正常值是 200Ω 左右，更换预充电阻后再测量预充电阻阻值为 199Ω［图 9-2-9（b）］，装车试车故障排除。

 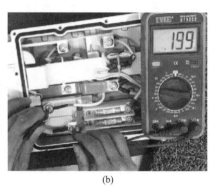

(a)　　　　　　　　　　　　　　　(b)

图 9-2-9　预充电阻更换前后阻值测量

维修小结：在维修新能源车时首先要注意安全，再按故障状况和故障代码结合资料才能更快地找到故障点。

9.3

绝缘故障导致无法上电

绝缘故障导致无法上电，可能包括由电机控制器、动力蓄电池、车载充电机、高压线束等引起的故障。

9.3.1　电机控制器绝缘故障

电机控制器绝缘故障导致无法上电，车辆症状和可能原因如表 9-3-1 所示。

表 9-3-1　车辆症状和可能原因

车辆症状	可能原因
车辆无法上高压电，仪表上电动系统故障指示灯、动力电池切断指示灯点亮，故障诊断仪报相电流过流故障	①电机（U 相、V 相、W 相）相线路绝缘故障 ②电机内部故障 ③电机控制器内部故障 ④电机缺相运行 ⑤电机内部失磁 ⑥电机控制算法错误 ⑦电机控制器内部微控制单元芯片错误等

电机控制器绝缘故障导致无法上电故障诊断与排除方法如表 9-3-2 所示。

表 9-3-2　电机控制器绝缘故障导致无法上电故障诊断与排除方法

步骤	诊断与排除方法	
第 1 步	关闭车辆电源后，对车辆进行上电检查	若重新启动车辆后故障消失，证明故障排除
		若重新启动车辆后故障仍然存在，进行第 2 步
第 2 步	对驱动电机进行更换	若更换驱动电机后故障消失，证明故障排除
		若更换驱动电机后故障仍然存在，进行第 3 步
第 3 步	对电机控制器进行更换	若更换电机控制器故障消失，证明故障排除
		若更换电机控制器故障仍然存在，应从其他方面继续寻找故障原因

9.3.2　动力蓄电池绝缘故障

动力蓄电池绝缘故障导致无法上电，车辆症状和可能原因如表 9-3-3 所示。

表 9-3-3　车辆症状和可能原因

车辆症状	可能原因
车辆无法上高压电，仪表上动力蓄电池切断指示灯点亮，故障诊断仪报高压继电器闭合或断开绝缘等级故障	高压部分绝缘异常等

动力蓄电池绝缘故障导致无法上电故障诊断与排除方法如表 9-3-4 所示。

表 9-3-4　动力蓄电池绝缘故障导致无法上电故障诊断与排除方法

步骤	诊断方法	
第 1 步	关闭车辆电源后，对车辆进行上电检查，并进行路试	若重新启动车辆后故障消失，证明故障排除
		若重新启动车辆后故障仍然存在，进行第 2 步
第 2 步	对高压线束磨损情况进行检查	若存在高压线束磨损情况，应更换高压线束磨损线束
		若不存在高压线束磨损情况，进行第 3 步
第 3 步	对高压线束和高压负载绝缘情况进行检查	若存在高压线束和高压负载绝缘情况，应更换高压线束或高压负载
		若不存在高压线束和高压负载绝缘情况，进行第 4 步
第 4 步	对动力蓄电池进行更换	若更换动力蓄电池后故障消失，证明故障排除
		若更换动力蓄电池后故障仍然存在，应从其他方面继续寻找故障原因

9.3.3　车载充电机绝缘故障

车载充电机绝缘故障导致无法上电，车辆症状和可能原因如表 9-3-5 所示。

表 9-3-5　车辆症状和可能原因

车辆症状	可能原因
车辆无法上高压电，仪表上动力蓄电池切断指示灯点亮，故障诊断仪报绝缘耐高压异常故障	①交流线束绝缘故障 ②交流线束漏电 ③充电设备故障 ④车载充电机故障等

车载充电机绝缘故障导致无法上电故障诊断与排除方法如表 9-3-6 所示。

表 9-3-6　车载充电机绝缘故障导致无法上电故障诊断与排除方法

步骤		诊断方法
第 1 步	关闭车辆电源后，对高压电源进行下电处理，再对交流线束磨损情况进行检查	若存在交流线束磨损情况，应更换交流线束
		若不存在交流线束磨损情况，进行第 2 步
第 2 步	当车辆静止 1h 后，对车辆进行上电检查	若重新启动车辆后故障消失，证明故障排除
		若重新启动车辆后故障仍然存在，进行第 3 步
第 3 步	对充电设备进行更换	若更换充电设备后故障消失，证明故障排除
		若更换充电设备后故障仍然存在，进行第 4 步
第 4 步	对车载充电机进行更换	若更换车载充电机后故障消失，证明故障排除
		若更换车载充电机后故障仍然存在，应从其他方面继续寻找故障原因

9.4

互锁故障导致无法上电

互锁故障导致无法上电，可能包括由动力蓄电池、电机控制器、车载充电机、整车控制器等引起的故障。

9.4.1　动力蓄电池互锁故障

 一般检修方法

动力蓄电池互锁故障导致无法上电，车辆症状和可能原因如表 9-4-1 所示。

表 9-4-1　车辆症状和可能原因

车辆症状	可能原因
车辆无法上高压电，仪表上动力蓄电池切断指示灯点亮，故障诊断仪报高压互锁检测回路异常故障	①高压互锁短路故障 ②高压互锁开路故障等

动力蓄电池互锁故障导致无法上电故障诊断与排除方法如表 9-4-2 所示。

表 9-4-2　动力蓄电池互锁故障导致无法上电故障诊断与排除方法

步骤	诊断方法	
第 1 步	关闭车辆电源后，进行高压下电，并断开 12V 蓄电池负极，拆卸手动维修开关	
第 2 步	对高压元件、低压线束接插件进行检查，包括虚接、破裂、磨损等情况	若存在虚接、破裂、磨损等情况，应进行检修或更换高压元件或低压线束接插件
		若不存在虚接、破裂、磨损等情况，进行第 3 步
第 3 步	对高压互锁线路电阻进行检查	若高压互锁线路电阻数值正常，进行第 9 步
		若高压互锁线路电阻数值不正常，进行第 4 步
第 4 步	对整车控制器互锁信号输出线束进行检查	若整车控制器互锁信号输出线束数值正常，进行第 5 步
		若整车控制器互锁信号输出线束数值不正常，应更换整车控制器互锁信号输出线束
第 5 步	对高压电器盒互锁信号输出线束进行检查	若高压电器盒互锁信号输出线束数值正常，进行第 6 步
		若高压电器盒互锁信号输出线束数值不正常，应更换高压电器盒互锁信号输出线束
第 6 步	对电动空调压缩机互锁信号输出线束进行检查	若电动空调压缩机互锁信号输出线束数值正常，进行第 7 步
		若电动空调压缩机互锁信号输出线束数值不正常，应更换电动空调压缩机互锁信号输出线束
第 7 步	对电池加热器互锁信号输出线束进行检查	若电池加热器互锁信号输出线束数值正常，进行第 8 步
		若电池加热器互锁信号输出线束数值不正常，应更换电池加热器互锁信号输出线束
第 8 步	对整车控制器互锁信号反馈线束进行检查	若整车控制器互锁信号反馈线束数值正常，进行第 9 步
		若整车控制器互锁信号反馈线束数值不正常，应更换整车控制器互锁信号反馈线束
第 9 步	对整车控制器进行更换	若更换整车控制器后故障消失，证明故障排除
		若更换整车控制器后故障仍然存在，应从其他方面继续寻找故障原因

9.4.1.2　电池加热器互锁故障导致 EV 功能受限故障案例

故障现象：全新一代唐 DM 车型客户反映仪表提示 EV 功能受限，低压系统严重亏电，车辆无法启动。

原因分析：

❶ 电路故障；

❷ 线路故障；

❸ 蓄电池故障；

❹ 模块故障。

维修过程：

❶ 读取电池管理系统发现存在故障，故障代码为高压互锁1故障（图9-4-1），根据互锁控制线路（图9-4-2）先测量BMS互锁针脚K45B-4号脚与K45B-5号脚是否导通，实际测量不导通，根据互锁控制原理分段测量高压电器互锁针脚，再测量前电机控制器B28-4号脚至电动压缩机互锁A56-6号脚，实际测量不导通。

高压互锁1	锁止
高压互锁2	未锁止
高压系统状态	正常
最低电压电池编号	45
最低单节电池电压	3.655
最高电压电池编号	94

图9-4-1　故障代码

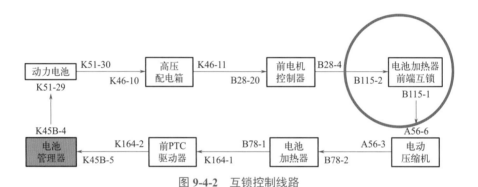

图9-4-2　互锁控制线路

❷ 经检查发现电池加热功能互锁B115-2与B115-1（图9-4-2）互锁插接器未连接到位（图9-4-3），导致高压系统互锁，车辆无法正常行驶。

插头未插到位

图9-4-3　互锁插接器未连接到位

维修小结：熟知电路控制原理对解决此类故障非常重要，此车配有BSG电机，无发电机，12V供电由DC负责转换，若DC状态异常将停止供电转换，导致启动型铁电池无法充电而严重亏电。

维修点评：BSG系统具有稳压功能，整车高压系统故障导致主接触器断开时，发动机驱动 BSG 电机发电,经 BSG 电控将交流电逆变为直流电供给 DC,经 DC 转为低压电后,供给整车低压电器;注意,高压互锁、严重漏电时不可进入稳压。

9.4.2 电机控制器互锁故障

9.4.2.1 一般排除方法

电机控制器互锁故障导致无法上电,车辆症状和可能原因如表 9-4-3 所示。

表 9-4-3　车辆症状和可能原因

车辆症状	可能原因
车辆无法上电,仪表上电动系统故障指示灯点亮,故障诊断仪报高压互锁检测回路异常故障	①电机控制器端盖打开或安装不到位 ②线束接插件针脚腐蚀或退针 ③电机控制器故障等

电机控制器互锁故障导致无法上电故障诊断与排除方法如表 9-4-4 所示。

表 9-4-4　电机控制器互锁故障导致无法上电故障诊断与排除方法

步骤		诊断方法
第 1 步	关闭车辆电源后,对车辆进行上电检查,并进行路试	若重新启动车辆后故障消失,证明故障排除
		若重新启动车辆后故障仍然存在,进行第 2 步
第 2 步	对电机控制器接插件进行检查,包括腐蚀或退针等情况	若存在腐蚀或退针等情况,应更换电机控制器接插件
		若不存在腐蚀或退针等情况,进行第 3 步
第 3 步	对电机控制器进行检查,包括电机控制器盒盖打开或安装不到位等情况	若存在电机控制器盒盖打开或安装不到位等情况,应重新安装电机控制器盒盖
		若不存在电机控制器盒盖打开或安装不到位等情况,进行第 4 步
第 4 步	对电机控制器进行更换	若更换电机控制器后故障消失,证明故障排除
		若更换电机控制器后故障仍然存在,应从其他方面继续寻找故障原因

9.4.2.2 电机控制器互锁端子导致 EV 功能受限故障案例

故障现象:车辆 SOC56% 上电时直接启动发动机,仪表提示"EV 功能受限"。

原因分析:

❶ 程序软件故障;

❷ 某高压零部件故障;

❸ 线路故障。

维修过程:

❶ 用 VDS1000 读取整车各模块软件版本为最新程序。

❷ 在电池管理器中报故障互锁 1 故障。清除故障代码后对车辆重新上电，故障依旧。

❸ 互锁 1（PWM 信号）流向如图 9-4-4 所示。

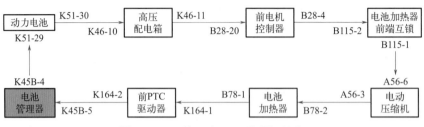

图 9-4-4　互锁 1（PWM 信号）流向

❹ 因电池管理器位于高压配电箱下部，不方便测量 K45B-4 与 K45B-5 针脚的导通性，可以分段测量，逐一排除。如可先测 K51-29 与 B-115-1 或 K51-29 与 K164-2，判断无异常再去测量电池管理器线束端。

❺ 测量 K51-29 与 B-115-1 时不导通，说明电池包、高压配电箱、前电控、电池加热器前端互锁存在异常。

❻ 排查前电控互锁时发现 B28-20 与 B28-4 不导通，检查电控正负极端子时发现互锁端子存在退针现象，需更换前电控。

9.4.3　整车控制器互锁故障

整车控制器互锁故障导致无法上电，车辆症状和可能原因如表 9-4-5 所示。

表 9-4-5　车辆症状和可能原因

车辆症状	可能原因
车辆无法上电，故障诊断仪报高压互锁线路异常故障	①高压互锁损坏、线束开路、接口开路 ②高压互锁损坏、线束短路到地、接口短路到地 ③高压互锁损坏、线束短路到电源、接口短路到电源 ④高压互锁回路故障 ⑤高压互锁故障等

整车控制器互锁故障导致无法上电故障诊断与排除方法如表 9-4-6 所示。

表 9-4-6　整车控制器互锁故障导致无法上电故障诊断与排除方法

步骤	诊断方法	
第 1 步	对故障代码进行读取清除后，再重新启动车辆	若重新启动车辆后故障消失，证明故障排除
		若重新启动车辆后故障仍然存在，进行第 2 步
第 2 步	对高压电器盒高压接插件进行检查，包括互锁针脚导通等情况	若互锁针脚导通等情况正常，进行第 3 步
		若互锁针脚导通等情况不正常，应更换相对应的高压线束

步骤	诊断方法	
第 3 步	对高压电器盒线路进行检查	若高压电器盒线路正常，进行第 4 步
		若高压电器盒线路不正常，应检查高压电器盒线路短路、开路情况，或更换高压电器盒线束
第 4 步	对高压电器盒进行更换	若更换高压电器盒后故障消失，证明故障排除
		若更换高压电器盒后故障仍然存在，进行第 5 步
第 5 步	对整车控制器进行更换	若更换整车控制器后故障消失，证明故障排除
		若更换整车控制器后故障仍然存在，应从其他方面继续寻找故障原因

9.5
系统过温导致无法上电

过温故障导致无法上电，可能包括由电机控制器、车载充电机、整车控制器等引起的故障。

9.5.1 电机控制器过温

电机控制器过温故障导致无法上电，车辆症状和可能原因如表 9-5-1 所示。

表 9-5-1　车辆症状和可能原因

车辆症状	可能原因
车辆无法上电，电机及控制器过热指示灯点亮，故障诊断仪报电机控制器模块、电容、控制板环境温度过温等故障	①冷却液不足 ②电机控制器运行时间过长 ③冷却系统故障 ④电机控制器内部故障 ⑤环境温度过高

电机控制器过温导致无法上电故障诊断与排除方法如表 9-5-2 所示。

表 9-5-2　电机控制器过温导致无法上电故障诊断与排除方法

步骤	诊断方法	
第 1 步	关闭车辆电源后，进行高压下电，并断开 12V 蓄电池负极，拆卸手动维修开关	
第 2 步	对冷却液进行检查	若冷却液充足，进行第 3 步
		若冷却液不足，应添加冷却液

步骤	诊断方法	
第3步	对冷却管路进行检查	若冷却管路正常，进行第4步
		若冷却管路不正常，应更换冷却管路
第4步	对车辆对应的熔丝进行检查	若车辆熔丝正常，进行第5步
		若车辆熔丝不正常，应更换相同规格的车辆熔丝
第5步	对电子冷却液泵电源连接线束进行检查	若电子冷却液泵电源连接线束数值正常，进行第6步
		若电子冷却液泵电源连接线束数值不正常，应更换电子冷却液泵电源连接线束
第6步	对电子冷却液泵接地连接线束进行检查	若电子冷却液泵接地连接线束数值正常，进行第7步
		若电子冷却液泵接地连接线束数值不正常，应更换电子冷却液泵接地连接线束
第7步	对电子冷却液泵调速信号连接线束进行检查	若电子冷却液泵调速信号连接线束数值正常，进行第8步
		若电子冷却液泵调速信号连接线束数值不正常，应更换电子冷却液泵调速信号连接线束
第8步	更换电子冷却液泵	若更换电子冷却液泵后故障消失，证明故障排除
		若更换电子冷却液泵后故障仍然存在，进行第9步
第9步	更换电机控制器	若更换电机控制器后故障消失，证明故障排除
		若更换电机控制器后故障仍然存在，应从其他方面继续寻找故障原因

9.5.2 车载充电机过温

车载充电机过温故障导致无法上电，车辆症状和可能原因如表9-5-3所示。

表9-5-3 车辆症状和可能原因

车辆症状	可能原因
无法充电，导致动力蓄电池电量低，车辆限功率行驶	①内部环境过温 ②内部故障 ③冷却系统故障等

车载充电机过温导致无法上电故障诊断与排除方法如表9-5-4所示。

表9-5-4 车载充电机过温导致无法上电故障诊断与排除方法

步骤	诊断方法	
第1步	关闭车辆电源后，进行高压下电，并断开12V蓄电池负极，拆卸手动维修开关	
第2步	对环境温度进行检查	若环境温度过高，应对车载充电机进行散热
		若不存在环境温度过高，进行第3步

步骤	诊断方法	
第3步	对冷却液进行检查	若冷却液充足，进行第4步
		若冷却液不足，应添加冷却液
第4步	对动力蓄电池冷却系统进行检查	若动力蓄电池冷却系统正常，进行第5步
		若动力蓄电池冷却系统不正常，应更换动力蓄电池冷却系统故障部件
第5步	当车辆静止1h后，对车辆进行上电检查	若重新启动车辆后故障消失，证明故障排除
		若重新启动车辆后故障仍然存在，进行第6步
第6步	对车载充电机进行更换	若更换车载充电机后故障消失，证明故障排除
		若更换车载充电机后故障仍然存在，应从其他方面继续寻找故障原因

9.5.3　整车控制器过温

整车控制器过温故障导致无法上电，车辆症状和可能原因如表9-5-5所示。

表9-5-5　车辆症状和可能原因

车辆症状	可能原因
无法上电，仪表电机及控制器过热指示灯点亮、动力蓄电池过热指示灯点亮，故障诊断仪报电子冷却液泵线路故障	①电子冷却液泵损坏、线束短路到地、接口短路到地 ②电子冷却液泵损坏、线束短路到电源、接口短路到电源 ③电子冷却液泵损坏、线束开路、接口开路 ④电子冷却液泵故障、温度过高、供电电压异常、反馈信息异常等

表9-5-6所示为整车控制器过温导致无法上电故障诊断与排除方法。

表9-5-6　整车控制器过温导致无法上电故障诊断与排除方法

步骤	诊断方法	
第1步	关闭车辆电源后，进行高压下电，并断开12V蓄电池负极，拆卸手动维修开关	
第2步	对12V蓄电池电压进行检查	若12V蓄电池电压数值正常，进行第3步
		若12V蓄电池电压数值不正常，应对12V蓄电池充电或更换
第3步	对车辆对应的熔丝进行检查	若车辆熔丝正常，进行第4步
		若车辆熔丝不正常，应更换相同规格的车辆熔丝
第4步	对电子冷却液泵线束进行检查	若电子冷却液泵线束数值正常，进行第5步
		若电子冷却液泵线束数值不正常，应更换电子冷却液泵线束
第5步	更换电子冷却液泵	若更换电子冷却液泵后故障消失，证明故障排除
		若更换电子冷却液泵后故障仍然存在，进行第6步
第6步	更换整车控制器	若更换整车控制器后故障消失，证明故障排除
		若更换整车控制器后故障仍然存在，应从其他方面继续寻找故障原因

9.6

系统过流、过压导致无法上电

过流、过压故障导致无法上电，可能包括由动力蓄电池、电机控制器、车载充电机等引起的故障。

9.6.1 动力蓄电池过流、过压

动力蓄电池过流、过压故障导致无法上电，车辆症状和可能原因如表 9-6-1 所示。

表 9-6-1 车辆症状和可能原因

车辆症状	可能原因
无法上电，仪表动力蓄电池切断指示灯点亮，故障诊断仪报动力蓄电池过流或过压故障	①动力蓄电池过压 ②高压负载异常 ③动力蓄电池内部故障等

表 9-6-2 所示为动力蓄电池过流、过压导致无法上电故障诊断与排除方法。

表 9-6-2 动力蓄电池过流、过压导致无法上电故障诊断与排除方法

步骤		诊断方法
第 1 步	关闭车辆电源后，对车辆进行上电检查	若重新启动车辆后故障消失，证明故障排除
		若重新启动车辆后故障仍存在，进行第 2 步
第 2 步	对动力蓄电池电压进行检查	若动力蓄电池电压数值正常，进行第 3 步
		若动力蓄电池电压数值不正常，应对动力蓄电池进行放电处理
第 3 步	对高压负载工作进行检查，包括开启、关闭等情况	若高压负载工作正常，进行第 4 步
		若高压负载工作不正常，应对高压负载进行检修处理
第 4 步	更换动力蓄电池	若更换动力蓄电池后故障消失，证明故障排除
		若更换动力蓄电池后故障仍然存在，应从其他方面继续寻找故障原因

9.6.2 电机控制器过流、过压

电机控制器过流、过压故障导致无法上电，车辆症状和可能原因如表 9-6-3 所示。

表 9-6-3 车辆症状和可能原因

车辆症状	可能原因
无法上电，仪表动力蓄电池切断指示灯点亮，故障诊断仪报电机控制器过流或过压故障	①动力蓄电池电压过高 ②动力蓄电池内部故障 ③电机控制器内部故障等

电机控制器过流、过压导致无法上电故障诊断与排除方法如表9-6-4所示。

表9-6-4 电机控制器过流、过压导致无法上电故障诊断与排除方法

步骤	诊断方法	
第1步	关闭车辆电源后，对车辆进行上电检查	若重新启动车辆后故障消失，证明故障排除
		若重新启动车辆后故障仍然存在，进行第2步
第2步	对高压线束进行检查，包括性能、绝缘等情况	若高压线束性能、绝缘等情况正常，进行第3步
		若高压线束性能、绝缘等情况不正常，应更换高压线束
第3步	对动力蓄电池电压进行检查	若动力蓄电池电压数值正常，进行第4步
		若动力蓄电池电压数值不正常，应对动力蓄电池进行放电处理
第4步	更换驱动电机	若更换驱动电机后故障消失，证明故障排除
		若更换驱动电机后故障仍然存在，进行第5步
第5步	更换电机控制器	若更换电机控制器后故障消失，证明故障排除
		若更换电机控制器后故障仍然存在，应从其他方面继续寻找故障原因

9.6.3 车载充电机过流

车载充电机过流故障导致无法上电，车辆症状和可能原因如表9-6-5所示。

表9-6-5 车辆症状和可能原因

车辆症状	可能原因
无法充电，导致动力蓄电池电量低，车辆限功率行驶，故障诊断仪报车载充电系统过流故障	①DC/DC低压输出线路断路 ②低压供电线路负载过重 ③内部故障 ④低压输出短路等

车载充电机过流导致无法上电故障诊断与排除方法如表9-6-6所示。

表9-6-6 车载充电机过流导致无法上电故障诊断与排除方法

步骤	诊断方法	
第1步	关闭车辆电源后，进行高压下电，并断开12V蓄电池负极，拆卸手动维修开关	
第2步	对12V蓄电池电压进行检查	若12V蓄电池电压数值正常，进行第3步
		若12V蓄电池电压数值不正常，应对12V蓄电池进行充电或更换
第3步	关闭车辆电源后，对车辆进行上电检查	若重新启动车辆后故障消失，证明故障排除
		若重新启动车辆后故障仍然存在，进行第4步
第4步	对车辆对应的熔丝进行检查	若车辆熔丝正常，进行第5步
		若车辆熔丝不正常，应更换相同规格的车辆熔丝

步骤		诊断方法
第5步	对DC/DC输出电压进行检查	若DC/DC输出电压数值正常，进行第7步
		若DC/DC输出电压数值不正常，进行第6步
第6步	对DC/DC输出电压线束进行检查	若DC/DC输出电压线束数值正常，进行第7步
		若DC/DC输出电压线束数值不正常，应对DC/DC输出电压线束进行更换
第7步	更换车载充电机	若更换车载充电机后故障消失，证明故障排除
		若更换车载充电机后故障仍然存在，应从其他方面继续寻找故障原因

9.6.4　车载充电机过压

车载充电机过压故障导致无法上电，车辆症状和可能原因如表9-6-7所示。

表9-6-7　车辆症状和可能原因

车辆症状	可能原因
无法充电，导致动力蓄电池电量低，车辆限功率行驶，故障诊断仪报车载充电系统过压故障	①蓄电池故障 ②内部故障

车载充电机过压导致无法上电故障诊断与排除方法如表9-6-8所示。

表9-6-8　车载充电机过压导致无法上电故障诊断与排除方法

步骤		诊断方法
第1步		关闭车辆电源后，进行高压下电，并断开12V蓄电池负极，拆卸手动维修开关
第2步	对12V蓄电池电压进行检查	若12V蓄电池电压数值正常，进行第3步
		若12V蓄电池电压数值不正常，应对12V蓄电池进行充电或更换
第3步	关闭车辆电源后，对车辆进行上电检查	若重新启动车辆后故障消失，证明故障排除
		若重新启动车辆后故障仍然存在，进行第4步
第4步	更换车载充电机	若更换车载充电机后故障消失，证明故障排除
		若更换车载充电机后故障仍然存在，应从其他方面继续寻找故障原因

第 10 章
电源系统故障诊断与排除

10.1 电源系统常见故障分析

电源系统常见故障如表 10-1-1 所示。

表 10-1-1　电源系统常见故障

序号	种类
①	电流传感器电源故障
②	CAN 电源故障
③	内部电源故障

10.2 电源系统常见故障诊断与排除方法、技巧

10.2.1　单体电池不均衡类故障

10.2.1.1　一般诊断方法

单体电池不均衡类故障的车辆症状、可能原因与检测技巧，如表 10-2-1 所示。

表 10-2-1　车辆症状、可能原因与检测技巧

车辆症状	可能原因	检测技巧
续航里程变短，充电时间短，故障诊断仪报动力蓄电池单体欠压或过压故障	①动力蓄电池馈电故障 ②动力蓄电池过度放电故障 ③动力蓄电池过充故障 ④动力蓄电池故障等	可从动力蓄电池等方向进行检查

单体电池欠压或过压的故障诊断与排除方法如表 10-2-2 所示。

表 10-2-2　单体电池欠压或过压的故障诊断与排除方法

步骤	诊断方法	
第 1 步	关闭车辆电源后，进行高压下电，并断开 12V 蓄电池负极，拆卸手动维修开关	
第 2 步	对动力蓄电池电压进行检查	若动力蓄电池电压数值正常，进行第 3 步
		若动力蓄电池电压数值不正常，应对动力蓄电池进行充电（欠压）或放电（过压）处理
第 3 步	对动力蓄电池模组电压进行检查	若动力蓄电池模组电压数值正常，进行第 4 步
		若动力蓄电池模组电压不正常，应对动力蓄电池模组进行更换，以及调整与动力蓄电池模组为一致的参数
第 4 步	更换动力蓄电池	若更换动力蓄电池后故障消失，证明故障排除
		若更换动力蓄电池后故障仍然存在，应从其他方面继续寻找故障原因

10.2.1.2　动力电池导致 EV 功能受限，不上电故障案例

故障现象：车辆上电后，仪表提示"EV 功能受限"，如图 10-2-1 所示。

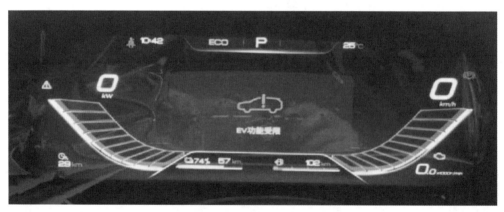

图 10-2-1　仪表提示"EV 功能受限"

原因分析：

❶ 高压系统某零部件故障；

❷ 软件故障；

❸ 线束故障；

❹ 低压控制模块故障。

维修过程：

❶ 用 VDS1000 诊断车辆，读取系统故障代码，BMS 报 BIC 电压、温度采样异常，如图 10-2-2 所示。

❷ 读取 BMS 数据流里的采样信息，发现对应单节电池的采样异常，如图 10-2-3 所示。

❸ 更换动力电池后故障排除。

维修小结：该车型动力电池里面有 5 个采集器，在软件上对应 10 个 BIC。

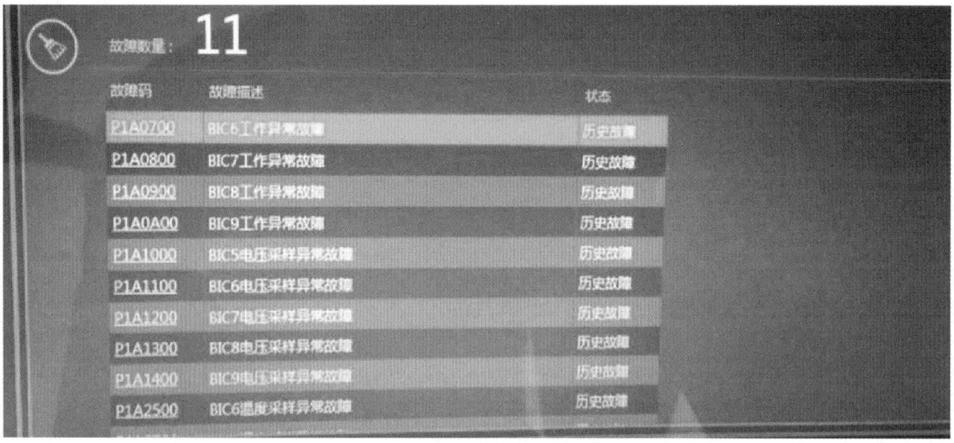

图 10-2-2　BMS 故障代码

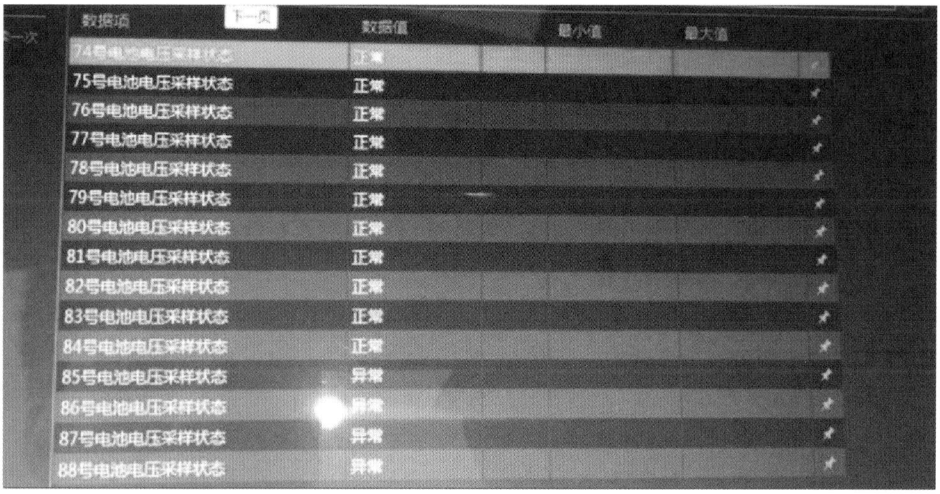

图 10-2-3　BMS 数据流采样信息

10.2.2　电池管理器故障

10.2.2.1　一般诊断方法

电池管理器低压供电故障的车辆症状、可能原因与检测技巧如表 10-2-3 所示。

表 10-2-3　车辆症状、可能原因与检测技巧

车辆症状	可能原因	检测技巧
低压蓄电池亏电、动力蓄电池电量不准，故障诊断仪报电池管理器低压供电过高或过低故障	①蓄电池亏电或过充 ②低压供电短路 ③ DCDC 系统故障 ④蓄电池故障 ⑤动力蓄电池内部电池管理器故障 ⑥电池管理器供电线路故障等	可从蓄电池、动力蓄电池、电池管理器等方向进行检查

电池管理器低压供电故障的诊断与排除方法如表 10-2-4 所示。

表 10-2-4 电池管理器低压供电故障的诊断与排除方法

步骤	诊断方法	
第 1 步	关闭车辆电源后，进行高压下电，并断开 12V 蓄电池负极，拆卸手动维修开关	
第 2 步	对 12V 蓄电池电压进行检查	若 12V 蓄电池电压数值正常，进行第 3 步
		若 12V 蓄电池电压数值不正常，应对 12V 蓄电池进行充电、放电或更换
第 3 步	对电池管理器蓄电池电源线束进行检查	若电池管理器蓄电池电源线束数值正常，进行第 4 步
		若电池管理器蓄电池电源线束数值不正常，应更换电池管理器蓄电池电源线束
第 4 步	对车载充电机进行更换	若更换车载充电机后故障消失，证明故障排除
		若更换车载充电机后故障仍然存在，进行第 5 步
第 5 步	更换动力蓄电池	若更换动力蓄电池后故障消失，证明故障排除
		若更换动力蓄电池后故障仍然存在，应从其他方面继续寻找故障原因

10.2.2.2 BMS 保险故障导致上电时仪表显示"请检查充电系统"故障案例

故障现象：上电时仪表上电量表不显示及仪表提示"请检查充电系统"，如图 10-2-4 所示。

图 10-2-4 仪表报故障

原因分析：

❶ BMS 故障；

❷ CAN 网络故障；

❸ 线路故障；

❹ 继电器故障。

维修过程：

❶ 接车后用 VDS 诊断电脑连接车辆进入诊断系统，扫描模块发现 BMS 模块不存在，进入前驱动电机控制器系统，报故障代码 U01100 与电池管理系统通信故障及其他故障。

❷ 因扫描不到 BMS 模块，怀疑 BMS 模块故障，拆下 BMS 接插件后测量网络电压正常，负极搭铁正常，常电电源正常，测量双路电时发现双路电无电源，结合线路图排查发

现仪表板副配电盒继电器针脚断裂，导致无双路电输出（图10-2-5），更换仪表板线束后故障排除。

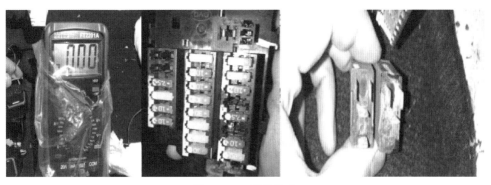

图 10-2-5　故障排查

维修小结：维修处理排除故障时，可先对故障相关联部件进行排查，并结合车辆相关部件工作原理图和线路图分析进行排查，检修过程中少走弯路。

10.2.3　电池过温类故障

动力蓄电池温度过高和过低故障的车辆症状、可能原因与检测技巧如表10-2-5所示。

表 10-2-5　车辆症状、可能原因与检测技巧

类型	动力蓄电池温度过高	动力蓄电池温度过低
车辆症状	仪表动力蓄电池过热指示灯点亮，高压系统不上电	车辆续航变短、车辆不上电
可能原因	①冷却液不足 ②冷却管路故障 ③冷却系统故障 ④动力蓄电池内部故障等	①环境温度过低 ②动力蓄电池加热系统故障 ③动力蓄电池内部故障等
检测技巧	可从动力蓄电池、冷却系统等方向进行检查	

动力蓄电池温度过高故障的诊断与排除方法如表10-2-6所示；动力蓄电池温度过低故障的诊断与排除方法如表10-2-7所示。

表 10-2-6　动力蓄电池温度过高故障的诊断与排除方法

步骤	诊断方法	
第1步	关闭车辆电源后，进行高压下电，并断开12V蓄电池负极，拆卸手动维修开关	
第2步	对冷却液进行检查	若冷却液充足，进行第3步
		若冷却液不足，应添加冷却液
第3步	对冷却管路进行检查	若冷却管路正常，进行第4步
		若冷却管路不正常，应更换冷却管路

步骤	诊断方法	
第 4 步	对动力蓄电池冷却系统进行检查	若动力蓄电池冷却系统正常，进行第 5 步
		若动力蓄电池冷却系统不正常，应更换动力蓄电池冷却系统故障部件
第 5 步	更换动力蓄电池	若更换动力蓄电池后故障消失，证明故障排除
		若更换动力蓄电池后故障仍然存在，应从其他方面继续寻找故障原因

表 10-2-7　动力蓄电池温度过低故障的诊断与排除方法

步骤	诊断方法	
第 1 步	关闭车辆电源后，进行高压下电，并断开 12V 蓄电池负极，拆卸手动维修开关	
第 2 步	对环境温度进行检查	若环境温度正常，进行第 3 步
		若环境温度不正常，应将对车辆移动到合适的地方停放
第 3 步	对动力蓄电池加热系统进行检查	若动力蓄电池加热系统正常，进行第 4 步
		若动力蓄电池加热系统不正常，应更换动力蓄电池加热系统故障部件
第 4 步	更换动力蓄电池	若更换动力蓄电池后故障消失，证明故障排除
		若更换动力蓄电池后故障仍然存在，应从其他方面继续寻找故障原因

10.2.4　SOC 跳变、续航里程类故障

SOC 跳变、续航里程类故障的车辆症状、可能原因与检测技巧如表 10-2-8 所示。

表 10-2-8　车辆症状、可能原因与检测技巧

车辆症状	可能原因	检测技巧
仪表动力蓄电池电量指示不准，忽高忽低，车辆续航变短	① SOC 存储值丢失故障 ②动力蓄电池亏电故障 ③动力蓄电池内部故障等	可从动力蓄电池等方向进行检查

SOC 过低故障诊断与排除方法如表 10-2-9 所示。

表 10-2-9　SOC 过低故障诊断与排除方法

步骤	诊断方法	
第 1 步	关闭车辆电源后，对车辆进行上电检查	若重新启动车辆后故障消失，证明故障排除
		若重新启动车辆后故障仍然存在，进行第 2 步
第 2 步	对动力蓄电池电压进行检查	若动力蓄电池电压数值正常，进行第 3 步
		若动力蓄电池电压数值不正常，应对动力蓄电池进行充电处理
第 3 步	更换动力蓄电池	若更换动力蓄电池后故障消失，证明故障排除
		若更换动力蓄电池后故障仍然存在，应从其他方面继续寻找故障原因

10.2.5　主继电器故障（粘连、无法闭合）

主继电器故障的车辆症状、可能原因与检测技巧，如表 10-2-10 所示。

表 10-2-10　车辆症状、可能原因与检测技巧

车辆症状	可能原因	检测技巧
车辆不上电，仪表动力蓄电池切断指示灯点亮，故障诊断仪报主继电器故障	①主继电器短路到地故障 ②主继电器短路到电源故障 ③主继电器开路故障等	可从动力蓄电池、整车控制器等方向进行检查

主继电器故障诊断与排除方法如表 10-2-11 所示。

表 10-2-11　主继电器故障诊断与排除方法

步骤	诊断方法	
第 1 步	关闭车辆电源后，对车辆进行上电检查	若重新启动车辆后故障消失，证明故障排除
		若重新启动车辆后故障仍然存在，进行第 2 步
第 2 步	对整车控制器与电器盒线束进行检查，包括虚接、破裂、磨损等情况	若存在虚接、破裂、磨损情况，应对整车控制器与电器盒线束进行更换
		若不存在虚接、破裂、磨损情况，进行第 3 步
第 3 步	对主继电器进行检查，包括针脚导通等情况	若针脚导通正常，进行第 4 步
		若针脚导通不正常，应更换主继电器
第 4 步	对主继电器控制电路断路情况进行检查	若主继电器控制电路数值正常，进行第 5 步
		若主继电器控制电路数值不正常，应对主继电器控制电路故障部件进行更换
第 5 步	对主继电器控制电路短路到地情况进行检查	若主继电器控制电路数值正常，进行第 6 步
		若主继电器控制电路数值不正常，应对主继电器控制电路故障部件进行更换
第 6 步	对主继电器控制电路短路到电源情况进行检查	若主继电器控制电路数值正常，进行第 7 步
		若主继电器控制电路数值不正常，应对主继电器控制电路故障部件进行更换
第 7 步	更换整车控制器	若更换整车控制器后故障消失，证明故障排除
		若更换整车控制器后故障仍然存在，应从其他方面继续寻找故障原因

绝缘故障诊断与排除

10.3.1 一般诊断方法

绝缘故障的车辆症状、可能原因与检测技巧，如表 10-3-1 所示。

表 10-3-1　车辆症状、可能原因与检测技巧

车辆症状	可能原因	检测技巧
车辆不上电，仪表动力蓄电池切断指示灯点亮，故障诊断仪报绝缘等级故障	①高压继电器断开绝缘故障 ②高压继电器闭合绝缘故障 ③绝缘检测故障等	可从动力蓄电池等方向进行检查

绝缘故障诊断与排除方法如表 10-3-2 所示。

表 10-3-2　绝缘故障诊断与排除方法

步骤	诊断方法	
第 1 步	关闭车辆电源后，对车辆进行上电检查	若重新启动车辆后故障消失，证明故障排除
		若重新启动车辆后故障仍然存在，进行第 2 步
第 2 步	对动力蓄电池供电绝缘阻值进行检查	若动力蓄电池供电绝缘阻值数值正常，进行第 3 步
		若动力蓄电池供电绝缘阻值数值不正常，应对动力蓄电池供电绝缘故障部件进行更换
第 3 步	对动力蓄电池直流充电绝缘阻值进行检查	若动力蓄电池直流充电绝缘阻值数值正常，进行第 4 步
		若动力蓄电池直流充电绝缘阻值数值不正常，应对动力蓄电池直流充电绝缘故障部件进行更换
第 4 步	对动力蓄电池交流充电绝缘阻值进行检查	若动力蓄电池交流充电绝缘阻值数值正常，进行第 5 步
		若动力蓄电池交流充电绝缘阻值数值不正常，应对动力蓄电池直流充电绝缘故障部件进行更换
第 5 步	更换动力蓄电池	若更换动力蓄电池后故障消失，证明故障排除
		若更换动力蓄电池后故障仍然存在，应从其他方面继续寻找故障原因

10.3.2 故障案例

故障现象：一辆 15 款唐车型在行驶一段时间后，无法使用 EV 模式，仪表显示"请检查充电系统"，如图 10-3-1 所示。

图 10-3-1　仪表显示故障

原因分析：

❶ 动力电池包故障；

❷ 某个高压负载零部件故障；

❸ 漏电传感器本身故障。

维修过程：

❶ 首先用 VDS 对此车进行扫描，漏电传感器报严重漏电和一般漏电两个故障代码（图 10-3-2），清除故障代码以后车辆重新上电切换到 EV 模式，在原地可以使用且 EV 模式可以使用空调，挂入 D 挡行驶一段时间后，车辆就从 EV 模式自动切换到 HEV 模式，在此情况下观察数据流发现车辆的绝缘阻值在瞬间切换为 OK 且 BMS 报严重漏电和一般漏电故障。

26	漏电传感器		故障数：3
	C 应答超时	V 3.00.00	
存在故障			P1CA1　严重漏电故障
P1CA1　严重漏电故障			P1CA2　一般漏电故障
P1CA2　一般漏电故障			P1CA0　漏电传感器自身故障

图 10-3-2　故障代码

❷ 得到这两个故障代码而且是在行驶过程中报的漏电，说明高压驱动系统有漏电迹象的可能。

❸ 首先测量前后电机及电控绝缘阻值，分别都大于兆欧级为正常。

❹ 如图 10-3-3 所示，再次对压缩机、PTC 加热器、OBC 的绝缘阻值逐一进行测量，测量数值均都大于 2MΩ，说明电池包和漏电传感器可能存在故障。

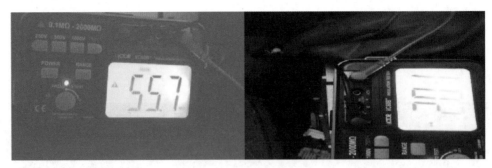

图 10-3-3　检查绝缘阻值

⑤ 用动力蓄电池专用检测工装对电池包进行测量后，计算得到的绝缘阻值为大于50MΩ，说明动力蓄电池不漏电。

⑥ 测量了其他负载都没有漏电迹象，说明漏电传感器误报漏电导致无法使用 EV，为了确认故障，倒换电池包后故障排除。

维修小结：这台车在行驶时出现这类情况，很容易想到是驱动系统的漏电，检修时应全面考虑。

第 11 章
充电系统故障诊断与排除

11.1

快充系统故障诊断与排除

11.1.1 快充系统常见故障

电动汽车中快充系统的常见故障，如表 11-1-1 所示。

表 11-1-1 电动汽车中快充系统的常见故障

常见故障	可能原因
快充机与车辆无法通信	快充枪、接口、快充电缆线束等内的针脚烧蚀、损坏，导线损坏、断开；充电机内的低压电气盒、控制器、熔丝损坏，动力蓄电池和数据采集终端快充 CAN 总线间的电阻不符合要求
快充机与车辆正常通信但无充电电流	高压控制盒快充继电器线路或熔丝损坏，低压电气盒损坏，快充线束损坏，动力电池控制系统 (BMS) 快充唤醒失常

11.1.2 快充系统常见故障诊断与检测技巧

直流充电唤醒源异常的车辆症状、可能原因与检测技巧如表 11-1-2 所示。

表 11-1-2 车辆症状、可能原因与检测技巧

车辆症状	可能原因	检测技巧
快充机与车辆正常通信，但无充电电流	①充电唤醒信号线路短路 ②充电设备故障 ③快充插座故障等	可从充电设备、直流充电插座等方向进行检查

直流充电唤醒源异常故障诊断与排除方法如表 11-1-3 所示。

表 11-1-3　直流充电唤醒源异常故障诊断与排除方法

步骤	诊断方法	
第 1 步	关闭车辆电源后，对车辆进行上电检查	若重新启动车辆后故障消失，证明故障排除
		若重新启动车辆后故障仍然存在，进行第 2 步
第 2 步	对充电设备进行检查	若充电设备正常，进行第 3 步
		若充电设备不正常，应对充电设备进行更换，再次连接尝试
第 3 步	对快充唤醒信号线束进行检查	若快充唤醒信号线束数值正常，进行第 4 步
		若快充唤醒信号线束数值不正常，应对动力蓄电池直流充电故障部件进行更换
第 4 步	对查快充插座进行更换	若更换快充插座后故障消失，证明故障排除
		若更换快充插座后故障仍然存在，进行第 5 步
第 5 步	更换动力蓄电池	若更换动力蓄电池后故障消失，证明故障排除
		若更换动力蓄电池后故障仍然存在，应从其他方面继续寻找故障原因

11.1.3　快充系统故障诊断与排除实例

以比亚迪元 EV 车型快充系统故障为例，直流充电仪表无反应，连接充电枪后无图标显示，交流充电为正常，维修过程如表 11-1-4 所示。

表 11-1-4　维修过程

故障原因	①电池管理器故障 ②充电桩异常 ③线束故障 ④其他高压零部件故障
故障诊断与排除	①车辆交流充电正常，去市场上较大的直流充电站测试多个充电桩故障依旧，检查直流充电口各孔芯无异常 ②用 VDS2000 检测车辆无故障代码，这种故障情况分析结果就是没有插枪信号，上电测量直流充电口 S+、S- 无电压（异常），测量直流充电口 B53（A）4 号、5 号脚对电池管理器 K45（B），24 号 25 号脚线束之间的阻值正常，倒换电池管理器故障依旧 ③测量直流充电口 A- 脚对地导通（正常），A+ 至电池管理器 K45（A）6 线束之间阻值正常 ④ CAN 线无电压倒换电池管理器后故障依旧，继续检查 CAN 线阻值，测量直流充电口 S+、S- 之间阻值为 127.5Ω（正常），测量 S+ 对地阻值为 125.7Ω（异常），测量 S- 对地值为导通状态（异常），从此数据可以看出是 CAN 低与对地属于短路状态 ⑤在仔细排查线束的过程中发现前舱线束内有一根线束烧蚀很严重，还影响了其他线束，其中就有 CAN 线。在仔细查找故障点的过程中发现烧蚀的线束为直流充电唤醒信号 A-，在分析的过程中发现此线束是直接对地，这根线束的作用只是作为一个唤醒信号 ⑥综合确认车上线束无破损及模块均无其他异常，且烧的是一根直接对地的地线，分析为该车辆最近一次直流充电桩存在内部故障，有大电流通过此线束导致烧蚀线束，更换前舱线束后故障排除
注意事项	①结合电路图及模块原理进行排查 ②在故障排除后找到客户 APP 内最后一次充电桩的桩号进行电话报修

慢充系统常见故障诊断与排除方法、技巧

11.2.1 慢充系统常见故障

电动汽车慢充系统的常见故障，如表 11-2-1 所示。

表 11-2-1　电动汽车慢充系统的常见故障

序号	种类
①	交流放电软件过压、欠压、过流保护故障
②	交流输入软件过压、过流保护故障
③	交流充电时过压硬件保护故障
④	交流高压互锁传感器故障

11.2.2 慢充系统常见故障诊断与检测技巧

慢充系统常见故障中，以交流充电时过压硬件保护故障为例介绍故障的车辆症状、可能原因与检测技巧，如表 11-2-2 所示。

表 11-2-2　车辆症状、可能原因与检测技巧

车辆症状	可能原因	检测技巧
慢充系统与车辆连接正常，但无充电电流	①交流电网过压 ②充电设备故障 ③车载充电机故障等	可从充电设备、车载充电机等方向进行检查

交流充电时过压硬件保护故障诊断与排除方法如表 11-2-3 所示。

表 11-2-3　交流充电时过压硬件保护故障诊断与排除方法

步骤	诊断方法	
第 1 步	关闭车辆电源后，对车辆进行上电检查	若重新启动车辆后故障消失，证明故障排除
		若重新启动车辆后故障仍然存在，进行第 2 步
第 2 步	对交流电网进行检查	若交流电网正常，进行第 3 步
		若交流电网不正常，应等待交流电网电压正常后，再次连接尝试
第 3 步	对充电设备进行检查	若充电设备正常，进行第 4 步
		若充电设备不正常，应对充电设备进行更换，再次连接使用
第 4 步	更换车载充电机	若更换车载充电机后故障消失，证明故障排除
		若更换车载充电机后故障仍然存在，应从其他方面继续寻找故障原因

11.2.3　慢充系统故障诊断与排除实例

11.2.3.1　比亚迪元 EV 无法充电

比亚迪元 EV 车型慢充系统故障，无法交流充电，直流充电正常，仪表无故障显示，维修过程如表 11-2-4 所示。

表 11-2-4　维修过程

故障原因	①交流充电口故障 ②交流充电桩故障 ③车载充电器故障 ④电池管理器故障
故障诊断与排除	①用 VDS 扫描发现车辆并没有故障代码存在 ②怀疑电压不稳导致跳闸，然后给车辆进行充电测试，发现车辆无反应 ③怀疑充电口没有插好，检查充电口插接正常 ④检查车辆端 CC-PE、CP-PE，发现 CC-PE 无 12V 电源。测量充电口至充配电总成线束发现 B53（B）的 2 号针脚至三合一的 B28（B）的 7 号针不导通 ⑤检查接插件良好，未见退针及针脚松动情况，拨动单根线束时，发现此线束已经断裂 ⑥因为线束断裂面类似于受到挤压，应优先确认线束是否为外力或者事故造成。检查发现此线束位于三合一后部，空间充足，且整车未见碰撞痕迹，更换线束后故障排除
注意事项	熟悉交流充电电路工作原理

11.2.3.2　比亚迪唐车载充电机漏电导致车辆 EV 功能受限

故障现象：车辆仪表提示"EV 功能受限"。

原因分析：

❶ 动力蓄电池故障；

❷ 高压模块故障；

❸ 高压线束故障；

❹ BMS 故障。

维修过程：

❶ 用诊断仪读取整车各模块故障代码，电池管理系统报故障代码 P1A0000 严重漏电故障，如图 11-2-1 所示。

图 11-2-1　电池管理系统故障代码

❷ 检测其他模块正常，从配电箱拔掉四芯接插件（车载、后 PTC 加热器驱动器配电插头）短接高压互锁之后故障消失，更换车载充电器测试故障排除。

❸ 如图 11-2-2 所示，对原车载高压端子绝缘阻值进行测量，实测车载直流接插件正对壳体阻抗 297.7Ω（异常），车内放电接插件正对壳体阻抗 306Ω（异常），负对壳体无穷大，交流接插件正、负对壳体无穷大，判定为车载充电器漏电导致车辆 EV 功能受限。

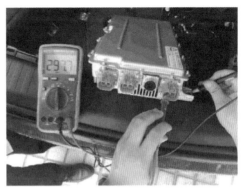

图 11-2-2　对原车载充电器高压端子绝缘阻值进行测量

维修小结：

绝缘测试仪测漏电方法：

❶ 如图 11-2-3 所示，连接表笔；

1. 兆欧表红表笔接"L"

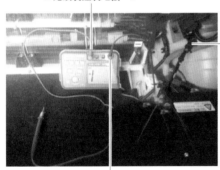

3. 兆欧表黑表笔测试端接"车身"

2. 兆欧表黑表笔接"E"

图 11-2-3　连接表笔

❷ 如图 11-2-4 所示，选择测量电压和量程，表 11-2-5 为绝缘测试仪量程范围。

5. 按下"250V"，根据测试需要选择电压

4. 按下开关

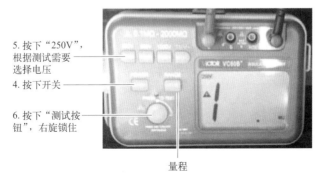

6. 按下"测试按钮"，右旋锁住

量程

图 11-2-4　选择测量电压和量程

表 11-2-5　绝缘测试仪量程范围

未按下	250V：0.1 ～ 20MΩ 500V：0.1 ～ 50MΩ 1000V：0.1 ～ 100MΩ	±（4% 读数）±2 个字
按下	250V：20 ～ 500MΩ 500V：50 ～ 1000MΩ 1000V：100 ～ 2000MΩ	±（4% 读数）±2 个字

❸ 如图 11-2-5 所示，短接两个表笔进行绝缘测试仪校表（归零）操作。

图 11-2-5　绝缘测试仪校表操作

11.2.3.3　比亚迪唐无法充电

故障现象：车辆无法充电，充电桩及便携式充电器都无法充电，显示"充电连接中"，之后显示"请检查充电系统"，如图 11-2-6 所示。

图 11-2-6　仪表显示故障

原因分析：

❶ 低压线路故障；

❷ 高压线路故障；

❸ 车载充电器故障。

维修过程：

❶ 首先连接充电盒，读取车辆故障代码为（图 11-2-7）：

P151100 交流端高压互锁故障；

P157216 车载充电器直流侧电压低；

U01100 与动力电池管理器通信故障，清除后重新读取发现 P157216 故障代码无法删除。

❷ 连接充电盒读取车载数据流发现直流侧电压 31V（无电压），交流侧输入电压 0V（无电压）为异常（图 11-2-7），因车载首先检测电池的反灌电压正常后，交流侧才有输入电压，故首先排查直流侧电压。

车载充电器(7kW)		工作状态	准备就绪	/
3 Ⓒ 483500107C4D000100 Ⓥ 3.00.00		故障状态	正常	/
存在故障		接地状态		/
P151100　交流端高压互锁故障		交流侧输入电压	0	0/300
P157216　车载充电器直流侧电压低		直流侧电压	31	0/1000
U011100　与动力电池管理器通讯故障		直流侧电流		−30/30
		交流侧频率	148	0/255

图 11-2-7　故障代码及数据流

❸ 读取 DC-DC 总成数据流，高压侧电压 633V 正常（图 11-2-8），可判定充电预充完成，接触器正常。

❹ 此时可判断为高压配电箱到车载充电器直流线路故障或车载自身故障。

❺ 短接车载端高压互锁，充电连接时，测量车载直流输入端电压为 0V（图 11-2-8），怀疑车载高压直流保险烧毁。

工作状态	准备就绪
发动机状态	正常
发动机状态	非运行
放电是否允许	不允许
DC系统故障状态	正常
DC工作模式	关断状态
高压侧电压	633
低压侧电压	13.0

图 11-2-8　DC-DC 数据流和车载直流输入端电压测量

❻ 如图 11-2-9 所示，测量后电控直流正极输入端与车载直流正极输入端之间不导通（在后电控及车载高压直流线路及保险正常的情况下，两端之间应为导通），后电控电压及驱动正常，判断应为车载高压直流保险烧毁。

❼ 拆开高压配电箱测量车载充电机熔丝两端电阻无穷大，证明熔丝熔断。

❽ 更换保险并充电，充电可连接成功，充电功率为 0kW，读取车载数据发现此时直流

侧电压及交流侧电压正常，车载无直流侧输出电流（图 11-2-10），依然无法充电，读取车载故障代码为 P158200 H 桥故障，并且无法删除故障代码，判断为车载硬件故障，更换车载充电器后故障彻底排除。

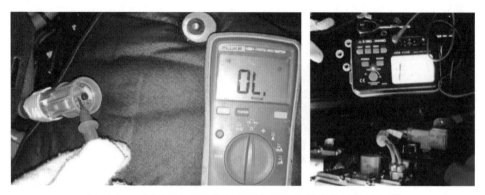

图 11-2-9　测量后电控直流正极输入端与车载直流正极输入端

工作状态	充电开始
故障状态	正常
接地状态	
交流侧输入电压	231
直流侧电压	638
直流侧电流	
交流侧频率	244
PFC桥温度	−40

车载充电器(7kW)
3　　C 483500107C4D000100　　V 3.00.00
存在故障
P158200　H桥故障

图 11-2-10　数据流及故障代码

11.2.3.4　比亚迪唐限功率供电

故障现象：车辆第一次充电时出现限功率充电，刚开始充电时功率为 6.3kW，充电 3min 后功率慢慢下降，最终充电 3.8kW。仪表提示因环境严酷，限功率充电，如图 11-2-11 所示。

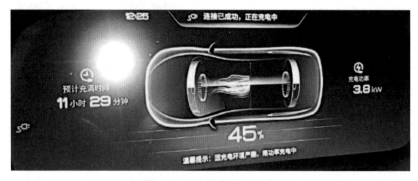

图 11-2-11　仪表显示故障

原因分析：

① 充电桩连接故障；

② 电动冷却液泵熔丝烧蚀；

③ 充配电总成故障；

④ 动力蓄电池内部故障；

⑤ 冷却液管循环故障；

⑥ 其他故障。

维修过程：

① 根据客户反映的故障情况进行充电测试，发现车辆充电时大约 5min 左右开始跳变，最低降到 3.8kW。

② 故障出现时使用 DS 对车辆进行扫描，读取充配电数据流发现，内部温度 145℃；电感温度 45℃；初步怀疑为冷却液循环系统异常。

③ 根据读取数据流检查相关冷却液管路以及电动冷却液泵，发现后驱电机循环冷却液管连接异常（后驱电机出水管与前驱电机出水管连接，如图 11-2-12 所示），拆下冷却液管重新装配后试车故障排除。

维修小结：遇见故障时，根据数据流进行分析得到初步判断结果，确定排查思路，进行维修排查，避免排查时走弯路，提高维修效率。

图 11-2-12　重新装配冷却液管

11.3

低压充电（DC-DC）系统故障诊断与排除

11.3.1　低压充电（DC-DC）系统常见故障

电动汽车低压充电（DC-DC）系统的常见故障，如表 11-3-1 所示。

表 11-3-1　电动汽车低压充电（DC-DC）系统的常见故障

序号	种类
①	DC-DC 与 VCU 通信异常
②	DC-DC 收到 VCU 报文数据错误
③	DC-DC 收到 VCU 要求输出电压超范围
④	DC-DC 低压输出硬件过压、过流保护故障
⑤	DC-DC 低压输出软件过压、欠压、过流保护故障
⑥	DC-DC 低压输出断路保护故障
⑦	DC-DC 低压输出短路保护故障
⑧	DC-DC 输入过压、欠压降功率
⑨	DC-DC 输出过压降功率
⑩	DC-DC 温度过高、过低
⑪	DC-DC 环境温度过高、过低
⑫	DC-DC 高压硬件过压
⑬	DC-DC 低压输入软件过压、欠压

11.3.2　低压充电（DC-DC）系统常见故障诊断与检测技巧

低压充电（DC-DC）输出断路或短路保护故障症状、可能原因与检测技巧，如表 11-3-2 所示。

表 11-3-2　车辆症状、可能原因与检测技巧

车辆症状	可能原因	检测技巧
低压蓄电池亏电，仪表蓄电池低电量指示灯点亮	① DC-DC 低压输出线路断路故障 ② DC-DC 低压输出线路短路故障 ③内部故障等	可从车辆熔丝、车载充电机等方向进行检查

低压充电（DC-DC）输出断路或短路保护故障诊断与排除方法如表 11-3-3 所示。

表 11-3-3　低压充电（DC-DC）输出断路或短路保护故障诊断与排除方法

步骤	诊断方法	
第 1 步	关闭车辆电源后，进行高压下电，并断开 12V 蓄电池负极，拆卸手动维修开关	
第 2 步	对 12V 蓄电池电压进行检查	若 12V 蓄电池电压数值正常，进行第 3 步
		若 12V 蓄电池电压数值不正常，应对 12V 蓄电池进行充电、放电或更换
第 3 步	关闭车辆电源后，对车辆进行上电检查	若重新启动车辆后故障消失，证明故障排除
		若重新启动车辆后故障仍然存在，进行第 4 步
第 4 步	对车辆对应的熔丝进行检查	若车辆熔丝正常，进行第 5 步
		若车辆熔丝不正常，应更换相同规格的车辆熔丝
第 5 步	对 DC-DC 输出电压进行检查	若 DC-DC 输出电压数值正常，进行第 7 步
		若 DC-DC 输出电压数值不正常，进行第 6 步

步骤	诊断方法	
第6步	对 DC-DC 输出电源线束进行检查	若 DC-DC 输出电源线束数值正常，进行第7步
		若 DC-DC 输出电源线束数值不正常，应对 DC-DC 输出电源故障部件进行更换
第7步	更换车载充电机	若更换车载充电机后故障消失，证明故障排除
		若更换车载充电机后故障仍然存在，应从其他方面继续寻找故障原因

11.3.3 低压充电（DC-DC）系统故障诊断与排除实例

11.3.3.1 比亚迪元 EV 无法充电

以比亚迪元 EV 车型低压充电系统故障为例，车辆使用 7kW 充电盒无法充电，但用 1.5kW 充电器可以充电，充电盒在连接后仪表不显示插枪标志，维修过程如表 11-3-4 所示。

表 11-3-4 维修过程

故障原因	①供电电源故障导致无法充电 ②充电口电锁故障 ③其他人为因素导致故障
故障诊断与排除	①首先了解电表情况，再测试充电盒上充电灯常亮，有电输入，用万用表测量有供电 220V 电压但是仪表上还是不显示连接标志，用原车的 1.5kW 充电器可以充电，可以排除供电导致无法充电 ②在插枪测试时发现 1.5kW 充电枪插枪后会有很明显的锁枪动作，而 7kW 充电盒插枪后无明显动作，手动拨电锁无卡滞 ③判断问题应该出在连接上，随后检查充电口时发现充电口挂钩槽里有断裂的挂钩，最后找到是 1.5kW 充电枪枪头上挂钩已经断裂，将断挂钩取出后充电一切正常，故障排除
注意事项	①元 EV 车型带有充电口电锁功能，在插枪后电锁会自动伸出，而 7kW 充电枪插枪后原来挂钩孔的位置已有断裂的挂钩无法挂到孔内，电锁无法伸出，就相当于按下了枪上按钮一直处于断开连接状态，导致无法充电 ②损坏的 1.5kW 枪头已经没有锁止挂钩，即使锁枪也可以插拔充电枪，不影响充电，此问题就是因为车主不了解使用流程导致的强行拔枪导致损坏

11.3.3.2 DC 故障造成比亚迪唐 EV 功能受限

故障现象：车辆 S0C63% 上电 OK 时切换成 HEV，仪表提示"请检查低压供电系统、充电系统故障"，如图 11-3-1 所示。

原因分析：

❶ DC 故障；

❷ 启动型铁电池故障；

❸ 线路故障。

维修过程：

❶ 用 VDS2000 读取 DC 故障时存在故障代码 P1EC100 降压时高压侧电压过低，并且该故障代码无法删除。

❷ 读取 DC 数据流高压侧电压显示为 0V，前电控母线电压为 693V。因为前电控与 DC 共用一条母线，前电控母线电压正常、DC 母线电压异常，说明 DC 模块损坏，如图 11-3-2 所示。

图 11-3-1　仪表显示故障

数据项	当前	范围
工作状态	准备就绪	/
发电机状态	正常	/
发动机状态	非运行	/
放电量百允许	允许	/
DC系统故障状态	故障	/
DC工作模式	关闭状态	/
高压侧电压	0	0/1000
低压侧电压	12.6	0/20

数据项	当前	范围
前驱动电机状态	准备就绪	/
启动允许	正常	/
母线电压	非运行	/
转速	允许	/
扭矩	故障	/
功率	关闭状态	/
IPM散热器温度	0	0/1000

图 11-3-2　DC 与前电控数据流

❸ 更换前驱动电机控制器与 DC 总成。

12

第 12 章
电机驱动系统故障诊断

12.1
电机驱动系统常见故障分析

12.1.1　电机驱动系统常见故障

电机驱动系统的常见故障如表 12-1-1 所示。

表 12-1-1　电机驱动系统的常见故障

部位	种类
驱动电机 常见故障	①电流故障 ②超速故障 ③过温故障 ④旋变信号故障 ⑤机械系统、减速系统故障等
电机控制器 常见故障	①温度传感器故障 ②电流故障 ③通信故障 ④ ECAN 总线线路故障等

12.1.2　电机驱动系统案例分析

故障现象：电机机械系统故障导致车辆使用 EV 模式行驶中，仪表偶尔显示"变速器功能受限"。

原因分析：

❶ 变速器控制单元或电源模块故障；

❷ 变速器油路故障；

❸ 变速器机械故障；

❹ 相关线路问题（线束故障，连接插头接触不良或通信故障）。

维修过程：

❶ 使用 VDS 读取故障信息，故障代码如图 12-1-1 所示。

❷ 分析油路压力不正常，更换新电源模块（图 12-1-2），故障仍存在。

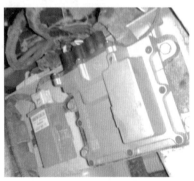

35	湿式双离合变速器		
	Ⓒ 4A3900104727004218	Ⓥ	4.00.12
存在故障			
P162E	离合器压力不正常		
P165F	油泵故障		
U1701	TCU与ECM通信失败		

图 12-1-1　故障代码显示　　　　　　　图 12-1-2　更换新电源模块

❸ 分析油路压力不正常，更换变速器控制模块（图 12-1-3），故障仍存在。

❹ 分析油路压力不正常，检查变速器相关线路和连接插接器（图 12-1-4）未见异常。

图 12-1-3　更换变速器控制模块　　　　图 12-1-4　检查变速器相关线路和插接器

❺ 使用 VDS 对变速器进行一键自适应学习一直未能成功，如图 12-1-5 所示。

图 12-1-5　变速器一键自适应

❻ 一键自适应结果：油泵自适应失败，离合器阀 1 自适应失败，如图 12-1-6 所示。

❼ 使用 VDS 再次读取故障信息，故障代码如图 12-1-7 所示。

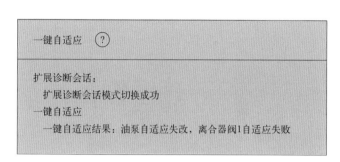

故障数：5	
P1657	主压力阀自适应未完成
P1658	安全阀1阀自适应未完成
P165A	离合器1阀自适应未完成
P165F	油泵故障
P1660	油泵自适应未完成

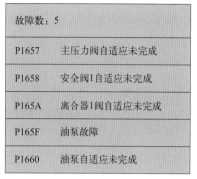

图 12-1-6　一键自适应结果　　　　图 12-1-7　再次读取故障代码结果

❽ 根据故障代码，对离合器 1 压力进行测试，测试压力值为 725，如图 12-1-8 所示。

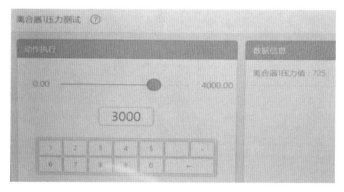

图 12-1-8　离合器 1 压力测试结果

❾ 根据故障代码，对离合器阀 2 压力进行测试，测试压力值为 2998，如图 12-1-9 所示。

图 12-1-9　离合器 2 压力测试结果

❿ 综合上述故障代码和数据分析：

一键自适应结果：油泵自适应失败，离合器阀 1 自适应失败；

油泵油压一直处于异常状态；

离合器阀 1 与 2 压力测试对比，离合器阀 1 一直处于异常状态。

综合分析为离合器 K1 故障，出现泄压情况，更换湿式双离合器后故障排除。

⓫ 拆解发现 K1 离合器鼓与转轴开裂，如图 12-1-10 所示。

图 12-1-10　K1 离合器鼓与转轴开裂

⓬ 拆卸 K1 离合器鼓与转轴开裂，如图 12-1-11 所示。

图 12-1-11　K1 离合器鼓与转轴开裂

维修小结：

❶ 检修中需根据 VDS 检测和读取数据进行分析，结合故障代码，分析其故障原因，细心检查每个部位，排除其故障。

❷ 学习变速器结构与原理，有助于加快问题的解决。

12.2

电机控制器系统常见故障诊断与排除方法、技巧

12.2.1 诊断仪无法通信故障

诊断仪无法通信故障的车辆症状和可能原因如表 12-2-1 所示。

表 12-2-1 车辆症状、可能原因与检测技巧

车辆症状	可能原因	检测技巧
CAN 接收报文超时	CAN 通信异常	可从车辆高压元器件、高压线束、ECAN 总线、T-BOX 总成等方向进行检查

诊断仪无法通信故障诊断与排除方法如表 12-2-2 所示。

表 12-2-2 诊断仪无法通信故障诊断与排除方法

步骤	诊断方法	
第 1 步	关闭车辆电源后，对车辆进行上电检查	若重新启动车辆后故障消失，证明故障排除
		若重新启动车辆后故障仍然存在，进行第 2 步
第 2 步	对检查电磁干扰进行检查，包括低压线束是否靠近高压元器件、高压线束等情况	若检查正常，进行第 3 步
		若检查不正常，应使低压线束远离高压元器件、高压线束
第 3 步	对 ECAN 总线电阻检查	若 ECAN 总线电阻数值正常，进行第 4 步
		若 ECAN 总线电阻数值不正常，应对集成控制模块、CAN 线束进行检修或更换
第 4 步	对 ECAN 总线线束进行检查	若 ECAN 总线线束数值正常，进行第 5 步
		若 ECAN 总线线束不正常，应对 ECAN 总线线束进行检修或更换
第 5 步	更换 T-BOX 总成	若更换 T-BOX 总成后故障消失，证明故障排除
		若更换 T-BOX 总成后故障仍然存在，进行第 6 步
第 6 步	更换电机控制器	若更换电机控制器后故障消失，证明故障排除
		若更换电机控制器后故障仍然存在，应从其他方面继续寻找故障原因

12.2.2 电机过流故障

电机过流故障的车辆症状和可能原因如表 12-2-3 所示。

表 12-2-3　车辆症状、可能原因与检测技巧

车辆症状	可能原因	检测技巧
车辆无法行驶,仪表电动系统故障指示灯点亮,故障诊断仪报电流过高或过低故障	① DC 电流过高故障 ② DC 电流过低故障等	可从车辆电机控制器、动力蓄电池与高压配电盒之间的高压电路等方向进行检查

电机过流故障诊断与排除方法如表 12-2-4 所示。

表 12-2-4　电机过流故障诊断与排除方法

步骤	诊断方法	
第 1 步	利用诊断仪对车辆进行连接检修	若清除故障代码后故障消失,证明故障排除
		若清除故障代码后故障仍然存在,进行第 2 步
第 2 步	对电机控制器与高压配电盒之间的高压电路进行检查	若检查数值正常,进行第 3 步
		若检查数值不正常,应对电机控制器与高压配电盒之间的高压电路进行检修或更换
第 3 步	对动力蓄电池与高压配电盒之间的高压电路检查	若检查数值正常,进行第 4 步
		若检查数值不正常,应对动力蓄电池与高压配电盒之间的高压电路进行检修或更换
第 4 步	更换动力蓄电池	若更换动力蓄电池后故障消失,证明故障排除
		若更换动力蓄电池后故障仍然存在,进行第 5 步
第 5 步	更换电机控制器	若更换电机控制器后故障消失,证明故障排除
		若更换电机控制器后故障仍然存在,应从其他方面继续寻找故障原因

12.2.3　IPM 过流故障

IPM 过流故障的车辆症状和可能原因如表 12-2-5 所示。

表 12-2-5　车辆症状、可能原因与检测技巧

车辆症状	可能原因	检测技巧
车辆无法行驶,仪表电动系统故障指示灯点亮,故障诊断仪报 IPM(变频器)过流故障	输入过流硬件保护	可从车辆 DC-DC 控制器等方向进行检查

IPM 过流故障诊断与排除方法如表 12-2-6 所示。

表 12-2-6　IPM 过流故障诊断与排除方法

步骤	诊断方法	
第 1 步	利用诊断仪对车辆进行连接检修	若清除故障代码后故障消失,证明故障排除
		若清除故障代码后故障仍然存在,进行第 2 步

步骤		诊断方法
第2步	对 DC-DC 控制器供电接地线束进行检查	若 DC-DC 控制器供电接地线束数值正常，进行第3步
		若 DC-DC 控制器供电接地线束数值不正常，应对 DC-DC 控制器供电接地线束进行检修或更换
第3步	更换 DC-DC 控制器	若更换 DC-DC 控制器后故障消失，证明故障排除
		若更换 DC-DC 控制器后故障仍然存在，应从其他方面继续寻找故障原因

12.2.4　高压过压、高压欠压故障

高压过压、高压欠压的车辆症状和可能原因如表 12-2-7 所示。

表 12-2-7　车辆症状、可能原因与检测技巧

车辆症状	可能原因	检测技巧
车辆无法行驶，仪表电动系统故障指示灯点亮，故障诊断仪报过压或欠压故障	①高压软件过压故障 ②高压软件欠压故障	可从车辆熔丝、电机控制器线束、电机控制器高压回路、电机控制器等方向进行检查

高压过压、高压欠压故障诊断与排除方法如表 12-2-8 所示。

表 12-2-8　高压过压、高压欠压故障诊断与排除方法

步骤		诊断方法
第1步	利用诊断仪对车辆进行连接检修	若清除故障代码后故障消失，证明故障排除
		若清除故障代码后故障仍然存在，进行第2步
第2步	对高压元件、低压线束接插件进行检查，包括虚接、破裂、磨损等情况	若存在虚接、破裂、磨损等情况，应进行检修或更换高压元件或低压线束接插件
		若不存在虚接、破裂、磨损等情况，进行第3步
第3步	对车辆对应的熔丝进行检查	若车辆熔丝正常，进行第4步
		若车辆熔丝不正常，应更换相同规格的车辆熔丝
第4步	对电机控制器电源线束进行检查	若电机控制器电源线束数值正常，进行第5步
		若电机控制器电源线束数值不正常，应对电机控制器电源线束进行检修或更换
第5步	对电机控制器接地线束进行检查	若电机控制器接地线束数值正常，进行第6步
		若电机控制器接地线束数值不正常，应对电机控制器接地线束进行检修或更换
第6步	对高压回路绝缘故障线束进行检查	若高压回路线束数值正常，进行第7步
		若高压回路线束数值不正常，应对高压回路绝缘线束进行检修或更换

第12章　电机驱动系统故障诊断

步骤	诊断方法	
第7步	对高压回路断路故障线束进行检查	若高压回路线束数值正常，进行第8步
		若高压回路线束数值不正常，应对高压回路断路线束进行检修或更换
第8步	对电机控制器高压回路相互短路故障线束进行检查	若电机控制器高压回路线束数值正常，进行第9步
		若电机控制器高压回路线束数值不正常，应对电机控制器高压回路相互短路线束进行检修或更换
第9步	更换电机控制器	若更换电机控制器后故障消失，证明故障排除
		若更换电机控制器后故障仍然存在，应从其他方面继续寻找故障原因

12.2.5　电机缺相故障

电机缺相故障的车辆症状和可能原因如表12-2-9所示。

表 12-2-9　车辆症状、可能原因与检测技巧

车辆症状	可能原因	检测技巧
车辆无法行驶，仪表电动系统故障指示灯点亮，故障诊断仪报过压或欠压故障	①高压三相线束故障 ②电机故障 ③电机控制器故障等	可从车辆高压三相线束、驱动电机、电机控制器等方向进行检查

电机缺相故障诊断与排除方法如表12-2-10所示。

表 12-2-10　电机缺相故障诊断与排除方法

步骤	诊断方法	
第1步	利用诊断仪对车辆进行连接检修	若清除故障代码后故障消失，证明故障排除
		若清除故障代码后故障仍然存在，进行第2步
第2步	对高压元件、低压线束接插件进行检查，包括虚接、破裂、磨损等情况	若存在虚接、破裂、磨损等情况，应检修或更换高压元件或低压线束接插件
		若不存在虚接、破裂、磨损等情况，进行第3步
第3步	对高压三相线束进行检查，包括导通等情况	若高压三相线束数值正常，进行第4步
		若高压三相线束数值不正常，应对高压三相线束数值进行检修或更换
第4步	更换驱动电机	若更换驱动电机后故障消失，证明故障排除
		若更换驱动电机后故障仍然存在，进行第5步
第5步	更换电机控制器	若更换电机控制器后故障消失，证明故障排除
		若更换电机控制器后故障仍然存在，应从其他方面继续寻找故障原因

12.2.6 IGBT 过温故障

12.2.6.1 一般诊断方法

IGBT 过温故障的车辆症状和可能原因如表 12-2-11 所示。

表 12-2-11 车辆症状、可能原因与检测技巧

车辆症状	可能原因	检测技巧
车辆无法行驶，仪表电机及控制器过热，指示灯点亮，故障诊断仪报 IGBT 模块过温故障	①冷却液不足 ②电机控制器运行时间过长 ③冷却系统故障 ④电机控制器内部故障等	可从车辆冷却系统、车辆熔丝等方向进行检查

IGBT 过温故障诊断与排除方法如表 12-2-12 所示。

表 12-2-12 IGBT 过温故障诊断与排除方法

步骤		诊断方法
第1步	对冷却液进行检查	若冷却液充足，进行第2步
		若冷却液不足，应添加冷却液
第2步	对冷却管路进行检查	若冷却管路正常，进行第3步
		若冷却管路不正常，应更换冷却管路
第3步	对车辆对应的熔丝进行检查	若车辆熔丝正常，进行第4步
		若车辆熔丝不正常，应更换相同规格的车辆熔丝
第4步	对驱动电机冷却液泵电源连接线束进行检查	若驱动电机冷却液泵电源连接线束数值正常，进行第5步
		若驱动电机冷却液泵电源连接线束数值不正常，应更换驱动电机冷却泵电源连接线束
第5步	对驱动电机冷却液泵接地连接线束进行检查	若驱动电机冷却液泵接地连接线束数值正常，进行第6步
		若驱动电机冷却液泵接地连接线束数值不正常，应更换驱动电机冷却泵接地连接线束
第6步	对驱动电机冷却液泵调速信号连接线束进行检查	若驱动电机冷却液泵调速信号连接线束数值正常，进行第7步
		若驱动电机冷却液泵调速信号连接线束数值不正常，应更换驱动电机冷却水泵调速信号连接线束
第7步	更换驱动电机冷却液泵	若更换驱动电机冷却液泵后故障消失，证明故障排除
		若更换驱动电机冷却液泵后故障仍然存在，进行第8步
第8步	更换电机控制器	若更换电机控制器后故障消失，证明故障排除
		若更换电机控制器后故障仍然存在，应从其他方面继续寻找故障原因

12.2.6.2 IGBT 温度过高导致车辆自动切换到 N 挡故障

故障现象：车辆行驶一段时间后从 D 挡自动切换倒挡，重启后还可以正常行驶，但是行驶不到 1min 依旧跳倒挡，偶尔仪表上还会点亮动力系统故障灯。

原因分析：

❶ 程序原因；

❷ 高压部件故障；

❸ 低压线束故障；

❹ 低压电器故障。

维修过程：车辆到店检查时有多个模块需要升级，更新程序后清除故障代码，路试行驶 15km 后故障出现，当时读取整车控制器报 P1D8300 整车功能受限，前驱动电机控制器报 P1D8300 前驱电机控制器 IGBT-NTC 一般过温告警，P1BAC00 前驱动电机控制器 IGBT 核心温度一般过温告警。后驱动电机控制器同时也报 IGBT 温度过高。后读取前驱电机控制器数据流发现 IGBT 温度达到 96℃ 左右时，车辆就出现跳挡现象。IGBT 正常温度应该在 58℃ 左右，高于 75℃ 风扇低速请求，高于 90℃ 风扇高速请求，并限制功率。由此分析车辆故障出在散热部分，检查防冻液不缺少，风扇处于高速运转也排除风扇部分。故障点缩小到防冻液有可能不循环（冷却系统循环回路如图 12-2-1 所示），用手触摸电动水泵有振动感，检查电动水泵电源线有 12V 以上的电压，搭铁线对车身阻值良好，排除水泵故障。在检查水流向的时候，前电机从进水口用高压气枪吹，出水口没有水流出，反过来测试同样没有水流出，判定为电机总成内部堵塞故障。清理电机总成内部冷却循环管路后故障排除。

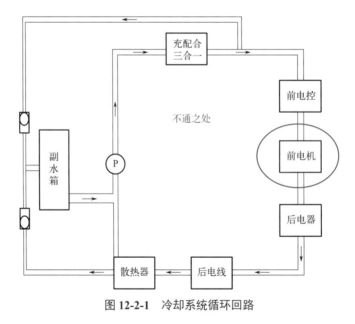

图 12-2-1　冷却系统循环回路

12.2.7　电机控制系统故障案例

12.2.7.1　后电机控制器导致车辆 EV 功能受限，不能上高压电

故障现象：车辆仪表提示 EV 功能受限。

原因分析：

❶ 动力蓄电池故障；

❷ 高压模块故障；

❸ 高压线束故障；

❹ BMS 故障。

维修过程：

❶ 用诊断仪读取整车各模块故障代码，后驱动电机控制器报 P1C0100 后驱动电机控制器 IPM 故障。

❷ 检查后驱动电机控制器冷却系统无异常，如图 12-2-2 所示，根据故障代码测量后驱电机控制器直流母线到三相线的管压降，正、负极对 A/B/C 三相管压降分别为 0.336V、无穷大、0.335V、0.343V、无穷大、0.343V，发现直流母线正负极对 B 相压降异常。

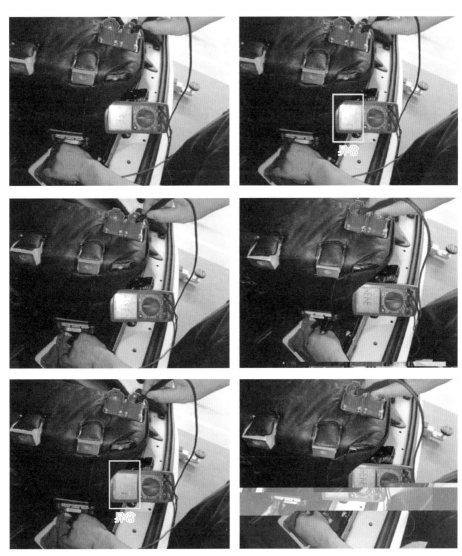

图 12-2-2　测量后电机控制器直流母线到三相线的管压降

❸ 更换后驱动电机控制器，故障排除。

维修小结：直流母线到三相线的管压降测量方法如表 12-2-13 所示。

表 12-2-13　直流母线到三相线的管压降测量方法

端子	万能表连接	正常值 /V	备注
三相线 A/B/C →直流母线正极	正极表头 + 负极表头	0.2 ~ 0.5 三相平衡	万用表挡位使用"二极管挡" " ▷⊢ "
直流母线正极 + 三相线 A/B/C	负极表头→正极表头		
三相线与车身阻抗	正极表头→负极表头		

12.3

驱动电机常见故障及诊断方法

12.3.1　驱动电机过速故障

驱动电机过速故障的车辆症状和可能原因如表 12-3-1 所示。

表 12-3-1　车辆症状、可能原因与检测技巧

车辆症状	可能原因
驱动电机超速	①驱动电机内部旋变故障 ②驱动电机故障 ③驱动电机控制器故障 ④整车控制器故障等

驱动电机过速故障诊断与排除方法如表 12-3-2 所示。

表 12-3-2　驱动电机过速故障诊断与排除方法

步骤		诊断方法
第 1 步	对车辆行驶速度进行检查	若车辆当前行驶速度正常，进行第 2 步
		若车辆当前行驶速度过高，应进行减速行驶
第 2 步	关闭车辆电源后，对车辆进行上电检查	若重新启动车辆后故障消失，证明故障排除
		若重新启动车辆后故障仍然存在，进行第 3 步
第 3 步	对整车控制系统进行检查	若整车控制系统正常，进行第 4 步
		若整车控制系统不正常，应更换故障部件
第 4 步	更换驱动电机	若更换驱动电机器后故障消失，证明故障排除
		若更换驱动电机后故障仍然存在，进行第 5 步
第 5 步	更换电机控制器	若更换电机控制器后故障消失，证明故障排除
		若更换电机控制器后故障仍然存在，应从其他方面继续寻找故障原因

12.3.2　驱动电机过温故障

驱动电机过温故障的车辆症状和可能原因如表 12-3-3 所示。

表 12-3-3　车辆症状、可能原因与检测技巧

车辆症状	可能原因
车辆无法行驶，仪表电机及控制器过热指示灯点亮，故障诊断仪报驱动电机过温故障	①驱动电机运行时间过长 ②冷却液不足 ③驱动电机冷却系统故障 ④驱动电机内部故障等

驱动电机过温故障诊断与排除方法如表 12-3-4 所示。

表 12-3-4　驱动电机过温故障诊断方法与排除方法

步骤	诊断方法	
第1步	利用诊断仪对车辆进行连接检修	若清除故障代码后故障消失，证明故障排除
		若清除故障代码后故障仍然存在，进行第2步
第2步	对冷却液进行检查	若冷却液充足，进行第3步
		若冷却液不足，应添加冷却液
第3步	对冷却管路进行检查	若冷却管路正常，进行"第4步"
		若冷却管路不正常，应更换冷却管路
第4步	使车辆行驶一段路程，再对冷却液流动情况进行检查	若冷却液流动正常，进行第5步
		若冷却液流动不正常，进行第10步
第5步	对车辆对应的熔丝进行检查	若车辆熔丝正常，进行第6步
		若车辆熔丝不正常，应更换相同规格的车辆熔丝
第6步	对驱动电机冷却液泵电源连接线束进行检查	若驱动电机冷却液泵电源连接线束数值正常，进行第7步
		若驱动电机冷却液泵电源连接线束数值不正常，应更换驱动电机冷却液泵电源连接线束
第7步	对驱动电机冷却液泵接地连接线束进行检查	若驱动电机冷却液泵接地连接线束数值正常，进行第8步
		若驱动电机冷却液泵接地连接线束数值不正常，应更换驱动电机冷却液泵接地连接线束
第8步	对驱动电机冷却液泵调速信号连接线束进行检查	若驱动电机冷却液泵调速信号连接线束数值正常，进行第9步
		若驱动电机冷却液泵调速信号连接线束数值不正常，应更换驱动电机冷却水泵调速信号连接线束
第9步	对驱动电机冷却液泵进行更换	若更换驱动电机冷却液泵后故障消失，证明故障排除
		若更换驱动电机冷却液泵后故障仍然存在，进行第10步

步骤		诊断方法
第 10 步	对驱动电机冷却液温度传感器进行更换	若更换驱动电机冷却液温度传感器后故障消失，证明故障排除
		若更换驱动电机冷却液温度传感器后故障仍然存在，进行第 11 步
第 11 步	更换驱动电机	若更换驱动电机后故障消失，证明故障排除
		若更换驱动电机后故障仍然存在，进行第 12 步
第 12 步	更换电机控制器	若更换电机控制器后故障消失，证明故障排除
		若更换电机控制器后故障仍然存在，应从其他方面继续寻找故障原因

12.3.2.2 温度传感器故障导致 EV 功能受限

故障现象：车辆 SOC97% 上电 OK 时切换成 HEV，仪表提示"EV 功能受限"，如图 12-3-1 所示。

图 12-3-1 仪表显示故障

原因分析：

❶ 程序软件故障；

❷ 某高压零部件故障；

❸ 线路故障。

维修过程：

❶ 用 VDS1000 读取整车各模块软件版为最新程序。

❷ 读取后驱动电机控制器模块故障代码为：后驱动电机过温告警、后驱动电机控制器高压欠压、与整车控制器通信故障，如图 12-3-2 所示。清除故障代码后对车辆重新上电，故障依旧。读取后驱动电机控制器模块数据流电机温度 149℃、IPM 散热器温度 37℃，两者温度明显异常。初步分析电机的冷却系统无异常，重点检测电机温度、线束、电控。

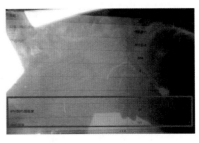

图 12-3-2 故障代码显示

❸ 后驱动电机控制器电路插接器和电路图如图 12-3-3 所示。

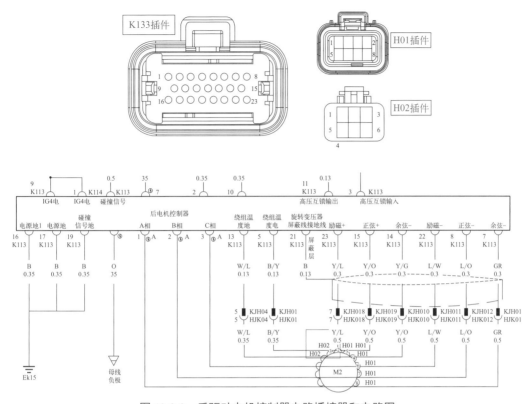

图 12-3-3　后驱动电机控制器电路插接器和电路图

❹ 如图 13-3-4 所示，常温（25℃）下测量后电机绕组温度地（H02-6）与绕组温度（H02-3）阻值为 1.21 kΩ，常温下电机温度阻值为 100 kΩ 左右，电机温度阻值异常。检查针脚无异常，更换电机处理。

图 12-3-4　测量电机绕组温度地与绕组温度阻值

12.3.3　驱动电机旋转变压器故障

驱动电机旋转变压器故障的车辆症状和可能原因如表 12-3-5 所示。

表 12-3-5　车辆症状、可能原因与检测技巧

车辆症状	可能原因
车辆无法行驶，仪表电动系统故障指示灯点亮，故障诊断仪报旋转变压器故障	①旋转变压器正弦异常故障 ②旋转变压器余弦异常故障 ③旋转变压器激励信号异常故障等

驱动电机旋转变压器 sin 异常故障诊断与排除方法如表 12-3-6 所示。

表 12-3-6　驱动电机旋转变压器 sin 异常故障诊断与排除方法

步骤	诊断方法	
第1步	利用诊断仪对车辆进行连接检修	若清除故障代码后故障消失，证明故障排除
		若清除故障代码后故障仍然存在，进行第2步
第2步	对旋转变压器正弦接地电路电阻进行检查	若旋转变压器正弦接地电路电阻数值正常，进行第3步
		若旋转变压器正弦接地电路数值不正常，应对旋转变压器正弦接地电路线束进行检修或更换
第3步	对旋转变压器正弦信号电路电阻进行检查	若旋转变压器正弦信号电路电阻数值正常，进行第4步
		若旋转变压器正弦信号电路数值不正常，应对旋转变压器正弦信号电路线束进行检修或更换
第4步	对旋转变压器正弦信号电路短路到接地进行检查	若不存在旋转变压器正弦信号电路短路到接地，进行第5步
		若存在旋转变压器正弦信号电路短路到接地，应对旋转变压器正弦信号电路线束进行检修或更换
第5步	对旋转变压器正弦信号电路短路到电源进行检查	若不存在旋转变压器正弦信号电路短路到电源，进行第6步
		若存在旋转变压器正弦信号电路短路到电源，应对旋转变压器正弦信号电路线束进行检修或更换
第6步	更换驱动电机	若更换驱动电机后故障消失，证明故障排除
		若更换驱动电机后故障仍然存在，进行第7步
第7步	更换电机控制器	若更换电机控制器后故障消失，证明故障排除
		若更换电机控制器后故障仍然存在，应从其他方面继续寻找故障原因

12.3.4　驱动电机异响、振动、转速达不到要求故障诊断与排除

驱动电机异响、振动、转速达不到要求故障的车辆症状和可能原因如表 12-3-7 所示。

表 12-3-7　车辆症状、可能原因与检测技巧

车辆症状	可能原因
驱动电机异响	驱动电机轴承问题
驱动电机振动	驱动电机安装螺栓松动、安装悬置
驱动电机转速低，车速慢	电机本身、电机控制器、动力电池电量异常

驱动电机异响、振动、转速达不到要求故障诊断与排除方法如表 12-3-8 所示。

表 12-3-8　驱动电机异响、振动、转速达不到要求故障诊断与排除方法

步骤	诊断方法	
第 1 步	对驱动电机螺栓状态进行检查	若驱动电机螺栓状态正常，进行第 2 步
		若驱动电机螺栓状态不正常，应对驱动电机螺栓进行紧固或更换
第 2 步	对驱动电机冷却系统进行检查	若驱动电机冷却系统正常，进行第 3 步
		若驱动电机冷却系统不正常，应对驱动电机冷却系统故障部件进行检修或更换
第 3 步	对驱动电机线束插接器进行检查，包括连接等情况	若驱动电机线束插接器连接正常，进行第 4 步
		若驱动电机线束插接器连接不正常，应对驱动电机线束插接器进行检修或更换
第 4 步	对驱动电机三相线束紧固力矩进行检查	若驱动电机三相线束紧固力矩符合，进行第 5 步
		若驱动电机三相线束紧固力矩不符合，应对驱动电机三相线束进行紧固或更换
第 5 步	对驱动电机三相线束是否相互短路故障进行检查	若驱动电机三相线束无相互短路，进行第 6 步
		若驱动电机三相线束相互短路，应对驱动电机三相线束进行检修或更换
第 6 步	对驱动电机三相线绝缘电阻进行检查	若驱动电机三相线绝缘电阻数值正常，进行第 7 步
		若驱动电机三相线绝缘电阻数值不正常，应对驱动电机三相线束进行检修或更换
第 7 步	对驱动电机前后端盖进行检查，应无灰尘、无杂物、无破损、无碰伤	若驱动电机前后端盖正常，进行第 8 步
		若驱动电机前后端盖不正常，应对驱动电机前后端盖进行检修或更换
第 8 步	对驱动电机水套壳体进行检查，应无灰尘、无杂物、无破损、无碰伤	若驱动电机水套壳体正常，进行第 9 步
		若驱动电机水套壳体不正常，应对驱动电机水套壳体进行检修或更换，若清理驱动电机水套壳体后故障消失，证明故障排除

步骤		诊断方法
第9步	对驱动电机转子进行检查，应无灰尘、无杂物、无破损、无碰伤	若驱动电机转子正常，进行第10步
		若驱动电机转子不正常，应对驱动电机转子进行检修或更换，若清理驱动电机转子后故障消失，证明故障排除
第10步	对驱动电机定子进行检查，应无灰尘、无杂物、无破损、无碰伤	若驱动电机定子正常，进行第11步
		若驱动电机定子不正常，应对驱动电机定子进行检修或更换，若清理驱动电机定子后故障消失，证明故障排除
第11步	对驱动电机旋变定子进行检查，应无灰尘、无杂物、无破损、无碰伤	若驱动电机旋变定子数值正常，进行第12步
		若驱动电机旋变定子数值不正常，应对驱动电机旋变定子进行检修或更换，若清理驱动电机旋变定子后故障消失，证明故障排除
第12步	更换前轴承、后轴承	若更换前轴承、后轴承后故障消失，证明故障排除
		若前轴承、后轴承后故障存在，进行第13步
第13步	更换驱动电机	若更换驱动电机后故障消失，证明故障排除
		若更换驱动电机后故障仍然存在，应从其他方面继续寻找故障原因

12.3.5 驱动电机控制器过温故障诊断与排除

驱动电机控制器过温故障的车辆症状和可能原因如表12-3-9所示。

表12-3-9 车辆症状、可能原因与检测技巧

车辆症状	可能原因
水温过温等	①冷却液不足 ②熔丝熔断 ③电子风扇继电器故障 ④电子风扇故障 ⑤电机驱动系统运行时间过长等

驱动电机控制器水温过温故障诊断与排除方法如表12-3-10所示。

表12-3-10 驱动电机控制器水温过温故障诊断与排除方法

步骤		诊断方法
第1步	对冷却液进行检查	若冷却液充足，进行第2步
		若冷却液不足，应添加冷却液
第2步	对车辆对应的熔丝进行检查	若车辆熔丝正常，进行第3步
		若车辆熔丝不正常，应更换相同规格的车辆熔丝

步骤		诊断方法
第3步	对风扇继电器进行检查	若风扇继电器数值正常，进行第4步
		若风扇继电器数值不正常，应更换相同规格的车辆继电器
第4步	对电子风扇电源线束电阻进行检查	若电子风扇电源线束电阻数值正常，进行第5步
		若电子风扇电源线束电阻数值不正常，应对电子风扇电源线束进行检修或更换
第5步	对电子风扇控制线束电阻进行检查	若电子风扇控制线束电阻数值正常，进行第6步
		若电子风扇控制线束电阻数值不正常，应对电子风扇控制线束进行检修或更换
第6步	对电子风扇接地线束电阻进行检查	若电子风扇接地线束电阻数值正常，进行第7步
		若电子风扇接地线束电阻数值不正常，应对电子风扇接地线束进行检修或更换
第7步	对电子风扇调速信号线束电阻进行检查	若电子风扇调速信号线束电阻数值正常，进行第8步
		若电子风扇调速信号线束电阻数值不正常，应对电子风扇调速信号线束进行检修或更换
第8步	更换电子风扇	若更换电子风扇后故障消失，证明故障排除
		若更换电子风扇后故障仍然存在，进行第9步
第9步	更换整车控制器	若更换整车控制器后故障消失，证明故障排除
		若更换整车控制器后故障仍然存在，应从其他方面继续寻找故障原因

第 13 章
整车控制系统故障诊断

13.1 整车控制系统常见故障分析

电动汽车整车控制系统的常见故障，如表 13-1-1 所示。

表 13-1-1　整车控制系统的常见故障

序号	种类
①	电源故障
②	车辆设备通信不正常
③	车辆电机控制器通信不正常
④	车辆空调系统通信不正常
⑤	车辆充电系统通信不正常等
⑥	CAN 总线通信故障等

13.2 整车控制系统常见故障诊断与排除方法、技巧

13.2.1　BMS 无法与 VCU 通信故障诊断与排除

BMS 无法与 VCU 通信故障的车辆症状和可能原因如表 13-2-1 所示。

表 13-2-1　车辆症状、可能原因与检测技巧

车辆症状	可能原因	检测技巧
车辆不上电，仪表动力蓄电池切断指示灯点亮，故障诊断仪报 VCU 报文故障	①针脚或者线束连接错误 ②电磁干扰 ③整车控制器故障 ④动力蓄电池内部 BMS 故障等	可从车辆总线线束、整车控制器、动力蓄电池等方向进行检查

BMS 无法与 VCU 通信故障诊断与排除方法如表 13-2-2 所示。

表 13-2-2　BMS 无法与 VCU 通信故障诊断与排除方法

步骤	诊断方法	
第 1 步	对检查电磁干扰进行检查，包括低压线束是否靠近高压元器件、高压线束等情况	若检查正常，进行第 2 步
		若检查不正常，应使低压线束远离高压元器件、高压线束
第 2 步	对 ECAN 总线线束进行检查	若 ECAN 总线线束数值正常，进行第 3 步
		若 ECAN 总线线束不正常，应对 ECAN 总线线束进行检修或更换
第 3 步	对整车控制器进行检查	若整车控制器正常，进行第 4 步
		若整车控制器不正常，应整车控制器故障部件进行检修或更换
第 4 步	更换动力蓄电池	若更换动力蓄电池后故障消失，证明故障排除
		若更换动力蓄电池后故障仍然存在，应从其他方面继续寻找故障原因

13.2.2　电机控制器报文错误故障诊断与排除

电机控制器报文错误故障的车辆症状和可能原因如表 13-2-3 所示。

表 13-2-3　车辆症状、可能原因与检测技巧

车辆症状	可能原因	检测技巧
车辆不能行驶，仪表电动系统故障指示灯点亮，故障诊断仪报电机控制器报文故障	①电磁干扰 ② ECAN 总线线路故障 ③电机控制器故障 ④整车控制器故障 ⑤整车控制器发送信号异常等	可从车辆电磁干扰、ECAN 总线线束、电机控制器、整车控制器等方向进行检查

电机控制器报文错误故障诊断与排除方法如表 13-2-4 所示。

表 13-2-4　电机控制器报文错误故障诊断与排除方法

步骤	诊断方法	
第 1 步	关闭车辆电源后，对车辆进行上电检查	若重新启动车辆后故障消失，证明故障排除
		若重新启动车辆后故障仍然存在，进行第 2 步
第 2 步	对检查电磁干扰进行检查，包括低压线束是否靠近高压元器件、高压线束等情况	若检查正常，进行第 3 步
		若检查不正常，应使低压线束远离高压元器件、高压线束
第 3 步	对 ECAN 总线电阻进行检查	若 ECAN 总线电阻数值正常，进行第 4 步
		若 ECAN 总线电阻数值不正常，应对集成控制模块、CAN 线束进行检修或更换
第 4 步	对 ECAN 总线线束进行检查	若 ECAN 总线线束数值正常，进行第 5 步
		若 ECAN 总线线束不正常，应对 ECAN 总线线束进行检修或更换

步骤		诊断方法
第5步	更换电机控制器	若更换电机控制器后故障消失，证明故障排除
		若更换电机控制器后故障仍然存在，进行第6步
第6步	更换整车控制器	若更换整车控制器后故障消失，证明故障排除
		若更换整车控制器后故障仍然存在，应从其他方面继续寻找故障原因

13.2.3　车载充电机紧急关闭故障诊断与排除

车载充电机紧急关闭故障的车辆症状和可能原因如表13-2-5所示。

表13-2-5　车辆症状、可能原因与检测技巧

车辆症状	可能原因	检测技巧
总线关闭	总线故障	可从车辆DC-DC控制器线束、DC-DC控制器等方向进行检查

总线关闭故障诊断与排除方法如表13-2-6所示。

表13-2-6　总线关闭故障诊断与排除方法

步骤		诊断方法
第1步	利用诊断仪对车辆进行连接检修	若清除故障代码后故障消失，证明故障排除
		若清除故障代码后故障仍然存在，进行第2步
第2步	对DC-DC控制器线束插接器电阻进行检查	若DC-DC控制单元线束插接器电阻数值正常，进行第3步
		若DC-DC控制单元线束插接器电阻数值不正常，应对DC-DC控制单元线束进行检修或更换
第3步	对DC-DC控制器接地电路线束进行检查	若DC-DC控制器接地电路线束数值正常，进行第4步
		若DC-DC控制器接地电路线束不正常，应对DC-DC控制器接地电路线束进行检修或更换
第4步	更换DC-DC控制器进行	若更换DC-DC控制器后故障消失，证明故障排除
		若更换DC-DC控制器后故障仍然存在，进行第5步
第5步	更换整车控制器进行	若更换整车控制器后故障消失，证明故障排除
		若更换整车控制器后故障仍然存在，应从其他方面继续寻找故障原因

13.2.4　DC-DC控制器故障等级1（降功率）诊断与排除

DC-DC控制器故障等级1（降功率）故障的车辆症状和可能原因如表13-2-7所示。

表 13-2-7　车辆症状、可能原因与检测技巧

车辆症状	可能原因	检测技巧
低压蓄电池亏电，仪表蓄电池低电量指示灯点亮，故障诊断仪报 DC-DC 控制器丢失通信、无效报文故障	DC-DC 控制器通信故障	可从车辆 ECAN 网络线束、车载充电机控制模块等方向进行检查

DC-DC 控制器通信故障诊断与排除方法如表 13-2-8 所示。

表 13-2-8　DC-DC 控制器通信故障诊断与排除方法

步骤	诊断方法	
第 1 步	对车载充电机控制模块 ECAN 网络线束进行检查，包括短路、开路、虚接等情况	若车载充电机控制模块 ECAN 网络线束正常，进行第 2 步
		若车载充电机控制模块 ECAN 网络线束不正常，应对车载充电机控制模块 ECAN 网络线束进行检修或更换
第 2 步	利用诊断仪对车辆进行连接检查，检查车载充电机控制模块故障代码	若清除故障代码后故障消失，证明故障排除
		若清除故障代码后故障仍然存在，进行第 3 步
第 3 步	更换整车控制器	若更换整车控制器后故障消失，证明故障排除
		若更换整车控制器后故障仍然存在，应从其他方面继续寻找故障原因

13.2.5　加速踏板信号 1 开路或短路故障诊断与排除

加速踏板信号 1 开路或短路故障的车辆症状和可能原因如表 13-2-9 所示。

表 13-2-9　车辆症状、可能原因与检测技巧

车辆症状	可能原因	检测技巧
车辆无法行驶，仪表电动系统故障指示灯点亮，故障诊断仪报加速踏板位置传感器信号故障	①加速踏板信号 1 短路到电源故障 ②加速踏板信号 1 开路或短路到地故障等	可从车辆加速踏板、整车控制器等方向进行检查

加速踏板信号 1 开路或短路故障诊断与排除方法如表 13-2-10 所示。

表 13-2-10　加速踏板信号 1 开路或短路故障诊断与排除方法

步骤	诊断方法	
第 1 步	利用诊断仪对车辆进行连接检修	若清除故障代码后故障消失，证明故障排除
		若清除故障代码后故障仍然存在，进行第 2 步
第 2 步	对加速踏板与 VCU 之间线束进行检查	若加速踏板与 VCU 之间线束数值正常，进行第 3 步
		若加速踏板与 VCU 之间线束数值不正常，应对加速踏板与 VCU 之间线束进行检修或更换

步骤		诊断方法
第3步	对温度执行器线束插接器对地短路进行检查	若温度执行器线束插接器对地短路数值正常，进行第4步
		若温度执行器线束插接器对地短路数值不正常，应对温度执行器线束插接器对地短路进行检修或更换
第4步	对加速踏板线束插接器对电源短路进行检查	若加速踏板线束插接器对电源短路数值正常，进行第5步
		若加速踏板线束插接器对电源短路数值不正常，应对加速踏板线束插接器对电源短路进行检修或更换
第5步	更换加速踏板	若更换动力蓄电池后故障消失，证明故障排除
		若更换动力蓄电池后故障仍然存在，进行第6步
第6步	更换整车控制器	若更换整车控制器后故障消失，证明故障排除
		若更换整车控制器后故障仍然存在，应从其他方面继续寻找故障原因

13.2.6　电机系统水泵 PWM 控制信号开路

电机系统水泵 PWM 控制信号开路故障的车辆症状和可能原因如表 13-2-11 所示。

表 13-2-11　车辆症状、可能原因与检测技巧

车辆症状	可能原因	检测技巧
车辆无法行驶，仪表电机及控制器过热，指示灯点亮，故障诊断仪报电机冷却系统电子冷却液泵线路故障	①电机系统水泵损坏、线束或接口短路到地； ②电机系统水泵损坏、线束或接口短路到电源； ③电机系统水泵损坏、线束或接口开路； ④电机系统水泵回路冷却液不足或水泵故障； ⑤电机系统水泵堵转故障； ⑥电机系统水泵温度过高； ⑦电机系统水泵供电电压异常； ⑧电机系统水泵故障； ⑨电机系统水泵反馈信息屏异常等	可从车辆熔丝、电机系统水泵线束、电机系统水泵、整车控制器等方向进行检查

电机系统水泵 PWM 控制信号开路故障诊断与排除方法如表 13-2-12 所示。

表 13-2-12　电机系统水泵 PWM 控制信号开路故障诊断与排除方法

步骤		诊断方法
第1步	对12V蓄电池电压进行检查	若12V蓄电池电压数值正常，进行第2步
		若12V蓄电池电压数值不正常，应对12V蓄电池进行充电、放电或更换
第2步	对车辆对应的熔丝进行检查	若车辆熔丝正常，进行第3步
		若车辆熔丝不正常，应更换相同规格的车辆熔丝
第3步	对电机系统水泵线束进行检查	若电机系统水泵线束数值正常，进行第4步
		若电机系统水泵线束数值不正常，应对电机系统水泵线束故障部件进行更换

步骤		诊断方法
第4步	更换电机系统水泵	若更换电机系统水泵后故障消失，证明故障排除
		若更换电机系统水泵后故障仍然存在，进行第5步
第5步	更换整车控制器	若更换整车控制器后故障消失，证明故障排除
		若更换整车控制器后故障仍然存在，应从其他方面继续寻找故障原因

13.3

典型车系整车控制系统故障诊断与排除实例

13.3.1　比亚迪秦 Pro DM 整车控制器导致车辆偶发性无法上电

比亚迪秦 Pro DM 车辆偶发性无法上 OK 挡电，仪表无故障显示，故障频率约2周一次，维修过程如表 13-3-1 所示。

表 13-3-1　维修过程

故障原因	① BCM 故障 ②整车控制器故障 ③线路故障
故障诊断与排除	①用诊断设备读取故障代码，前驱动电机控制器报 U014100：与整车控制器通信故障；挡位传感器报 U014000：与 BCM 通信故障；整车控制器报 U014000：与 BMS 通信故障，P1D7100：高压系统故障-BMS 放电不允许等故障 ②怀疑 CAN 网络存在异常，根据故障代码对整车控制器、BMS、BCM 等有关系统的接插件及供电搭铁作常规检查，并重新插拔、打磨搭铁线，无异常后，交付使用 ③一周后故障再现，电脑读取还是显示和之前同样的故障 ④经试车后，故障再现。故障再现时仪表无任何异常提示，反复踩刹车观察刹车灯能正常点亮，就是无法上 OK 挡电，诊断设备读取故障代码和原来一样。通过诊断插头测量网络电压及电阻：ECM 网 CAN-H2.7V，CAN-L2.16V，电阻 64.2Ω；ESC 网 CAN-H2.73V，CAN-L2.21V，电阻 62.5Ω；动力网 CAN-H2.59V，CAN-L2.35V，电阻 66.3Ω。电压、电阻均正常。根据故障代码，结合故障现象，怀疑是 BCM 故障可能性最大。由于该车型 BCM 与仪表配电盒集成一起，倒换正常车仪表配电盒试车，故障暂时没有出现，交付使用 ⑤3 天后故障又再次出现，相继更换制动踏板总成及整车控制器后故障依旧。结合以上排查，引起故障最大的可能是网络问题。通过查看电路图，发现仪表配电盒（BCM）背面的 K 插口有 3 组网线，分别是 ECM 网、舒适网和启动网。当故障再现的时候，轻轻摇晃 K 口接插件上的线束，发现突然可以上 OK 挡电了。为了判断到底是哪一组网线引起的故障，分别挑出不同的网线针脚来模拟故障，最后发现挑出 G2K-7 这根网线时（ECM 网 CAN-H），同样的故障再现 ⑥重新修复该针脚，装复后反复试车后故障排除
注意事项	了解车型的网络架构，有助于查找线路故障

13.3.2 整车控制器故障导致比亚迪唐无法上电

故障现象：车辆电量充足，仪表无任何故障提示。但车辆无法上 OK 电。

原因分析：

❶ 智能钥匙系统故障；

❷ 整车控制器故障；

❸ 线路故障。

维修过程：

❶ 用 VDS2000 读取智能钥匙系统无故障代码，读取整车控制器当前故障代码为：P1D6144- 整车控制器 EEPROM 错误，如图 13-3-1 所示。

整车控制器_BSG	
55　C 48370010807E000020　V 3.00.06	
存在故障	
P1D6144	整车控制器EEPROM错误

图 13-3-1　故障代码

❷ 读取整车控制数据流防盗解除状态——解除失败，如图 13-3-2 所示，通过故障代码及数据流分析为整车控制器芯片损坏。

❸ 更换整车控制器处理。

数据项	当前	范围		
动力源组合模式	系统未启动	/	∿	⚙
发动机启动命令	发动机关闭	/	∿	⚙
当前允许发动机启动方式	保留	/	∿	⚙
离合器强制脱开命令	离合器强制脱开	/	∿	⚙
前驱动电机控制器启动允许命令	禁止启动	/	∿	⚙
后驱电机控制器启动允许命令	禁止启动	/	∿	⚙
整车控制器防盗解除状态	解除失改	/	∿	⚙
整车挡位	P挡	/	∿	⚙

图 13-3-2　防盗解除状态 - 解除失败

注：更换新控制器需进行防盗编程、动力蓄电池标定、巡航（定速巡航 / 自适应巡航）、倾角标定。

14

CHAPTER 14

第14章
电动空调系统故障诊断

14.1
空调系统常见故障

电动汽车空调系统的常见故障，如表 14-1-1 所示。

表 14-1-1　空调系统的常见故障

故障部位	①系统电源电压 ②空调系统压力 ③空调系统控制器 ④空调系统压缩机 ⑤空调系统鼓风机 ⑥PTC 加热器
故障现象	①空调系统所有功能失效 ②空调压缩机不工作 ③鼓风机不工作 ④出风模式调节不正常 ⑤空调不制冷 ⑥空调冷气不足 ⑦空调冷气时有时无 ⑧空调压力不正常

14.2
空调制冷系统常见故障诊断与排除方法、技巧

14.2.1　空调压缩机不工作故障诊断与排除

空调压缩机不工作故障的车辆症状和可能原因如表 14-2-1 所示。

表 14-2-1　车辆症状、可能原因与检测技巧

车辆症状	可能原因	检测技巧
空调压缩机不工作	①空调压缩机异常故障 ②压缩机回路故障等	可从车辆熔丝、空调压缩机连接线束、空调控制器等方向进行检查

空调压缩机不工作故障诊断与排除方法如表 14-2-2 所示。

表 14-2-2　空调压缩机不工作故障诊断与排除方法

步骤		诊断方法
第 1 步	利用诊断仪对车辆进行连接检修	若清除故障代码后故障消失，证明故障排除
		若清除故障代码后故障仍然存在，进行第 2 步
第 2 步	对车辆对应的熔丝进行检查	若车辆熔丝正常，进行第 3 步
		若车辆熔丝不正常，应更换相同规格的车辆熔丝
第 3 步	对空调压缩机连接器端子电压进行检查	若空调压缩机连接器端子电压数值正常，进行第 4 步
		若空调压缩机连接器端子电压数值不正常，应对空调压缩机线束进行检修或更换
第 4 步	对空调压缩机连接器接地端子导通性进行检查	若空调压缩机连接器接地端子导通性数值正常，进行第 5 步
		若空调压缩机连接器接地端子导通性数值不正常，应对空调压缩机线束进行检修或更换
第 5 步	对空调压缩机与空调控制器之间线束进行检查	若空调压缩机与空调控制器之间线束数值正常，进行第 6 步
		若空调压缩机与空调控制器之间线束数值不正常，应对空调压缩机与空调控制器之间线束进行检修或更换
第 6 步	更换空调压缩机	若更换空调压缩机后故障消失，证明故障排除
		若更换空调压缩机后故障仍然存在，进行第 7 步
第 7 步	更换空调控制器	若更换空调控制器后故障消失，证明故障排除
		若更换空调控制器后故障仍然存在，应从其他方面继续寻找故障原因

14.2.2　空调鼓风机不工作故障诊断与排除

空调鼓风机不工作故障的车辆症状和可能原因如表 14-2-3 所示。

表 14-2-3　车辆症状、可能原因与检测技巧

车辆症状	可能原因	检测技巧
空调鼓风机不工作	①空调鼓风机异常 ②空调鼓风机风速异常等	可从车辆熔丝、空调鼓风机、空调鼓风机继电器、调鼓风机调速模块、空调鼓风机线束、空调控制器等方向进行检查

空调鼓风机不工作故障诊断与排除方法如表 14-2-4 所示。

表 14-2-4　空调鼓风机不工作故障诊断与排除方法

步骤		诊断方法
第 1 步	对车辆对应的熔丝进行检查	若车辆熔丝正常，进行第 2 步
		若车辆熔丝不正常，应更换相同规格的车辆熔丝
第 2 步	对空调鼓风机进行检查，包括叶轮损坏、异物、卡滞等情况	若空调鼓风机正常，进行第 3 步
		若空调鼓风机不正常，应对空调鼓风机进行检修或更换
第 3 步	对空调鼓风机继电器进行检查	若空调鼓风机继电器正常，进行第 4 步
		若空调鼓风机继电器不正常，应更换相同规格的空调鼓风机继电器
第 4 步	对空调控制器与空调鼓风机继电器之间线束进行检查	若空调控制器与空调鼓风机继电器之间线束数值正常，进行第 5 步
		若空调控制器与空调鼓风机继电器之间线束数值不正常，应对空调控制器与空调鼓风机继电器之间线束进行检修或更换
第 5 步	对空调鼓风机电源线束进行检查	若空调鼓风机电源线束数值正常，进行第 6 步
		若空调鼓风机电源线束数值不正常，应对空调鼓风机电源线束进行检修或更换
第 6 步	对空调鼓风机与调速模块之间线束进行检查	若空调鼓风机与调速模块之间线束数值正常，进行第 7 步
		若空调鼓风机与调速模块之间线束数值不正常，应对空调鼓风机与调速模块之间线束进行检修或更换
第 7 步	对空调鼓风机调速模块与空调控制器之间线束进行检查	若空调鼓风机调速模块与空调控制器之间线束数值正常，进行第 8 步
		若空调鼓风机调速模块与空调控制器之间线束数值不正常，应对空调鼓风机调速模块与空调控制器之间线束进行检修或更换
第 8 步	更换对空调鼓风机	若更换空调鼓风机后故障消失，证明故障排除
		若更换空调鼓风机后故障仍然存在，进行第 9 步
第 9 步	更换空调鼓风机调速模块	若更换空调鼓风机调速模块后故障消失，证明故障排除
		若更换空调鼓风机调速模块后故障仍然存在，进行第 10 步
第 10 步	更换空调控制器	若更换空调控制器后故障消失，证明故障排除
		若更换空调控制器后故障仍然存在，应从其他方面继续寻找故障原因

14.2.3　空调不制冷故障诊断与排除

空调不制冷故障的车辆症状和可能原因如表 14-2-5 所示。

表 14-2-5　车辆症状、可能原因与检测技巧

车辆症状	可能原因	检测技巧
空调不制冷	①空调压缩机故障 ②空调蒸发器故障等	可从空调压缩机、空调蒸发器、车辆熔丝等方向进行检查

空调不制冷故障诊断与排除方法如表 14-2-6 所示空调。

表 14-2-6　空调不制冷故障诊断与排除方法

步骤	诊断方法	
第 1 步	对空调鼓风机进行检查	若空调鼓风机正常，进行第 2 步
		若空调鼓风机不正常，应对空调鼓风机进行检修或更换
第 2 步	对空调压力进行检查	若空调压力正常，进行第 3 步
		若空调压力不正常，应对空调压力故障部件进行检修或更换
第 3 步	对空调蒸发器温度进行检查	若空调蒸发器温度正常，进行第 4 步
		若空调蒸发器温度不正常，应对空调蒸发器进行检修或更换
第 4 步	对车辆对应的熔丝进行检查	若车辆熔丝正常，进行第 5 步
		若车辆熔丝不正常，应更换相同规格的车辆熔丝
第 5 步	对空调线束进行检查	若空调线束数值正常，进行第 6 步
		若空调线束数值不正常，应对空调线束进行检修或更换
第 6 步	更换空调控制器	若更换空调控制器后故障消失，证明故障排除
		若更换空调控制器后故障仍然存在，应从其他方面继续寻找故障原因

14.2.4　空调冷气不足故障诊断与排除

空调冷气不足故障的车辆症状和可能原因如表 14-2-7 所示。

表 14-2-7　车辆症状、可能原因与检测技巧

车辆症状	可能原因	检测技巧
空调制冷不足	①空调控制器故障 ②空调蒸发器温度传感器故障 ③空调鼓风机故障 ④空调压缩机故障 ⑤冷却风扇故障 ⑥冷却液压力开关故障 ⑦冷却液泄漏 ⑧空调线束故障等	可从空调控制器、空调蒸发器、空调鼓风机、空调压缩机、冷却液等方向进行检查

空调冷气不足故障诊断与排除方法如表 14-2-8 所示。

表 14-2-8　空调冷气不足故障诊断与排除方法

步骤	诊断方法	
第 1 步	对冷却液进行检查	若冷却液充足，进行第 2 步
		若冷却液不足，应添加冷却液

步骤		诊断方法
第2步	对空调压缩机进行检查	若空调鼓风机正常，进行第3步
		若空调鼓风机不正常，应对空调鼓风机进行检修或更换
第3步	对空调压缩机与空调控制器之间线束进行检查	若空调压缩机与空调控制器之间线束数值正常，进行第4步
		若空调压缩机与空调控制器之间线束数值不正常，应对空调压缩机与空调控制器之间线束进行检修或更换
第4步	对空调压力进行检查	若空调压力正常，进行第5步
		若空调压力不正常，应对空调压力故障部件进行检修或更换
第5步	对空调蒸发器温度进行检查	若空调蒸发器温度正常，进行第6步
		若空调蒸发器温度不正常，应对空调蒸发器进行检修或更换
第6步	对空调鼓风机进行检查	若空调鼓风机正常，进行第7步
		若空调鼓风机不正常，应对空调鼓风机进行检修或更换
第7步	对冷却风扇进行检查	若冷却风扇正常，进行第8步
		若冷却风扇不正常，应对冷却风扇故障部件进行检修或更换
第8步	对空调线束进行检查	若空调线束数值正常，进行第9步
		若空调线束数值不正常，应对空调线束进行检修或更换
第9步	更换空调控制器	若更换空调控制器后故障消失，证明故障排除
		若更换空调控制器后故障仍然存在，应从其他方面继续寻找故障原因

14.2.5 冷气时有时无故障诊断与排除

冷气时有时无故障的车辆症状和可能原因如表14-2-9所示。

表14-2-9 车辆症状、可能原因与检测技巧

车辆症状	可能原因	检测技巧
冷气时有时无	①车内温度传感器对地短路 ②车内温度传感器对电源短路或开路等	可从车辆空调控制器、空气质量传感器等方向进行检查

车内温度传感器故障诊断与排除方法如表14-2-10所示。

表14-2-10 车内温度传感器故障诊断与排除方法

步骤		诊断方法
第1步	利用诊断仪对车辆进行连接检修	若清除故障代码后故障消失，证明故障排除
		若清除故障代码后故障仍然存在，进行第2步
第2步	对车辆对应的熔丝进行检查	若车辆熔丝正常，进行第3步
		若车辆熔丝不正常，应更换相同规格的车辆熔丝

步骤	诊断方法	
第3步	对空调控制器连接器端子电压进行检查	若空调控制器连接器端子电压数值正常，进行第4步
		若空调控制器连接器端子电压数值不正常，应对空调控制器线束进行检修或更换
第4步	对空调控制器连接器接地端子导通性进行检查	若空调控制器连接器接地端子导通性数值正常，进行第5步
		若空调控制器连接器接地端子导通性数值不正常，应对空调压缩机线束进行检修或更换
第5步	对空气质量传感器与空调控制器之间线束进行检查	若空气质量传感器与空调控制器之间线束数值正常，进行第6步
		若空气质量传感器与空调控制器之间线束数值不正常，应对空气质量传感器与空调控制器之间线束进行检修或更换
第6步	对空气质量传感器线束插接器对地电路进行检查	若空气质量传感器线束插接器对地电路数值正常，进行第7步
		若空气质量传感器线束插接器对地电路数值不正常，应对空气质量传感器线束插接器对地电路进行检修或更换
第7步	对空气质量传感器线束插接器对电源电路进行检查	若空气质量传感器线束插接器对电源电路数值正常，进行第8步
		若空气质量传感器线束插接器对电源电路数值不正常，应对空气质量传感器线束插接器对电源电路进行检修或更换
第8步	更换空气质量传感器	若更换空气质量传感器后故障消失，证明故障排除
		若更换空气质量传感器后故障仍然存在，进行第9步
第9步	更换空调控制器	若更换空调控制器后故障消失，证明故障排除
		若更换空调控制器后故障仍然存在，应从其他方面继续寻找故障原因

14.2.6 空调压力不正常故障诊断与排除

空调压力不正常故障的车辆症状和可能原因如表14-2-11所示。

表14-2-11 车辆症状、可能原因与检测技巧

车辆症状	可能原因	检测技巧
空调系统制冷不足，车内温度无法下降到设定温度	①高压压力传感器异常 ②空调系统压力异常等	可从车辆空调压力传感器、空调控制器等方向进行检查

空调压力不正常故障诊断与排除方法如表14-2-12所示。

表14-2-12 空调压力不正常故障诊断与排除方法

步骤	诊断方法	
第1步	对空调压力传感器到空调控制器之间线束进行检查	若空调压力传感器到空调控制器之间线束数值正常，进行第2步
		若空调压力传感器到空调控制器之间线束数值不正常，应对空调压力传感器到空调控制器之间线束进行检修或更换

步骤	诊断方法	
第2步	更换空调压力传感器	若更换空调压力传感器后故障消失，证明故障排除
		若更换空调压力传感器后故障仍然存在，进行第3步
第3步	更换空调控制器	若更换空调控制器后故障消失，证明故障排除
		若更换空调控制器后故障仍然存在，应从其他方面继续寻找故障原因

14.3
空调暖风系统常见故障诊断与排除方法、技巧

14.3.1 暖风系统不制暖或制暖效果不好故障

暖风系统不制暖或制暖效果不好故障的车辆症状和可能原因如表 14-3-1 所示。

表 14-3-1　车辆症状、可能原因与检测技巧

车辆症状	可能原因	检测技巧
暖风系统不制暖或制暖效果不好	①电加热水泵空载 ②电加热水泵堵转 ③电加热水泵过流 ④电加热水泵转速过低 ⑤电加热水泵开路等	可从车辆电加热水泵、空调控制器等方向进行检查

电加热水泵故障诊断与排除方法如表 14-3-2 所示。

表 14-3-2　PTC 加热器电加热水泵故障诊断与排除方法

步骤	诊断方法	
第1步	利用诊断仪对车辆进行连接检修	若清除故障代码后故障消失，证明故障排除
		若清除故障代码后故障仍然存在，进行第2步
第2步	对车辆对应的熔丝进行检查	若车辆熔丝正常，进行"第3步"
		若车辆熔丝不正常，应更换相同规格的车辆熔丝
第3步	对电加热水泵电源电路线束进行检查	若电加热水泵电源电路线束数值正常，进行第4步
		若电加热水泵电源电路线束数值不正常，应对电加热水泵电源电路线束进行检修或更换
第4步	对电加热水泵与空调控制器之间线束进行检查	若电加热水泵与空调控制器之间线束数值正常，进行第5步
		若电加热水泵与空调控制器之间线束数值不正常，应对电加热水泵与空调控制器之间线束进行检修或更换

步骤		诊断方法
第 5 步	对电加热水泵接地电路线束进行检查	若电加热水泵接地电路线束数值正常，进行第 6 步
		若电加热水泵接地电路线束数值不正常，应对电加热水泵接地电路线束进行检修或更换
第 6 步	更换电加热水泵	若更换电加热水泵后故障消失，证明故障排除
		若更换电加热水泵后故障仍然存在，进行第 7 步
第 7 步	更换空调控制器	若更换空调控制器后故障消失，证明故障排除
		若更换空调控制器后故障仍然存在，应从其他方面继续寻找故障原因

14.3.2　PTC 加热器供电异常故障

PTC 加热器供电异常故障的车辆症状和可能原因如表 14-3-3 所示。

表 14-3-3　车辆症状、可能原因与检测技巧

车辆症状	可能原因	检测技巧
暖风或暖风温度不足	PTC 加热器高压电未提供等	可从车辆高压配电盒、PTC 加热器等方向进行检查

PTC 加热器供电异常故障诊断与排除方法如表 14-3-4 所示。

表 14-3-4　PTC 加热器供电异常故障诊断与排除方法

步骤		诊断方法
第 1 步	关闭车辆电源后，对车辆进行上电检查	若重新启动车辆后故障消失，证明故障排除
		若重新启动车辆后故障仍然存在，进行第 2 步
第 2 步	对高压配电盒进行检查，包括熔断器等情况	若高压配电盒熔断器正常，进行第 3 步
		若高压配电盒熔断器不正常，应更换相同规格的高压配电盒熔断器
第 3 步	更换 PTC 加热器	若更换 PTC 加热器后故障消失，证明故障排除
		若更换 PTC 加热器后故障仍然存在，应从其他方面继续寻找故障原因

14.3.3　PTC 加热器过热、温度传感器异常、电流传感器异常故障

PTC 加热器过热、温度传感器异常、电流传感器异常故障的车辆症状和可能原因如表 14-3-5 所示。

表 14-3-5　车辆症状、可能原因与检测技巧

车辆症状	可能原因	检测技巧
制暖效果不好无暖风	① PTC 加热器过热保护； ② PTC 加热器外部电源供电失败； ③ PTC 加热器短路； ④ PTC 加热器温度传感器故障； ⑤ PTC 加热器电流传感器故障等	可从 PTC 加热器、空调控制器等方向进行检查

PTC 加热器过热、温度传感器异常、电流传感器异常故障诊断与排除方法如表 14-3-6 所示。

表 14-3-6　PTC 加热器过热、温度传感器异常、电流传感器异常故障诊断与排除方法

步骤		诊断方法
第 1 步	利用诊断仪对车辆进行连接检修	若清除故障代码后故障消失，证明故障排除
		若清除故障代码后故障仍然存在，进行第 2 步
第 2 步	对车辆对应的熔丝进行检查	若车辆熔丝正常，进行第 3 步
		若车辆熔丝不正常，应更换相同规格的车辆熔丝
第 3 步	对 PTC 加热器电源电路线束进行检查	若 PTC 加热器电源电路线束数值正常，进行第 4 步
		若 PTC 加热器电源电路线束数值不正常，应对 PTC 加热器电源电路线束进行检修或更换
第 4 步	对 PTC 加热器接地电路线束进行检查	若 PTC 加热器接地电路线束数值正常，进行第 5 步
		若 PTC 加热器接地电路线束数值不正常，应对 PTC 加热器接地电路线束进行检修或更换
第 5 步	对 PTC 加热器与空调控制器之间线束进行检查	若 PTC 加热器与空调控制器之间线束数值正常，进行第 6 步
		若 PTC 加热器与空调控制器之间线束数值不正常，应对 PTC 加热器与空调控制器之间线束进行检修或更换
第 6 步	更换 PTC 加热器	若更换 PTC 加热器后故障消失，证明故障排除
		若更换 PTC 加热器后故障仍然存在，进行第 7 步
第 7 步	更换空调控制器	若更换空调控制器后故障消失，证明故障排除
		若更换空调控制器后故障仍然存在，应从其他方面继续寻找故障原因

14.4
典型车系空调系统故障诊断与排除实例

14.4.1　比亚迪宋 DM 行驶中仪表显示"空调热管理故障，请联系服务店维修"

比亚迪宋 DM 车型空调系统故障为例，车辆在行驶时出现故障，如图 14-4-1 所示，仪

表显示"空调热管理故障，请联系服务店维修"，同时车辆在 EV 模式下暖风加热速度较慢，维修过程如表 14-4-1 所示。

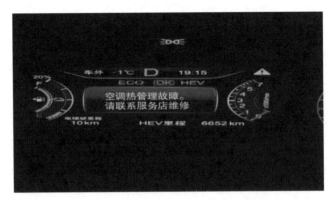

图 14-4-1　仪表显示"空调热管理故障，请联系服务店维修"

表 14-4-1　维修过程

故障原因	①空调控制器故障 ②PTC 加热器电子水泵故障 ③暖风 PTC 加热器故障 ④空调暖风系统冷却液循环异常 ⑤空调暖风系统相关线路故障
故障诊断与排除	①车辆维修时，组合仪表不显示故障字样，EV 模式下打开暖风并把温度打到最高，测试 20min 出风口指示温度达不到正常暖风的温度 ②检查副水壶液面正常，电子水泵正常运转，用 VDS2000 读取各模块均为最新版本，读取空调控制器及 PTC 加热器水加热器模块均无故障。读取 PTC 加热器水加热数据流发现冷却液温度为 45℃（正常开暖风能达到 70℃左右） ③PTC 加热器加热器数据流中 PTC 加热器电压和消耗功率均正常，冷却液温度上不去，怀疑发动机的防冻液进入暖风的冷却循环中。用手触摸四通水阀与发动机连接的水管有明显温度，为确认读取发动机系统冷却液温度为 26℃（异常），根据当时环境温度应为 0℃左右，检查确认因四通水阀密封不严，发动机冷却液进入暖风循环，导致 PTC 加热器水加热器冷却液温度上不去。更换四通水阀后，故障排除
注意事项	①当存在无故障代码的故障时，根据已有的故障现象读取相关模块数据流，并找出异常点逐一排查； ②更换四通水阀等冷却液循环系统的零部件后，需要进行排气操作

14.4.2　比亚迪唐 DM 空调无法使用

故障现象：全新一代唐 DM 空调制冷、制热均无法使用，散热器风扇高速运转。

原因分析：

❶ 空调控制器故障；

❷ 空调高压系统故障；

❸ 相关线路故障。

维修过程：

❶ 组合仪表 ESP 故障灯点亮，仪表显示多个故障提示，使用 VDS 扫描整车系统，将程序升级至最新版本，进入低功耗等待 5min 左右再次唤醒上电，仪表正常无故障提示，单击多媒体开启空调时，多媒体显示"请检查空调系统"，中控面板的空调按键也失效了，读取

故障代码 9 个模块"与空调控制器失去通信"的故障代码，部分故障代码如图 14-4-2 所示。

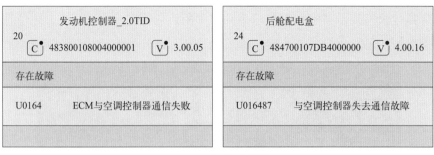

发动机控制器_2.0TID	后舱配电盒
20 ⟨C⟩ 483800108004000001 ⟨V⟩ 3.00.05	24 ⟨C⟩ 484700107DB4000000 ⟨V⟩ 4.00.16
存在故障	存在故障
U0164 ECM与空调控制器通信失败	U016487 与空调控制器失去通信故障

图 14-4-2　部分故障代码

❷ 检测发现空调控制器可以正常扫描到，但是诊断仪扫描不到电动压缩机及前、后 PTC 加热器，如图 14-4-3 所示。

K	发动机控制器_2.0TDI
空调控制器	氛围灯
空调压缩机控制器	副驾座椅
L	副驾座椅调节开关
绿净系统	H
M	后舱配电盒
盲区检测	后空调风加热器
N	后空调控制器
内后视镜	后空调面板
Q	后驱动电机控制器
前空调风加热器	

图 14-4-3　诊断仪扫描结果

❸ 结合电路图发现空调控制器、电动压缩机及前、后 PTC 加热器的低压供电（IG2 电）都经过 F136 熔丝，检查保险正常，装回保险时发现熔丝座一端退针了（图 14-4-4），处理该针脚后故障排除。

维修小结：该故障虽然能正常扫描到空调管理器，由于空调控制器少一根供电线导致控制器无法正常通信，针对故障现象及模块故障信息找到线路共同点，更快速准确地排除故障。

图 14-4-4　处理推针的熔丝座

14.4.3 比亚迪唐空调系统造成间歇性无 EV 故障

故障现象：仪表提示"空调需求已启动发动机，若需进入 EV 模式，则请长按 EV 开关"，如图 14-4-5 所示。

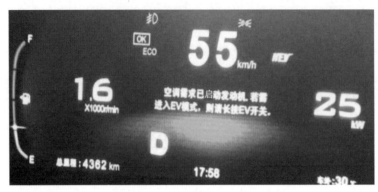

图 14-4-5 仪表显示故障

原因分析：

❶ 空调系统故障；

❷ 相关控制模块故障；

❸ 线路故障。

维修过程：

❶ 首先确认 EV 模式故障的真实性，当开启空调制冷约 8min 时，仪表提示故障切换至 EV 模式，长按 EV 开关恢复正常使用 EV 模式。

❷ 使用 VDS 对整车扫描无版本更新提示。

图 14-4-6 故障代码

❸ 进入各个模块读取故障代码，当进入到 PTC 加热器时系统提示存在故障代码 B1236 冷却液温度过热（图 14-4-6）；读取数据流发现 PTC 加热器冷却液温度达 87℃；根据故障代码及数据流提示检查冷却液无缺少及水管脱落现象。

❹ 检查 PTC 加热器电动冷却液泵时冷却液不启动，检查冷却液泵无正常驱动电源，再检查空调冷却液泵继电器没有吸合，通过线路图（图 14-4-7）检查四脚继电器座上 86 及 33 号脚有 13.8V 电源，说明两路保险正常，32 号脚至 PTC 加热器冷却液泵电源，于是短接 33 及 32 号脚时，PTC 加热器冷却液泵能正常驱动，检测 85 号脚时，发现该脚座有 13.8V 电压，不正常，该 85 号脚座为继电器的控制拉低信号功能，通过电路图怀疑是空调或者线路短路导致。

❺ 为了判断 85 号脚有 13.8V 的电压故障，于是断开空调控制器上接插件，检测 85 号脚依然有 13.8V 电压，检测空调控制器接插件 G91-4 号针脚也有 13.8V 电压，判断为线路短路导致。

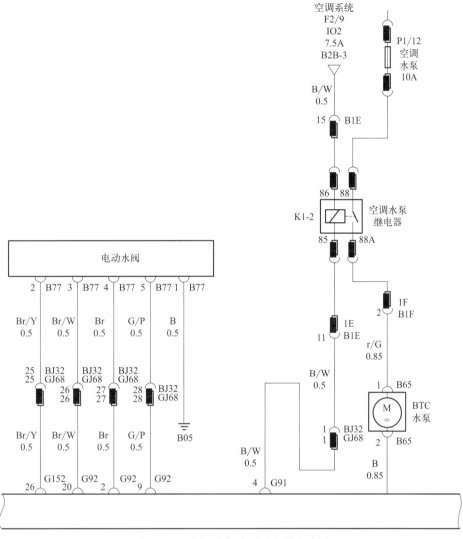

图 14-4-7　空调冷却液泵继电器电路图

❻ 根据线路图检查 BJ32 与 GJ68 插接器时发现该针脚歪斜（图 14-4-8），调整后检测 85 号脚及 G91-4 脚 13.8V 电压消失，复原 BJ32 与 GJ68 接插件检测 85 号脚至 G91-4 为导通，再复原所有接插件试车故障依旧。

❼ 调整歪斜针脚后故障排除。

维修小结：仪表提示该故障是本车型的空调系统出风模式配有冷热混合风口，开启空调时驾驶员可根据自己适应的温度进行调整，为了实现适应温度可通过 PTC 加热器冷却液加温及发动机冷却液温度两种方式制热（制热原理如图 14-4-9 所示），在 EV 模式时 PTC 加热器进入加热状态，由于 PTC 加热器冷却液没有得到循环导致温度高，所以切换至 HEV 模式启动发动机来实现。

图 14-4-8　插接器针脚歪斜

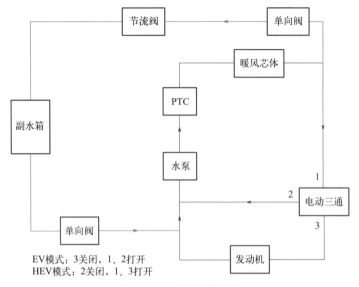

EV模式：3关闭，1、2打开
HEV模式：2关闭，1、3打开

图 14-4-9　制热工作原理

第 15 章
电动汽车底盘电控系统故障诊断

15.1 电动制动系统

电动汽车电动制动系统的常见故障，如表 15-1-1 所示。

表 15-1-1　电动制动系统的常见故障

序号	种类
①	电动真空泵损坏故障
②	电动真空泵控制器损坏故障
③	电动真空罐总成压力开关损坏故障
④	电动真空泵熔丝故障
⑤	电动真空泵线束故障
⑥	电动真空罐压力开关线束故障等
⑦	电动真空罐总成漏气故障
⑧	电动真空软管漏气故障

15.1.1　电动制动系统常见故障诊断与排除方法、技巧

电动制动系统常见故障以电动真空泵故障为例，电动真空泵故障诊断的车辆症状和可能原因如表 15-1-2 所示。

表 15-1-2　车辆症状、可能原因与检测技巧

车辆症状	可能原因	检测技巧
制动踏板沉重，无助力或助力少	①电动真空泵不工作 ②电动真空泵不能正常开启和关闭等	可从电动真空泵控制器电路线束、电动真空泵电路线束、电动真空泵传感器、真空管、电动真空泵、电动真空泵控制器等方向进行检查

电动真空泵不工作故障诊断与排除方法如表 15-1-3 所示。

表 15-1-3　电动真空泵不工作故障诊断与排除方法

第 1 步	对车辆对应的熔丝进行检查	若车辆熔丝正常，进行第 2 步
		若车辆熔丝不正常，应更换相同规格的车辆熔丝
第 2 步	对 12V 蓄电池电压进行检查，正常值约为 12V	若 12V 蓄电池电压数值正常，进行第 3 步
		若 12V 蓄电池电压数值不正常，应对 12V 蓄电池进行充电或更换
第 3 步	对电动真空泵控制器电路线束进行检查	若电动真空泵控制器电路线束数值正常，进行第 4 步
		若电动真空泵控制器电路线束数值不正常，应对电动真空泵控制器电路线束进行检修或更换
第 4 步	对电动真空泵电路线束进行检查	若电动真空泵电路线束数值正常，进行第 5 步
		若电动真空泵电路线束数值不正常，应对电动真空泵电路线束进行检修或更换
第 5 步	更换电动真空泵	若更换电动真空泵后故障消失，证明故障排除
		若更换电动真空泵后故障仍然存在，进行第 6 步
第 6 步	更换电动真空泵控制器	若更换电动真空泵控制器后故障消失，证明故障排除
		若更换电动真空泵控制器后故障仍然存在，应从其他方面继续寻找故障原因

电动真空泵不能正常开启和关闭故障诊断与排除方法如表 15-1-4 所示。

表 15-1-4　电动真空泵不能正常开启和关闭故障诊断与排除方法

第 1 步	对车辆对应的熔丝进行检查	若车辆熔丝正常，进行第 2 步
		若车辆熔丝不正常，应更换相同规格的车辆熔丝
第 2 步	对 12V 蓄电池电压进行检查，正常值约为 12V	若 12V 蓄电池电压数值正常，进行第 3 步
		若 12V 蓄电池电压数值不正常，应对 12V 蓄电池进行充电或更换
第 3 步	对电动真空泵控制器电路线束进行检查	若电动真空泵控制器电路线束数值正常，进行第 4 步
		若电动真空泵控制器电路线束数值不正常，应对电动真空泵控制器电路线束进行检修或更换
第 4 步	对电动真空泵传感器进行检查	若电动真空泵传感器正常，进行第 5 步
		若电动真空泵传感器不正常，应对电动真空泵传感器进行更换
第 5 步	对真空管进行检查，包括密封、连接情况	若真空管正常，进行第 6 步
		若真空管不正常，应对真空管进行更换
第 6 步	更换电动真空泵	若更换电动真空泵后故障消失，证明故障排除
		若更换电动真空泵后故障仍然存在，进行第 7 步
第 7 步	更换电动真空泵控制器	若更换电动真空泵控制器后故障消失，证明故障排除
		若更换电动真空泵控制器后故障仍然存在，应从其他方面继续寻找故障原因

15.1.2　典型车系电动制动系统故障诊断与排除实例

15.1.2.1　比亚迪元车辆在行驶中刹车突然变沉，仪表显示"请检查制动系统"情况

以元 EV 车型制动故障为例，车辆在行驶中刹车突然变沉，如图 15-1-1 所示，仪表显示"请检查制动系统"情况，维修过程如表 15-1-5 所示。

图 15-1-1　仪表显示"请检查制动系统"

表 15-1-5　维修过程

分析原因	①真空泵故障 ②真空助力器故障
故障诊断与排除	①启动车辆，连续踩下制动踏板，踩下时很硬，没有助力，并且没有听到电子真空泵工作的声音。读取故障代码为：P1D8500 真空泵系统失效、P1D8900 真空泵继电器 1 故障、P1D8A00 真空泵继电器 2 故障，数据流显示真空压力严重报警。由此判断电子真空泵不工作导致没有真空助力 ②查看电路图，检测供电是否正常，当检测 F1/540A 保险时，发现烧蚀，更换保险后上电，保险再次损坏，说明有短路或异常情况。检查电子真空泵插头无异常，并且拔掉插头测试保险无异常，说明真空泵短路或搭铁，检测真空泵阻值为 0.02Ω（异常），正常电子真空泵阻值为 1.5Ω 左右，拆下真空泵发现已经烧蚀，更换新件后故障排除
注意事项	维修故障时，可结合电路图进行综合分析，提高排除故障速度

15.1.2.2　比亚迪唐 DM 车型仪表提示检查制动系统

故障现象：全新一代唐 DM 车辆上 OK 电后真空助力泵就开始工作，仪表提示"请检查制动系统"。

原因分析：

❶ 真空助力泵及管路故障；

❷ 真空压力传感器故障；

❸ 相关线束故障。

维修过程：

❶ 组合仪表提示"请检查制动系统"，首先用 VDS 读故障代码"P1027 真空回路故障"，读取发动机 ECU 数据流，制动助力压力 8kPa（正常车辆是 27kPa），如图 15-1-2所示。

	故障数：2			
	P1207　真空回路			
	P1205　真空泵控制传感器高电压故障			
海拔校正	100.0	0/100	%	-√-
制动助力器压力	8	/	kPa	-√-
点火提前角	8	−50/50	*	-√-

图 15-1-2　仪表显示、故障代码及制动助力系统数据流

❷ 实测制动踏板制动助力正常，并发现真空助力泵工作异常（停 20s 工作 3min），电机严重发热，在制动主缸处拆掉助力泵真空管，用手实测并与正常车辆对比，真空度一致。结合数据流及实际真空度分析，应该是真空压力采集数据异常的故障模式，倒换正常车辆压力传感器，故障依旧。

❸ 结合故障代码及实际真空度进一步排查，检查传感器线束信号 B107-3 针脚与发动机 ECMA01-10 号针脚导通时发现 A01-10 退针，如图 15-1-3 所示。处理退针插针后清除故障代码，踩下制动踏板，读取数据流回复正常 27kPa，车辆故障排除。

退针点

图 15-1-3　插接器针脚退针

15.2

电控助力转向系统

电动汽车中电控助力转向系统的常见故障，如表 15-2-1 所示。

表 15-2-1　电控助力转向系统的常见故障

故障部位	①电控助力转向控制器 ②扭矩传感器 ③转角传感器等
故障现象	①车辆转向沉重 ②回位不足 ③异常噪声 ④转向盘抖动等

15.2.1　电控助力转向系统常见故障诊断与排除方法、技巧

电控助力转向系统常见故障以扭矩传感器与电机故障为例，车辆症状和可能原因如

表 15-2-2 所示。

表 15-2-2 所示。

表 15-2-2　扭矩传感器车辆症状、可能原因与检测技巧

车辆症状	可能原因	检测技巧
转向沉重、无助力	①扭矩传感器供电回路故障 ②电控助力转向电机转角位置传感器故障 ③电控助力转向控制器故障等	①可从扭矩传感器零点校正、电控助力转向控制器等方向进行检查 ②可从车辆电控助力转向控制器线束、电控助力转向控制器等方向进行检查

扭矩传感器故障诊断与排除方法如表 15-2-3 所示。

表 15-2-3　扭矩传感器故障诊断与排除方法

步骤		诊断方法
第 1 步	利用诊断仪对车辆进行连接检修	若清除故障代码后故障消失，证明故障排除
		若清除故障代码后故障仍然存在，进行第 2 步
第 2 步	利用诊断仪对扭矩传感器零点进行校正	若校正后故障消失，证明故障排除
		若校正后故障仍然存在，进行第 3 步
第 3 步	更换电控助力转向控制器	若更换电控助力转向控制器后故障消失，证明故障排除
		若更换电控助力转向控制器后故障仍然存在，应从其他方面继续寻找故障原因

电控助力转向电机故障诊断与排除方法如表 15-2-4 所示。

表 15-2-4　电控助力转向电机故障诊断与排除方法

步骤		诊断方法
第 1 步	利用诊断仪对车辆进行连接检修	若清除故障代码后故障消失，证明故障排除
		若清除故障代码后故障仍然存在，进行第 2 步
第 2 步	对电控助力转向控制器电源电路线束进行检查	若电控助力转向控制器电源电路线束数值正常，进行第 3 步
		若电控助力转向控制器电源电路线束数值不正常，应对电控助力转向控制器电源电路线束进行检修或更换
第 3 步	对电控助力转向控制器接地电路线束进行检查	若电控助力转向控制器接地电路线束数值正常，进行第 4 步
		若电控助力转向控制器接地电路线束数值不正常，应对电控助力转向控制器接地电路线束进行检修或更换
第 4 步	更换电控助力转向控制器	若更换电控助力转向控制器后故障消失，证明故障排除
		若更换电控助力转向控制器后故障仍然存在，应从其他方面继续寻找故障原因

15.2.2　典型车系电控助力转向系统故障诊断与排除实例

以比亚迪元 EV 电控助力转向故障为例，车辆在行驶中偶发出现方向盘无助力，如

图 15-2-1 所示，仪表显示"请检查转向系统"，维修过程如表 15-2-5 所示。

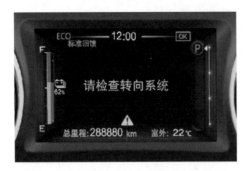

图 15-2-1　仪表显示"请检查转向系统"

表 15-2-5　维修过程

分析原因	①信号及供电故障 ②电动管柱故障
故障诊断与排除	①用 VDS 检测助力转向模块报 C1B9000 未定义历史故障（供电丢失），根据此故障代码测量模块供电及 CAN 线电压均正常，清除故障代码及断电后助力恢复正常，考虑故障为偶发就酌情更换了助力转向管柱 ②再次出现"请检查转向系统"，用 VDS 检测助力转向模块扫描不到。此次故障与上次有不同处，因为扫描不到模块，就测量了 B23 供电为 13.86V 及 G86CAN 线电压分别为 2.5V 和 2.3V，均为正常 ③根据故障代码再仔细检查线束是否有虚接或接地不良的情况 ④在排查线束的过程中发现靠近左 A 柱（仪表线束下）EB06 搭铁有松动痕迹且弹簧垫片也未压平，在摇晃搭铁线的同时能模拟出故障现象，故障已确定为搭铁不良导致偶发方向盘无助力。为了排除是否是因为在装配的过程中将此螺栓拧滑或是未拧紧，便拆除螺栓检查，发现是螺栓滑丝导致，检查螺母有轻微滑丝就对螺母进行丝牙清理，处理此搭铁点后交车使用，故障排除
注意事项	对于偶发故障应仔细检测有可能出现的故障点，包括搭铁接触不良等情况

第16章

先进驾驶辅助系统（ADAS）

16.1

先进驾驶辅助系统（ADAS）概述

先进驾驶辅助系统又称为高级驾驶辅助系统，（Advanced Driving Assistance System, ADAS），其主要功能是利用安装在车上各式各样的传感器，提前感知车辆及其周围情况并进行分析处理，发现危险及时预警，提醒驾驶员或执行器介入汽车操作，保障车辆安全行驶。主要从环境感知、安全控制和动作执行三个方面对车辆的驾驶进行辅助。图 16-1-1 所示为高级驾驶辅助系统原理。

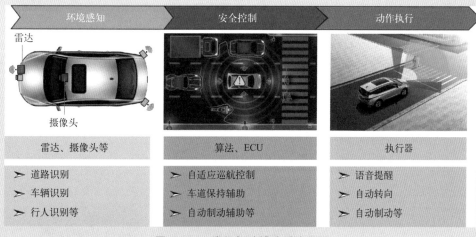

图 16-1-1 高级驾驶辅助系统原理

在电动汽车中，大部分车型都在不断搭载驾驶辅助系统，同时根据车型定位需求会有不一样的配置。高级驾驶辅助系统是智能电动汽车的重要组成部分，可分为视野改善类 ADAS、预警类 ADAS、自主控制类 ADAS 等。表 16-1-1 所示为各种 ADAS 类型功能介绍。

表 16-1-1　ADAS 类型功能介绍

先进驾驶辅助系统类型	辅助系统	功能介绍
视野改善类 ADAS	自适应前照明系统	对车辆前照明系统的工作模式进行自动调节
	平视显示系统	对车辆驾驶 ADAS 信息以投影的方式显示在驾驶员前方
	全景泊车系统	对车辆周围信息以摄像头的方式 360°全景提示
预警类 ADAS	车道偏离预警系统	当车辆识别可能发生偏离车道时，对驾驶员进行提示
	前向碰撞预警系统	当车辆识别可能发生前向碰撞时，对驾驶员进行提示
	盲区监测系统	当车辆识别盲区内行驶车辆或行人，对驾驶员进行提示
	驾驶员疲劳检测系统	当车辆识别到驾驶员的疲劳状态，对驾驶员进行提示或采取相应措施
自主控制类 ADAS	车道保持辅助系统	当车辆识别即将越过车道标线时，将车辆保持在车道线
	自动制动辅助系统	当车辆识别与前车处于危险距离时，对车辆产生制动效果
	自动泊车辅助系统	当车辆识别可以驶入停放位置时，对车辆进行自动泊车入位
	自适应巡航系统	当车辆识别与前车有足够距离时，使车辆始终与前车保持安全距离

16.2

视野改善类 ADAS

16.2.1　视野改善类 ADAS 概述

视野改善类 ADAS 主要包括自适应前照明系统、平视显示系统、全景泊车系统等。

❶ 自适应前照明系统。车辆自适应前照明系统为照明装置，能够根据天气情况、外部光线、道路状况以及行驶信息，来自动改变前照明系统的工作模式，调整照射光线的光形。同时也可以在夜间或能见度低车辆发生转弯或其他特殊行驶条件下带来视野暗区等情况下，系统为驾驶员提供更宽范围、更为可靠的照明视野，从而保证驾驶员和道路行人的安全。系统可以根据转向盘的角度转动，把有效的光束投射到驾驶员需要看清的前方路面。自适应前照明系统有弯道、增强型动态弯道、城市道路、高速公路、乡村道路、恶劣天气等照明模式，表 16-2-1 所示为自适应前照明系统模式示意。

表 16-2-1　自适应前照明系统模式示意图

自适应前照明系统模式	模式示意
弯道照明模式	

自适应前照明系统模式	模式示意
增强型动态弯道照明模式	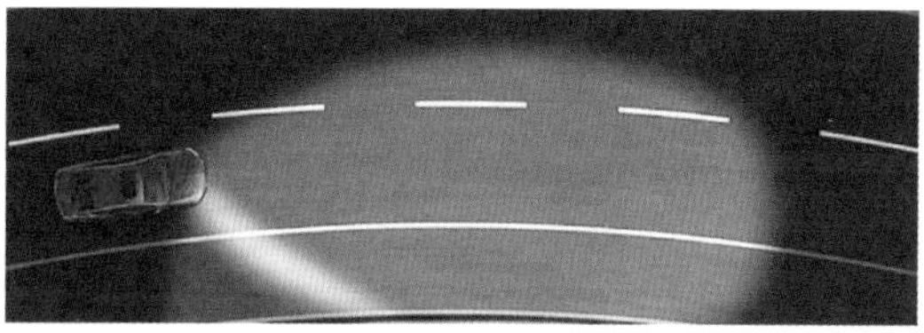
城市道路照明模式	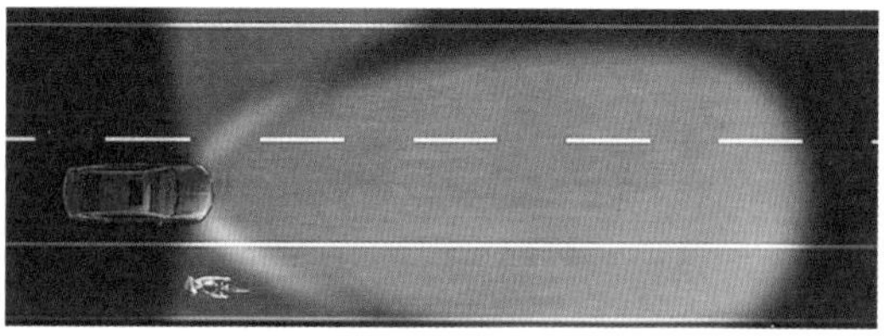
高速公路照明模式	
乡村道路照明模式	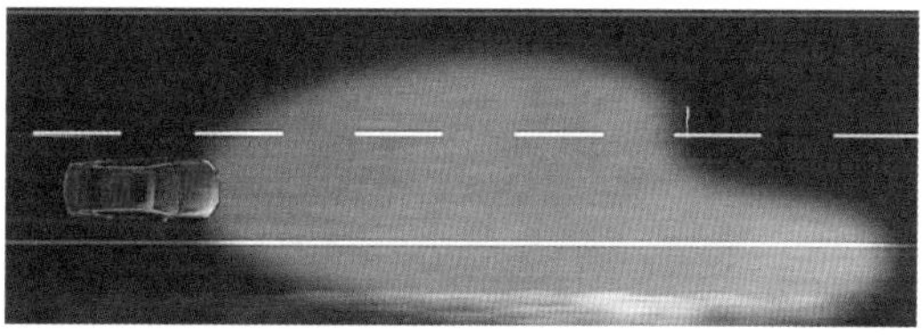
恶劣天气照明模式	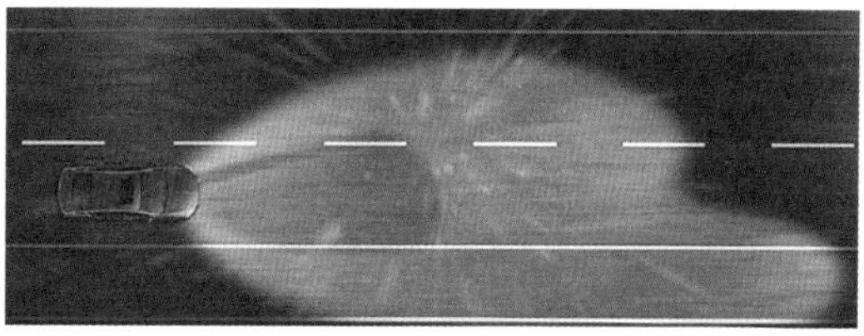

❷ 车辆平视显示系统。平视显示系统也称为抬头显示系统，利用光学反射原理，将汽车驾驶辅助信息、导航信息、检查控制信息以及 ADAS 状态信息等，通过镜片的定位技术，将图像投射到改进过的前风窗玻璃上，大约离驾驶员眼睛 2m 远的位置，这样驾驶员无须低头就可随时看清各种行车信息以及导航路况引导等，从而可提高行车安全性。图 16-2-1 所示为挡风玻璃映像式平视显示系统结构。

❸ 车辆全景泊车系统。车辆全景泊车系统在驾驶员泊车或行驶时，通过车外摄像头等部件，可提供更为直观的车辆周围 360°方位图像信息，对于体积较大的车辆，可以使驾驶员看清楚更多的视线盲区。车辆全景泊车系统又可称为 360°全景泊车影像系统、全景式监控影像系统、360°全景可视系统、全息影像停车辅助系统、汽车环视系统等。图 16-2-2 所示为全景泊车系统示意图。

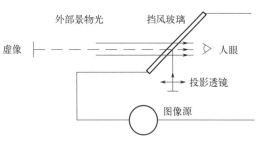

图 16-2-1　挡风玻璃映像式平视显示系统结构　　　图 16-2-2　全景泊车系统示意图

16.2.2　视野改善类 ADAS 常见故障分析

电动汽车中视野改善类 ADAS 的常见故障，以全景泊车系统为例，如表 16-2-2 所示。

表 16-2-2　全景泊车系统的常见故障

故障部位	①全景泊车系统 ②全景泊车控制器 ③全景泊车传感器 ④全景泊车系统通信等
故障现象	①无法打开全景泊车系统 ②开关功能不正常 ③图像显示异常等

16.2.3　视野改善类 ADAS 常见故障诊断与排除方法、技巧

视野改善类 ADAS 常见故障以全景泊车系统摄像头故障为例，全景泊车系统摄像头故障的车辆症状和可能原因如表 16-2-3 所示。

表 16-2-3　车辆症状、可能原因与检测技巧

车辆症状	可能原因	检测技巧
全景泊车系统摄像头不工作	①全景泊车摄像头故障 ②全景泊车系统控制器故障 ③全景泊车系统线束故障等	可从全景泊车摄像头、全景泊车系统控制器、摄像头至全景泊车系统控制器线束等方向进行检查

全景泊车系统摄像头故障诊断与排除方法如表 16-2-4 所示。

表 16-2-4　全景泊车系统摄像头故障诊断与排除方法

第1步	利用诊断仪对车辆进行连接检修，包括传感器校正、清除故障代码等情况	若校正传感器或清除故障代码后故障消失，证明故障排除
		若校正传感器或清除故障代码后故障仍然存在，进行第2步
第2步	对全景泊车系统控制器进行检查	若全景泊车系统控制器正常，进行第3步
		若全景泊车系统控制器不正常，应对全景泊车系统控制器进行检修或更换

第3步	对摄像头至全景泊车系统控制器 线束进行检查	若摄像头至全景泊车系统控制器线束数值正常，进行第4步
		若摄像头至全景泊车系统控制器线束数值不正常，应对摄像头至全 景泊车系统控制器线束进行检修或更换
第4步	更换摄像头	若更换摄像头后故障消失，证明故障排除
		若更换摄像头后故障仍然存在，应从其他方面继续寻找故障原因

16.2.4　故障案例

16.2.4.1　比亚迪唐 DM 车型全景泊车系统摄像头故障

图 16-2-3 所示为偶发的前摄像绿屏情况，在冷车情况下故障频繁出现，维修过程如
表 16-2-5 所示。

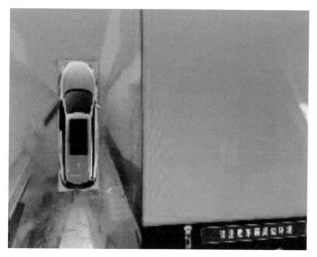

图 16-2-3　前摄像绿屏

表 16-2-5　维修过程

分析 原因	①软件版本故障 ②全景模块故障 ③摄像头故障 ④线束故障
故障诊断与 排除	①检查故障时读取故障代码为"B2F4E09- 前摄像头输入故障"，在检查摄影头时没有发现异常，检查车辆 没有发现碰撞痕迹 ②直接倒换前摄像头测试，故障依旧，在检测线路时发现线束有视频传输线束，查看维修手册时发现，此 视频线束由三段组成，在拆下前保险杠检查时，发现插接件和前摄像头的插接件可以互插，插上后测试故障 依旧，再分段测试在右 A 柱下侧的插接件处直接插上前摄像头时，视频信号显示正常 ③怀疑在翼子板线束中的视频传输线故障，在测量时发现插接件的接口处异常，在和其他车辆对比时发现 线束退针，恢复后试车故障排除
注意事项	先试车确定故障产生的原因，再结合实际因素逐步排查确定故障部位

16.2.4.2 驻车辅助系统无法工作故障案例

故障现象：车辆倒车时遇到障碍物不报警，驻车辅助开关不起作用。

原因分析：

❶ 驻车辅助开关及驻车辅助模块故障；

❷ 后舱配电盒故障；

❸ 线路故障。

维修过程：

❶ 首先确认故障，存在开关按键指示灯按下后不亮无反应，倒车影像界面无雷达报警提示；

❷ 查看电路图，先检查 F8/26 7.5A（电路图上为 7.5A，实际熔丝为 5A，如图 16-2-4 所示）驻车辅助模块 IG1 电源，熔丝未熔断。测量该熔丝电压无 12V 电压，此电源为后舱配电盒 IG1 继电器供电，于是测量后舱配电盒 IG1 继电器，发现后舱配电盒 IG1 继电器控制端无 12V 电源，再检查后舱配电盒 IG1 继电器是由仪表配电盒的 F2/7（IG1-2）熔丝供电。

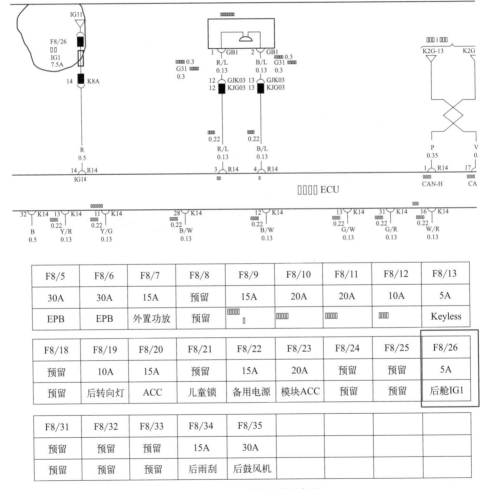

F8/5	F8/6	F8/7	F8/8	F8/9	F8/10	F8/11	F8/12	F8/13
30A	30A	15A	预留	15A	20A	20A	10A	5A
EPB	EPB	外置功放	预留					Keyless

F8/18	F8/19	F8/20	F8/21	F8/22	F8/23	F8/24	F8/25	F8/26
预留	10A	15A	预留	15A	20A	预留	预留	5A
预留	后转向灯	ACC	儿童锁	备用电源	模块ACC	预留	预留	后舱IG1

F8/31	F8/32	F8/33	F8/34	F8/35
预留	预留	预留	15A	30A
预留	预留	预留	后雨刮	后鼓风机

图 16-2-4　电路图及熔丝规格

❸ 检查 F2/7 熔丝（电路图如图 16-2-5 所示），12V 电源正常，测量仪表配电盒的 K2G-3 号针脚到后舱配电盒的 K8A-29 号针脚的导通性正常，测量 K8A-29 号针脚供电为 12V 电源正常，测量后舱配电盒的 K8A-29 号针脚到后舱配电盒 IG1 继电器控制端的导通性为无穷大，怀疑为后舱配电盒内部断路。

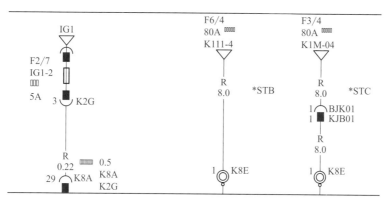

图 16-2-5　F2/7 熔丝电路图

❹ 为确认故障点，测量正常车辆的后舱配电盒的 K8A-29 号针脚到后舱配电盒 IG1 继电器控制端的导通性为导通，于是可以确定为后舱配电盒内部故障。更换后舱配电盒后故障排除。

维修小结：维修故障时一定要认真查阅电路图，根据电路图的指示一步步排除故障，为减少误判可以利用正常车辆进行对比，一次性排除故障。

16.3
预警类 ADAS

16.3.1　预警类 ADAS 概述

预警类 ADAS 主要包括车道偏离预警系统、前向碰撞预警系统、盲区监测系统、驾驶员疲劳检测系统等。

❶ 车辆车道偏离预警系统。车道偏离预警系统可以根据前方道路环境和本车位置关系，判断车辆偏离车道的行为，并对驾驶员进行及时提醒，从而防止由于驾驶员疏忽造成的车道偏离事故的发生。图 16-3-1 所示为车道偏离预警系统示意。

❷ 车辆前向碰撞预警系统。前向碰撞预警系统通过多功能视频控制器、摄像头、探测雷达等部件，来时刻监测前方车辆，判断本车与前车之间的距离、方位及相对速度，当存在潜在碰撞危险时对驾驶员进行警告。同时伴有声音、视觉或触觉等提醒驾驶员，保证了行车安全。前向碰撞预警系统主要以提醒的方式来提醒驾驶员前方的道路状况，同时也有部分前向碰撞预警系统会协同其他系统，对车辆能提供不同程度的制动功能。图 16-3-2 所示为前向碰撞预警系统示意。

图 16-3-1　车道偏离预警系统示意

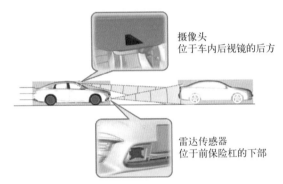

摄像头
位于车内后视镜的后方

雷达传感器
位于前保险杠的下部

图 16-3-2　前向碰撞预警系统示意图

❸ 车辆盲区监测系统。车辆盲区指驾驶员位于正常驾驶座位置，其视线被车体遮挡而不能直接观察的视野。在排除人为遮挡造成的因素外，不同车型的盲区会有略微差别，总体来说车辆盲区主要包括四大区域：车头盲区、车尾盲区、后视镜盲区和 A、B、C 柱盲区。车辆盲区监测系统以超声波、摄像头、探测雷达等车载传感器，检测车辆的视野盲区内有无来车，在左右两个后视镜内或其他地方通过声音、灯光等方式提醒驾驶员后方安全范围内有无来车，从而消除视线盲区，提高行车的安全性。图 16-3-3 所示为车辆盲区分布图。

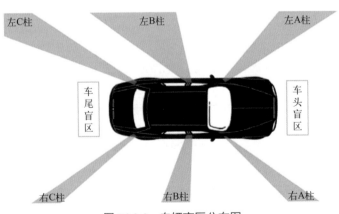

图 16-3-3　车辆盲区分布图

❹ 驾驶员疲劳检测系统。驾驶员精神状态不佳或进入浅层睡眠时，系统会依据驾驶员精神状态指数分别给出语音提示、振动提醒、电脉冲警示等，警告驾驶员已经进入疲劳状态，需要休息。其功用是监视并提醒驾驶员自身的疲劳状态，减少驾驶员疲劳驾驶的潜在危害。驾驶员疲劳检测系统也称为防疲劳预警系统、疲劳识别系统、注意力警示辅助系统、驾驶员安全警告系统等。图 16-3-4 所示为驾驶员疲劳检测系统示意。

图 16-3-4　驾驶员疲劳检测系统示意

16.3.2　预警类 ADAS 常见故障分析

电动汽车预警类 ADAS 的常见故障，以前向碰撞预警系统为例，如表 16-3-1 所示。

表 16-3-1　前向碰撞预警系统常见故障

故障部位	①多功能视频控制器 ②探测雷达 ③前向碰撞预警系统 ④前向碰撞预警通信等
故障现象	①无法打开前向碰撞预警系统 ②前向碰撞预警系统提示信息异常 ③无法实时监测与前方车辆距离等

16.3.3　预警类 ADAS 常见故障诊断与排除方法、技巧

预警类 ADAS 常见故障以车辆车道偏离预警系统故障为例，车辆车道偏离预警系统故障的车辆症状和可能原因如表 16-3-2 所示。

表 16-3-2　车辆症状、可能原因与检测技巧

车辆症状	可能原因	检测技巧
车辆车道偏离预警系统不工作	①多功能视频控制器故障 ②车道偏离预警系统电源电路故障 ③车道偏离预警系统控制器故障 ④车道偏离预警系统 CAN 网络通信故障等	可从多功能视频控制器、车道偏离预警系统电源电路线束、偏离预警系统 CAN 网络通信线束等方向进行检查

车道偏离预警系统故障诊断与排除方法如表 16-3-3 所示。

表 16-3-3　车道偏离预警系统故障诊断与排除方法

第1步	利用诊断仪对车辆进行连接检修，包括传感器校正、清除故障代码等情况	若校正传感器或清除故障代码后故障消失，证明故障排除
		若校正传感器或清除故障代码后故障仍然存在，进行第 2 步
第2步	对多功能视频控制器连接线束进行检查	若多功能视频控制器连接线束数值正常，进行第 3 步
		若多功能视频控制器连接线束数值不正常，应对多功能视频控制器线束进行检修或更换

第3步	对车道偏离预警系统电源电路线束进行检查	若车道偏离预警系统电源电路线束数值正常，进行第4步
		若车道偏离预警系统电源电路线束值不正常，应对车道偏离预警系统电源电路线束进行检修或更换
第4步	对车道偏离预警系统CAN网络通信线束进行检查	若车道偏离预警系统CAN网络通信线束数值正常，进行第5步
		若车道偏离预警系统CAN网络通信线束数值不正常，应对车道偏离预警系统CAN网络通信线束进行检修或更换
第5步	对多功能视频控制器前挡风玻璃处进行检查，包括破损、污染等情况	若前挡风玻璃处正常，进行第6步
		若前挡风玻璃处不正常，应对多功能视频控制器前挡风玻璃处进行处理或更换
第6步	更换多功能视频控制器	若更换多功能视频控制器后故障消失，证明故障排除
		若更换多功能视频控制器后故障仍然存在，应从其他方面继续寻找故障原因

16.3.4　典型车系预警类ADAS常见故障诊断与排除实例

以比亚迪唐DM车型车辆预警故障为例，如图16-3-5所示，仪表显示请检查"交通标志识别系统"、"车道偏离系统"或"行人探测系统"等情况，维修过程如表16-3-4所示。

图16-3-5　仪表显示"行人探测系统"

表16-3-4　维修过程

分析原因	①多功能视频控制器故障 ②电源电路故障 ③控制器安装位不正确 ④CAN网络通信故障
故障诊断与排除	①用VDS诊断仪读取多功能视频控制器报故障代码为"C1C2C46在线校准数据越界"，仪表一直亮请检查"车道偏离系统"和"行人探测系统" ②将车辆模块全部更新完后用诊断仪上路做标定显示失败、结果为倾角不在范围内，倒换多功能视频控制器后上路标定故障还是一样，测量电源电压正常、CAN电压也无异常，重新拔插接插件再次上路标定故障还是一样 ③仔细检查发现前挡玻璃有拆过的痕迹，后咨询客户说在外面更换过前挡玻璃，检查发现在外面更换前挡玻璃时安装多功能视频控制器支架没有装正，导致倾角不对无法进行标定，后更换回原厂前挡风玻璃后上路标定成功故障排除
注意事项	①多功能视频控制器系统模块需要正确安装到安装支架上 ②车上没有驾驶员以外的乘客或其他负载 ③天气及可见度良好，确保摄像头不被遮挡，不能在光线较暗的情况下校准 ④行驶道路平整，道路有一定的弯道为佳 ⑤行驶道路车流量较小 ⑥建议执行初始动态校准时保持匀速行驶且车速大于30km/h ⑦成功校准后需要重启摄像头

电动汽车维修手册（全彩图解＋视频教学）

16.4

自主控制类 ADAS

16.4.1 自主控制类 ADAS 概述

自主控制类 ADAS 主要包括车道保持辅助系统、自动制动辅助系统、自动泊车辅助系统、自适应巡航系统等。

❶ 车辆车道保持辅助系统。车道保持辅助系统是由车道偏离预警系统发展而来，它可以在车道偏离预警系统的基础上，对转向系统进行控制辅助车辆，保持在本车道内行驶。当车辆行驶时，会借助一个信息采集单元（如摄像头）来识别行驶车道的标识线，同时将车辆保持在车道上。若车辆接近识别到的标记线，可能会脱离行驶车道，会通过方向盘的振动或者是声音来提示需要驾驶员注意，并轻微转动方向盘修正行驶方向，使车辆处于正确的车道上；若方向盘长时间检测到无人主动干预，则发出报警，提醒驾驶员。若为驾驶员主动正常变道，变道之前打开了转向灯，那么车道保持辅助系统就不会介入，系统的判断依据源于启动转向灯。图 16-4-1 所示为车道保持辅助系统示意。

❷ 车辆自动制动辅助系统。车辆自动制动辅助系统指车辆在非自适应巡航的情况下正常行驶时，通过多功能视频控制器、探测雷达等部件，在车辆遇到突发危险情况或与前车及行人距离小于安全距离时主动进行制动，避免或减少追尾等碰撞事故的发生，从而提高行车安全性。图 16-4-2 所示为自动制动辅助系统示意图。

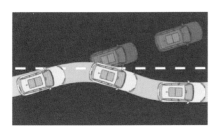

图 16-4-1　车道保持辅助系统示意

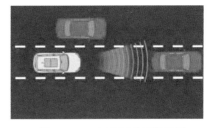

图 16-4-2　自动制动辅助系统

❸ 车辆自动泊车辅助系统。车辆自动泊车辅助系统利用车载传感器探测有效泊车空间，同时会辅助控制车辆完成泊车操作。这是一种汽车先进驾驶辅助系统，相比于传统的电子辅助功能（如倒车雷达、倒车影像显示等），智能化程度更高，从而进一步帮助驾驶员的泊车操作，提高了泊车的安全性。图 16-4-3 所示为自动泊车辅助系统示意。

❹ 车辆自适应巡航系统。车辆自适应巡航系统又可称为主动巡航系统，在自适应巡航系统中，系统利用低功率的雷达或红外线光束，可得到前车的位置，若发现前车减速或监测到新目标时，系统就会发送执行信号给发动机或制动系统来降低车速，使车辆和前

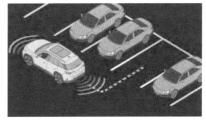

图 16-4-3　自动泊车辅助系统示意

车保持安全的行驶距离。若前方道路障碍清除后，会加速恢复到设定的车速，雷达系统自动监测下一个目标。车辆自适应巡航控制系统可以控制车速，为驾驶员提供了一种更轻松的驾驶方式。在车辆自适应巡航控制系统工作状态下，当雷达侦测到前方有慢车时，就开始减速将车速调节至与前方车辆相同，并且保持安全距离；当前方车辆离开后，就会将车速回到预先设定的车速。图 16-4-4 所示为自适应巡航系统匀速、减速、跟随、加速示意图，图 16-4-5 所示为自适应巡航系统停车、起步示意图。

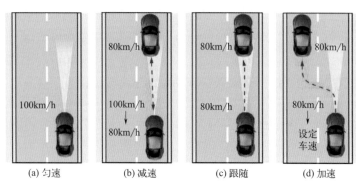

(a) 匀速　　　　(b) 减速　　　　(c) 跟随　　　　(d) 加速

图 16-4-4　自适应巡航系统匀速、减速、跟随、加速示意图

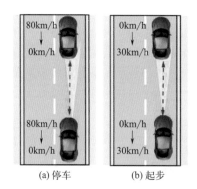

(a) 停车　　　　(b) 起步

图 16-4-5　自适应巡航系统停车、起步示意

16.4.2　自主控制类 ADAS 常见故障分析

电动汽车自主控制类 ADAS 的常见故障，以自适应巡航系统为例，如表 16-4-1 所示。

表 16-4-1　自适应巡航系统的常见故障

故障部位	①自适应巡航系统 ②自适应巡航系统调节装置 ③自适应巡航系统通信 ④多功能视频控制器 ⑤探测雷达等
故障现象	①不能进入巡航状态 ②不能在巡航过程中设置速度或时距等

16.4.3 自主控制类 ADAS 常见故障诊断与排除方法、技巧

自主控制 ADAS 常见故障以车辆自动制动辅助系统故障为例，车辆自动制动辅助系统故障的车辆症状和可能原因如表 16-4-2 所示。

表 16-4-2 车辆症状、可能原因与检测技巧

车辆症状	可能原因	检测技巧
车辆自动制动辅助系统不工作	①多功能视频控制器故障 ②自动制动辅助系统线束故障 ③自动制动辅助系统 CAN 网络通信线束故障 ④探测雷达故障等	可从多功能视频控制器、车道偏离预警系统电源电路线束、偏离预警系统 CAN 网络通信线束等方向进行检查

自动制动辅助系统故障诊断与排除方法如表 16-4-3 所示。

表 16-4-3 自动制动辅助系统故障诊断与排除方法

第 1 步	利用诊断仪对车辆进行连接检修，包括传感器校正、清除故障代码等情况	若校正传感器或清除故障代码后故障消失，证明故障排除
		若校正传感器或清除故障代码后故障仍然存在，进行第 2 步
第 2 步	对多功能视频控制器连接线束进行检查	若多功能视频控制器连接线束数值正常，进行第 3 步
		若多功能视频控制器连接线束数值不正常，应对多功能视频控制器线束进行检修或更换
第 3 步	对自动制动辅助系统线束进行检查	若自动制动辅助系统线束数值正常，进行第 4 步
		若自动制动辅助系统线束数值不正常，应对自动制动辅助系统线束进行检修或更换
第 4 步	对自动制动辅助系统 CAN 网络通信线束进行检查	若自动制动辅助系统 CAN 网络通信线束数值正常，进行第 5 步
		若自动制动辅助系统 CAN 网络通信线束数值不正常，应对自动制动辅助系统 CAN 网络通信线束进行检修或更换
第 5 步	对探测雷达进行检查，包括破损、污染、连接等情况	若探测雷达正常，进行第 6 步
		若探测雷达不正常，应对探测雷达进行处理或更换
第 6 步	对多功能视频控制器前挡风玻璃处进行检查，包括破损、污染等情况	若前挡风玻璃处正常，进行第 7 步
		若前挡风玻璃处不正常，应对多功能视频控制器前挡风玻璃处进行处理或更换。
第 7 步	更换多功能视频控制器	若更换多功能视频控制器后故障消失，证明故障排除
		若更换多功能视频控制器后故障仍然存在，应从其他方面继续寻找故障原因

16.4.4 典型车系自主控制类 ADAS 常见故障诊断与排除实例

以比亚迪唐 DM 车型车辆自适应巡航故障为例，车辆自适应巡航设定成功，如图 16-4-6 所示，仪表显示实际车速与设定车速不一致情况。维修过程情况如表 16-4-4 所示。

图 16-4-6　仪表显示实际车速与设定车速不一致

表 16-4-4　维修过程

分析 原因	①车速信号错误 ②网关或网络故障 ③仪表自身故障 ④线路问题导致
故障诊断与 排除	①首先路试确定 ACC 功能正常（可以设定成功，加速／减速功能正常），用 VDS 更新车辆程序及仪表程序到最新，试车发现仪表车速 29km/h，比 ESP 里的 44km/h 要小得多 ②在正常车辆上两者数值接近或相同，无论里程单位设置为英里或公里，巡航中仪表上实际车速和设定车速数值基本一致，仪表上有车速显示，说明仪表接收到了 SP 的信号，可能是仪表本身的软件程序或硬件导致车速显示异常，倒换仪表试车故障排除
注意事项	先试车确定故障产生的原因，再结合实际因素逐步排查确定故障部位

附录

附录一

电动汽车相关标准

标准名称	标准号	类型
《电动汽车换电安全要求》	GB/T 40032—2021	推荐标准
《电动汽车安全要求》	GB 18384—2020	强制标准
《电动汽车用动力蓄电池安全要求》	GB 38031—2020	强制标准
《电动汽车无线充电系统　第1部分：通用要求》	GB/T 38775.1—2020	推荐标准
《电动汽车无线充电系统　第2部分：车载充电机和无线充电设备之间的通信协议》	GB/T 38775.2—2020	推荐标准
《电动汽车无线充电系统　第3部分：特殊要求》	GB/T 38775.3—2020	推荐标准
《电动汽车无线充电系统　第4部分：电磁环境限值与测试方法》	GB/T 38775.4—2020	推荐标准
《电动汽车用电池管理系统技术条件》	GB/T 38661—2020	推荐标准
《电动汽车灾害事故应急救援指南》	GB/T 38283—2019	推荐标准
《电动汽车仪表》	GB/T 19836—2019	推荐标准
《电动汽车驱动电机用永磁材料技术要求》	GB/T 38090—2019	推荐标准
《电动汽车产品使用说明　应急救援》	GB/T 38117—2019	推荐标准
《城市公共设施　电动汽车充换电设施运营管理服务规范》	GB/T 37293—2019	推荐标准
《城市公共设施　电动汽车充换电设施安全技术防范系统要求》	GB/T 37295—2019	推荐标准
《电动汽车能耗折算方法》	GB/T 37340—2019	推荐标准

分类	术语	英文术语
车辆类型	电动汽车	electric vehicle（EV）
	纯电动汽车	battery electric vehicle（BEV）
	混合动力汽车	hybrid electric vehicle（HEV）
	串联式混合动力汽车	series hybrid electric vehicle（SHEV）
	插电式混合动力汽车	plug-in hybrid electric vehicle（PHEV）
	增程式电动汽车	extended range electric vehicle（EREV）
驱动电机部分	电机	electrical machine
	发电机	generator
	电动机	motor
	驱动电动机	drive motor
	辅助电动机	auxiliary motor
	电机控制器	electrical machine controller
	串励直流电机	DC series electrical machine
	并励直流电机	DC shunt electrical machine
	无刷直流电机	DC brushless electrical machine
	交流感应电机	AC induction electrical machine
	交流同步电机	AC synchronous electrical machine
	永磁同步电机	permanent-magnetsynchronous electrical machine
	电励同步电机	electrical wound-field synchronous electrical machine
	开关磁阻电机	switched reluctance electrical machine
	电机超速报警装置	motor over revolution warning device
	电机过热报警装置	motor overheat warning device
	电机过流报警装置	motor over current warning device
控制部分	控制器过热报警装置	controller overheat warning device
	漏电报警装置	insulation failure warning
	可运行指示器	stand by indicator
	制动能量回收指示器	electric retarder indicator
	变换器	convertor

分类	术语	英文术语
控制部分	逆变器	inverter
	整流器	rectifier
	斩波器	chopper
	DC/DC 变换器	DC/DC convertor
	冷却装置	cooling equipment
	额定功率	rated power
	峰值功率	peak power
	额定转速	rated speed
	最高工作转速	maximum work speed
	额定扭矩	rated torque
	峰值扭矩	peak torque
	堵转扭矩	locked-rotor torque
	电压控制方式	voltage control method
	电流控制方式	current control method
	频率控制方式	frequency control method
	矢量控制	vector control
	直接扭矩控制	direct torque control
	再生制动控制	regenerative braking control
	输出特性	output characteristic
	连续输出特性	continuous output characteristic
	短时输出特性	short time output characteristic
	电机及控制器整体效率	Combination efficiency of electrical machine and controller
动力部分	放电能量（整车）	discharged energy
	再生能量	regenerated energy
	行驶里程	range
	能量消耗率	energy consumption
	最高车速（1km）	maximum speed（1km）
	30min 最高车速	maximum thirty-minutes speed
	加速能力（V1 至 V2）	acceleration ability（V1 to V2）
	坡道起步能力	hill starting ability
	动力系效率	power train efficiency

分类	术语	英文术语
动力部分	爬坡车速	speed uphill
	再生制动	regeneration braking
	爬电距离	creepage distance
蓄电池	蓄电池	battery
	动力蓄电池	traction battery
	辅助蓄电池	auxiliary battery
	铅酸蓄电池	lead-acid battery
	金属氢化物镍蓄电池	nickel-metal hydride battery
	锂离子蓄电池	lithium ion battery
	聚合物锂离子蓄电池	polymer lithium battery
	单体蓄电池	cell
	蓄电池模块	battery module
	蓄电池组	battery pack
	蓄电池管理系统	battery management system
	蓄电池辅助装置	battery auxiliaries
	蓄电池系统	battery system
	活性物质	active materials
	电解质	electrolyte
	蓄电池壳	container
	液孔塞	vent plug
	安全阀	safety valve
	端子	terminal
	排气装置	ventilation device
	端子盖	terminal cover
	放电	discharge
	工况放电	load profile discharge
	恒流放电	constant current discharge
	恒功率放电	constant power discharge
	倍率放电	rated discharge
	连续放电时间	discharge duration
	放电深度	depth of discharge

分类	术语	英文术语
蓄电池	深度放电	deep discharge
	充电（蓄电池）	charge
	浮充电	floating charge
	涓流充电	trickle charge
	充电特性	charge characteristics
	完全充电	full charge
	荷电状态	state-of-charge
	温度特性	temperature characteristics
	温度换算	temperature correction
	温度系数	temperature coefficient
	容量	capacity
	额定容量	rated capacity
	可用容量	available capacity
	理论容量	theoretical capacity
	储存性能	storage characteristics
	总能量	total energy
	充电能量（蓄电池）	charge energy
	放电能量（蓄电池）	discharge energy
	能量密度	energy density
	质量能量密度	specific energy
	体积能量密度	volumetric energy density
	功率密度	power density
	质量功率密度	specific power
	体积功率密度	volumetric power density
	标称电压	nominal voltage
	开路电压	open circuit voltage(off-load voltage)
	单体蓄电池电压	cell voltage
	平均电压	average(mean) voltage
	负载电压	on-load voltage
	电压 - 电流特性	voltage-current characteristics
	充电终止电压	end-of-charge voltage

分类	术语	英文术语
蓄电池	放电终止电压	end-of-discharge voltage
	放电电流	discharge current
	额定放电电流	rated discharge current
	充电电流（蓄电池）	charge current
	最大允许电流	maximum allowable current
	绝缘电阻	insulation resistance
	内阻	internal resistance
	充电效率	charge efficiency
	库仑效率	coulombic efficiency
	能量效率	energy efficiency
	自放电	self discharge
	内部短路	internal short circuit
	热失控	thermal runaway
	反极	reversal
	漏液	leakage
	记忆效应	memory effect
	过充电	over charge
	过放电	over discharge
	电池过热报警装置	battery overheat warning device
	电池液位报警装置	battery level warning device
充电部分	充电（充电器）	charge
	充电能量（充电器）	charge energy
	交流充电能量	AC charging energy
	蓄电池充电能量	battery charging energy
	充电电流（充电器）	charging current
	充电电压	charging voltage
	充电器	charger
	车载充电器	on-board charger
	非车载充电器	off-board charger
	部分车载充电器	partially on-board charger
	均衡充电	equalizing charge

分类	术语	英文术语
充电部分	恒流充电	constant current charge
	恒压充电	constant voltage charge
	脉冲充电	pulse charge
	感应式充电	inductive charge
	传导式充电	conductive charge
	直流电源	DC power supply
	充电电缆	outlet cable
	充电插头、插座	outlet plug of charge
	锁止机构	lock actuator
	充电控制器	charging controller
	额定频率	rated frequency
	额定（交流）输入容量	rated input capacity
	输入频率	input frequency
	频率变动范围	frequency fluctuation range
	效率	efficiency
车辆系统以及其他部分	辅助系统	auxiliary system
	驱动系统	propulsion system
	动力系统	power train
	电池承载装置	battery carrier
	电平台	electrical chassis
	动力电缆	power cable
	充电插孔	charging inlet
	断路器	circuit breaker
	储能装置	energy storage
	带电部分	live part
	可导电部分	conductive part
	外露可导电部分	exposed conductive part
	维护插接器	service plug
	剩余电量显示器	residual capacity gauge
	电动汽车整车整备质量	complete electric vehicle kerb mass

附录

视频匹配